中国思想史论著选刊

荣誉主编 张岂之

执行主编 谢阳举

方光华 著

中国思想学术史论稿

（修订版）

中国社会科学出版社

图书在版编目（CIP）数据

中国思想学术史论稿／方光华著 . —修订版 . —北京：中国社会科学出版社，2023.7

（中国思想史论著选刊）

ISBN 978-7-5227-1902-3

Ⅰ.①中⋯　Ⅱ.①方⋯　Ⅲ.①学术思想—思想史—中国　Ⅳ.①B2

中国国家版本馆 CIP 数据核字（2023）第 085536 号

出 版 人	赵剑英
责任编辑	安　芳
责任校对	张爱华
责任印制	李寡寡

出　　版	中国社会科学出版社
社　　址	北京鼓楼西大街甲 158 号
邮　　编	100720
网　　址	http://www.csspw.cn
发 行 部	010-84083685
门 市 部	010-84029450
经　　销	新华书店及其他书店
印　　刷	北京君升印刷有限公司
装　　订	廊坊市广阳区广增装订厂
版　　次	2023 年 7 月第 1 版
印　　次	2023 年 7 月第 1 次印刷
开　　本	710×1000　1/16
印　　张	29.5
字　　数	468 千字
定　　价	158.00 元

凡购买中国社会科学出版社图书，如有质量问题请与本社营销中心联系调换
电话：010-84083683
版权所有　侵权必究

总　　序

　　乘西部大开发战略部署的东风,在陕西省政府专项资金资助下,经陕西人民出版社大力支持,从2000年开始,西北大学中国思想文化研究所组织推出了《西部大开发与西部人文丛书》(简称"西部人文丛书"),前后相继出版3批,共36种,论域广泛,产生了一定的学术影响,然而流布不广,尚未能尽惬学界朋友所愿,这在我们多少有点遗憾。2022年,有学者提议我们可选择性地重版该丛书,经研究商定,受经费所限,先行选择部分著作重加修订,分批提交出版社,以《中国思想史论著选刊》形式重新印行修订本。首刊六种,至于具体内容与质量如何,请读者评阅。

　　人文图书面对的读者比较广泛。这里,有必要对"中国思想史"稍作解释。"中国思想史"是个微型学科,侯外庐先生指出其属于边缘学科、交叉学科,这一说法今日可进一步拓展,因为从其内容交涉与研究方法看,完全可以说它是跨学科的学科。这一学科归属反映了凡思想自身必具有普遍性的特性。关于它的研究对象,张岂之先生给出了一种明确独特的规定,认为:"中国思想史是中国历史、中国文明史的一个重要组成部分,是理论化的中国社会思想意识的演进史。"这也就是说,中国思想史研究的是有体系的、理论化的社会意识。这是兼容性甚强的规定。"有体系的、理论化的",指明了思想史主要研究历代典型的思想体系。"社会意识"又给具体研究内容和研究方式预留下自由多样的选择通道与空间。

　　根据三分法的文化逻辑,文化包括物质文化、制度文化和精神文化(思想文化)。在这种意义上,中国思想史属于精神文化。中国思想史也被称为中国思想文化史。

　　中国思想史只是研究中国思想文化的学科分支之一,它与中国哲学史、中国观念史、国学等自然地同中有异、异中有同。侯外庐先生通过自己的研究为中国思想史学科确立了思想史与社会史相结合的研究原则与纲领，这就将社会思潮推到了中国思想史研究的重要位置。今后，我们依然要在这一研究原则与纲领的指引下，广泛借鉴和学习各种科学有益的研究经验、理论与方法，以期不断推进中国思想史研究的水准及其学科建设。

2014年9月24日，习近平总书记在纪念孔子诞辰二千五百六十五周年国际学术研讨会暨国际儒学联合会第五届会员大会开幕会上指出："文明特别是思想文化是一个国家、一个民族的灵魂。无论哪一个国家、哪一个民族，如果不珍惜自己的思想文化，丢掉了思想文化这个灵魂，这个国家、这个民族是立不起来的。"伴随着中华民族伟大复兴的进程，中国思想文化的时代意义日益彰显。2023年6月2日，习近平总书记在文化传承发展座谈会上发表重要讲话，提出："在新的起点上继续推动文化繁荣、建设文化强国、建设中华民族现代文明，是我们在新时代新的文化使命。要坚定文化自信、担当使命、奋发有为，共同努力创造属于我们这个时代的新文化，建设中华民族现代文明。"这给中国思想文化研究者提出了更高的要求。如何把马克思主义同中华优秀传统文化结合起来，这是一项重大的理论课题，需要从事中国思想文化研究的广大学者朋友们共同努力。

值此历史机缘，《中国思想史论著选刊》得以出版，我们倍感欣慰。希望它受到学界的关注和支持，祝愿它在中华民族伟大复兴的新征程上不断开出新的花朵，努力为新时代为中华优秀传统文化的传承和创新做出力所能及的贡献。

西北大学中国思想文化研究所1978年招收硕士生，1984年招收博士生，1995年成为国家历史学博士后流动站，至今已培养了400余名中国思想史硕士、博士、博士后，他们分布在全国的高校、科研机构和其他岗位上。我们愿与学界同行一道加倍努力，我们也有信心可持续地推进中国思想史研究。

是为序。

编者

于西安西北大学中国思想文化研究所

2023.6.17

目　录

一　先秦儒道关系概观

先秦儒道的对立和互补 …………………………………………（3）
老子思想的文化意义 ……………………………………………（20）
孟子人性论及其对早期儒学的发展 ……………………………（27）
论孔孟的仁义与天道 ……………………………………………（38）
道家思想与《易传》的形成 ……………………………………（48）

二　两汉经学学术刍议

汉代经学的发展历程及其特点 …………………………………（63）
《尚书大传》与西汉《尚书》学 ………………………………（90）
汉代公羊学 ………………………………………………………（99）
从两汉礼学看汉代经学 …………………………………………（120）
思想与皇权的协调
　　——论孝观念从孔孟到《白虎通义》的转变 ……………（136）
先秦两汉时期的史学理论及其特点 ……………………………（151）

三　佛学与儒学关系蠡测

南北朝时期佛教教义发展的特点 ………………………………（163）
创立中国第一个佛教宗派的智者大师 …………………………（172）
中宗年间京都佛事与鉴真的长安之行 …………………………（201）

对神秀北宗禅法的重新认识 …………………………（211）
论南宗禅的形成及其理论创新 …………………………（222）
张载在批判佛学中建立的哲学体系论析 ………………（238）
张载与二程的四次学术交流 ……………………………（249）
论宋明新儒学的宗教色彩 ………………………………（260）
法相唯识学与船山哲学 …………………………………（264）

四　近代学术文化管窥

20 世纪初年中国新史学思潮 …………………………（285）
戊戌变法与中国近现代学术 ……………………………（294）
五四运动与中国近现代学术的中西兼容 ………………（303）
章太炎史学思想演变的三个阶段 ………………………（311）
刘师培对《左传》的整理和研究 ………………………（325）
王国维、陈寅恪的史学思想与近代新史学的理论建设 …（339）
中国近代新史学的守成派 ………………………………（349）
侯外庐与章太炎的先秦学术史研究 ……………………（358）
"自由"观念与 20 世纪中国思想史的中西会通 ………（367）

五　文化自觉与中国思想史研究

侯外庐与中国思想史研究 ………………………………（387）
侯外庐论中国历史的特殊道路 …………………………（419）
侯外庐的中国宗教思想史研究 …………………………（434）
中国思想史研究的三个向度 ……………………………（450）
文化自觉与中国思想史研究 ……………………………（457）

初版后记 ……………………………………………………（465）

修订版后记 …………………………………………………（468）

一　先秦儒道关系概观

先秦儒道的对立和互补

春秋初年，周王朝由上帝神和祖先神出发的天命观念受到普遍怀疑，变乱的现实生活使时人很难感受到上帝和祖先对他们的厚爱，《诗经》中出现了很多篇幅反映了他们对上帝和祖先功德的疑惑，不少人开始用新的眼光看待自然及社会的灾变。医和就认为"天有六气……六气曰阴、阳、风、雨、晦、明也，分为四时，序为五节，过则为灾"[1]。自然界的灾异无非是天地之间气的六种形态秩序混乱而已，而非上帝或祖先的意志所造成。伯阳父也用阴阳二气的相互关系论述地震的缘起，认为"阳伏而不能出，阴迫而不能烝，于是有地震"[2]。对人类社会的治乱兴衰、祸福成败，当时人们也得出了"吉凶由人"的结论。神学天命观的动摇导致由此出发的政治伦理秩序原则的动摇。"礼乐征伐自天子出"变为"自诸侯出"，卿大夫也开始用天子八佾舞礼，甚至去祭祀只有天子或诸侯才能祭祀的名山大川。政治生活和伦理生活将导向何处？孔子和老子以不同的方式提出了两种不同的选择。

一　两种不同含义的"德"

"德"，是西周宗法伦理最普遍的抽象概念，既指宗法制的各种规定，又指个人对这些规定的实践行为，并可内化为个体意识成为个体所具有的品格。孔子的"德"，完整地继承了这些含义。"据于德"即说个体的行为必须依据各种伦理道德规定。"为政以德"即谓统治者应以自身的品

---

[1]《左传·昭公元年》。
[2]《国语·周语上》。

格教化百姓。孔子的"德"作为伦理规定，他所认可的内涵实质上与周礼没有差别。他认为当时最迫切的使命就是重振宗法制下的政治和伦理生活秩序，虽然他承认礼应有所损益，主张对礼的形式作一些适宜的修改。

为了更好地振兴旧德，孔子对"德"作了一些梳理。第一，他罗列德之本末，认为孝是众德之本。治国也应以孝悌为先，由孝悌而推及普遍的政治秩序。① 第二，他提炼德之原则。他曾对曾子说"吾道一以贯之"，曾子认为此"一"即"忠恕"。"忠"即"己欲立而立人，己欲达而达人"；"恕"即"己所不欲，勿施于人"②。不管曾子的概括是否符合孔子的原意，孔子重视把握行德的原则是确定的。孔子还感叹"中庸之德"，"其至矣乎！民鲜久矣"③。他反对在礼制实践中的"过"与"不及"④。统包"忠""恕"的"中庸"，极可能是孔子提炼的行德原则。他对子路说："由，知德者鲜也。"⑤ 即感慨当时很少有人能体认到行德的原则。第三，他表明了德的境界。他认为"仁"统包刚、敏、惠、信等各种品格，是德的融合和饱和，是人的伦理意识的自由状态，是德的根本境界，行德的根本目标。

老子则不认为宗法制下的旧德是应该坚持的德，更不认为人可以在旧德中实践伦理意识的自由。他提倡一种背弃仁义内涵的新德。他说：

> 上德不德，是以有德。下德不失德，是以无德。上德无为，而无以为；下德为之，而有以为。上仁为之，而无以为；上义为之，而有以为。上礼为之，而莫之应，则攘臂而扔之。故失道而后德，失德而后仁，失仁而后义，失义而后礼。夫礼者，忠信之薄，而乱之首。⑥

---

① 《论语·学而》。
② 《论语》之《里仁》《雍也》《颜渊》《卫灵公》。
③ 《论语·雍也》。
④ 《论语·先进》。
⑤ 《论语·卫灵公》。
⑥ 《老子·三十八章》。

"上德不德,是以有德",即是说"上德之人"不以现有的德(即固有的宗法伦理原则)为德,因而他们才真正领悟和据有德。相反,那些"下德之人"则死守现存的德不放,因而他们实际上没有真正领悟德和拥有德。"下德不失德,是以无德。"只有那些真正领悟和拥有德的"上德之人"才能无为而无不为,相反,那些没有真正领悟和拥有德的"下德之人"则总不免有所做不到的地方。从现有的宗法伦理各规定来看,如果说仁还与真正的德有点联系,做到极致也能收到无为而无不为("上仁为之,而无以为")的效果的话,那么那些离真正的德已经很远的义与礼就不可同日而语了。从现实社会生活中看,固有的宗法伦理造成了普遍虚伪和混乱,因此固守旧德不可能实践人的意识自由。

老子认为应该从"道"的角度得出新的人生和政治原则。这种新的人生和政治原则将排斥违背人的自由的任何外在规定,它仅仅是一些富于灵活性的原则,主要表现为贵柔、知足、不敢为天下先等。老子不把现有的伦理秩序当作价值目标,而是着重在变化发展的过程中保存人自身和天地万物个性特质。

孔、老的不同更体现在他们提出了两种不同"德"的两种不同的根据。

二 两种不同含义的"道"

孔子在思想史上的地位并不是由他对"德"的发挥所决定的,而是由他第一次从人的主体情感出发阐述"德"的起源所决定的。原有的"德"作为一种普遍的伦理,既是历史的传统,又是现实的必要。当时吴国的季札说中国明于知礼义而陋于知人心,正反映了春秋以前人们所遵循的伦理秩序还是一种蒙昧地独立发展着的传统。孔子对人的伦理行为作了比较突出的反思,他认为所有的伦理行为都离不开道德主体所固有的道德情感。他说为父母服丧三年,这种伦理行为实质上是对父母养育之恩的报答,它出自人的不忍之心。[①] 因此,孔子认为供养父母,最关键

---

① 《论语·阳货》。

的也是要先存恭敬之心。① 孔子从而指出"德"之本即在于人的内心道德情感，特别是孝。孔子十分重视对"德"之本的探讨，他赞赏弟子林放问礼之本问得得体，"大哉问！"② 而其弟子有若说："君子务本，本立而道生。孝弟也者，其为仁之本与！"③ 子张概括孔子的思想也说："文武之道，未坠于地，在人。贤者识其大者，不贤者识其小者。莫不有文武之道焉。夫子焉不学？而亦何常师之有？"④ 可见孔子不但主张道德情感是"德"之本，而且这是他从对人的分析中得出来的。

孔子不以原有的天命观念为然，对天命鬼神他存而不论，也不谈占问吉凶祸福的"天道"⑤，这种对天命鬼神观念的摒弃以及他对人的自觉，代表了当时的思想倾向。

但老子却不以人为出发点，而是在前人非天命思想的基础上，提出了其新"德"的根据——"道"。老子认为"道"是天地万物的本原，它有不同于天地万物的特殊存在状态，总是在毫无损灭的同时向自身回归："有物混成，先天地生，寂兮寥兮，独立而不改，周行而不殆，可为天地母。吾不知其名，强字之曰道，强为名之曰大。"⑥ "道"通过阴阳二气的交汇融和生成天地万物："道生一，一生二，二生三，三生万物。万物负阴而抱阳，冲气以为和。"⑦ 但"道"生成万物之后却并不存在于万物之中，存在万物之中的"道"的属性是"道"的不完整形态——"德"："道生之，德畜之，物形之，势成之，是以万物莫不尊道而贵德。"⑧ 正因为"德"是"道"的从属，因此尽管万物之中不存在完整的"道"，但老子也很重视分析万事万物的各种德性，从水的自然流变以及侯王自称不谷等自然与人事现象中直观地抽象出"道"来。同时，老子也认为应付世事最佳选择就是从"道"出发："道常无名，朴虽小，天下莫能臣，侯王若能守之，万物将自宾"；"道常无为而无不为，侯王若能

---

① 《论语·为政》。
② 《论语·八佾》。
③ 《论语·学而》。
④ 《论语·子张》。
⑤ 《论语·公冶长》。
⑥ 《老子·二十五章》。
⑦ 《老子·四十二章》。
⑧ 《老子·五十一章》。

守之，万物将自化"①。

老子之道与孔子之本显然属于两个不同的哲学范畴：一个侧重对事物的共同本原的探求，一个侧重对人的伦理属性的探讨；一个是脱颖而出的天道观，一个是标新立异的人本论。

三 孟子与庄子的"德"和"道"

孟子和庄子分别继承和发展了孔子和老子的思想，并体现出两种不同的"德"和"道"之间的初步融合。

孟子私淑孔子，以当今之世、舍我其谁的气概完善了孔子所创导的学说体系。孔子论证其"德"，主要侧重于人的伦理情感，即孝心、恭敬之心、报恩之心等。孔子从情感出发的论证方式遇到了许多难以克服的矛盾。一方面，人不但有刚、惠、敏、信等好的品格，也有克、伐、怨、欲等不好的情感；另一方面，即使是好的情感，如果表现得不恰当，也不具备伦理特征："恭而无礼则劳，慎而无礼则葸，勇而无礼则乱，直而无礼则绞。"② 孟子认为人最重要的是具有心智，是人的心智与人的伦理情感共同决定了人类社会的伦理化政治秩序和生活原则。孟子认为心智具有超越耳目之官的功能，"耳目之官不思而蔽于物，物交物则引之而已矣。心之官则思，思则得之，不思则不得也"③。心智的功能的越超特性决定了它具有不同于耳目感官的价值趋向。"饥者甘食，渴者甘饮，是未得饮食之正也，饥渴害之也。岂惟口腹有饥渴之害？人心亦皆有害。人能无以饥渴之害为心害，则不及人不为忧矣。"④ 如果人能意识到心之欲不同于耳目口腹之欲，他比那些从来不担忧心有所害的人要高明得多。心之所欲即在于理义，"心之所同然者，何也？谓理也，义也"⑤。

孟子在人的规定中融入了人的心智，心智成为人对自己内在的仁、义、礼、智之"四端"的体认和实践的手段，从而心智也就成为儒家人

---

① 《老子》之《三十二章》《三十七章》。
② 《论语·泰伯》。
③ 《孟子·告子上》。
④ 《孟子·尽心上》。
⑤ 《孟子·告子上》。

生与政治原则的基础。孟子说："仁也者，人也。合而言之，道也。"① 即谓人的合乎伦理的情感和规定了人别于动物的内在的心智两者的混合就是"道"。

孟子之前，儒家讲"道"，除了"道路""规则"等一般意义以外，主要指"德"的境界，如"邦有道""邦无道""道不行，乘桴浮于海"，等等，都是说现实社会是否实践了伦理化的政治与生活秩序，"道"没有本体论的含义。孟子将对人的分析提高到"道"的高度，表明儒家开始吸收道家"道"的本体论含义。

孟子还体现出了对传统天道观念的信仰。孔子并没有过多的深入论述个人的主体情感从何而来。孟子多次强调人的思维能力以及思维器官同人心内涵的仁义礼智之"四端"都是天生的。孟子并没有具体论述"天"是怎样赋予人的这些伦理属性，但孟子这种对天道的重新重视，显然代表了儒家建设独特的天道本体的意图。

特别是孟子发展了孔子的德论。孔子单纯地以家庭宗法伦理原则为中心的"德"，随着宗法制的进一步被破坏而越来越不合战国变乱时宜。孟子对"仁""义"两大固有的伦理范畴作了调整，在把孔子所强调的"仁"固定为家庭宗法基础的同时，把"义"的范畴作为长幼关系、君臣关系等社会伦理原则融入人的内心，以建立这种社会伦理的本体基础。当时告子认为人性无分善恶，"以人性为仁义，犹以杞柳为桮棬"②，退一步说，即使人性中包含了"仁"，"义"也不能成为人的内在概念。"义，外也，非内也"，并举例说，"吾弟则爱之，秦人之弟则不爱也，是以我为悦者也，故谓之内。长楚人之长，亦长吾之长，是以长为悦者也，故谓之外也"③。我喜欢我自己的弟弟而不喜欢秦国某人的弟弟，这种喜爱之情不因为对象都是弟弟而相同，可见家庭宗法一类的情感是主观内在和自生的；相反，对长辈的尊敬却不因为长辈是楚国人或本国人而有区别，可见社会伦理意识是由外在的客体所引起的，不是主观自生的。孟子认为告子并没有真正理解社会伦理意识，"我故曰告子未尝知义，以其

---

① 《孟子·尽心下》。
② 《孟子·告子上》。
③ 《孟子·告子上》。

外之也。"① 他说，所有的道德行为都源于人这个主体，尊敬长辈与喜爱自己的弟弟这两种情感都是由人的内心发出，"且谓长者义乎？长之者义乎？"而且我们也不是凡年龄较高的事物都不加区别对待，他诘问告子说："不识长马之长也，无以异于长人之长与？"② 孟子一方面意识到家庭亲子关系的牢不可破，"夫夷子信以为人之亲其兄之子，为若亲其邻之赤子乎？"从而攻击墨子爱无差等的学说。③ 另一方面，他又看到片面的宗法伦理带来的消极后果，他感慨地说："吾今而后知杀人亲之重也。杀人之父，人亦杀其父；杀人之兄，人亦杀其兄。然则非自杀之也，一间耳。"④ 从而主张以"义"调节"仁"。孟子德论的"仁""义"定格奠定了儒家德论的基础，也比较符合中国古代社会关系的主要内容。礼制即是对"仁""义"两种不同核心的伦理政治规范的调节和文饰，"礼之实，节文斯二者是也"⑤。

孟子不但为孔子的人本学说提供了坚实的基础——心智，而且构架了"仁""义"的基本德论范畴。孟子事实上为儒家学说的兴盛拓展了理论基础。

而此时的道家学说，在庄子身上暴露出无法调和的内在矛盾。

庄子继承和丰富了老子本体"道"的无名无形、无所差别的一面："夫道，有情有信，无为无形；可传而不可受，可得而不可见，自本自根，未有天地，自古以固存；神鬼神帝，先天地生；在太极之上而不为高，在六极之下而不为深，先天地生而不为久，长于上古而不为老。"⑥ 是"道"产生了万物，而"道"又不同于万物，"物物者非物"⑦。"道"的世界"未始有封"⑧，而有所差别的天地万物的属性都莫不产生于"道"、依附于"道"，以"道"为宗，"道者，德之钦也"⑨。圣人应万

---

① 《孟子·公孙丑上》。
② 《孟子·告子上》。
③ 《孟子·滕文公上》。
④ 《孟子·尽心下》。
⑤ 《孟子·离娄上》。
⑥ 《庄子·大宗师》。
⑦ 《庄子·知北游》。
⑧ 《庄子·齐物论》。
⑨ 《庄子·庚桑楚》。

物,"通乎道,合乎德,退仁义,宾礼乐,至人之心有所定矣"①。合乎"道"的"德"之世界并没有仁义礼乐等束缚人性的外在规定,仁义礼乐反而造成了"窃钩者诛,窃国者为诸侯"的荒谬社会现实。庄子认为真正的"德"即在于顺乎事物的发展过程,顺乎人的本性。他甚至提出了这种"德"的最高境界——逍遥游。

但是,现实并非"无何有之乡"。庄子居"方今之世,仅免刑焉"的悲惨境地,他应付世事运用的却是另外一种"至德"。在《人间世》篇中他借孔子的口阐明了这种"至德":"天下有大戒二:其一命也,其一义也。子之爱亲,命也,不可解于心;臣之事君,义也,无适而非君也,无所逃于天地之间,是之谓大戒。是以夫事其亲者,不择地而安之,孝之至也;夫事其君者,不择事而安之,忠之盛也;自事其心者,哀乐不易施乎前,知其不可奈何而安之若命,德之至也。为人臣子者,固有所不得已。行事之情而忘其身,何暇至于悦生而恶死!"②庄子认为,此种"至德"也有其合理的"道"之依据:"君先而臣从,父先而子从,兄先而弟从,长先而少从,男先而女从,夫先而妇从。夫尊卑先后,天地之行也,故圣人取象焉。天尊地卑,神明之位也;春夏先,秋冬后,四时之序也,万物化作,萌区有状,盛衰之杀,变化之流也。夫天地至神,而有尊卑先后之序,而况人道乎!宗庙尚亲,朝庭尚尊,乡党尚齿,行事尚贤,大道之序也。"③庄子和老子一样讲阴阳,"阴阳于人,不翅于父母"④;也讲气,"人之生,气之聚也,聚则为生,散则为死"⑤。但庄子注重的是这一阴阳变化过程的伦理属性,他试图考察这个变化过程的稳态秩序,而为其新的"至德"提供"道"的依据,这就不但背离了老子新"德"的社会批判性,也背离了老子"道"的循环往复的运动属性。

庄子始终没有很好地调和他自身所提出的两种"道"和两种"至德",庄子的人格包容了发展中的老子和孔子两种不同的人格,庄子企图

---

① 《庄子·天道》。
② 《庄子·人世间》。
③ 《庄子·天道》。
④ 《庄子·大宗师》。
⑤ 《庄子·知北游》。

通过齐物和泯灭是非差别缓解内心的痛苦,但他终于认定人只有死后才能至乐:"死,无君于上,无臣于下,亦无四时之事,从然以天地为春秋,虽南面王,乐不能过也。"① 这样,包容了两种"道"和"德"的至人,在庄子笔下总是那些肢体不全、怪模怪样的人。

庄子的道德论的内在矛盾蕴含着道家对理想的现实可能性的深刻思考,道家将怎样建构一种基于现实生活的理想?庄子的"道"在物中、"道"即是伦理政治的不得不然的思想,无疑为老子抽象的"道"向"道"的外在化、具体化提供了契机。庄子之后的新道家正是从庄子的后一种道论出发,具体考察自然和人类社会的客观必然,并以更鲜明、更积极的态度投入现实政治生活之中,从而改变了传统道家"蔽于天而不知人"的窘迫境态。

同时,庄子的道论对儒道二家的融合也产生了深刻的影响,他论证与孔孟有所同等内容的"德"所体现出来的思维方式明显地优于孟子简单的天命观,从"道"的生化过程揭示生化过程的稳态属性,为儒家建构他们的伦理天道本体提示了方法。

四 《易传》以及荀子的道德论

儒家对道家思想的吸收和改造,最初的代表就是《易传》。《易传》包括《彖》上下、《象》上下、《文言》、《系辞》上下、《说卦》、《序卦》、《杂卦》等10篇,是对《易经》的注解和发挥,出自许多人之手,时代也不一致,《彖》和《大象》要比其他部分早出。

《易经》起源于卜筮。《尚书》言周初有卜筮之事。把卜筮所得的经验加以归纳总结,构成六十四卦的经文,极可能是西周早期的事。春秋时期,占卜多用变卦法,因此,《易经》的秩序并不重要,重要的是它把六爻归于一个卦名之下,反映了总结者的一些思想。《易经》特别强调"孚"(诚),但并没有形成以"孚"为中心的哲学体系。

《易传》作者认为"易"本身就是最高的道。它统包天道、地道、人道。"《易》之为书矣,广大悉备,有天道焉,有人道焉,有地道焉。兼

---

① 《庄子·至乐》。

三才而两之，故六；六者非它也，三才之道也。"①《说卦》的作者进而指出了天地人之道的具体内容："昔者圣人之作《易》也，将以顺性命之理，是以立天之道，曰阴与阳；立地之道，曰柔与刚；立人之道，曰仁与义。"天地万物由阴阳交感而生，由生而聚，由聚而壮，由壮而衰，并由衰而兴，"终则有始，天行也"②。

《易传》作者认为，欲知天地万物之情，即在于考察事物阴阳交化的过程："观其所感"，"观其所聚"，并在事物的变化过程中把握事物恒久和主要的方面，"观其所恒"，"正大，而天地之情可见矣"。③

怎样从《易》中得出具体的人生和政治原则？《易传》本身亦存在相当于由老子而到庄子的发展过程。成书较早的《大象》作者认为，易的六十四卦都表示着自然界两种相同或不相同的事物的相互关系。圣人即通过对这种关系的思索而直观地得出做人和治国的原则。《大象》每卦之下简单地揭示每卦上下两件事物的结构之后，即指出君子、先王或后（君主）应该怎样怎样。如：

师，象曰：地中有水，师，君子以容民畜众。
比，象曰：地上有水，比，先王以建万国亲诸侯。
泰，象曰：天地交，泰，后以财成天地之道，辅相天地之宜，以左右民。

所有这类取象涉及社会政治生活以及日常饮宴、待人接物、修身齐家等各种规则，这种取象不在乎事物的内在联系，也不注意事物的变化过程，而是直观事物的属性而比附出德的原则。譬如师卦（☷），下坎上坤，外卦为坤，内卦为坎，坎为水，坤为地。故象曰：地中有水，传者又把水比作群众，地中有水喻大地之内有群众，是以卦名为师。大地之内有群众，君主宜容纳之，畜养之。观其卦名及卦象，君子应该容民畜众。这样，六十四卦在易之《大象》作者那里成了六十四张自然界可能

---

① 《易传·系辞下》。
② 《易传·蛊卦象辞》。
③ 《易传》之《咸卦象辞》《革卦象辞》《恒卦象辞》《大壮卦象辞》。

或不可能的风景画,所有的治国齐家之德即包含于这六十四张风景画中。六十四卦也就成了六十四条格言。

这种极其直观的比附,在《易传》较后的作品中得到了修改和补充。《小象》《系辞》《序卦》《杂卦》等侧重于考察易的运动变化,把易作为一个完整体现阴阳之道的整体来考察。"一阴一阳之谓道",阴阳的交汇变化有其稳态的属性,这种稳态的属性即是儒家伦理纲常的反映:"天尊地卑,乾坤定矣;卑高以陈,贵贱位矣;动静有常,刚柔断矣。"[1]他们把易卦的第二爻和第五爻分别定为上下卦的中爻,第二爻为阴爻中位,第五爻为阳爻中位,如果阴阳居中,中道而行,《易传》的作者都曲意释原有经文为吉。特别是九五中爻之位,传者都毫无例外地以为居此位者必获大吉,而不管是阳居此位或阴居此位。从而第五爻似乎成了超阴阳流变的独立实体。它实质上就是儒家所明确的君臣关系不可移易的反映。易之道是变化无穷的,但其中所蕴含的君臣关系等却是没有变化的;特定的君臣关系等是有变化的,但此种关系的性质却与易之道同样久远和无所穷尽。

《易传》的这种动中有静的易道变化观,不但是对道家阴阳变化学说的汲取,也是其在儒家立场上对阴阳变化之道的自觉与创造性地发挥。从此,儒家的仁义原则以及仁义基础上的政治原则都有了他们自创的"道"的基础,它弥补了孔孟以来儒家论证其"德"的天道缺陷。

但是,最深刻、最有创造性地吸取道家思想以修正儒家学说,真正融合了儒道思想的,在战国末期的具体历史时期,是荀子。

荀子认为庄子最大的缺陷是"蔽于天而不知人"。他汲取经过庄子发挥了的"道"即自然的思想,把它应用于对自然和人类社会的分别考察之中。

首先,荀子明确提出了"天人相分"的观点,"明于天人之分,则可谓至人矣"[2],天无非是列星、日月、四时、阴阳、风雨等自然现象,它运动变化,无始无终。自然界的怪异现象不过是"阴阳之化",不能决定人事。相反,人还可以掌握和利用阴阳变化的规律,"制天命而用之"。

---

[1] 《易传·系辞上》。
[2] 《荀子·天论》。

荀子进而指出人类社会存在不同于自然变化的特殊规律，人类有不同自然万物的特性："水火有气而无生，草木有生而无知，禽兽有知而无义，人有气有生有知且有义，故最为天下贵也。"①

荀子从而以"道"即自然的思想考察了儒家人本学说，他认为孟子人性善论是不正确的。人性是先天而来的生理本质以及这种生理本质与外界接触后所自然发生的心理本质："生之所以然者谓之性，性之和所生，精合感应，不事而自然谓之性。"②它是对物质和感官满足的无限度追求，而不是那些后天培养起来的符合礼制的情感。"饥而欲食，寒而欲暖，劳而欲息，好利而恶害，是人之所生而有也，是无待而然者也，是禹桀之所同也。"③礼义制度仅仅是为了调节人们的物欲争夺而外设的，它是一定生产条件下人们按等级名分来分配利益的不得不使然。

但荀子并没有抛弃孔孟以来儒家对人的专注所得出的思维成果。在论述礼的制作时，荀子也认为礼作为人情文饰的一面，特别是荀子继承了以人的心智作为人之区别于动物并依据这种特殊规定论证人生和政治原则的思想。他认为动物也有感觉，但思维却是人独有的。人的思维器官"心"，不但有"虚壹而静"的特质，而且主宰和超越其他感觉器官，"心居中虚，以治五官，夫是之谓天君"④。心能够对其他感觉进行综合，"缘耳而知声"，"缘目而知形"。⑤人类正是运用这种心智，在追求物质利益时瞻前顾后，而发现了人类社会存在一种本质上更有利于人的追求之客观必然："君臣不得不尊，父子不得不亲，兄弟不得不顺，夫妇不得不欢。"⑥

荀子甚至根据人的认识能力的体现差别，来阐明政治的起源以及政治制度的本质。他认为，最先意识到不加限制的物质追求必然造成社会混乱、从而制定礼义的人是圣人，圣人是理所当然的统治者。而百官等级以及君子小人的地位差别也不过是人"化性起伪"的程度差别。荀子

---

① 《荀子·王制》。
② 《荀子·正名》。
③ 《荀子·非相》。
④ 《荀子·天论》。
⑤ 《荀子·正名》。
⑥ 《荀子·大略》。

意识到有"义荣"有"势荣",有"义辱"有"势辱"①,人的理智化程度并不一定必然合乎其现实的等级身份和地位,但荀子认为这些特殊性并不能否定政治的理智依据的普遍性。

荀子天才地触及道家和儒家"道"与"德"的融合问题的焦点。老子和庄子批判地提出"道"与"德",它反映了道家以不同于儒家的立场探求历史发展的合理性,在道家学说中理想与现实的统一是支离的,庄子企图通过对"道"本身的某些修改,齐生死,等万物,在内心中融解理想与现实的冲突。荀子认为只有理智地通过自然和社会的实践才能实现这种统一。荀子代表了先秦儒家融汇道家学说的最高程度。

五 《吕氏春秋》的道德论

《吕氏春秋》以道家思想为核心,兼采儒墨名法等各家学说,代表了庄子之后新道家的思想特色。

庄子哲学暗含了由"道"的本体到"道"的生化过程的转折。经过《易传》对阴阳变化过程的高扬,老庄的阴阳激荡、化生万物的学说俨然成为"道"的主要内容。新道家比较重视"道"的运动变化,认为强为名为之"太一"的此"道",出"两仪","两仪出阴阳,阴阳变化。一上一下,合而成章,浑浑沌沌,离则复合,合则复离,是谓天常";"万物所出,造于太一,化于阴阳。"② 新道家还汲取了当时流行的阴阳家学说,《吕氏春秋·十二月纪》分别以春夏秋冬为木火金水,并在季夏附以中央土,系统地构成了新道家的五行运动结构。他们认为阴阳变化之道是不以人的意志为转移的,圣人只有与"道"同化,才能无为而无不为。

新道家提出了不同于传统道家的德论。他们修正了老庄对现实批判和否定的方面,具体分析现实社会的客观必然,他们认为儒家所倡导的君臣名分是不能一概否认的:"天道圆,地道方,圣王法之,所以立上

---

① 《荀子·正论》。
② 《吕氏春秋·大乐》。

下。"① 君主应该抱一处贵，无为而治，而臣僚则当勇于有为，"因者，君术也；为者，臣道也"②。新道家吸取了人性以好利为本质的观点，强调治国要顺应人的本性和利用人的本性，既要讲究德政，又要尊行刑罚。新道家还详细论述了用兵之道，也具体讨论了发展农耕的审时、辨土等种种方略。

以《吕氏春秋》为代表的新道家完成了道家哲学由"道"的本体向"道"的具体化的过渡。他们所提出的新德将传统道家"德"的内涵现实化。它兼综百家、旨约易操的学术风格，使之在当时的学术和政治中具有十分重要的地位。

六　汉代初期的道与儒

汉承秦敝，君臣俱欲休息无为，黄老之学成为治国的指导方针。黄老之学实际上是新道家之学，《黄帝四经》在哲学观点以及人生与政治原则上，都没有超越《吕氏春秋》。

与此同时，儒家学说也在独立发展。尽管战国末期有荀子以及《吕氏春秋》对儒道的思想进行了一系列理论上的调和，但儒家和道家两派的斗争，自汉初至董仲舒的整个历史时期都一直存在。司马迁说："世之学老子者，则绌儒学，儒学亦绌老子，道不同不相为谋，岂谓是邪！"③

儒、道学术风旨的不同，主要表现为如下几个方面。

就"道"而论，新道家特别重视"道"的不以人的意志为转移的生化过程，而儒家则侧重这种生化过程所体现出来的稳态属性。而荀子将心智作为儒家德论的依据，直接否定新道家所坚持的"道"有什么本体和依据的含义。

就"德"而言，道家虽然认为仁义礼制等形式规定不可一概抹杀，但始终认为这些都是失道而后的次要的东西，新道家重视人性中的自然属性，主张自然表露伦理情感，反对繁文缛节。而儒家自荀子对人性善

---

① 《吕氏春秋·圆道》。
② 《吕氏春秋·任数》。
③ 《史记·老子列传》。

作了彻底否定之后,礼的"化性起伪"的属性得到进一步强调,因而更加重视在礼仪仪式中潜移默化,他们根据古代的风俗习惯裁定了祭天祀地之仪、祭祀鬼神名山大川之礼以及君臣父子之礼、夫妇之礼等。吉、凶、军、宾、嘉五礼悉备①,上及冥灵,下及胎教,极尽铺张。《礼记》说:"饮食男女,人之大欲存焉,死亡贫苦,人之大恶存焉,故欲恶者,心之大端也。人藏其心,不可测度也。美恶皆在其心,不见其色也。欲一以穷之,舍礼何以哉?"②司马谈就曾指出儒道的不同在于儒家博而寡要,而道家旨约易操。

治国方略上,新道家主张"与时迁移,应物变化,立俗施事,无所不宜"③。而儒家则认为君主的地位源于他超过常人的心智,君臣都有责任积极地辨分人群,调节物欲,发展生产,因而"以为人主天下之仪表也,主倡而臣和,主先而臣随"④,重视君主臣僚以身作则。

特别是对王朝更替的解释,新道家认为上下之位是不可移易的,而儒家则认为普遍的君臣关系确实不可移易,但具体的君臣关系却是可以移易的,如果君主不能维护伦常秩序和发展社会生产,调节物欲,甚而独断专行,逞一己之私,则为独夫民贼,人人得而诛之。汉景帝时,新道家黄生与儒家博士辕固生就汤武伐桀纣所发生的一场争论,就表明了儒道的这种对立。⑤

汉武帝时,社会经济得到了恢复和发展,汉武帝希望变"无为"为"有为",新道家因循应物的思想已不符合现实政治生活的需要,董仲舒利用时机,对儒家学说作了一系列改装,取代了新道家学说的政治地位。

七 董仲舒对儒道的总结

董仲舒吸收了新道家关于"道"的思维成果,他用"元气"取代

---

① 军礼今佚。
② 《礼记·礼运》。
③ 《论六家要旨》。
④ 《论六家要旨》。
⑤ 参见《史记·儒林列传》。

"太一"而成为万物的共同本原。① 特别是他建构了较《吕氏春秋·十二月纪》更明确的宇宙生化结构：由元气而阴阳、由阴阳而五行，宇宙万物都体现了这种共同的生化结构。阴阳变化表示着事物的普遍本质，而五行则代表事物的内在结构和行为方式。

董仲舒在这种宇宙生化结构中注入了儒家学说的伦理情感，"仁，天心"。从而这种生化过程具备了完整的儒家伦理特性。事物"阴者阳之合"即"妻者夫之合，子者父之合，臣者君之合"的等级秩序的表现，"君臣父子夫妇之义，皆取诸阴阳之道"。② 五行的相生相成揭示了此种伦理关系的具体程序。③

治国之术也包含于此种宇宙生化之道中。君主应该效法此种"道"的主宰之"天"的仁爱之心施行仁政，并遵循此道多阳少阴的意愿以德化民，刑德并用。④ 董仲舒还通过详细论述五行运动的季候特征以及运动规律，揭示出君主应该采取的相应措施。

董仲舒重新重视被荀子排斥了的作为人生和政治原则根据的天道，但此天道实质上仍然是儒家人本论的内容，它较《易传》的阴阳变化之道更具体、更直接，融汇了战国以来风行不衰的阴阳五行学说。虽然董仲舒抛弃了荀子在人的理智基础上以礼的程序化实现道家理想价值与儒家现实价值统一的深刻思想，但他也在形式上满足了儒家对其人生政治主张的天道依据的渴望。他为儒家学说的兴盛提供了一面可与新道家相对抗的"道"的旗帜，从而"自秦汉以来，六经离析"的儒家学说也"有所统一"⑤。

与此同时，淮南王刘安主编《淮南子》一书，站在新道家的立场上系统地整理总结了新道家的学术思想，但此书随新道家政治地位的下降，影响并不很大。董仲舒成为事实上对儒道二家学说的总结者。道家从此之后就再也没有能够成为一个独立的学派与儒家相抗衡。

---

① 《春秋繁露·王道》。
② 《春秋繁露·基义》。
③ 《春秋繁露·五行对》。
④ 《春秋繁露》之《王道通三》《阴阳义》。
⑤ 《汉书·董仲舒传》。

八　儒道对立和互补的简短结论

儒家和道家最早是作为两种不同价值选择而提出来的思想体系。道家侧重于人的自然发展、社会结构的自由价值，而儒家侧重于现实生活的固有价值，道家之所以变为新道家并最后融入儒学体系，就道家思想体系而言，老子和庄子都没有指出实践其价值理想的具体途径。庄子认识到老子"道"在"德"外、"道"高于"德"的思想将使"道"在现实社会中无可适足，试图在理论上寓"道"于"德"。但庄子并没有指出在怎样的基础上才能缓和理想和现实的冲突，他寄希望于内心泯灭理想和现实的差别，仅仅是变放浪形骸之外的游世而为放浪形骸之内的混世。新道家汲取庄子寓"道"于"德"的思想，并通过积极发挥，扬弃了传统道家社会批判的一面，潜在地走上与儒学同一的路径。

就儒家学说而言，它较道家和新道家有更现实、更积极地实践其价值追求的手段。从孔子重视宗子孝悌情感，到孟子家庭宗法伦理和社会伦理两种情感并重，再到荀子对外在规章化的礼的重视，儒家愈来愈趋于平实。同时，儒家总是随时吸取前人的思维成果，创造性地融入独特的思想内容，尽管表面上它批驳对立学派的各种观点，而在思维上却有浓厚的兼容并包、和而不同的学术风格。

道家最后内化于儒学，最深层的原因是古代中国礼仪文化的历史传统的影响。这种文化始终以现实的人生和社会作为价值目标。它影响了思想家们的心理结构，作为潜在的价值认同制约着对现实社会采取批判态度的"异端"思想的发展。

（原载《孔子研究》1990年第3期，原题《略论儒道的对立和互补》）

老子思想的文化意义

一 老子生平及《道德经》

老子，楚国苦县（今河南鹿邑东）人，曾任东周王室管理藏书的官史，对当时的天文历法、历史典籍都很熟悉。据说孔子曾经向老子问礼，请教古代文明的精神实质。老子对他说："子所言者，其人与骨皆已朽矣，独其言在耳。且君子得其时则驾，不得其时则蓬累而行。吾闻之，良贾深藏若虚，君子盛德，容貌若愚。去子之骄气与多欲，态色与淫志，是皆无益于子之身。吾所以告子，若是而已。"[1] 老子说：你所说那个时代的人早已死了，连骨头都已经腐朽了，只有他们的言论流传下来。君子生逢其时就实践自己的主张，生不逢时就像那断了根的蓬草一样随风飘荡。善于做生意的商人会把珍贵的货物深藏起来，表面看好像什么都没有。内有盛德修养的君子，从外表看有些愚笨，似乎没有什么修养。去掉你那些急切的冲动吧，去掉你那些过多的欲望吧，去掉你那些盲目的自信吧，去掉你那些不可能实现的空想吧，这些对你的身体都没有什么好处。从上面的话可以看到老子与孔子之间的区别是很大的：首先是对历史文化的价值认识有不同。孔子对历史传统比较迷恋，而老子则认为历史传统不是我们的唯一。其次是对个人在社会上的作用的认识有不同。孔子态度比较积极，而老子则认为个人的能力是否能发挥，有时代条件和机遇，在条件恶劣的情况下，不能硬来。后来老子看到东周王室衰微，离开东周至函谷关，被关令尹喜挽留，著《道德经》。老子在著《道德经》之后到哪里去了，历史记载不是很清楚。大约从西汉时开始，

---

[1] 《史记·老子韩非列传》。

就有对谁才是真正的老子的疑问。《史记》在记载这个明明白白的老子之后，还连续记载了老莱子、太史儋两个老子。其实这两个人可能是老子学说的继承者和发扬者。

《道德经》五千言，在1973年前传世的主要是（魏）王弼整理本，共八十一章，上篇三十八章曰"道经"，下篇四十三章曰"德经"，哲学与社会观自成系统。1973年12月，长沙马王堆三号墓中出土了大批帛书，其中包括两部《道德经》写本，分别称为甲本与乙本。这两种写本，距今已有两千多年的历史。不过它们篇章的顺序与传世本有不同，是下篇四十三章"德经"在前，上篇三十八章"道经"在后。可见，王弼整理《道德经》时，出于他对哲学思想的爱好，把比较玄远的内容放在最前面了。1993年10月，在湖北省荆门郭店一号楚墓中发掘出了竹简《道德经》，专家把它分为三种不同的本子。这是比帛书本《道德经》更早的本子。1998年5月在美国达慕思大学召开的"世界首次郭店《老子》学术研讨会"上，与会学者大都认为竹简《道德经》的抄写时间"大概不会晚于公元前三百年左右，比已有的《道德经》的最古本——抄写于秦汉之际或汉代初年的马王堆帛书《道德经》甲本，还早了一百年左右。"[①] 作品为人所熟知，以至成为随葬品不会是一个很短的过程，由此可推断《道德经》的作者不会晚到战国时代，而应该生活于春秋末年，与孔子同时。

二　老子思想的文化反思特征

初读《道德经》，比较刺眼的是老子对习以为常的社会现象的批评。比如老子说"大道废，有仁义；智慧出，有大伪；六亲不和，有孝慈；国家昏乱，有忠臣"[②]。"绝圣弃智，民利百倍"[③]。"下多忌讳，而民弥贫；人多利器，国家滋昏；人多伎巧，奇物兹起；法令兹彰，盗贼多有"[④]。"夫

[①] 裘锡圭：《郭店〈老子〉简初探》，载《道家文化研究》第17辑，生活·读书·新知三联书店1999年版。
[②] 《老子·十八章》。
[③] 《老子·十九章》。
[④] 《老子·五十七章》。

民之难治，以其智多"①等。总之老子的批判意识比较醒目。

老子认为当时社会存在深刻的矛盾。他说，在远古社会的"圣人"虽然对民众拥有管理权限，与民众签订有契约，但并不向民众苛求索取，只有到后来才出现利用契约向民众索取的情形。当时社会的管理很容易，在那样的社会里，人们是为了生活的必需品而生产劳动，虽然生产水平不高，生产品的量不多，但是大家使用它时都能爱护，不使其损坏，又不随便浪费积蓄，所以还不至于穷尽。但是随着社会越来越向前发展，社会组织变得越来越复杂，法令规章也越来越详细，人们变得越来越聪明，拥有的能提高劳动生产力的技术越来越多，而生产出来的物品也越来越超出必需品的范围，变得千奇百怪。照理说，人们应该更加富裕、自由，社会应该更加和谐了，但实则不然。社会财富虽然大大增加了，但并没有为社会所有，大部分生产者越来越贫困，财富的生产者转化为被人奴役的劳动者，社会上出现了"弃人"，即被抛弃的人，也出现了"弃物"，即被弃而不用的物品。②另外则是财富越来越向少数人集中，一部分人过分享乐腐化，追求"生生之厚"③。《老子》第五十三章指出当时的社会对立情况是："朝甚除，田甚芜，仓甚虚，服文彩，带利剑，财货有余。"即朝堂上打扫得十分整洁，穿着漂亮的衣服，佩带锋利的宝剑，饱食精美的饮食，占有多余的财富。而田野里都是一片荒芜，仓库里非常空虚。因此，老子认为这只能是使社会产生"大怨"。他说到这样的地步，即使想去调和，也已经很困难了："和大怨，必有余怨，安可以为善？"④社会的"大怨"，即使去调和，也必然还会有"余怨"，怎么可以达到完善的地步呢？

老子并没有停留在对社会异化现象的抨击，而是对造成社会异化的深层原因进行反思。他认为是人类对自身的感情和理性能力的过度自信才导致社会矛盾的激化。对于人的道德情感和理性能力，老子作了深入的批评，指出它们都不可能是正确的人生与政治原则的基础。例如人的

---

① 《老子·六十五章》。
② 《老子·二十七章》。
③ 《老子·五十章》。
④ 《老子·七十九章》。

情欲，一般人总是没有限度地追求财富和地位，到头来不但使自己的感官变得麻木，同时也使自己的心灵得不到宁静。他说："五色令人目盲，五音令人耳聋，五味令人口爽，驰骋畋猎令人心发狂，难得之货令人行妨。"① 即使人的所谓伦理和道德情感，在老子看来，也难以组建和谐的社会关系。除了家族成员之间的仁爱之情多少还有点合乎人的自然本性之外，人们在日常生活中所表现出的"仁爱"往往失之虚伪，反而把社会关系搞得更乱。至于人的认识能力——智慧，正如前面所指出的："智慧出，有大伪。"② 人们总是过分夸张自己的认识能力，并且依凭这种能力制造器物、设立制度，但历史证明，所有这些器物和制度反而使人迷失了自己的本性。老子认为，不要把人类自身看得过于伟大。

老子曾经归纳指出，如果要真正使社会归于宁静，就必须对现有的政治伦理信条进行反思。他说：

> 上德不德，是以有德，下德不失德，是以无德。上德无为，而无以为，下德无为，而有以为。上仁为之，而无以为，上义为之，而有以为，上礼为之，而莫之应，则攘臂而扔之。失德而后仁，失仁而后义，失义而后礼，夫礼者，忠信之薄而乱之首也。③

"上德不德，是以有德"，即是说真正有道德的人不以现有的"德"为德，因而他们才真正领悟和据有"德"。"下德不失德，是以无德"是说那些下德之人则死守现存的"德"不放，因而他们实际上没有真正领悟和拥有"德"。老子认为只有那些真正领悟和拥有德的上德之人才能无为而无不为，相反，那些没有真正领悟和拥有德的下德之人则难免有所局限。从现有的伦理道德原则来看，如果说仁还与真正的德有点联系、做到极致也能收到无为而无不为（"上仁为之，而无以为"）的效果的话，那么那些离真正的德已经很远的义与礼就不可同日而语了。从现实社会生活中看，固有的政治伦理道德造成了普遍虚伪和混乱。

---

① 《老子·十二章》。
② 《老子·十八章》。
③ 《老子·三十八章》。

老子认为我们需要换一种生活的方法。他对这种生活的方法作了点描述，总之是与当时流行的趋势唱反调：如一般推崇刚强，而他主张要柔弱不要刚强，"上善若水，水善利万物而不争，处众人之所恶"①。"天下莫柔弱于水，而攻坚强者，莫之能胜"②。"天下之至柔驰骋天下之至坚，无有入无间，吾是以知无为之有益。"③老子说他有三条原则：一是慈。二是俭。三是不敢为天下先④。这三条原则与当时的常识有很大不同。老子发现：委屈反而能够保全，屈枉反而能够伸张，低洼反而能够充盈，破旧反而能够新生，少取反而能够多得，贪多反而使人迷惑。

老子认为我们也需要换一种政治的法则。他理想的政治是道治。道治的主要内涵是无为。老子反对搞烦琐政治，主张"治大国若烹小鲜"⑤。反对刺激人们的欲望："不见可欲，使民不乱。是以圣人之治，虚其心、实其腹、弱其志、强其骨，恒使民无知无欲，使夫知者不敢为也。"⑥ 主张省赋敛："民之饥者，以其上食税之多也，是以饥；民之难治者，以其上之有为也，是以难治；民之轻死，以其上求生之厚，是以轻死。"⑦ 道治的内涵与现有的政治原则形成了鲜明的对立：比如过去要强调伦理，老子主张讲事理："其政闷闷，其民谆谆，其政察察，其民缺缺。"⑧ 比如过去要强调教化，老子主张讲自化："我无为而民自化，我好静而民自正，我无事而民自富，我不欲而民自朴。"⑨ 比如过去要强调群体，老子主张讲个体生命："名与身孰亲？身与货孰多？得与亡孰病？"⑩《老子》的理想社会被这样描绘：物质文明并不十分发达，科学技术成果即使有也不使用，人们主要通过自己身心的修养和调节，过着知足的生活。

---

① 《老子·八章》。
② 《老子·七十八章》。
③ 《老子·四十三章》。
④ 《老子·六十七章》。
⑤ 《老子·六十章》。
⑥ 《老子·三章》。
⑦ 《老子·七十五章》。
⑧ 《老子·五十八章》。
⑨ 《老子·五十七章》。
⑩ 《老子·四十四章》。

三 老子的文化反思哲学

老子的重大发现不仅在于他的崭新思维，而且在于他发明了新的哲学。老子有一个立足点是，道比人重要，谁也离不开道。他说："人法地，地法天，天法道，道法自然。"① 道即天地万物变化的总法则。老子认为应该把人类置身于自然规则之中，从自然规则与人类社会相统一的角度去把握人类生活的准则。

在老子之前，已经有对自然界运动变化的研究。老子与前人不同的地方是：

第一，他用更加概括的语言对自然界运动变化的过程和特点进行了描述。如他说："道生一，一生二，二生三，三生万物。万物负阴而抱阳，冲气以为和。"② 自然界基于阴阳二气的矛盾运动而产生变化。任何自然界的事物都是对立面的相互统一，例如美丑、难易、长短、高低、前后。

第二，他认为自然界运动变化具有法则。自然界万物的生长、毁灭，好像没有任何秩序，但实际上却存在和谐美妙的图景，而形成这种图景的法则即是道。只不过它不容易为人所认识，但它确实存在："道之为物，惟恍惟惚，惚兮恍兮，其中有象，恍兮惚兮，其中有物。窈兮冥兮，其中有精，其精甚真，其中有信。"③

第三，一般人认识自然运行的法则都是从事物主要的方面去加以把握，而老子说，在自然现象之中，实际上起主导作用的并不是事物刚强的方面，而是事物柔弱的方面。他曾以草木为例加以说明，春天来了，小草嫩芽初生，随风摇摆，看上去是多么柔弱，可是这时正是小草生命力最旺盛、最富发展前途的时候。一到秋天，小草已经长高，耸立在大风之中，看上去是多么坚强，可是这时正是它快要枯死，快要结束生命

---

① 《老子·二十五章》。
② 《老子·四十二章》。
③ 《老子·二十一》章。

力的时候①。事物效用的发挥也往往是事物否定的方面。老子曾举车匠制车轮、陶匠制陶瓶、工匠建房子等例子对此加以阐述。陶匠制陶瓶，要选择沙土，并依据一定火候，才能制成陶瓶。陶瓶制成后，真正起作用的并不是这些沙土，而是陶瓶中的空间。②老子认为常人因为看不到事物柔弱、否定的方面比刚强、肯定的方面更有力量，从而对自然运行的规则产生错误的认识。他把刚强、肯定的方面概括为"有"，把柔弱、否定的方面概括为"无"，并认为："反者道之动，弱者道之用。天下万物皆生于有，有生于无。"③也就是说，天道总是凭借它柔弱、否定的方面生育万物，柔弱、否定的方面包含着无限的可能性。

老子哲学思想最重要的启示是：一定要认识到人是有局限的，思考问题要有因天道而行的视野；二是要有"反者道之动"的逆向思维，要看到从反面看问题的重要性。这两点是老子给中国文化开出的清醒剂，对中国文化的发展产生了重大影响。

（原载《和谐世界以道相通：首届国际道德经论坛文集》，宗教文化出版社2007年版）

---

① 《老子·七十六章》。
② 《老子·十一章》。
③ 《老子·四十章》。

孟子人性论及其对早期儒学的发展

一 孟子人性论的基点

孔子在思想史上最大的贡献是他第一次明确地从人的主体情感出发阐释礼的起源。他认为礼不能离开人而独立存在："文武之道，未遂于地，在人。贤者识其大者，不贤者识其小者，莫不有文武之道焉。"① 礼如同甜美的笑产生于小巧的嘴唇、妩媚的顾盼源自明丽的眼睛一样，都有人的主体情感作为基础。② 譬如为父母服三年丧，在孔子看来就是子女为报答父母养育之恩而采取的措施。但孔子并不认为所有原生的主体情感都合乎礼的规范。人不但有直、勇、忠、信等好的品质，而且有克、伐、怨、欲等恶的情感。即使是好的品质，如果表现得不合宜，孔子也不认为是合礼的情感。譬如正直，孔子认为"人之生也直"③。但正直如果不遵守子为父隐、父为子隐的礼的规范，"其父攘羊而子证之"，孔子认为这种正直不是恰当的合礼的正直。④ "直而无礼则绞"⑤，不合宜的正直反而会变得尖刻刺人。孔子主张对主体情感的质加以适当的文饰："质胜文则野，文胜质则史，文质彬彬，然后君子。"⑥ 文质俱备，然后才能培养个人的仁德。

孔子对主体情感的重视肇始了众说纷纭的人性说。孔子的再传弟子

---

① 《论语·子张》。
② 《论语·八佾》。
③ 《论语·雍也》。
④ 《论语·子路》。
⑤ 《论语·泰伯》。
⑥ 《论语·雍也》。

世硕提出了人性有善有恶的看法，其后还有告子提出了人性没有善恶之分的看法，以及有的人性善，有的人性不善等看法。孟子则认为人性是善的。

在孟子看来，所有同类的事物都有相似的东西，人作为类而存在，应该有共同的特质。"故凡同类者，举相似也，何独至于人而疑之？圣人与我同类者。"① 他承认人类有共同的食色之欲："口之于味，有同耆也……至于味，天下期于易牙，是天下之口相似也。惟耳亦然。至于声，天下期于师旷，是天下之耳相似也。惟目亦然。至于子都，天下莫不知其姣也。不知子都之姣者，无目者也。故曰，口之于味也，有同耆焉；耳之于声也，有同听焉；目之于色也，有同美焉。"② 但孟子并不认为这种食色之欲的生理本能是人的特性。他反对告子"生之谓性"的观点，认为如果这种与生俱来的生理本能就是人的本性的话，那么"犬之性犹牛之性，牛之性犹人之性"③。生理本能作为有机体所共通的东西不能作为人的本质。人之所以为人的特征，应该从人的特殊机能中去寻找。

孟子认为这种特殊的机能就是人类的独特的思维器官——心。他说："耳目之官不思而蔽于物，物交物则引之而已矣。心之官则思，思则得之，不思则不得也，此天之所与我者。"④ 食色之欲不过是耳目口腹之欲，而高贵的心则有不同于耳目口腹的价值取向："饥者甘食，渴者甘饮，是未得饮食之正也，饥渴害之也。岂惟口腹有饥渴之害？人心亦皆有害。人能无以饥渴之害为心害，则不及人不为忧矣。"⑤ 一个人如果能够意识到心之害并非口腹之害，心之欲并非口腹之欲，他比起那些从不忧虑心有所害的人要高明得多。孟子认为心之所欲，心的价值认同即在于理义："心之所同然者，何也？谓理也，义也。圣人先得我心之所同然耳。故理义之悦我心，犹刍豢之悦我口。"⑥

孟子不满足于孔子在人的情性中区分善恶，而是试图给这种区分提

---

① 《孟子·告子上》。
② 《孟子·告子上》。
③ 《孟子·告子上》。
④ 《孟子·告子上》。
⑤ 《孟子·尽心上》。
⑥ 《孟子·告子上》。

供理性的支点，他认定这个支点即在于人类有别于动物的潜能和欲求。如果我们借用现代人本主义（以马斯洛、罗杰斯为代表）的理论名词，把生命有机体最基本的欲求称为生理本能，而把人潜在的超越环境以及意识生命意义的能力称为心理潜能，从生物进化的观点来说，在进化的历史进程中，人类作为进化的最高层次，其有机体确实具有一种超越一般生物界普遍的生理本能的心理潜能，而人类的本质在很大的程度上取决于心理潜能的实现和发挥。孟子把人性的基点落实到人类超越生理本能的心理潜能上，从而避免单纯从人的情感上讨论人性，这对孔子的学说是一个巨大的发展。

为了强调这一理论上的发现，孟子在许多言论中总是突出心与感官的区别，他认为更应该关注"心之官"，更应该重视"心之官"的培育。他说："人之于身也，兼所爱。兼所爱则兼所养也。无尺寸之肤不爱焉，则无尺寸之肤不养也。所以考其善不善者，岂有他哉？于己取之而已矣。体有贵贱，有小大，无以小害大，无以贱害贵。养其小者为小人，养其大者为大人。"① 他认为如果一个人只知道满足耳目之欲，而忽视了心理潜能的发挥与保养，那他就像园艺栽培者放弃梧桐梓树的培养、只去培养酸枣荆棘那样不识大体。

孟子这种对"心之官"的高度认识，使得后来儒家都无法不从人的理性能力去规定人性。即使认为人性恶的荀子，也吸取了孟子这一理论成果，把理性潜力和能力当作他的理论核心。

二　孟子人性论的内涵

孟子认为人心中所蕴藏的"四端"即人性。他说："恻隐之心，人皆有之；羞恶之心，人皆有之；恭敬之心，人皆有之；是非之心，人皆有之。恻隐之心，仁也；羞恶之心，义也；恭敬之心，礼也；是非之心，智也。仁义礼智非由外铄我也，我固有之也。"②

仁，作为道德概念，在孔子思想中是以家庭宗法伦理为核心的各种

---

① 《孟子·告子上》。
② 《孟子·告子上》。

道德的饱和，亦是孔子所树立的最根本的道德境界。仁德的体现主要遵循忠恕两大原则。孟子继承了孔子仁的宗法亲子关系为核心的伦理含义，把仁视为恻隐之心，并认为它是最基本、最普遍的人性概念，是其他人性概念的出发点。他说："仁，人心也；义，人路也"，"仁，人之安宅也；义，人之正路也。"①

孟子人性内涵不但吸收了孔子"仁"的概念，而且他明确而独创性地把"义"的范畴纳入人性领域。

自孔子以后，人性争端纠缠于主体情感，一般都立足于家庭亲子关系，即以"孝"为中心的道德情性来辨识人性之好恶。孟子认为人性概念不但有以孝为中心的恻隐之心的体现——仁，而且内含着调节普遍社会生活关系的羞恶之心的体现——义。告子认为人性无分善恶，"以人性为仁义，犹以杞柳为桮棬"。退一步说，即使人性中可包含仁，义也不能成为人性内在地概念。"义，外也，非内也。"他说："吾弟则爱之，秦人之弟则不爱也，是以我为悦者也，故谓之内。长楚人之长，亦长吾之长，是以长为悦者也，故谓之外也。"② 即我爱我自己的弟弟而不爱秦国某人的弟弟，这种爱的情感，不因为对象都是弟弟而相同，它是主观自生的，因而仁是内在的。相反，对长辈的尊敬这种情感不因为长辈是本国人还是楚国人而有区别，可见尊敬长辈的这种情感是由长辈这个外在的客体所决定的，因而义是外在的。孟子认为告子没有真正理解义，他说："我故曰告子未尝知义，以其外之也。"③ 他反驳告子说：所有的道德情感都源自道德主体，尊敬长辈的心情与爱自己的弟弟一样都是由尊敬者内心发出的，而不是由被尊敬者内心发出，"且谓长者义乎？长之者义乎？"④ 而且我们也并不是对年齿高的一切事物不加区别地对待，他反驳告子说："不识长马之长也，无以异于长人之长与？"⑤ 他主张义是内在于心的人性概念。

---

① 《孟子·告子上》《离娄上》。
② 《孟子·告子上》。
③ 《孟子·公孙丑上》。
④ 《孟子·告子上》。
⑤ 《孟子·告子上》。

孟子说："仁之实，事亲是也；义之实，从兄是也。"① 而实质上，孟子的仁的概念主要针对宗法伦理，而义则是针对宗法伦理之外的社会关系，是君臣上下贵贱之宜。他一方面竭力扩充仁的内涵以及覆盖面，"仁也者，人也，合而言之，道也"②，试图在宗法伦理的基础上建立普遍合宜的社会秩序。另一方面他也看到在一定的条件下，社会生活的义的范畴与宗法伦理的仁的范畴存在矛盾冲突。孟季子就曾把仁与义两大道德范畴置于乡饮酒礼的特定环境，分析二者的矛盾冲突以之难孟子的弟子公都子：

> 孟季子问公都子曰："何以谓义内也？"（公都子）曰："行吾敬，故谓之内也。""乡人长于伯兄一岁，则谁敬？"曰："敬兄。""酌则谁先？"曰："先酌乡人。""所敬在此，所长在彼，果在外，非由内也。"③

乡里人一起饮酒，虽然有人心里恭敬大哥，但敬酒时要先敬比大哥大一岁的长者，可见义是故意装出来的，违背人的意愿，从而是外在的。孟子不认为义是外在的，但他说："庸敬在兄，斯须之敬在乡人。"④ 无疑也承认了仁义的矛盾冲突。《孟子·尽心上》载桃应与孟子的一段对话，更有针对性地揭示了这种冲突："桃应问曰：'舜为天子，皋陶为士，瞽瞍杀人，则如之何？'孟子曰：'执之而已矣。''然则舜不禁与？'曰：'夫舜恶得而禁之？夫有所受之也。''然则舜如之何？曰：'舜视弃天下，犹弃敝蹝也。窃负而逃，遵海滨而处，终身䜣然，乐而忘天下。'"孟子看到了片面的家庭伦理的消极后果，他反对血亲复仇："吾今而后知杀人之亲之重也。杀人之父，人亦杀其父；杀人之兄，人亦杀其兄。然则非自杀之也，一间耳。"⑤ 主张以义来节制仁的体现。同时他又意识到家庭亲

---

① 《孟子·离娄上》。
② 《孟子·尽心下》。
③ 《孟子·告子上》。
④ 《孟子·告子上》。
⑤ 《孟子·尽心下》。

子关系的牢不可破，"夫夷子信以为人之亲其兄之子，为若亲其邻之赤子乎？"① 从而反对墨子的兼爱说："墨子兼爱，是无父也。"② 主张爱有差等。孟子的这种仁义定格实质上是中国古代社会关系在人性领域的折射。"仁之实，事亲是也；义之实，从兄是也；智之实，知斯二者弗去是也；礼之实，节文斯二者是也。"③ 礼，作为仁义范畴的节文与修饰，在孟子人性义定格的前提下，就以恭敬之心的形式包容于人性之中。

特别是孟子在人性中塞进了作为智之端的是非之心，从而为人性中仁义礼的现实化提供了手段。他特别强调智是对人的内在本性的体认和发挥。他认为"天下之言性也，则故而已矣。故者以利为本。所恶于智者，为其凿也。如智者若禹之行水也，则无恶于智矣。禹之行水也，行其所无事也，如智者亦行其所无事，则智亦大矣"④。内心之智就在于阐明人性之所以然时不讨顺人性中仁义而已，而不须穿凿附会。"智之实，知斯二者弗去是也。"

孔子讲智，在道德修养论中，一方面是指人对自己行为的反省，"见贤思齐焉，见不贤而内自省也"⑤。另一方面是指对师友环境有差别地选择，"里仁为美。择不处仁，焉得知？"⑥ 孔子关于智的论述体现出推理和比况以及概括提炼的特征。他多次谈到"告诸往而知来""由诸己而知人""举一反三"，又屡以生动的比喻揭示事物的本质，如由诗之"巧笑倩兮，美目盼兮，素以为绚兮"而阐明"礼"后，说明礼缘于主体情感的质。同时他教导学生运用思维能力抽象出事物的整体，他认为"诗三百，一言以蔽之，曰：思无邪"⑦，也很赞赏子贡对"礼之用，和为贵"的把握。孔子讲智除了对人自身的反省之外，更重要的是讲对外在条件的运用。孟子则更主要地把智限制在人性之中，强调人对自身仁义的体认。"诚身有道，不明乎善，不诚其身矣。是故诚者，天之

---

① 《孟子·滕文公上》。
② 《孟子·滕文公下》。
③ 《孟子·离娄上》。
④ 《孟子·离娄上》。
⑤ 《论语·里仁》。
⑥ 《论语·里仁》。
⑦ 《论语·为政》。

道也；思诚者，人之道也。至诚而不动者，未之有也；不诚，未有能动者也。"① 智的领域局限于人心之善，一定程度上损害了孔子论智的宏博及其生动性，成为后来儒学内省方法的雏形。

孟子关于人性内涵的分析，全面地揭示了当时社会礼制所包含的仁、义两方面的情感，它使孔子从情说人性的思路得到更进一步的条理化。非但如此，孟子把仁、义道德情感和人的理性认识潜力并列地视为人性内涵，从理论上克服了从情说礼的某些局限。

孟子仁、义道德情感与智的理性能力并列的人性论，既不同于纯情学说，又不同于纯理性学说，而是两者的互相统一，它也制约了儒学既不可能导向非理性方向发展，也不可能导向纯理性方向发展。它使儒家学者在认识自然和社会以及为人处世时，既重情，又重智，影响了后来儒学的理论建设的整个过程。

特别值得引起注意的是，孟子在谈论人性内涵时，并没有把全部现实的社会关系都融入人性范围，他只是说人性中潜在地存在着承载现实社会关系的可能。人性中并不是蕴藏着现实的仁义礼智，而只是仁义礼智所基之四种心理因素。他说："无恻隐之心，非人也；无羞恶之心，非人也；无辞让之心，非人也；无是非之心，非人也；恻隐之心，仁之端也；羞恶之心，义之端也；辞让之心，礼之端也；是非之心，智之端也；人之有是四端也，犹其有四体也。"② 但即便如此，孟子人性论也带有先验的人性色彩。不管人的超越生理本能的潜能是针对征服自然的潜能还是认识自己的潜能，在马克思主义看来，这种人的主体的内在尺度只有在实践中才能塑造人的本质，仅仅局限于主体的内在尺度而规定人的本质，不是把现实的关系折射于这种内在尺度，就是把历史关系积聚于这种尺度。

继孟子之后，荀子立足于人的生理本能而认为人性是恶的，他说："饥而欲食，寒而欲暖，劳而欲息，好利而恶害，是人之所生而有之，是无待而然者也，是禹桀之所同也。"③ 但他同样认为人类潜在地存在超越

---

① 《孟子·离娄上》。

② 《孟子·公孙丑上》。

③ 《荀子·非相》。

生理本能的潜能。他认为礼的产生不可能在无止境的生理本能的基础上，而只能产生于高级的潜能上，他继承了孟子耳目之官与心之官的区别，耳目口鼻是天官，而心是天君，心有征知，心能够综合耳目口鼻之感知而认识到不同于耳目口鼻所能感知的东西。① 荀子同样认为人类所共有的这种心知有共同的价值取向："天下之人，唯各特意哉？然而有所共予也。"② 但荀子却不像孟子那样断定这种心知潜藏着社会道德的萌芽，心知仅仅为现实的可能提供了条件，可能的潜在性并不等于现实的客观性，就像"足可以遍行天下，然而未尝有能遍行天下者"一样，"能不能之与可不可，其不同远矣"③。荀子虽然在生理本能上判定人性，但他的学说更多的是在社会实践中揭示人的本质。礼在他看来就是圣人凭着超越生理本能的潜能，在社会实践中看到单纯的生理欲求所产生的不可避免的混乱，而制定的对生理欲求作长远考虑的节制原则。正像人们既蓄猪狗又蓄牛羊而日常饮食不敢有酒肉一样，礼同样是"长虑顾后，而保万世"的瞻前顾后的计虑。④ 他说："孰知夫礼义文理之所以养性也。"⑤ 荀子虽然在礼中对等级关系等都给予认同，甚而把礼的发明权交给了特定的圣人，但其理论所体现出来的合理色彩则是第一位的。从孔子到荀子，我们可以看到孟子人性论在儒家学说中所产生的巨大影响。

三　孟子人性的修养论

在《孟子》一书中，不是看不到他对生理本能的注视。在其历史发展观中他认识到是先满足人的生理本能之后，才可能产生礼仪规范。"后稷教民稼穑，树艺五谷，五谷熟而民人育。人之有道也，饱食、暖衣、逸居而无教，则近于禽兽。圣人有忧之，使契为司徒，教以人伦：父子有亲，君臣有义，夫妇有别，长幼有序，朋友有信。"⑥ 他说："圣人治天

---

① 《荀子·天论》。
② 《荀子·大略》。
③ 《荀子·性恶》。
④ 《荀子·荣辱》。
⑤ 《荀子·礼论》。
⑥ 《孟子·滕文公上》。

下，使有菽粟如水火；菽粟如水火，而民焉有不仁者乎？"①但孟子更多的是揭示生理本能和心理潜能的矛盾对立，他认为人类只有在超越生理本能时才能实现人的价值。他说："饮食之人，则人贱之矣，为其养小以失大也，饮食之人无有失也，则口腹岂适为尺寸之肤哉？"②人如果只知道酒食之饱，而不知道高于此层次的精神追求，他甚至丧失了对生理本能的意义的理解。另外，孟子认为利与义为代表的两种本能的表现，在特定的环境中是不能两存的："生亦我所欲也，义亦我所欲也，二者不可得兼，舍生而取义者也。生亦我所欲，所欲者有甚于生者，故不可苟得也；死亦我所恶，所恶有甚于死者，故患有所不辟也。"③孟子对义利矛盾冲突的认识及其对生命意义的理解，使他不是把立足点置于人的生理本能的满足上，即通过对生命欲求的满足，通过以征服自然为主体的社会生产实践以培养道德情操，而是企图在纯主观精神领域培养道德自觉。

孟子提出了尽心说："尽其心者，知其性也；知其性，则知天矣；存其心，养其性，所以事天也。夭寿不贰，修身以俟之，所以立命也。"④他认为一般人之所以缺乏道德自觉，就是因为他们遗失了他们的本心，"仁，人心也；义，人路也，舍其路而弗由，放其心而不知求，哀哉！……学问之道无他，求其放心而已矣"⑤。他曾对高子说："山径之蹊，间介然用之而成路；为间不用，则茅塞之矣。今茅塞子之心矣。"⑥孟子进而推出尽心的方法，一是寡欲："养心莫善于寡欲。其为人也寡欲，虽有不存焉者，寡矣；其为人也多欲，虽有存焉者，寡矣。"二是思诚："万物皆备于我矣，反身而诚，乐莫大焉；强恕而行，求仁莫近焉。"⑦

养心、尽心，然后才得到对自身特点的反省，然后才知道人之为人的道理。在此基础上，孟子进而提出养志说和养气说。他与王子垫曾有

---

① 《孟子·尽心上》。
② 《孟子·告子上》。
③ 《孟子·告子上》。
④ 《孟子·尽心上》。
⑤ 《孟子·告子上》。
⑥ 《孟子·尽心下》。
⑦ 《孟子》之《尽心下》《尽心上》。

一段关于养志的对话：

> 王子垫问曰："士何事？"孟子曰："尚志。"曰："何谓尚志？"曰："仁义而已矣。杀一无罪，非仁也；非其有而取之，非义也。居恶在？仁是也；路恶在？义是也。居仁由义，大人之事备矣。"①

所谓"志"，即人的潜能的专注状态。孟子曾说："今夫弈之为数，小数也，不专心致志，则不得也。"② 专心然后致志，可见志乃是心官各种要素的集聚。孟子说养志，就是要使心官"居仁由义"，完全按照仁义道德情感的本性而合乎理性的运行。在这种状态下，心官的各种潜力就不再是四端的发散，而是四端等各种潜力达到调节和混合。

尽心、养志，是人性修养的两个重要阶段。但孟子认为，人心中更可能培养出高于"志"的心理状态，即"气"的状态。心理潜力得到调和，只要再加以妥善提升，就有可能呈现统一的趋向，这种趋向的磅礴周流就是"气"的状态。"夫志，气之帅也；气，体之充也。夫志至焉，气次焉。"③ 孟子认为只有意志（主要是指道德意志）伸展到的地方，气才舍止，即只有心理潜能的调节饱和才可能有这种饱和在主体中的周流磅礴。但孟子亦认为一旦气的状态形成，它就可能反作用于"志"，从而加强道德意志之周流与冲动。他说："志壹则动气，气壹则动志也。"④ 孟子认为他的长处在善于保养他的浩然之气，他说浩然之气："其为气也，至大至刚，以直养而无害，则塞于天地之间。其为气也，配义与道；无是，馁也。是集义所生者，非义袭而取之也。行有不慊于心，则馁矣。"⑤

孟子的"气"不是元气之类的物质形态，而是一种心理潜能的趋向与磅礴，是一种神妙的道德境界。孔子曾经说过："三军可夺帅也，匹夫

---

① 《孟子·尽心上》。
② 《孟子·告子上》。
③ 《孟子·公孙丑上》。
④ 《孟子·公孙丑上》。
⑤ 《孟子·公孙丑上》。

不可夺志也。"① 又曾说过："知之者不如好之者，好之者不如乐之者。"②既意识到了人的意志的难于动摇，又暗示出如果对某一事物产生了一种近乎审美的专注，这种专注比起对此事物的理性认知更高尚。这些思想都为私淑孔子的孟子的修养论提供了方法论的指导，但孟子首次在儒家修养论中提出气的概念作为道德主体在道德领域的充塞，并使意志与气构成系统的修养体系，气即意志在道德领域的自由，大大深化了儒家修养学说。这种意志在道德领域实现了自由的气的状态在后代儒家以诚的境界得到承继和发展。荀子就曾指出："君子养心莫善于诚，致诚则无它事矣。唯仁之为守，唯义之为行。诚心守仁则形，形则神，神则能化矣。诚心行义则理，理则明，明则能变矣。变化代兴，谓之天德。"③

孟子修养论一方面体现出他对生命意义的强烈信念；另一方面也反映出道德与社会现实之间存在一定程度的矛盾。孟子试图高扬人的道德主体意识，并以此来面对人生的各种处境，这一思想深深地影响了后来的儒家。

（原载《许昌师专学报》1994 年第 4 期，原题《孟子人性论及其对儒家思想的发展》）

---

① 《论语·子罕》。
② 《论语·雍也》。
③ 《荀子·不苟》。

论孔孟的仁义与天道

孔子从人的情感出发阐释礼的起源，他提到的人类情感，只不过是人类情感中的一个特殊部分，基本限于家族成员之间。孟子认为，人心中不但有以孝为中心的恻隐之心的体现——仁，而且内含着调节社会生活关系的羞恶之心的体现——义。孔孟都意识到人性的体现会遇到矛盾冲突，但孟子更加注意到道德心理引发的道德行为之间的矛盾，他对仁与义的冲突进行了正面讨论。孔孟都认为矛盾的解决关键在于对自身有更高的反思，但同时也意识到必须对天道加以思考，它表明儒家道德践履所遇到的矛盾还需要有超越人的道德心理，去思考更加广泛的问题。

一 仁义的提出

孔子从人的情感出发阐释礼的起源。他认为孝亲祭祖，都有相应的情感基础，孝基于对父母的敬爱，祭基于对祖先的怀念。譬如为父母服三年丧，就是子女对父母养育之恩的报答，它出自人的不忍之心。[①] 宰我欲废三年之丧，孔子说他"忍"，说他狠心。与狠心相反的就是不忍，就是爱心，这种不忍的心情就是仁。仁犹如洁白的质地，礼犹如色彩鲜艳的画面，"绘事后素"[②]，仁是礼的内在基质，礼是仁的外在流露。离开仁的礼没有实质性价值。"人而不仁，如礼何？人而不仁，如乐何？"[③] 子张概括孔子的思想时说："文武之道，未坠于地，在人。贤者

---

① 《论语·阳货》。
② 《论语·八佾》。
③ 《论语·八佾》。

识其大者，不贤者识其小者。莫不有文武之道焉。夫子焉不学？而亦何常师之有？"① 孔子对仁礼关系具有独创性的思想是与他观察分析人的情感分不开的。

孔子对社会发展提出了一些基本设想，他认为家族是社会的基本细胞，家族内的行为规范是其他社会规范的起点。"德之本"即在于人的内心道德情感，特别是孝。其弟子有若说："君子务本，本立而道生。孝弟也者，其为仁之本欤！"② 孔子曾说"吾道一以贯之"。曾子认为此"一"即"忠恕"。"忠"即"己欲立而立人，己欲达而达人"；"恕"即"己所不欲，勿施于人"③。也就是说，其他社会规范都源于不忍之心，是家族行为规范的外化。

孔子为日渐崩溃的礼寻找人类情感依托，把外在的行为规范转化为内在的心理需求。礼不再是冷冰冰的教条，而是人性的自觉流露。礼不再是贵族的专利，而是人类普遍的道德价值。他"把道德律从氏族贵族的专有形式拉下来，安置在一般人类的心理的要素里，并给以体系的说明"④。但是，孔子提到的人类情感，只不过是人类情感中的一个特殊部分，它基本限于家族成员之间的情感，更为广泛的人类情感还没有被提到应有的地位上来。

战国时期，随着宗法制瓦解，家族以外的社会伦理的相对独立性得到认识。在这样的历史条件下，孟子把孔子所强调的"仁"固定为家庭宗法基本伦理原则的同时，把"义"作为长幼关系、君臣关系等社会伦理原则加以讨论。他把仁视为恻隐之心，并认为它是最基本、最普遍的人性概念，是其他人性概念的基础。但他认为，人心中不但有以孝为中心的恻隐之心的体现——仁，而且内含着调节社会生活关系的羞恶之心的体现——义。他说："恻隐之心，仁之端也；羞恶之心，义之端也；辞让之心，礼之端也；是非之心，智之端也。人之有是四端也，犹其有四体也。"⑤

---

① 《论语·子张》。
② 《论语·学而》。
③ 《论语》之《里仁》《雍也》《卫灵公》。
④ 侯外庐等：《中国思想通史》（第1卷），人民出版社1957年版，第156页。
⑤ 《孟子·公孙丑上》。

为了论证"义"也是内在的,孟子曾与告子展开辩论。告子认为"义,外也,非内也",他说:"长楚人之长,亦长吾之长,是以长为悦者也,故谓之外也。"① 尊敬长辈的这种情感不因为长辈是本国人还是楚国人而有区别,不因为与自己关系的不同而有所区分,可见尊敬长辈的这种情感是由长辈这个外在的客体所决定的,取决于客观因素,因而义是外在的。孟子反驳告子说:所有的道德情感都源自道德主体,尊敬长辈的心情是由尊敬者内心发出的,而不是由被尊敬者内心发出,"且谓长者义乎?长之者义乎?"而且我们也并不是对年齿高的一切事物不加区别地对待,"不识长马之长也,无以异于长人之长与?"② 我们尊敬年龄比我们大的长者,对年齿高的动物最多只有爱惜,却谈不上尊敬,可见尊敬长者这种心情是由我们自己决定的,内在于人心。

孟子说:"人者,仁也,合而言之,道也。"③ 人心中的仁义属性与人之别于禽兽的理性能力就是"道",它是一切伦理原则的根据。在他看来,宗法伦理和社会伦理都是由仁义推演而来。他说:"人之所不学而能者,其良能也,所不虑而知者,其良知也。孩提之童,无不知爱其亲者,及其长也,无不知敬其兄也。亲亲,仁也,敬长,义也,无他,达之天下也";"人皆有所不忍,达之于其所忍,仁也。人皆有所不为,达之于其所为,义也"。④ 礼制即是对仁、义两种不同内容的伦理行为规范的调节和文饰。

孟子的仁与义都有明确的内容,他说:"仁之实,事亲是也;义之实,从兄是也。"又说:"亲亲,仁也;敬长,义也。"⑤ 所谓"从兄"与"敬长"同义。这个"长"包括一切长者,它不像亲亲之"亲"那样与自己仅有亲族关系,所以实质上,孟子的"仁"的概念主要针对宗法伦理,而"义"则是针对宗法伦理之外的社会关系,是君臣上下贵贱之宜。孟子一方面竭力扩充"仁"的内涵以及覆盖面;另一方面,他对"义"又非常重视,试图给"义"以相对独立的地位。"未有仁而遗其亲也,未

---

① 《孟子·告子上》。
② 《孟子·告子上》。
③ 《孟子·尽心下》。
④ 《孟子》之《尽心上》《尽心下》。
⑤ 《孟子》之《离娄上》《尽心上》。

有义而后其君者也。"① 他的仁义并重的道德论具有更加明确的社会意义，包容了更加广泛的内容，也比较符合中国古代社会关系的实际。

孟子继承了孔子从内在道德心理需求论证礼的起源的思想，并结合战国时期社会关系的变化，发展了孔子思想。

二 仁义的矛盾

在孔子看来，虽然礼起源于人的情感，但并不是所有原生的主体情感都合乎礼的规范。人不但有直、勇、忠、信等好的品质，还有克、伐、怨、欲等恶的情感，对于后者，孔子主张以礼加以克制，他说："克己复礼曰仁。"② 即使是好的品质，如果表现得不合宜，也会走向反面。例如，孝心如果不是"生，事之以礼，死，葬之以礼"③，就有可能出现过与不及的情况。又如正直，孔子认为"人之生也直"④，人天生就有正直品性，但如果超出了"子为父隐、父为子隐"的限度，"其父攘羊而子征之"，孔子认为这种正直就不合宜。⑤ "直而无礼则绞"⑥，不合宜的正直反而会变得尖刻刺人。孔子认为"仁"的体现会遇到矛盾冲突，但他认为只要顺从仁孝的本心，就一定能找到解决问题的办法。

人的道德心理的外化会面临一些矛盾冲突，人如何克制自己的食、色心理需求，使道德心理自然表露，这是孟子一再讨论的问题。孟子也注意到道德心理的表现如何合宜的问题，例如：孟子母丧，棺木过美，其弟子充虞质疑，孟子回答说："古者棺椁无度，中古棺七寸，椁称之。自天子达于庶人，非直为观美也，然后尽于人心。"⑦ 按照孟子的说法，上古没有葬制，人偶然发现亲人的尸体被狐狸吃着，被蚊蝇蛆吮，不禁额头上流着悔恨的汗，于是他回家取了锄头和畚箕把尸体给埋葬了。最

---

① 《孟子·梁惠王上》。
② 《论语·颜渊》。
③ 《论语·为政》。
④ 《论语·雍也》。
⑤ 《论语·子路》。
⑥ 《论语·泰伯》。
⑦ 《孟子·公孙丑下》。

初并没有对如何埋葬的限制，后来为了使孝敬之心有所节制，遂对棺椁的尺寸有所规定。孟子认为规定是必要的，但人们不应该因此而影响孝敬之心。他认为只要合礼，而财力又允许，就应该尽量把棺材做得精美一些，以防亲人的遗体在腐烂之前就被泥土玷污，而不能借口有礼制约束就马虎应付。孟子认为倘若孝亲之心与礼制规定遇到冲突，使自己的孝敬之心得到合乎情理的表现，才是问题的关键。

与孔子不同的是，孟子更加注意到道德心理引发的道德行为之间的矛盾，他对仁与义的冲突进行了正面讨论。我们来看看他讨论的一些典型事例：

一是尊兄与敬长的矛盾。尊兄是一种家族伦理行为，敬长是一种社会伦理行为，都有道德心理基础，但在特定的条件下，尊兄与敬长可能形成冲突。孟季子就把二者置于乡饮酒礼的特定环境，指出它们的矛盾冲突，并质疑孟子的弟子公都子。他说，饮酒的时候，虽然有人心里恭敬自己的大哥，但敬酒时要先敬比大哥大一岁的乡人，可见敬长是对尊兄心情的压制。他还由此推断义是故意装出来的，违背人的意愿，从而是外在的。孟子说："庸敬在兄，斯须之敬在乡人"①，内心永远尊敬自己的大哥，特定的条件下要尊敬年长的乡人，这只是仁义两种伦理行为的取舍，并不能由此否认义是内在的。

二是爱弟与爱民的矛盾。爱护自己的兄弟是人之常情，孟子说："仁人之于弟，不藏怒焉，不宿怨焉，亲爱之而已矣。亲之，欲其贵也，爱之，欲其富也。"② 但这种爱护可能造成对兄弟以外其他社会成员的损害，特别是当自己有能力使自己的兄弟凌驾于其他社会人员之上，而自己的兄弟又并非善人时。舜有个暴虐的弟弟叫作象，舜年轻的时候，他的弟弟总想杀害他，舜立为天子后不诛杀象，还封象为有庳之君，以尽自己的爱弟之心。但他又深知象的暴虐，为了使有庳之民免受其害，他不许象亲自治理有庳之民，而派官吏代象治理，收取贡税交纳给象。舜还经常接见象，保持兄弟情谊。③ 孟子认为舜不因为仁爱百姓而影响爱弟之

---

① 《孟子·告子上》。
② 《孟子·万章上》。
③ 《孟子·万章上》。

心,又不因为爱弟之心而使百姓受害,为后人处理这一关系做出了榜样。

三是孝父与守法的矛盾。父亲犯法,到底是应该压制自己的敬父之心而尊重法律,还是应该蔑视法律而实践自己的敬父之心呢?《孟子·尽心上》曰:"桃应问曰:'舜为天子,皋陶为士,瞽瞍杀人,则如之何?'孟子曰:'执之而已矣。''然则舜不禁与?'曰:'夫舜恶得而禁之?夫有所受之也。''然则舜如之何?'曰:'舜视弃天下,犹弃敝蹝也。窃负而逃,遵海滨而处,终身䜣然,乐而忘天下。'"① 当舜的父亲杀人犯法,作为天子的舜,一方面,不能禁止法官将其治罪;另一方面,舜抛弃天子之位,偷偷地背父亲逃走,沿着海边住下来,一辈子都快乐得很,把曾经做过天子的事忘得一干二净。孟子认为舜既不蔑视社会公义,又不违背自己的孝敬之心,只有弃天子之位,背负父亲而逃。

四是血亲复仇与仁民爱物的矛盾。孟子认为家庭亲子关系是最牢固、最永久的关系,他说:"夫夷子信以为人之亲其兄之子,为若亲其邻之赤子乎?"② 并因此攻击墨子爱无差等的学说,认为墨子的学说违背常情。正因为如此,倘若家族的某一人员受到伤害,作为受害人的家属就有义务为他复仇,父兄之仇不共戴天。但孟子又看到片面的宗法伦理带来的消极后果,他感慨地说:"吾今而后知杀人之亲之重也。杀人之父,人亦杀其父;杀人之兄,人亦杀其兄。然则非自杀之也,一间耳。"③ 杀了别人的父亲,别人也就会杀他的父亲;杀了别人的哥哥,别人也会杀他的哥哥。虽然父亲和哥哥不是他自己杀的,但等于是自己杀的。孟子对血亲复仇的行为表示理解,但并不主张这种行为。

五是私恩与公义的矛盾。《孟子·离娄下》说,郑人派善射的子濯孺子侵卫,卫国派善射的庾公之斯驱赶他。相遇时正值子濯孺子发病,拿不起弓来。庾公之斯说:"小人学射于尹公之他,尹公之他学射于夫子。我不忍以夫子之道反害夫子。虽然,今日之事,君事也,我不敢废。"不敢废"君事"是公义,不能杀带病的师爷是"私恩",怎么办呢?庾公之斯"抽矢扣轮,去其金,发乘矢而后反"——抽出箭来在车轮上敲打,

---

① 《孟子·尽心上》。
② 《孟子·滕文公上》。
③ 《孟子·尽心下》。

把金属箭头敲掉，射出四支没有箭头的箭，转身离去。孟子认为庾公之斯既不以公义废私恩，又不以私恩废公义，把二者的矛盾处理得恰到好处。

可见孟子不但讨论了道德心理如何合理地抒展的问题，而且揭示出道德主体引发的道德行为可能会引起冲突这一客观事实，它充分反映出宗法伦理与社会伦理是一对矛盾的统一体，虽然二者都有各自的心理基础。孟子认为这些冲突最终都能够得到合理的解决，而矛盾的解决原则是它们的心理基础都不能受到伤害。孟子比孔子更加明确地认识到义的必然性和严肃性。这是战国社会变化在思想史中的反映。

三　仁义与天道

孔子认为道德主体所遇到的矛盾的解决，需要主体自身对"仁"有高度自觉，孟子同样认为矛盾的解决关键在于对自身有更高的反思，他说人生来内心就有天赋的善端，同时也有为善的本能倾向，他以"今人乍见孺子将入于井"为例证进行论证说，人面临此一境地，必然会生起"怵惕恻隐之心"，而伸之以援手。人这样做，既不是为了"内交于孺子之父母"，不是为了"要誉于乡党朋友"，也不是"恶其声使然"，完全是恻隐之心自发的表露。① 他认为最自然、最恰当的伦理行为必定是不掺杂个人情绪和主观计较的自觉行为，圣人舜和常人庾公之斯之所以能够从心所欲不逾矩，就在于他们的处理方式都是由内心自发流出来的。

孟子认为，一般人之所以在复杂的矛盾冲突中找不到解决问题的办法，就是因为他们遗失了自己的本心，他提出"求其放心"②，要人们把遗失了的善心找回来，并加以发扬光大。找回善心然后才知道人之为人的道理。在此基础上，孟子进而提出养志说和养气说。孟子说养志，就是要使心官"居仁由义"，完全按照仁义道德情感的本性而合乎理性的运行。在这种状态下，人的情感和理性可能呈现统一的趋向，使得身体之

---

① 《孟子·公孙丑上》。
② 《孟子·告子上》。

气磅礴周流。一旦身体之气充沛，它就可能反作用于"志"，从而加强道德意志的周流与冲动，他说："志壹则动气，气壹则动志也。"① 孟子认为他的长处在善于保养他的浩然之气，而浩然之气"其为气也，至大至刚，以直养而无害，则塞于天地之间。其为气也，配义与道；无是，馁也。是集义所生者，非义袭而取之也。行有慊于心，则馁矣"②。孟子的浩然之气是一种心理状态而达到了神妙的道德境界。

孔孟从人自身去寻求矛盾解决的思路充分表现了早期儒学对于人的道德能力的自信，人自身的仁义既是一切外在规范的根据，同时又是解决外在规范冲突的根据。

但孔孟从人性去寻求矛盾解决的思路受到了两方面的挑战。首先，与孔孟同时，不断有人指出人的真正品性并非伦理道德，而是自然属性，用伦理道德来对人进行定位是对人的自然属性的误解，"彼民有常性，织而衣，耕而食，是谓同德；一而不党，命曰天放"③。其次，自老子以来，道家致力于对天道进行描述和概括，一再指出人不过是天地造化中一个十分渺小的环节，人不可能在人类领域得出存在的终极依据。真正领悟人生的圣人，"将游于物之所不得遁而皆存"④，他们不局限于人自身，而是从人与自然都不能背离的"道"去寻找根据。

对于人的道德品性的怀疑，孔孟都曾经进行了批评，特别是孟子对"生之谓性"的观点进行了猛烈的批驳，认为如果这种与生俱来的生理本能就是人的本性的话，那么"犬之性犹牛之性，牛之性犹人之性"⑤。他认为人有独特的心官，心官的价值认同不同于耳目口腹，耳目口腹之欲在食色，而"心之所同然者"，是"理"与"义"。⑥ 人的理性能力决定了人与动物的差异，从而也决定了人有道德能力。

对于由天道而确证人道的思路，孔孟都认识到它的重要性。他们试图沟通仁义与天道的联系，从而对天道自身也做出了新的发展。孔子认

---

① 《孟子·公孙丑上》。
② 《孟子·公孙丑上》。
③ 《庄子·马蹄》。
④ 《庄子·大宗师》。
⑤ 《孟子·告子上》。
⑥ 《孟子·告子上》。

为仁就是一种天命，他说："天生德于予"①，这种天生的德性绝不是桓魋之流可以任意摆布的，它不受任何外力的干预，也不会因为在道德实践中遇到艰难曲折而泯灭。社会的发展虽然不能完全取决于人的道德实践："道之将行也与，命也！道之将废也与，命也"②，但这绝不能动摇道德主体对仁的信念，也不能动摇对仁的实践的决心："颠沛必于是，造次必于是。"③ 如果对此没有认识，就不可能成为君子："不知命，无以为君子也。"④ 尽管孔子启发了对仁的独立的理性的思考，并有把仁与天命沟通的倾向，但他尚没有从理论上对二者的关系加以体系化的说明。他的学生子贡说："夫子之文章，可得而闻也；夫子之言性与天道，不可得而闻也。"⑤ 意思是说，他虽然听到过孔子对人的道德情性的讨论，却没有过多听说过孔子谈他的这种道德情性与传统天道的关系。

孟子对仁义与天命的关系有比较系统的论述。首先孟子指出，"莫之为而为者，天也，莫之致而至者，命也"⑥。仁义是莫之为而为、莫之致而至的天命。他说，人的恻隐、羞恶、辞让、是非之心是"天之所与我者"⑦，它是人一生下来就有的本性，它比起后天所获得的任何东西都要牢固永久。孟子还指出：行仁义是天命对人的召唤。他承认一个人对于食色的需求，如口好味，目好色，耳好声，生活好安逸等，也是生来就有的本性，不大容易改变。他还认为一个人的生存环境，他所面对的君臣、父子、朋友等社会关系，也是人的天命，是人力不可抗拒的。但他认为只有仁义乃是人最根本的属性，他说："口之于味也，目之于色也，耳之于声也，鼻之于臭也，四肢之于安佚也，性也，有命也，君子不谓性也。仁之于父子也，义之于君臣也，礼之于宾主也，知之于贤者也，圣人之于天道也，命也，有性焉，君子不谓命也。"⑧ 天命告诉人们物质生活需求和社会关系都是客观存在，但它同时指示人们不要因此而沉湎

---

① 《论语·述而》。
② 《论语·宪问》。
③ 《论语·里仁》。
④ 《论语·尧曰》。
⑤ 《论语·公冶长》。
⑥ 《孟子·万章上》。
⑦ 《孟子·告子上》。
⑧ 《孟子·尽心下》。

于生理和生活欲望的满足，不要因此而推诿行仁义的责任。天命召唤人们按照自己的道德本性去实践，即使遭受艰难困苦，甚至生命受到威胁也要勇往直前。最重要的是，孟子还指出，天道是仁义秩序最圆满的体现，只要人不懈地践行仁义，就一定能够发现这种秩序。他说："尽其心者，知其性也；知其性，则知天矣；存其心，养其性，所以事天也。"① 人如果能够充分展示自己的道德能力，就可以发现自然界的原理和奥秘，就可以知天，从而完全按照天道原理，圆满无缺地进行道德实践。他通过吸取《尚书》《诗经》中的"诚"的观念，把仁义圆满体现的天道视为"诚"，而把对"诚"之思则视为人道，认为只要"思诚"到达了与天道之"诚"相符的境界，就一定能够圆满无碍。他说："是故诚者，天之道也；思诚者，人之道也。至诚而不动者，未之有也；不诚，未有能动者也。"②

孟子所揭示的仁义与天道的联系是对中国传统天道观念的发展，他所得出的天道认识既不同于传统的迷信，又不同于道家的自然天道观，他给天道赋予了浓厚的道德色彩，对儒学天道观的进一步发展产生了深远的影响。而孔孟在重视人道的同时，意识到必须对天道加以思考，这不但说明对人道的认识的深入必然引发对天道的深入认识，同时还说明，儒家道德践履所遇到的矛盾还需要有超越人的道德心理，去思考更加广泛的问题。

[原载《湘潭大学学报》（哲学社会科学版）2005 年第 5 期]

---

① 《孟子·尽心上》。
② 《孟子·离娄上》。

道家思想与《易传》的形成

《易经》和《易传》在宋代以前被视为是一个统一的整体。自欧阳修怀疑《系辞》可能不是孔子所作，引起了人们对《易经》和《易传》的关系的思考。20世纪20年代以来，学术界已基本证实《易经》是周朝初年的作品，《易传》的成书年代则要比《易经》晚得多。至于《易传》与《易经》的关系，由于学者的观点和方法有别，得出的结论也不一样。有的学者提出《易传》是中国哲学史上第一部各家思想互相作用，而以道家为主要影响的著作。也就是说，《易传》是以道家思想为主导，在阐释《易经》过程中逐渐形成的道家典籍。"学界一向认为《易传》是儒家的典籍，这观点是错误的。"① 浅见以为：《易经》是老庄道家思想的来源之一，老庄道家思想又促进了《易传》的形成，但《易传》仍然是儒家思想的典籍。它所发挥的天道、人道观，与道家思想存在显著的差别。

一 《易》象与老子之道

《易经》本是一部卜筮之书。卜筮基于这样一种文化心理：承认宇宙、人生有一种人们无法直接推断的命运存在。《易经》中有许多关于帝和祖先神的权威的描述，充分反映了人们对于上帝和祖先神的崇拜。但《易经》强调可以凭借一定的方法来获得上帝和祖先神的启示。而且这种启示最集中地体现在六十四卦卦爻辞中。只要人们诚敬地进行卜筮，就有可能从六十四卦卦爻辞中推知将来的命运和行为方式。

---

① 参见陈鼓应《老庄新论》，上海古籍出版社1992年版，第270—271页。

六十四卦卦爻辞有的记载自然现象，有的记载社会现象。其中有一部分反映了当时人们求得生存的一些基本经验，如强调人们见微知著，"履霜坚冰至"① 应该勤劳、谦逊，"劳谦，君子有终吉"②。应该待人以诚："有孚在，道以明，何咎？"③ 可以说，《易经》是先民长期积累的生存智慧的汇总，基本上形成了以"孚"（诚）为核心的关于人们社会生活的人道。它不过是借助人们对天命的信念以及巫术形式，以一种客己的力量显示出来。

但《易经》还有一部分卦、爻辞则不像上述生存智慧那样给人以直接启示，它需要人们通过联想而理解。卦、爻辞中有许多关于自然景象的描述，如有被篱笆卡住了角的公羊（《大壮》），有在飞翔中突然耷拉翅膀的鸟（《明夷》），有过河打湿了尾巴的狐狸（《未济》），有在大山北面鸣叫的鹤（《中孚》），有发芽开花的枯树（《大过》），有毁耳折足的古鼎（《鼎》）。这些自然现象与人们的命运到底存在什么样的关系？《易经》对某些自然现象与人的关系作了吉凶判断，如"栋桡，凶"④。但并没有对此进行论述说明。因此，虽然《易经》认识到了自然现象与人的生存状况有密切的关系，人的行为方式和命运可以通过与自然现象的互渗而体现出来，但并没有对此进行理论上的证明。

因此，关于《易》象的研究，始终是论释《周易》的一个重要方面。从《左传》所记载的情况来看，西周初年不久即有关于《易》象的专门著作。公元前540年，晋侯使韩宣子聘鲁，观书于太史氏，见《易》象与鲁《春秋》，曰："周礼尽在鲁矣。吾今乃知周公之德与周之所以王也。"⑤ 韩宣子从《易》象与鲁《春秋》推知周公之德，可见在西周初年就有关于《易》象的专门论述。这种《易》象到底是一种怎样的理论呢？

公元前672年，周史解释陈敬仲少年时所筮之卦，遇观之否，就曾利用卦象说：

---

① 《易经》之《履》初六爻辞。
② 《易经》之《谦》九三爻辞。
③ 《易经》之《随》九四爻辞。
④ 《易经》之《大过》九三爻辞。
⑤ 《左传·昭公二年》。

坤，土也；巽，风也；乾，天也。风为天于土上，山也。有山之材，而照之以天光，于是乎居土上，故曰"观国之光，利用宾于王"。庭实旅百，奉之以玉帛。天地之美具焉。故曰："利用宾于王。"①

意思是说，观卦上卦为巽，取象风；下卦为坤，取象土。否卦上卦为乾，取象天。今遇筮得观卦六四爻，并变为否卦九四爻，则观卦上卦巽（风）变为否卦上卦乾（天），居于坤（土）之上，即"风为天于土上"。否卦六二至九四爻，为艮象，取象山，就否卦而言，天光照于山上，山上之材又居于土，是树木兴盛之象，预示陈敬仲后代有国而王，故说："观国之光，利用宾于王。"否卦中艮又象门庭，乾象金玉，坤象布帛。故说"庭实旅百，奉之以玉帛"。像这种解释卜筮所遇卦爻辞的，还有公元前597年荀首推断晋将先縠必败于楚等。

这种释易方法，不再把卦、爻辞孤立地来预测吉凶祸福，而是通过把八卦归纳为数种自然景象，然后再依据卜筮这种特殊的方式，使卦象与卦象之间产生相互联系，进而从理论上对卦爻辞的意义进行判断。就《左传》《国语》所提供的取象资料来看，春秋时期，人们一般把乾象征为天、君、父、王；把坤象征土、母、帛、众；把坎象征水、川、众、夫；把离象征火、日、鸟、牛、侯；把震象征雷、车、足、男；把巽象征风、女；把艮象征山、庭；把兑象征泽、旗等。这种对于自然现象的直观归类，表明人们对于自然现象的认识开始由零散导向规范，开始探讨自然现象之间的内在联系。特别是，由于对《易》象的理解，总是结合人们的生存状况，结合人们对命运的预测，如周史所释陈敬仲所筮之卦，就是把自然景象（风变为天而覆盖在大地上，日光照耀在大地上的林木）与人的生存（将要由臣变为君取代齐的统治，子孙后代必将蒸蒸日上）紧密结合起来。这一思想引导人们通过对自然景象内在原则的研究而寻求人们生存的依据和寄托。

老子的自然哲学就是基于这一背景，并受到了易象学说的影响。学术界已有许多学者对老子与《易》的关系发表过十分恰当的意见。有的

---

① 《左传·庄公二十二年》。

学者看到了《老子》与《易经》在句法上的相近，有的看到了《老子》尚谦、尚俭、守柔等思想与《易经》人生智慧的相通。但就其侧重而言，《易经》给予老子自然哲学最大启发的应是西周初年以来被不断发展的易象学说。原因有二。

第一，老子之道是对易象所反映的自然界的内在原则的高度抽象。

西周初年以来的易象虽然对自然界各种现象作了初步规范和归类，但尚没有从中总结出一般原则。老子认为，综观卦象之间的上下无常，纵横交错，可以概括出自然景象的一个本质特征，那就是"周行而不殆"①。同时，从爻变的角度看，凡筮得阳爻，其数为九，筮得阴爻，其数为六，都代表着事物的极限，必然要向另一自然现象（事物的存在状态）转化，因此，可以概括出自然景象的另一个本质特征，那就是"物壮则老"②。就自然界"周行而不殆"与"物壮则老"并列来看，自然界显然有一定的规则可循，那就是事物时刻都在运动中，而且这种运动过程是无穷无尽的，它们相辅相成，向各自的对立面转化。老子把这种规则性的认识称之为"道"。"道"是老子对易象内在规则的抽象，它确实不像易象那么有具体现象可以感知，故老子把它名之曰："大象。"③ 也就是对易象的统括。老子多次论述了"道"的不可感知，多次点明"道"的玄妙属性。

非但如此，老子还结合春秋时期人们对自然界认识的成果，对自然界的生化过程作了描述。说"道生一，一生二，二生三，三生万物"，说"天下万物生于有，有生于无"④。表明老子还试图在易象内在原则的抽象和概括的前提下，对整个易象借以存在的宇宙生化过程进行阐述，试图对易象进行更高层次的把握。这是易象学说得以继续发展的重要理论基础。

第二，老子之道继承了易象与人的生存原则密切联系的特征，阐发了道论前提下的人生政治伦理原则。

---

① 《老子·二十五章》。
② 《老子·五十五章》。
③ 《老子·三十五章》。
④ 《老子》之《四十二章》《四十章》。

老子之"道",落实到人生,就叫作"德"。由于老子认为从自然哲学引发出的德不可与儒家伦理规范混同,有时他又把它称为"玄德"。它主要体现为自然无为、致虚、守静、生而不有、为而不恃、长而不宰、柔弱不争、居下取后、慈、俭、朴等。这些原则,正如有些学者所指出的,有一些是直接由《易经》而来,有一些则是老子对自然哲学的独特体悟,比如他从"物壮则老",事物总是向对立面转化,而总结出:"将欲歙之,必固张之;将欲弱之,必固强之;将欲废之,必固兴之;将欲取之,必固与之,是谓微明。"[①]

老子由自然哲学引发的人道观,一方面是易象人道观的继承,另一方面也是易象人道观的发展。他把《易》象由个别自然景象与人生状况的比附提高到从自然界的内在原则去论证人的生存原则上来,表明他既承认自然界与人有着密切的联系,又主张应从自然界的原则去考察人类精神乃至生活方式与自然界的同一性。

可见,《易经》对老子的影响主要是西周初年以来被发展了的易象学说以及易象的思维方式。而老子也并非被动地照搬照抄,他所提出的道论,既继承了易象学说及其思维方式,又把易象学说提高到一个新的高度,并开创了《易》学研究的新局面。

二 道家对儒学的批评与《彖》《象》二传的形成

与老子自然哲学相反,以孔子为代表的儒家主张从人的存在状况去阐述人的生存原则。孔子就曾多次从人的情性角度调和社会个体与礼制规范的矛盾冲突,并认为礼缘人的情性而设。孔子之后,儒家有些派别把人性论提高到本体角度。如孟子就认为人性中仁、义、礼、智四端就是"道",是万物的本原,只要尽心知性,善养浩然之气,就可以与天地同流,儒家从人性立论的理论遭到道家的批评。庄子就曾指出,人不过是宇宙生化过程中一个十分渺小的环节,不可能从人本身得出万物的普遍原则:"自我观之,仁义之端,是非之涂,樊然

[①] 《老子·三十六章》。

殽乱，吾恶能知其辨。"① 只有从自然天道中才能真正求得人生的正确生存原则，"圣人将游于物之所不得遁而皆存"②。

为弥补理论上的不足，儒家要树立其学说的天道依据。他们的眼光也集中在《易经》的诠释上面，而这主要是因为儒家思想本身与《易经》所汇集的人生智慧有继承和发展的关系，特别是《易经》对"孚"（诚）的强调，本身就是儒家仁论的思想来源之一。同时，儒家重视《易经》还受到了孔子晚年学术倾向的影响。

孔子晚年好《易》，读《易》"韦编三绝"，他自己还不无遗憾地说道："假我数年，五十以学《易》，可以无大过矣。"③ 长沙马王堆出土帛书《系辞》卷后佚书《要》篇记载孔子晚年学《易》，"居则在席，行则在囊"。孔子学《易》，是"观其德义"，有可能是想从《易》的取象学说去印证他一贯主张和实行的人伦道德学说。孔子这位对道德主体有着深刻认识的思想家在读《易》时所产生的天道人道相融的独特感受，虽然孔子本人并没有把它形诸文字，但它至少影响了他晚年所培养的学生，为弥合儒家天道、人道的暂时脱节，提示了发展趋向。

自孔子以后到战国中期，儒家对《易经》所做的工作主要集中在三个方面。

第一，以"玩其辞"所谓引义连类的方法，结合《易经》个别语句论证儒家学说的合理。

春秋以来，有人就曾避开《易经》的卜筮，直接用经文某语句表明对某事的看法。儒家继承和发展了这种方法。相传是子思派的作品《礼记》中的《中庸》《表记》《坊记》《缁衣》等篇，有儒家大量的对《易经》的引申发挥。如《表记》曾引《蒙》卦卦辞"初筮告，再三渎，渎则不告"，说明儒家"无礼不相见"的主张的正确。又如《坊记》引《无妄》六二爻辞"不耕获，不菑畬，凶"来说明儒家论礼、财关系的主张的正确等。这种论证儒家主张的办法，实际上表明儒家把《易经》当作一部权威经典，希望从儒道都认同的《易经》中阐述儒家的人伦政治

---

① 《庄子·齐物论》。
② 《庄子·大宗师》。
③ 《论语·述而》。

主张同样有天道依据。

第二，儒家还对易象作了进一步补充发展，并侧重阐述《易》象的启示意义。

《彖传》《象传》对八卦所象征的事物作了补充。其中社会内容明显增加。如乾象征君子，坤象征小人，震象征刑法，巽象征政教，坎象征大众，艮象征贤人，等等。取象范围更加广泛。

儒家还从上述卦象中比附出政治、伦理主张。如《象传》：

　　乾，象曰：天行健，君子以自强不息。
　　坤，象曰：地势坤，君子以厚德载物。
　　屯，象曰：云雷屯，君子以经纶。
　　蒙，象曰：山下出泉，蒙，君子以果行育德。

在《象传》作者们看来，《易》象中包含了修身、齐家、治国、平天下的道理。天生生不息，告诫人们自强不息；地之广大宏博，启示人们德行深厚。阵雨前云行雷动，提出人们行事要有计谋方略。山中涌出的泉水，点醒人们修德应持之以恒。值得注意的是，在阐发《易》象的启示意义时，儒家还把发展中的伦理、政治主张也统摄其中。如汤武革命，顺天应人，这种主张以民心向背为主要依据去评价王朝更替的历史观，就被儒家巧妙地融于《革》卦的诠释之中。

第三，儒家还吸取道家关于《易》象内在原则的抽象和概括的理论成果，对自然现象的内在原则作了独特的提炼，概括出刚柔往来的天道论，并以此作为儒家学说的根本依据。

受道家道论的影响，《彖传》和《象传》也把世界各种事物看作消息盈虚、永无止境的自然过程。如《丰卦·彖传》说："日中则反，月盈则食，天地盈虚，与时消息，而况于人乎？况于鬼神乎？"《恒卦·彖传》说："终则有始。"而且这种消息盈虚是由于事物自身发展的结果。

但《彖传》《象传》与道家天道观的一个显著差别是它结合爻位来说天道的规则。它把组成八卦的根本符号"—""- -"分别视为"刚"与"柔"，并认为每卦自下往上，凡单数者为刚位，凡双数者为柔位。虽然在六十四卦中，刚柔关系多种多样，有刚柔交，刚来而下柔，刚上而柔下,柔来而文刚,柔上而刚下,刚柔分,刚决柔,刚遇柔,柔履刚,柔乘刚,柔变刚,刚柔应,柔得中乎外而顺乎刚,柔在内而刚得中等①,但只有刚柔得位又得中,才体现了自然运动的正常秩序,才是自然天道运行之中。

有些学者仅注意到《彖传》《象传》关于天道运行的过程与老子思想的某些相似,从而断定《彖传》《象传》是道家作品,恐怕不是全面地看问题。儒家对自然现象规则的认识有一个基本原则是不能索隐行怪。《中庸》说:"索隐行怪,后世有述焉。吾弗为之矣。"探索自然天道,儒家不主张超出常识、违背常理。而道家老子则不以天道违背常理为讳。他说:"天下皆谓我道大,似不肖;夫唯大,故似不肖。若肖,久矣,其细也夫!"② 儒家的天道刚柔论却不违背常识。

首先,它认为自然界的运动并不是只有起始和归根才是最重要的,而是事物运动变化的中和状态才是最重要的。因此,《彖传》《象传》强调对天道的认识应该"观其所感""观其所聚""观其所恒""中正以观":

> 天地感,而万物化生,圣人感人心,而天下和平。观其所感,而天地万物之情可见矣。(《咸·彖传》)
> 观其所聚,而天地万物之情可见矣。(《萃·彖传》)
> 观其所恒,而天地万物之情可见矣。(《恒·彖传》)
> 中正以观天下。(《观·彖传》)

这种认识天道的方法显然要求把握天道的具体过程,而不像道家那样轻视具体环节。

其次,由《彖》《象》二传引出的人生原则与道家道论有不同。《彖传》说:"日月得天而能久照,四时变化而能久成,圣人久于其道,而天下化成。"而以刚柔范畴结合交位所显示的人伦政治原则,极为明显地对

---

① 参见高亨《〈彖传〉〈象传〉中之爻象爻数备查表》,《周易大传今注》,齐鲁书社1979年版,第48—51页。

② 《老子·六十七章》。

现实伦理关系作了积极的肯定，并没有导出对仁、义、礼、智的否定。可见《彖》《象》二传的天人关系论，并不是道家的天人论。

总之，《彖》《象》二传是儒家在吸收道家学说之后，逐步提出的儒家独特的天人关系学说，它标志着儒家政治、伦理学说的天道根据也由此而得到基本确立。

三　战国中晚期道家学说的发展与《系辞》阴阳天道论

战国中晚期，随着儒家天道刚柔变易论的确立，道家学说也产生了一些新的变化。庄子以后的一些新道家，就通过吸收儒家学说的长处，来弥补理论上"蔽于天而不知人"的局限。道家关于自然界运动变化的规则的探讨，也由重视起始和归根转向对具体过程的分析。从而老子和庄子所阐发的关于宇宙生化过程的学说成为道家道论的重要内容。世界本原性的"道"被解释为"气"或"精气"，而阴阳二气是贯穿于万物变化过程的最本质的要素。并通过阴阳二气运动变化的具体过程，引发出不同时期、不同季气的农耕兵战之术，形成了"因循天道"的人生政治、伦理原则。

新道家关于天道过程的抽象概括很快就成为当时天道论的重要学说。邹衍还以此探讨世界的本原乃至历史的变化发展。到荀子时，"天地合而万物生，阴阳接而变化起"[1]，基本上成为人们阐释自然变化的常识。

《易经》的研究也吸收了道象阴阳二气变易的天道观，其中最突出的是《系辞》《说卦》《序卦》等。

《彖传》在解释《泰》《否》两卦时，曾运用阴阳范畴：

> 泰。彖曰：泰，小往大来，吉，亨。则是天地交而万物通也，上下交而其志同也；内阳而外阴，内健而外顺，内君子而外小人，君子道长，小人道消也。
>
> 否。彖曰：否之匪人，不利君子贞，大往小来。则是天地不交

---

[1] 《荀子·礼论》。

而万物不通也；上下不交而天下无邦也。内阴而外阳，内柔而外刚，内小人而外君子，小人道长，君子道消也。

但这还是结合泰、否二卦的组成要素乾、坤而言，尚没有把爻位也纳入阴阳框架。

以阴、阳二气贯穿整部《易经》来解《易》，曾经是一个独立的易学支脉。晋杜预《左传集解·后序》说："会汲郡汲县有发其界内旧冢者，大得古书，皆简编科斗文字……《周易》上下篇与今正同。别有《阴阳说》，而无《彖》《象》《文言》《系辞》"。这一易学支脉在战国中晚期成为易学的主流。

《系辞》《说卦》就曾用阴阳二气概括天地万物的变化过程，说"一阴一阳之谓道"，阴阳二气，"变动不居，周流六虚，上下无常，刚柔相易，不可为典要，唯变所适"①。但它又有一定的规则可循，只有"极深研几"的圣人才能较为全面地认识到。

《系辞》等所阐发的天道观，无疑是《易》象研究的又一巨大进步。它表明人们对《易》象所反映的自然界内在规则的认识的深入。之所以能出现这种天道观，道家对自然生化过程的研究和概括固然有一定影响，但也不可忽视《系辞》等传关于天道论述的独创性。

首先，它并没有排斥《彖传》《象传》天道刚柔变易论的成果和原则。这点特别典型地集中于像《彖》《象》二传那样，利用《易经》爻位来释《易》。《系辞》曾概括刚、柔二爻的功能说：

若夫杂物撰德，辩是与非，则非其中爻不备。噫！亦要存亡吉凶，则居可知矣。知者观其彖辞，则思过半矣。二与四同功而异位，其善不同，二多誉，四多惧，近也。……三与五同功而异位，三多凶，五多功，贵贱之等也。其柔危，其刚胜邪？②

意思是说，第二爻和第四爻则同为阴爻位，但由于第二爻居下卦中

---

① 《易传》之《系辞上》《系辞下》。
② 《易传·系辞下》。

位，而第四爻居外卦偏位，由于阴柔之道不可致远，故不能有第二爻的功效。同样，第三爻和第五爻同为阳爻位，但第五爻居外卦中位，而第三爻居下卦偏位，贵贱有别，也不能取得如第五爻的功效。因此，备理庶物，辨别是非，不能离开中爻。也就是说阴阳二气虽然往来变化，莫知其极，但只有阴阳二气的中和状态才是天道运行的常规，一切偏移必将以此常规为归宿。这显然是儒家对刚柔变易论的继承发展。

其次，《系辞》等传不但以阴阳范畴对儒家伦理、政治主张作了更进一步的论证，同时还试图从理论上沟通天道与性命的关系。

《系辞》等传对儒家的伦理、政治学说，有的从起源上去论述，有的继续利用《易》象，并提示了更复杂的取象范围。但《系辞》等传利用阴阳范畴论述儒家伦理政治主张最成功的地方，在于它将儒家所坚持的伦理、政治精神与具体的君臣关系分别开来。它认为虽然由阴阳定位所揭示的伦理、政治原则是不可变易的，但并不是说现实的君臣关系不可变化。只要奉行中道，能够完满地承担历史使命，便可成为实际的君主。《系辞》等传所阐释的这种道统与君统相即相离的关系，使得儒家的政治、伦理学说具有一定的社会批判作用。

《系辞》等传还试图把《易经》原有卜筮观念所强调的对天命的信念与儒家的道德情怀连接起来。它认为："一阴一阳之谓道，继之者善也，成之者性也。"① 阴阳变化把一些基本属性内化于人。这些基本属性，结合《系辞》等传的解释，主要是人的情性，特别是人的道德和理性能力。它是人们能够了解自身与天道的基础。但《系辞》也认为，人要真正践仁知天，尚需对人类社会和自然进行真正的研究和改造。只有在这一基础上，才能了解天道真实，从而达到天人合一的神妙境界。这种思想与战国中晚期儒、道二家关于天人关系的理论发展相符合。

《系辞》还总结了自春秋以来的释《易》方法，集中了春秋以来的释《易》成果。《系辞》说："易有圣人之道四焉：以言者尚其辞，以动者尚其变，以制器者尚其象，以卜筮者尚其占。""尚其辞"即引义连类的释易方法。《系辞》有多处被认定为是孔子对《易经》卦爻辞的发挥，如说孔子曾引《中孚》九二爻辞论君子言行慎谨，"鸣鹤在阴，其子和之，我有好

---

① 《易传·系辞上》。

爵，吾与尔靡之。"子曰："君子居其室，出其言善，则千里之外应之，况其迩者乎！居其室，出其言不善，则千里之外违之，况其迩者乎！言出乎身，加乎民；行发乎迩，见乎远。言行，君子之枢机。枢机之发，荣辱之主也。言行，君子之所以动天地也，可不慎乎！"又说孔子曾引《乾》上九爻辞论君主必须依靠臣民，"'亢龙有悔'。子曰：贵而无位，高而无民，贤人在下位而无辅，是以动而有悔也"①，等等。可以说"尚其辞"引义连类的释《易》方法仍然被《系辞》视为易学思想的一个根本起点。

"观其象"即取象方法。《系辞》甚至把整部《易经》都视为一个象征体系，说："易者，象也。象者，像也。""圣人有以见天下之赜，而拟诸其形容，象其物宜，是故谓之象。"它还把取象分为"居者观其象""制器者尚其象"两类。前者指人们能从《易》象中体会出为人处世的道理；后者指人们能从易象中悟出车船弓矢书契的创造原理。总之，《易》象可以引发人的理性思维。这种思维又是《周易》进一步发展的又一基点。

"尚其变"即从自然、社会现象的变化求得一般规则的释《易》方法。《系辞》认为刚柔天道论以及阴阳天道论，就是"尚其变"的典型表现。

《系辞》对春秋以来的释《易》方法作了一次比较全面的总结，同时它又以"尚其变"为核心，把其他释《易》方法统一于阴阳天道论之中，从而使得原有释《易》成果组合成一个完整的体系。

总之，从《易经》到《易传》是一个长期的思想发展过程，在《易传》的形成过程中，体现了儒家学说的发展线索，体现了儒家对道家以及新道家天道论的吸收和消化。它与春秋战国思想潮流相始终。如果说《周易》包含着西周以前人们的思想、观念，是上古文化和原始思维的沉淀，那么《易传》也是春秋至战国中晚期人们关于自然、社会以及个体生存状况的思想的沉淀。也正是因为《周易》经传凝聚了秦汉以前中华民族长期的文化传统，它有着无穷的魅力。

（原载《周易研究》1994年第4期，原题《试论道家思想与〈易传〉的形成》）

---

① 《易传·系辞上》。

二　两汉经学学术刍议

汉代经学的发展历程及其特点

孔子整理《尚书》《周易》《诗》《礼》《乐》《春秋》的思想与方法，对儒家学派继续研究这些文献产生了重要影响。与儒家相对立的学派对经书的不同研究角度，大大开阔了经书研究的视野。汉朝初年，自孔子以来关于儒家经籍的研究成果尚未得到足够的认识和发掘，学者所传习的经书，大都是用"隶书"书写的，称为今文经。当时，虽然收集了一批用战国时代六国文字书写的儒家经典（后来称为古文经），有些内容还得到学者们的研究，但对它们的研究还不成气候，不够系统。古文经学的形成是由于刘歆对它的大力提倡。今古文经学学术上的冲突与融合为重新整理诸经传提供了条件，使古代文献在原有含义之外，又增添了新的意义，扩大了经书的涵量。

一 春秋战国时期"六经"的发展历程

"六经"即《尚书》《周易》《诗》《礼》《乐》《春秋》。《尚书》亦称《书》《书经》。它是中国上古历史文献和史迹记述的汇编。所记上起虞舜时代，下至春秋秦穆公，按时代先后分《虞书》《夏书》《商书》《周书》四部分。《周易》亦称《易经》《易》，是古代占卜书，主要是六十四卦和三百八十四爻。《诗》亦称《诗经》，是古代诗歌总集，共三百零五篇，分风、雅、颂三部分。作品上起周初，下至春秋中叶，大部分是今陕西、甘肃、山东、山西、河南等地民歌，小部分是当时贵族作品。《礼》亦称《礼经》，周代礼制的汇编。《乐》即音乐，一说此经已佚；一说它即包含在《诗经》等文献之中，诗的曲调即《乐》。《春秋》亦称《春秋经》，以鲁国历史为核心，记载了鲁隐公元年（前722）到鲁哀公十四年（前481）共242年间的史事，内容涉及周王室和各诸侯国之间的政治、军事活动，以及日食、地震、水灾等自然现象。

《尚书》《周易》《诗》《礼》《乐》《春秋》就其原始意义来说，只是记载虞夏至春秋时期的历史、风俗、制度等文化内容的文献。西周时期，贵族子弟于学宫学习"六艺"，"六艺"即礼、乐、射、御、书、数，其中就包括上述文献的某些内容。春秋时期，孔子继承西周鼎盛时期的"六艺"教育传统，并对原有教学内容进行改革，做了不少文化典籍的整理工作，将《诗》《书》《礼》《乐》《易》《春秋》当作教学的课本，同时对这些文献的中心思想予以概括。如他指出《诗》的核心思想是"思无邪"[1]。学习《诗》具有十分重要的作用，"《诗》，可以兴，可以观，可以群，可以怨，迩之事父，远之事君"[2]。学习《诗》可以抒发个人情感，可以观察社会，了解人生，可以增强集体意识和合作精神，可以从中体会事父事君的做人道理。又如《尚书》，孔子认为其中也蕴含着"孝悌"人伦道理。《书》云："孝乎惟孝，友于兄弟，施于有政。"[3] 学习《尚书》既可了解古代政治概况，又能从中知道政治以人伦为本的施政原理。再如《礼》，孔子对夏礼、商礼、周礼都有研究，并做出"吾从周"的理性选择，同时又强调在日常行为规范中应以礼为根本，"不学礼，无以立"[4]。《易》也是孔子用功甚勤的文献，他晚年读《易》，竟至"韦编三绝"，他还指出，学习《易》不能局限于卜筮，而应该从易理中品味做人的道理。《春秋》本是鲁国编年史，经孔子笔削后，其字里行间隐藏着"正名分""寓褒贬""明善恶"的良苦用心。《乐》也是孔子订正的主要内容之一，他指责新乐"郑声淫"，认为《昭》《武》等雅乐可以提高人的精神修养境界，"子谓《韶》，尽美矣，又尽善也；谓《武》，尽美矣，未尽善也"[5]。他主张音乐应是美与善的和谐统一。《诗》《书》《礼》《乐》《易》《春秋》，经过孔子的编订，开始成为儒家教学比较系统的教材。

---

[1] 《论语·为政》。
[2] 《论语·阳货》。
[3] 《论语·为政》。
[4] 《论语·季氏》。
[5] 《论语·八佾》。

孔子对《诗》《书》《礼》《乐》《易》《春秋》的整理，使这些历史文献本身被赋予了新的含义。孔子是一位有远大理想和政治抱负的思想家、教育家，他对历史和现实都有独立深刻的认识。他指出历史的发展是继承与创新的统一，历史的本质是"礼"，如果认识到礼是历史发展中最根本的东西，"虽百世，可知也"①，即使要预测百代之后的社会，也能够对它的基本特征有所了解。他主张为政以礼，要以周公为政治榜样，使社会恢复到上下有序的礼制状态。而要实现这一政治目标，关键在于君臣、父子、夫妇等各个社会阶层，都要唤醒自身的道德良知，恪尽自己的职责。孔子还竭力寻求其政治主张、伦理主张的理论依据，求证于人的道德情感，认为礼制规范其实也是人自身的情感需求。例如为父母服丧三年的礼制出于子女对父母养育之恩的报答。可见礼并不是客体对于主体的凌驾和强制，而是人性的合理舒展。他又将人间正道求证于历史教训，认为以他的父母之国——鲁国——为核心共计242年历史之所以战乱频繁、人伦变故、上下易位、天怨人怒，就是因为上自天子、下至诸侯，都不按照礼制规范行事，丧失了道德理性和政治理性。他甚至还试图通过对《周易》的诠释，构建起政治、伦理主张的"天道"依据，指出《周易》所谓阴阳变易的天道，其中给予人的启示，就是"德义"——与人应该恪守以礼为核心的伦理道德、政治道德不相矛盾。孔子依据他的思想来整理古代文献，古代文献既是他的思想得以产生的源泉，同时又是他发挥其思想的材料。孔子在整理古代文献的过程中，有订正，有删削，对于一些他认为不完全真实的内容，他参照其他材料加以改正，对于那些他认为不合乎理性的内容，他予以删削。如《尚书》经过孔子删削之后，据说存于世者，尚有百篇之多。又如《诗》，《墨子》等先秦典籍引用《诗》往往与孔子所订《诗》不完全一样。所有这些，都证明孔子整理古代文献，并不是纯粹为了保存文献，而是在古代文献中灌注自己的思想认识。这就使古代文献在原有含义之外，又增添了新的意义。

孔子对古代文献的整理，其思想与方法对儒家学派继续研究这些文献产生了重要影响。儒家后学进一步搜寻历史文献，对孔子在文献整理

---

① 《论语·为政》。

过程中所出现的某些失载进行弥补；另外，他们也视这些历史文献即孔子思想的依托，并依据他们对于孔子思想学说的认识，以及他们对儒学的新的发展，将历史文献的内容加以新的引申。因此，在孔子之后到战国秦汉之际，对于《诗》《书》《礼》《乐》《易》《春秋》的研究，在某种程度上就成为儒家学派的一大理论特征。《庄子·天运》篇就是把对这几部书籍的研究当为以孔子为代表的儒家学派的特色："孔子谓老聃曰：丘治《诗》《书》《礼》《乐》《易》《春秋》六经，自以为久矣，孰知其故矣。"《庄子·天下》篇甚至还能够将它们的宗旨进行比较凝练的概括："《诗》以道志，《书》以道事，《礼》以道行，《乐》以道和，《易》以道阴阳，《春秋》以道名分。"道家学派能够对儒家学者所关注的典籍作出上述概括，这与当时儒家学派对它们的研究密切相关。儒家学者对于这些典籍的研究，使得这种研究本身也就成为一种学问，此即汉代所谓经学雏形。

值得注意的是，儒家学派在孔子后曾经发生分裂。最著名的说法是战国末期韩非所提出的"儒分为八"说：

> 世之显学，儒、墨也。儒之所至，孔丘也。墨之所至，墨翟也。自孔子之死也，有子张之儒，有子思之儒，有颜氏之儒，有孟氏之儒，有漆雕氏之儒，有仲良氏之儒，有孙氏之儒，有乐正氏之儒。自墨子之死也，有相里氏之墨，有相夫氏之墨，有邓陵氏之墨。故孔、墨之后，儒分为八，墨离为三，取舍相反不同，而皆自谓真孔、墨，孔、墨不可复生，将谁使定世之学乎？[①]

儒分为八，不一定是孔子死后儒家即分为八个不同学派，而是在孔子之学自春秋末年到战国末期的流变中，先后有八种不同的思想风格出现。[②] 但不管怎样，这些思想风格都能从孔子及其七十二贤人、三千弟子中找到思想渊源。学者认为，孔子一生学术有前、中、后三期变化，而

[①] 《韩非子·显学》。
[②] 吴龙辉：《原始儒家考述》第三章"儒家集团的分裂与流变"，中国社会科学出版社1996年版，第106—116页。

其弟子又各有个性，儒家内部的不同和分歧，也必然在对《诗》《书》《礼》《乐》《易》《春秋》的态度和诠释中反映出来，而这些不同的解释又影响了这些典籍的进一步发展。

春秋战国时期，对《诗》《书》《礼》《乐》《易》《春秋》研究的不只是儒家。与孔子大致同时的墨子也同样重视《诗》《书》等文化传统，并把它们当作教学的课本。与儒家相对立的道家学派，为了了解对手的立论依据，也表现出对古代书籍的一定兴趣。例如，庄子就对历史进行过具体研究，并且提出了与儒家不同的历史观。法家韩非的著作中也多次称引儒家经书。这些研究，代表着与儒家对待经书的不同研究角度，大大开阔了经书研究的视野。

《诗》《书》《礼》《乐》《易》《春秋》经过孔子后学的整理和研究，其具体面貌已与孔子所删定的定本不完全一样，到秦汉之际，已出现了许多重大变化。

例如《诗》，《史记·孔子世家》说：

> 古者《诗》三千余篇，及至孔子，去其重，取可施于礼义，上采契、后稷，中述殷周之盛，至幽、厉之缺。……三百五篇，孔子皆弦歌之，以求合《韶》《武》《雅》《颂》之音，礼乐自此可得而述，以备王道，成六艺。

在孔子删《诗》以前，《诗》是否有三千余篇，今不可详知。但《墨子·公孟》篇说："诵诗三百，弦诗三百，歌诗三百，舞诗三百。"可见当时诗篇确实不少。在孔子之前，诗篇可能有一些编订本。如《左传》襄公二十九年，吴季札在鲁观乐，鲁太师为奏十五国风和《雅》《颂》，其编次与今本《毛诗》大体相同。孔子删《诗》，很有可能以这种编订本作为依据。先秦旧籍中引《诗》者不只是儒家，据统计，包括儒家在内的诸子引《诗》共248条，与今本《诗》同者136条，与之相异者91条，不见于今《诗》的逸诗21条。但在诸家之中，儒家引诗较其他诸子引诗多数倍至数十倍，且儒家引诗多数与今本《诗》相同，不见于今《诗》的逸诗较少，而诸子引逸诗比儒家稍多。可见，当时对《诗》的研究很广泛，但现传汉代《诗经》——所谓今本《诗》主要是儒家所编订，且在今本《诗》之前，儒家所传《诗》篇较今稍多。在儒家诸子中引《诗》最多者是子思、孟子、荀子。子思引《诗》69条，孟子35条，荀子83条。① 思、孟与荀子对儒家经书的态度并不完全一致。思、孟以《诗》《书》为本，荀子以《礼》《乐》为本。孟子言诗，以义理为先。他曾说：

> 故说《诗》者，不以文害辞，不以辞害志。以意逆志，是为得之。如以辞而已矣，《云汉》之诗曰："周余黎民，靡有孑遗。"信斯言也，是周无遗民也。②

"文"即作品的文采，"辞"即作品的言辞，"不以文害辞"，就是不要因为作品的文采损害对事物真实性的描述。"意"即读者的心意，"志"即"诗人志所欲之事"，"以意逆志"就是指读者以自己的心意去领会作者所要表达的意思，这种方法，主体意识较强。而荀子则反对妄说义理。《荀子·大略》说：

> 善为《诗》者不说。

所谓"不说"，即只是传达，反对以己意附会。西汉申培治《鲁诗》只作训诂，就经中文字名物作解，而不作传，不附说大义，可能是荀子的传统。思、孟与荀子对待《诗》的两种态度自然会对《诗》的整理产生影响。

就《尚书》而言，春秋时期，孔、墨都把《书》作为主要读本。墨子引用《书》的次数远远超过儒家的《论语》《孟子》《荀子》诸书。战国时，百家为论证自己的主张，尽力搜集古代文献史料，《书》篇又有不少发现。其中有的见于汉代所传《尚书》，有的汉以后失传而被称为逸《书》。刘起釪曾归纳先秦文籍18种引《书》情况，指出它们共引用了汉

---

① 刘克雄：《据先秦诸子引诗论孔子删诗之说》，载《诗经论文集》，台北：黎明文化事业公司1981年版。

② 《孟子·万章上》。

代《尚书》29篇中的15篇。所引汉代发现的所谓逸《书》16篇有《舜典》《伊训》《咸有一德》《武成》。此外《书序》百篇，除汉代通行本29篇析成31篇以及古文逸篇16篇析成24篇，共计55篇，尚有45篇。此45篇中被引用者有：《泰誓》《仲虺之诰》《说命》《太甲》《君陈》《蔡仲之命》《君牙》。此外，先秦文籍还提到一些特别的篇名，如《禽艾》《九刑》《祭公之顾命》《夏令》《周制》《训语》《懿戒》《誓命》《夏训》《虞人之箴》《禹刑》《汤刑》《伯禽》《唐诰》《距年》《竖年》《相年》《术令》《禹誓》《驯天明不解》《汤之官刑》《武观》《去发》《三代不国》《执令》《禹之总德》《子亦》《夏谚》等。共计引《书》达330多次，所出篇名共达50多篇。①

整体看来，汉代通行本《尚书》28篇在先秦称引最频繁，次数最多，所谓孔子删定《尚书》百篇中其余篇（包括逸16篇）共只称引10篇左右，而且集中在《泰誓》《仲虺之诰》《说命》3篇上。同时，各家引用《书》篇，分歧不小。同一篇各家所引，除基本相同点外，在文句方面大都出现很大歧异。如《甘誓》，儒、墨两家本子内容相同，文句的歧义却不小。又如同样是《仲虺之诰》一段话，《荀子》和《吕氏春秋》所引即有不小出入。即使同一家引同一篇，在自己学派中传录的本子也多歧异。如《墨子·非命》上、中、下引《仲虺之诰》同一文句有显著差异。《尚书》在春秋战国时期出现的上述变化加大了后来《尚书》的整理难度。

就《礼经》而言，孔子向往周礼，对周代政治规模有所讲授，但他谈礼，重点在于士礼。孔门弟子精于礼者，据《大戴礼记·卫将军文子》，有公西赤，孔子曾说："二三子欲学宾客之事者，于赤也。"据陶潜《圣贤群辅录》，有漆雕氏。《韩非子·显学》篇亦说："漆雕之议，不色挠，不目逃，行曲则违于臧获，行直则怒于诸侯。"据刘师培《经学传授考》，孔子弟子精于礼乐者不少：

《礼》《乐》二经，孔门传其学者，尤不乏其人，如子夏、子贡，

---

① 刘起釪：《尚书学史》第二章"《尚书》在先秦时的流传情况"，中华书局1989年版，第22、25、31—32、62页。

皆深于《乐》，曾子、子游、孺悲，皆深于《礼》。六国之时，传《礼经》者，复有公孙尼子、王史氏诸人。而孔门弟子，复为《礼经》作记，又杂采古代记礼之书，以及孔子论礼之言，依类排列，荟萃成书。而子思作《中庸》，七十子之徒作《大学》，咸附列其中。惟当世学者溺于墨子非乐之言，致战国之时，治《乐经》者遂鲜。此《礼》《乐》二经兴废之大略也。①

儒家后学对仪礼加以丰富，补充了大量礼节仪式，涉及冠礼、婚礼、士相见礼、乡饮酒礼、聘礼、乡射礼等各个方面。这些新补充的礼仪，有的是对周代礼制的补遗，有的则是春秋战国时代的新制，还有的是儒家学者缘情制礼，对于礼制所做的发挥。近人就曾根据书中的丧葬制度，结合考古出土器物，证明今存《仪礼》一书中有大量战国中期礼制。同时，儒家后学还编纂了《周礼》。《周礼》这部所谓周代政治大法的著作，实际上也不完全是周代制度，其中同样有春秋战国时期的官制，有儒家学者关于理想政治制度的发挥。

孔门传《礼》，往往于经文之后附列记、传。贾公彦《仪礼疏》云："凡言记者，皆是记经不备，兼记经外远古之言。"《仪礼》各篇中，有13篇经文后附有记传。《汉书·艺文志》著录的有关礼的记除《记》131篇外，还有《明堂阴阳》33篇、《王史氏》21篇、《曲台后仓》9篇、《中庸说》2篇、《明堂阴阳说》5篇。这些篇章，都是对礼的仪式和意义的解释。如战国末期出现的《礼运》，"记五帝三王相变易及阴阳转旋之道"。篇中讨论礼的起源，认为礼本于天，殽于地，列于鬼神，用于饮食、丧葬、射、御、冠昏、朝聘及宗庙祭祀，是社会生活的普遍原则。循礼而治，可以使父子笃、兄弟睦、夫妇和、君臣相正，小则可趋小康，进则可致于大同。像这类论述礼的各种论文，被西汉戴德所收集的就有204篇，他从中挑选了有代表性的85篇，编为《礼记》，称为《大戴礼记》。他的侄子戴圣挑选了49篇，称为《小戴礼记》。可见孔子之后对于《礼经》的整理和研究是多么蔚为大观。

---

① 刘师培：《经学传授考》，《刘申叔先生遗书》（第66册），宁武南氏排印本，1936年。下同。

孔子之后，儒家关于音乐思想的论述仍有不少。汉代刘向校书得《乐记》23篇，其中11篇内容见于《礼记》之《乐记》，可见汉代《乐记》乃是对战国秦汉间音乐论述的汇集，据说所汇集的篇章包括《乐本》《乐论》《乐施》《乐言》《乐礼》《乐情》《乐化》《乐象》《宾牟贾》《师乙》《魏文侯》。此外还有12篇，《乐记》未录，它们是：《奏乐》《乐器》《乐作》《意始》《乐穆》《说律》《季札》《乐道》《乐义》《昭本》《招颂》《窦公》。《汉书·礼乐志》说"河间献王采礼乐古事，稍事增辑至五百余篇，今学者不能昭见"，可见汉初河间献王就有不少关于音乐的残篇。

就《易经》而言，孔子《易》道验证人道启发了儒家后学对它作进一步整理。自孔子之后到战国中晚期，儒家对《易经》所做的主要工作大致有三个方面：一是以"玩其辞"所谓引义连类的方法，结合《易经》的个别语句论证儒家思想主张的合理性。二是以"观其象"所谓取象喻义的方法，结合《易象》论述象中所包含的哲理。三是以"尚其变"所谓推究易道变化规则的方法，来深化儒学对于天道的研究。与道家学派重视天道运行的起始和复归不同，儒家强调对天道的认识应该"观其所感""观其所聚""观其所恒""中正以观"。也就是要观察天道运动的对立统一，要观察它的常态和主要方面。儒家认为阴阳二气的矛盾过程即天地万物的变化过程，"一阴一阳之谓道"，阴阳二气"变动不居，周流六虚，上下无常，刚柔相易，不可为典要，唯变所适"[1]，但实际上又是有规律的，只有"极深研几"的圣人才能较为全面的认识到。而这种规律就是阳主阴从，阴阳变化始终是以矛盾的和谐为主要目标。这种天道，不但揭示了儒家所宣扬的政治、伦理主张是天地之常经，同时也说明在人诞生之初，就已经从天道中赋有了道德和理性能力，这是人正确认识生命意义的基础，也是人实现自我，了解天道，达到天人合一境界的根据："一阴一阳之谓道，继之者善也，成之者性也。"关于孔子之后儒家学派对于《周易》研究的不同角度，在《系辞》中曾经有所总结，它说"易有圣人之道四焉：以言者尚其辞，以动者尚其变，以制器者尚其象，以卜筮者尚其占"，如果从这四个角度来看孔子之后《周易》研究的具体

---

[1] 《周易》之《系辞上》《系辞下》。

成果，不难想象其丰富的程度。大约在战国晚期，儒家学者对这些研究成果加以收集，分为10篇，即《彖上》《彖下》《象上》《象下》《文言》《系辞上》《系辞下》《说卦》《序卦》《杂卦》，又称《十翼》，作为《周易》研究最权威、最有代表性的作品。这些作品的形成虽然被儒家一概归功于孔子，但与孔子对《周易》的阐释相比，它们无论在篇幅和内容上都已大不相同。

就《春秋》而言，孔子教导弟子，除介绍《春秋》所记述历史之外，还介绍他对历史的认识。而他关于历史的认识有一些已由《春秋》本文反映出来，有一些则因为各种因素的制约只是口授给弟子，未有明确的文字记载。孔子之后，弟子们根据自己的理解，对《春秋》的中心思想进行概括，往往自以为是，各安其意，形成对《春秋》本文的不同理解。从"微言大义"角度对《春秋》进行阐释的著作，在汉代有《公羊传》和《谷梁传》两种比较重要的定本。它们分别汇集了思路大致相近的众多儒家后学的诠释之说，如《公羊传》就有公羊高、子沈子、子女子等师说。《公羊》和《谷梁》后来都溯源于子夏，被视为是子夏之后研究《春秋》的两种代表性的成就。在《公羊》《谷梁》之外，又有《左氏春秋》，相传为左丘明所撰。此书解释《春秋》，主要就《春秋》所述历史事实立论，重视对历史事件的原委的记载，代表着与《公羊》《谷梁》不同的研究思路。

由上可见，经过春秋战国诸子百家的理论纷争，儒家六部重要的经典——《诗》《书》《礼》《乐》《易》《春秋》都已产生了变化，与孔子所删定本有了很大区别，这些区别一方面体现了儒家学者对儒家学说的发展历程和研究成果，另一方面也扩大了经书的涵量。

二 西汉经学学术的经世特点

经书的研究，在秦始皇时期遭到重大挫折。李斯奏曰："今诸生不师今而学古，以非当世，惑乱黔首……如此弗禁，则主势降于上，党与成乎下。"遂"请史官非《秦》记皆烧之。非博士官所职，天下敢有藏《诗》《书》百家语者，悉诣守尉杂烧之。有敢偶语《诗》《书》者，弃市。以古非今者，族。吏见知不举者，与同罪。令下三十日不烧，黥为城旦。所不去者，医药卜筮种树之书。若欲有学法令，以吏为师"。① 李斯的请求获得批准，遂有焚书之令。当时所禁之书，主要是儒家五经，百家诸子虽未尽毁，亦不许民间私藏。此后又有坑儒事件。经过这次政治压制，儒家经书的研究转入低潮。

汉初，天下初定，政治上以黄老"无为而治"作为指导思想，与民休息，直到文帝、景帝之时，儒学也未引起重视。但就在文、景之世，儒家学者开始发出要求改革的呼声。贾谊（前200—前168）于文帝时上《治安策》，在提出抑制诸侯、抗击匈奴等具体策略之外，还特别指出，要用儒家思想取代黄老道家思想。与贾谊同时而稍后的有晁错（前？—前154），他本"学申商刑名"，以文学为太常掌故，曾受诏从伏生受《尚书》，也极力反对因循无为的作风，主张君主要积极有为。

汉武帝即位，儒学开始上升到政治思想的主导地位。建元元年（前140）冬十月，诏举贤良方正直言极谏之士，从宰相卫绾奏，罢治申、商、韩非、苏秦、张仪之言者。建元元年秋七月，议立明堂，遣使者安车蒲轮，束帛加璧，征鲁申公。申公是鲁人，《诗》学专家。罢申、商、韩、苏之学而重儒学，表明汉武帝开始重视儒家学说。建元五年（前136）春，置五经博士。建元六年（前135），反对儒学的窦太后崩，武安侯田蚡为丞相，黜黄老刑名百家之言，延文学儒者以百数，儒学出现了前所未有的复兴机遇。此后董仲舒上"天人三策"，提出"罢黜百家，独尊儒术"，儒家经书的搜集和研究成为学术潮流，自孔子以来关于儒家经籍的研究成果得到不断发掘。

秦始皇焚书时，"六经"诸子都被焚毁。汉朝初年，学者所传习的经书，大都是用"隶书"书写的。它们包括辕固生所传《齐诗》，申培公所传《鲁诗》，韩婴所传《韩诗》，伏生所传《尚书》，高堂生所传《礼》，田何所传《易》，公羊寿、胡毋生所传《春秋公羊传》和江公所传《春秋谷梁传》。

早在文帝时，传《鲁诗》的申公、传《韩诗》的韩婴已立为博士，景帝时又立传《齐诗》的辕固为博士。汉武帝建元五年立五经博士，除上述三家《诗》以外，还有伏生弟子欧阳氏《尚书》，胡毋生、董仲舒所

---

① 《史记·秦始皇本纪》。

传《公羊春秋》，高堂生所传《礼》，田何所传《易》。《史记·儒林传》曾说：

> 及今上（指汉武帝）即位，赵绾、王臧之属明儒学，而上亦乡之，于是招方正贤良文学之士。自是之后，言《诗》于鲁则申培公，于齐则辕固生，于燕则韩太傅；言《尚书》自济南伏生；言《礼》自鲁高堂生；言《易》自淄川田生；言《春秋》，于齐、鲁自胡毋生，于赵自董仲舒。

《汉书·儒林传·赞》也说：

> 自武帝立五经博士……《书》唯有欧阳，《礼》后，《易》杨，《春秋》公羊而已。

汉武帝将《诗》《书》《礼》《易》《春秋》五经立为博士，这五部儒家书籍被正式定为法典，而它们所依据底本都是所谓"今文"。

元朔五年（前124），汉武帝批准公孙弘所议，为博士置弟子50人。汉昭帝时，又增博士弟子员满百人。此后，博士弟子员数日增，说经者日众，经说越加详密。在原立博士官的五部经典之中又分出一些门派。如伏生所传《尚书》，在欧阳氏之外，又有夏侯胜、夏侯建所谓大、小夏侯《尚书》学，高堂生所传《礼》又在后苍之外，分别出戴德、戴圣所谓大、小戴的《礼》学；田王孙所传《易》又分出施雠、孟喜、梁丘贺的《易》学；董仲舒、胡毋生《春秋》又分出严彭祖、颜安乐二家。在上述五部经典之外，另一部研究《春秋》的《谷梁传》也受到蔡千秋、尹更始等人的重视。宣帝时，于甘露元年（前53）召开了一次讨论《公羊》《谷梁》同异的会议，由于太子太傅萧望之的支持和宣帝的偏好，谷梁学被扶植起来，取得了与公羊学派并列的地位。甘露三年（前51）又召开了石渠阁会议，讨论五经异同，由萧望之记录各种分歧的论点，然后由宣帝亲自裁决。会议结果设立了梁丘《易》学，大、小夏侯《尚书》学，《谷梁春秋》博士，《礼》分立大戴、小戴两家《礼》博士。至此，经学14博士基本建立。此即

《尚书》：欧阳氏，大、小夏侯三家；

《诗》：鲁、齐、韩三家；

《礼》：大戴、小戴二家；

《易》：施雠、孟喜、梁丘、京房四家；

《春秋》：公羊、谷梁二家。

石渠阁会议实际上是将不同派别的儒家经说都立为官学。

西汉经学研究具有如下几个特点。

第一，它把孔子当为素王，认为"五经"是孔子政治理想的集中体现，不惜援引谶纬来论证经书是为汉世制法。

"素王"一词最早见于《庄子·天道篇》："以此处下，玄圣、素王之道也"。后人的解释是"有其道而无其爵者"谓素王。但庄子并没有将素王特指为某人。汉代儒家学者把孔子视为素王。最早提出此说的是西汉初期写定的《公羊传》。据清人臧琳引晋人孔舒元本《春秋公羊传集解》曰："十有四年春，西狩获麟，何以书？记异也。今麟，非常之兽。其为非常之兽何？有王者则至，无王者则不至。然则孰为而至？为孔子作《春秋》也"。这段话把只有王者才能得到的祥瑞——麒麟出与孔子作《春秋》联系起来，其中心思想即是说孔子作《春秋》包含着为后世制法的王者之意，也就是说，孔子虽不居王位，但有王者之道。董仲舒即明确提出孔子《春秋》即素王之文，"孔子作《春秋》，先正王而系万事，见素王之文焉"[①]。

除《春秋》以外，《尚书》《诗》及《易》《礼》诸经也大体被视为孔子经世之志的体现。如成书于汉初的《尚书大传》曾记载：

子夏读《书》毕，孔子问曰："吾子何为于《书》？"子夏曰："《书》之论事，昭昭若日月焉，所受于夫子者弗敢忘，退而穷居河济之间，深山之中，壤室蓬户，弹琴瑟以歌先王之风，有人亦乐之，无人亦乐之。上见尧舜之道，下见三王之义，可以忘死生矣。"孔子愀然变容曰："嘻！子殆可与言《书》矣。虽然，见其表，未见其

---

① 《汉书·董仲舒传》。

里，窥其门，未入其中。"颜回曰："何谓也？"孔子曰："丘常悉心尽志以入其中，则前有高岸，后有大谿，填填正立而已。六《誓》可以观义，五《诰》可以观仁，《甫刑》可以观诫，《洪范》可以观度，《禹贡》可以观事，《皋陶谟》可以观治，《尧典》可以观美。"①

可见，在汉人看来，《尚书》即包含最高的政治原则，研究《尚书》，不仅仅要达到"穷则独善其身"的境界，而且要体会出其中崇高的政治理想，而这种理想是孔子王道政治的目标。对孔子整理古代典籍的主体意识的高度褒扬，使得西汉经师们在一定程度上对儒家经典的本质产生认识上的误解。他们甚至认为像《尚书》《诗经》《礼》《易》《春秋》这样的经典，并不完全是原有历史文献的保存，而是孔子的创作。例如《尚书·尧典》，其中叙说尧舜政治规模，就是孔子的想象。它的目的不是存古，而是垂后，是让后世效法。

在论证孔子创制经书以垂后世的过程中，经师们不惜援引谶纬，从而使得本来与儒家经学没有关联的谶纬之学，却塞进了大量的经学内容。

谶，即预示人间吉凶祸福的启示和隐言，它的起源甚早。《史记·赵世家》言秦穆公尝病，日而瘳，醒来后说上帝告诉他："晋国将大乱，五世不安，其后将霸，未老而死。霸者之子且令而国男女无别"，就是谶语。又如秦始皇令徐福入海求仙，徐福还，献《图录》，书曰"亡秦者胡也"也是谶语。纬，即对经书的附会的解释。据纬书的说法，孔子作了六经，又作了一些补充的著作，如《易纬》《诗纬》《秦秋纬》《乐纬》等。从谶纬残存篇籍看，其内容庞杂，六官星历、灾异感应、谶语符命，光怪陆离，无奇不有。

谶纬将孔子神化，证明孔子是受命的圣王，将今文经学所阐发的孔子思想用神学形式加以修饰。它一方面使儒学的思想内容的神圣性得到了提高，另一方面也导致对儒学思想自身的反动。

第二，它认为儒家经学的核心是天人相应前提下的名教礼法思想，并对此进行了深入论述。

在战国中晚期，受道家思想影响，儒家学者比较重视儒家学说的天

---

① 陈寿祺：《尚书大传辑校》卷3，蜚英馆光绪十五年（1889）刊本。

道依据，重视天人关系的探索。汉初儒者研究儒家经学，也极力挖掘经书中有关天人关系的论述，并认为这就是儒家经学的思想核心。

汉景帝和武帝时，董仲舒研究《春秋》公羊传，撰成《春秋繁露》，吸取阴阳五行学说，认为宇宙万物的生成过程是："天地之气合而为一，分为阴阳，判为四时，列为五行。"并进而提出天人感应说，认为天地、阴阳、五行与人类是一个整体，人类能够从天地运行规则中找到人类社会的正确准则，人类的行为反过来也影响天地运行过程，会在天地运行过程中有所表征。阴阳五行给予人类社会的正确启示，就是以伦理纲常为核心的礼制及其应用方法。例如，君臣父子夫妇之义，皆取诸阴阳之道。董仲舒认为以阴阳五行为基础的天人感应学说和名教礼法思想就是所谓《春秋》"大义"。

对《尚书》的研究也有用阴阳五行去发掘天人关系的倾向。刘向所著《洪范五行传》即以阴阳灾异为思想基础，引申《洪范》五行。据《汉书·楚元王传》：

> 向见《尚书·洪范》，箕子为武王陈五行、阴阳、休咎之应，向乃集合上古以来历春秋六国至秦汉符瑞、灾异之记，推迹行事，连传祸福，著其占验，比类相从，各有条目，凡十一篇，号曰《洪范五行传论》，奏之。

据《汉书·五行志》，刘向的《洪范五行传》与夏侯胜所学伏生传，在内容上有继承之处，可见至少从伏生、夏侯开始，就有用阴阳五行说《尚书》的现象。而且由于《尚书》中本来就有讲阴阳和五行的地方，《尚书》在西汉经学中被视为讲天人关系最原始的、最权威的经典。

《周易》在西汉被经师发挥成讲天人关系最精微的经典。孟喜曾得到"《易》家候阴阳灾变书"，可见在孟喜之前的《易》学，就有用阴阳讲天人关系的传统。孟喜提出卦气说，赋予易卦变化以阴阳变化的含义，从分析易卦的卦爻象变化和数字关系出发，说明阴阳变化，又把易卦变化和四季气候相配，来推测气候变化，阐释人事吉凶。京房作《京氏易传》，吸收阴阳五行学说，发展孟喜卦气说，重新调整八卦卦序，对天人交感的过程和规则进行了更加深入的研究。

第三，它注重经学研究的经世效用。

经学的精神既然是"明天道，正人伦"，西汉经学家自然非常重视学术的经世效用。

《诗》被视为谏书。《汉书·儒林传》曰：

> （王）式为昌邑王师。昭帝崩，昌邑王嗣立，以行淫乱废，昌邑群臣皆下狱诛，唯中尉王吉、郎中令龚遂以数谏减死论。式系狱当死。治事使者责问曰："师何以亡谏书？"式对曰："臣以《诗》三百五篇朝夕授王，至于忠臣孝子之篇，未尝不为王反复诵之也；至于危亡失道之君，未尝不流涕为王深陈之也。臣以三百五篇谏，是以亡谏书。"使者以闻，亦得减死论。

《尚书》之《禹贡》被用来治理黄河。《汉书·平当传》曰：

> 当以经明《禹贡》，使行河。

当时的经师还绘出了《禹贡图》。《尚书》之《洪范》被用来察变。《汉书·夏侯胜传》曰"昭帝崩，昌邑王嗣立，数出。胜当乘舆前谏曰：'天久阴而不雨，臣下有谋上者，陛下出欲何之？'"是时（霍）光与车骑将军张安世谋欲废昌邑王。……乃诏问胜，胜对言：'在《洪范》传曰：皇之不极，厥罚常阴，时则下人有伐上者，恶察察言，故云臣下有谋。'"

《春秋》被用于处理刑狱，《后汉书·应劭传》曰：

> 故胶东（应作胶西）相董仲舒老病致仕，朝廷每有政议，数遣廷尉张汤亲至陋巷，问其得失，于是作《春秋决狱》二百三十二事。

西汉经师的学术致用意识是当时经学学术研究的一个鲜明特点。

第四，它在学术传承上重师法，对经书进行具体诠释时往往因为要挖掘其中的微言大义而日趋烦琐。

汉代今文经学立于学官者14家，每家皆要恪守师法。博士弟子不容许对本师所传之学有所背离。此即《后汉书·儒林传》所谓"于是立五经博士,各以家法传授"。孟喜研究《易》学,被人荐为博士,但后来听说他更改师法,没有采用,可见当时对师法和家法的重视。

师即受业的经师,家即立为学官的某种经说。最早的某一师,其门徒可以发展为几家,如伏生这一《书经》大师,其门徒就有欧阳、大小夏侯三家。而一旦这些经说被立为官学,每一家的博士即为师,博士弟子即其门生,就要遵守师法和家法。皮锡瑞《经学历史》曾指出:"汉人最重师法,师之所传,弟之所受,一字毋敢出入,背师说即不用。"[①]

虽然在学术师承上要遵守师法和家法,但这并不妨碍学者对经学的发挥,相反,西汉还鼓励对经学作细致的研究,在师法和家法许可的前提下,对经书的诠解有所深入,并被本师诸弟子所认可,就有可能成为某一家学说的继承者,在中央政府取得博士的地位。学者们皓首穷经,期望对经典作出新的理解。如研究《尚书》的小夏侯氏,为了超过夏侯胜,史称他"左右采获,又从五经诸儒问与《尚书》相出入者,牵引以次章句,具文饰说"[②],因为他研究比较细致,终于自成一家。后来此派学者秦恭,又"增师法至百万言"[③],单《尚书·尧典》篇目两字,就解释了十余万字。欧阳氏《尚书》学大体也是如此。如传欧阳氏学的牟长,也有《牟氏章句》45万言。这种学风弥漫开来,不可避免地造成经学研究的烦琐与支离。

三 古文经学的形成及其与今文经学的抗争

自汉初除挟书之禁后,西汉对散失的古书有所收集,其中收集了一批用战国时代六国文字书写的儒家经典,后来称为古文经。这些古文经主要有三个来源:一是景帝时鲁恭王扩建宫室时在孔子旧宅壁中发现的《古文尚书》《逸礼》《论语》《孝经》共数十篇。二是流传于民间,为河间献王所得的一批古书,如《周官》《尚书》《礼》《礼记》《孟子》等。河间献王还曾在王国内为《毛诗》《左氏春秋》立博士。三是汉宣帝时,

---

① 皮锡瑞:《经学历史》,中华书局2004年版,第46页。
② 《汉书·夏侯胜传》。
③ 《汉书·儒林传》。

河内女子发老屋，得逸《礼》《尚书》各一篇，也是古文。这些古文传本，有的可能是同一版本的抄本，有的则可能是异本，大都被收归中央秘府，为秘府所藏。

在西汉前期，古文经不被中央政府所重视。如《周礼》被发现，河间献王献于中央，而中央政府不加流播，复藏于秘府。尽管如此，仍有一些古文经或其中的某些内容被学者们研究。例如《春秋左氏传》，自汉初张苍之后，就有贾谊、贯公、贯长卿、张禹、尹更始、尹咸、翟方进等人研究。儒家学者以外，刘安《淮南子》也对《春秋左氏传》有所征引。

古文经在西汉前期不能立于官学，最主要的原因是当时对它们的研究还不成气候，不够系统。古文经学的形成得益于刘歆对它的大力提倡。

在汉武帝时，宫廷内也收集了大量图书，成帝时，又于河平三年（前26）命谒者陈农搜访遗书。大量图书集中于中央，需要加以整理，成帝遂命光禄大夫刘向校"六经"、传记、诸子、诗赋，步兵校尉任宏校兵书，太史令尹咸校数术书，侍医李柱国校方技书。因刘向学问渊博，每书校完，由他列举篇目，并撮其要点，写成评论，上奏皇帝。刘向死后其子刘歆继承父业，总合群书，编成《七略》：辑略（全书通论）、六艺略（"六经"或传记）、诸子略、诗赋略、兵书略、术数略、方技略。由于有刘向长达数十年的学术积累，刘歆对于汉代秘府所藏图书的价值有足够的认识。

刘歆在协助其父整理群书时，发现了古文《春秋左氏传》，他认为此书作者左丘明曾亲见孔子，与孔子同好恶，他对《春秋》的解释是最可信的，不像《公羊》《谷梁》的作者生在孔子七十二弟子之后，所传《春秋》宗旨由传闻得来。他又向张苍《左传》的传承者尹咸了解汉初以来民间《左传》学的研究状况，发现它在传注《春秋》时确有独到的地方。

在发掘《春秋左氏传》之后，刘歆进一步考察秘府所藏古文经及其在汉代的流传状况，又发现了三部古书：一部是《毛诗》，一部是《周礼》，一部是《古文尚书》。如前所述，《毛诗》在汉初以来就有传授，只是未能立为官学博士，其传习始终不盛。《古文尚书》在汉景帝时即已发现于孔壁，后来由孔安国献于中央政府，也因为偶然事件而没有引起重视。但据《后汉书·儒林传》所言，《春秋左氏传》在民间也有所传授。杜林后来于西州所得漆书《尚书》，可能就是孔壁《古文尚书》的转抄本。由此可知，刘歆发现的四部古书，有三部在西汉不是无人研究，只有《周礼》一书，似乎没有明确的传承。

但刘歆之父刘向在整理《仪礼》与《礼记》时就曾发现，西汉所发掘的逸礼对今文本《仪礼》和《礼记》有重要补充价值。这进一步促使刘向把包括《周官》在内的逸礼也视为经学的组成部分。在刘歆之前，古文逸篇不断发现，也有所研究，但无人把这几部古书当作儒家经学的一个必要的补充部分，更没有人提出古文经学这个概念。刘歆在整理图书的基础上，发现《古文尚书》《毛诗》《周礼》《春秋左氏传》是一个比较完整的经典体系，同时又通过反思汉代学术潜在的学术传流，并提出古文经学的学术概念，是汉代经学学术史上的一件大事。

自西汉末年刘歆提出古文经学到东汉末，今古文经学之间有四次重要争论。

第一次是刘歆与太常博士们的争论。西汉哀帝建平元年（前6），刘歆提出立古文经《毛诗》《古文尚书》《逸礼》《左氏春秋》博士。刘歆争立古文经的两条主要理由是：第一，古文旧书，皆有征验，且往者博士，《书》有欧阳，《春秋》有公羊，《易》则施、孟，宣帝犹复广立《谷梁春秋》、梁丘《易》及大、小夏侯《尚书》，义虽相反，犹加并置，《古文尚书》等既可补今文残缺，为何古文经书就不能立于学官？第二，今文经的解说，错误百出，昧于大体：

> 往者缀学之士，不思废绝之阙，苟因陋就寡，分文析字，烦言碎辞，学者罢老且不能究其一艺。信口说而背传记，是末师而非往古，至于国家将有大事，若立辟雍、封禅、巡狩之仪，则幽冥而莫知其原。①

这两条理由，一方面抓住今文经学派学术上的缺陷；另一方面又强调古文经的学术地位，对今文经学产生很大震动。今文博士有的以罢官相威胁，有的弹劾刘歆"改乱旧章，非毁先帝所立"。刘歆被迫要求离开中央，去地方做官，这次争论没有结果。平帝元年（1），王莽主政，刘歆回到朝廷，元始四年（4），又为王莽修建明堂、辟雍。元始五年（5），在刘歆的提议下，朝廷"征天下通一艺、教授十一人以上，及有逸

---

① 《汉书·楚元王传》。

《礼》、古《书》、《毛诗》、《周官》、《尔雅》、天文、图谶、钟律、月令、兵法、史篇文字，通知其意者，皆诣公车"①。网罗天下异能之士，多达千余人。于是《左氏春秋》《古文尚书》《逸礼》《毛诗》被立于学官。但王莽失败后，古文博士亦废。

第二次是韩歆、陈元与范升的争论。东汉光武帝建武四年（28），尚书令韩歆上疏欲立古文经《费氏易》和《左传》。范升以《左传》"不祖孔子""师徒相传，又无其人""非先帝所存"等理由加以反对。韩歆接着又上奏《左传》之失凡14事，并说各家纷纷争立，"从之则失道，不从则失人"②。古文派陈元又上疏以《史记》多引《左传》作为古文经切实可靠的证据，遂引起对《史记》评价的争论。在这次争论中，古文家力图扩大古文经学阵营，将费氏《易》作为《易》学代表，颇遭非议。结果是光武帝决定立《左传》于学官，以李封为博士。但李封病卒，《左传》复废。

第三次是贾逵与李育的争论。东汉章帝建初元年（76），诏命贾逵讲《左传》于白虎观和南宫云台，得到章帝信任。遂命贾逵分别今文《尚书》欧阳、大小夏侯与《古文尚书》的异同，以及今文诗齐、鲁、韩三家与古文《毛诗》的异同。贾逵还作有《周官解诂》。章帝还令他自公羊严、颜学弟子中自由挑选优秀人才20人，教以《左传》。今文学者李育对贾逵褒扬《左传》的做法不满，作《难左氏义》，提出41个问题反诘。至建初四年（79），在白虎观举行会议，讨论"五经"异同，双方仍有反复辩论。会议虽然也没有做出立古文经于学官的决定，但古文经的许多观点都得到肯定。

第四次是郑玄与何休、羊弼的争论。东汉桓帝至灵帝时期（147—182），今文学家何休作《公羊春秋解诂》，并"与其师博士羊弼，追述李育意，以难二传，作《公羊墨守》《左氏膏肓》《谷梁废疾》"。郑玄看到后作《发墨守》《针膏肓》《起废疾》。何休读后感叹说："康成入吾室、操吾矛，以伐我乎。"③

古文经学与今文经学的分歧，首先是文字的差异，皮锡瑞《经学历

---

① 《汉书·王莽传》。
② 《后汉书·范升传》。
③ 《后汉书·郑玄传》。

史·经学昌明时代》就曾指出：

> 今古文所以分，其先由于文字之异。……汉立博士十四，皆今文家。而当古文未兴之前，未尝别立今文之名。……至刘歆始增置《古文尚书》《毛诗》《周官》《左氏春秋》。既立学官，必创说解。《后汉》卫宏、贾逵、马融又递为增补，以行于世，遂与今文分道扬镳。……非惟文字不同，而说解亦异矣。①

在刘歆发现和比较系统地提出古文经学这个概念时，刘歆注重的首先是，这些用古文所书写的经典，对于今文经典来说，具有补阙的作用。如《古文尚书》较伏生所传《今文尚书》28篇多得16篇，《逸礼》较高堂生所传的《礼经》（即《仪礼》）17篇多得39篇。它们或者可以校补现有经传的脱简，如古文《易》校施、孟、梁丘今文《易》，知脱去"无咎悔亡"，用《古文尚书》校欧阳、大小夏侯的《今文尚书》，知《酒诰》脱简一、《召诰》脱简二。古文经中有的比现传经传更为可信，如《左氏春秋》比《公羊》《谷梁》更为"信而有征"。当刘歆争立古文经时，今文博士的反对也是一方面竭力自卫，说今文经传已经相当完备；另一方面则竭力攻击古文经是伪造的，不可信。随着经今、古文争论的深入，双方讨论的重点由经典扩大到传注，从而形成学风的差异。

与今文经学相比较，古文经学学术上的主要特点是：

第一，它尊孔子为先师，认为经典的核心主要是保存古代历史文化，孔子学术精神实质是存古而非创作。

从"六经"的排列秩序看，今文"经学"对六经的排列秩序是：《诗》《书》《礼》《乐》《易》《春秋》。而古文经学的排列秩序是：《易》《书》《诗》《礼》《乐》《春秋》。如《汉书·艺文志·六艺略》序"六经"次第，首《易》、次《书》、次《诗》、次《礼》、次《乐》、次《春秋》。而且于《书》先《尚书古文经》、次今文《欧阳章句》《大小夏侯章句》；《礼》先《礼古经》，次今文后氏、戴氏17篇；《春秋》先《春秋古经》12篇，次今文《经》11卷，又先《左氏传》、次今文的《公羊

---

① 皮锡瑞：《经学历史》，中华书局2004年版，第54—55页。

传》《谷梁传》。周予同指出，今古文经学对"六经"秩序的排列，本质上是对孔子的认识的差别。今文家按"六经"内容程度的深浅，而古文家则按"六经"产生时代的早晚。古文家认为《易经》八卦是伏羲所画，故《易》应列第一，《书经》最早的篇章是《尧典》，比伏羲晚，故排在第二，《诗经》最早的是《商颂》，较尧、舜又晚，故列在第三，《礼》《乐》是周公所作，故又晚，《春秋》是鲁史，经孔子修改，更应在后。这种排列方式实际上是把孔子当作"述而不作，信而好古"的圣人。而今文家则认为孔子是素王，六经之文字是孔子表达微言大义的凭借，《诗》《书》《礼》《乐》是素王政治的具体仪节和教化内容，而《易》《春秋》则是孔子精微所在，其排列应依内容浅深程度而定。古文经学的这种有别于今文经学的学术态度，预示着汉代经学研究由前期对微言大义的发掘开始向实事求是的学术研究转变。

第二，古文经学在经学研究中，更加重视对于经书中具体礼制的研究。

据《隋书·经籍志》所说："言五经者，皆凭谶纬为说。惟孔安国、毛公、王璜、贾逵之徒独非之，相承以为祅妄，乱中庸之典。故因汉鲁恭王、河间献王所得古文，参而考之，以成其义，谓之古学。当世之儒又非毁之。"可见早在西汉，民间古文经学者，就对今文经学利用谶纬大谈经典的天人关系有所不满，到东汉古文经学成为学术潮流，这种特色更加明显。

两汉古文经学的研究并非绝对不讲天人关系，也并非绝对不讲谶纬。刘歆就对《洪范五行》有所研究，并相信谶纬，为王莽执政推波助澜。贾逵在争立《春秋左氏传》时甚至还利用谶纬，说"五经家皆无以证图谶明刘氏为尧后者，而《左氏》独有明文。五经家皆言颛顼代黄帝而尧不得为火德。《左氏》以为少昊代黄帝，即图谶所谓帝宣也。如令尧不得为火，则汉不得为赤。其所发明，补益实多"①。但古文经学把对典章制度的研究视为重点，对汉代制度的设立确实起了很大作用。早在平帝元始四年（4），王莽修建明堂、辟雍，参与其事者即古文经学的提倡者刘歆。汉光武帝建武二十六年（50），制定国家祭祀大礼——禘祫制度，由大司空张纯据经典议禘祫之祭而定。明帝时，定郊祀礼、养老礼、大射礼以及冠冕衣裳、佩玉乘舆制度，据《后汉书》的《礼仪志》《舆服志》

---

① 《后汉书·贾逵传》。

等，也是采用《周官》《礼记》《尚书》诸经。由此可见，古文经学研究的重点在于礼制的具体内涵。

四 东汉经学学术的融汇学风

汉代经书和经说的整理是统治者所关注的重要问题。

首先，随着儒学生员增多，经书的解释日趋烦琐，需要有学者对纷繁的解说加以提炼。

汉武帝时，儒学弟子50人，汉昭帝时，增博士弟子员满百人，宣帝末年又增加了一倍，元帝时，曾为博士设员千人，成帝末又增太学弟子达3000人。这种情形继续发展，到东汉质帝（146）时，太学生竟增加到3万余人。受利禄的驱使，学者们在解经时勇立新说，一经说至百余万言，且一经内部，又分门派。班固曾指出：

> 古之学者耕且养，三年而通一艺，存其大体，玩经文而已，是故用日少而畜德多，三十而五经立也。后世经传既已乖离，博学者又不思多闻阙疑之义，而务碎义逃难，便辞巧说，破坏形体，说五字之文，至于二三万言。后进弥以驰逐，故幼童而守一艺，白首而后能言。安其所习，毁所不见，终以自蔽，此学者之大患也。①

这种烦琐倾向不但无助于对经学精神的体认，而且使得经学研究日益复杂。

东汉时期，今文家对章句之学进行删减，在《尚书》方面，桓荣、桓郁以朱普《尚书章句》40万言，浮辞繁长，多过其实，桓荣将其减为23万言，桓郁复删为12万言。张奂也将牟卿《牟氏章句》45万言，减为9万言。在《齐诗》方面，伏恭删减其父伏黯的章句。在公羊学方面，樊儵删定公羊《严氏春秋》章句，他的学生张霸再度删削。

其次，经学解释中的诸师异说对于统治者提倡儒学、推行教化也大有不便，为调和经学研究中的分歧，汉代统治者举行由帝王直接参与的

---

① 《汉书·艺文志》。

学术会议，以求得较为统一的解释。

在今文经学的上升时期，宣帝曾于甘露三年（前51）举行过石渠阁会议，在辨别《公羊》和《谷梁》异同外，还讨论了今文诸家的异同长短。他们的议论内容见于《艺文志》的有：《书》42篇，《礼》38篇，《春秋》39篇，《论语》18篇，《五经杂议》18篇，共155篇。《易》《诗》二经没有议奏，可能是班固漏列。会议结果是立《谷梁》博士之外，还另立梁丘《易》和大、小夏侯《尚书》博士。

石渠阁会议并没有限制经书诠释的分歧，某种程度上还使这种分歧有所发展，并连带地影响到刘歆在发现提出古文经学这一概念后也试图将古文经立于学官。但经学的纷繁差异仍然是统治者所关注的重要问题。

东汉建初四年（79），杨终向章帝建议说，"宣帝博征群儒，论定五经于石渠阁。方今天下少事，学者得成其业，而章句之徒，破坏大体。宜如石渠故事，永为后世则"。章帝接受了杨终的建议，下诏说：

> 盖三代导人，教学为本。汉承暴秦，褒显儒术，建立五经，为置博士。其后学者精进，虽曰承师，亦别名家。孝宣皇帝以为去圣久远，学不厌博，故遂立大、小夏侯《尚书》，后又立京氏《易》。至建武中，复置颜氏、严氏《春秋》，大、小戴《礼》博士。此皆所以扶进微学，尊广道艺也。（光武）中元元年诏书，五经章句烦多，议欲减省。至（明帝）永平元年，长水校尉（樊）儵奏言，先帝大业，当以时施行。欲使诸儒共正经义，颇令学者得以自助。①

遂在白虎观召开会议。参加会议的学者有李育、魏应、杨终、淳于恭、丁鸿、楼望、张酺、成封、鲁恭、桓郁、召训、班固、贾逵等。会议的结果，由班固整理成《白虎通德论》。

与石渠阁会议相比较，白虎观会议统一分歧的经说的意图更加明显。《白虎通德论》把汉代今文家以及一部分古文家的经说，分门别类地作了一番全面的整理。虽然各家各派的说法仍然存在，但有了这样一部由诸儒共同商定之书，对制约经书诠释的离异现象无疑有很大帮助。

---

① 《后汉书·章帝纪》。

白虎观会议之后，今古文经说的统一问题继续受到朝廷的关注。安帝永初四年（110），"诏令谒者刘珍及五经博士，校定东观五经、诸子、传记、百家艺术，整齐脱误，是正文字"。顺帝永和元年（136），"诏令伏无忌与议郎黄景校定中书五经、诸子、百家艺术"。桓帝延熹二年（159），"初置秘书监，掌典图书、古今文字异同"。朝廷没有放弃刊定诸经与诸经传的努力。

东汉末年，统治者还试图用立石经的方式对儒家经典加以刊定。蔡邕等人因为"经籍去圣久远，文字多谬"，提出要"正定经文"，包括《诗》《书》《易》《仪礼》《春秋》《公羊传》《论语》凡七经。灵帝同意，乃于熹平四年（175），开始刊刻石经。光和六年（183）碑成，这就是有名的"熹平石经"，于是"后儒晚学，咸取正焉"。"熹平石经"所刻诸经为《京氏易》《欧阳尚书》《鲁诗》《大戴礼》《公羊春秋》《严氏公羊》《鲁论语》，共五经二传，均为今文经学。魏正始年间，又立古、篆、隶三字石经，刻《尚书》《春秋》二经、《左氏春秋》一传，均为古文经学。统治者的提倡虽然没有真正解决儒家经传的刊定问题以及经说的统一问题，但它对于经学学风的转变也不无影响。

最后，随着古文经学学术地位的提高，今古文经学学术上的吸收与融合也为人们客观地整理诸经传的定本提供了条件。

在今文经学内部斗争以及今古文经学的斗争过程中，为应付论难，经师必须知己知彼。夏侯建就曾师事夏侯胜及欧阳高，又从"五经"诸儒问与《尚书》相出入者，遂成小夏侯《尚书》说。今、古文经学争端出现之后，经师不得不兼通今古文经学，如范升是今文经学家，通《论语》《孝经》，习梁丘《易》，光武帝建武四年（28），他反对韩歆为费氏《易》《左氏春秋》立博士的建议，奏左氏之失凡14事，又上太史公违戾五经，谬孔子言，及《左氏春秋》不可录31事①，可见他了解古文经学。又如李育，少习《公羊春秋》，也颇涉猎古学，尝读《左氏传》，后来作《难左氏义》41事。章帝建初四年（79），他参加白虎观会议，"以公羊义难贾逵，往返皆有理证，最为通儒"②。在了解对手的过程中，有的经

---

① 《后汉书·范升传》。
② 《后汉书·李育传》。

师开始突破学术门派的局限，从而形成了东汉晚年学术融汇的学风。

两汉儒者，今文学家有今文学门户，古文学家有古文学门户，杜林、郑众、马融注《左传》《周礼》不用今文说，何休注《公羊》不用《周礼》说。但到东汉晚年，这种局面就有所改变。如郑玄，唐史承节为之所撰碑云：

> （郑玄）造太学受业，师事第五元，始通京氏《易》、《公羊春秋》、《三统历》、《九章算术》，又从东郡张钦祖受《周官》《礼记》《左氏春秋》《韩诗》《古文尚书》，摄齐问道，抠衣请益，去山东而入关右，因卢植而见马融，考论图纬，乃召见而升楼，精通礼乐。……及党事起，遂杜门不出，隐修经业，于是针《左氏》之《膏肓》，起《谷梁》之《废疾》，而又操入室之戈矛，发何休之《墨守》。陈元、李育，校论古今；刘瑰、范升，宪章文议。……公所注《周易》《尚书》《毛诗》《仪礼》《周官》《礼记》《孝经》《尚书大传》《中侯》《乾象历》。又著《天文七政论》《鲁礼禘祫义》《六艺论》《毛诗谱》《驳许慎五经异义》《答临孝存周礼难》，凡百余万言。经传洽熟，称为纯儒。①

他先学今文《京氏易》《公羊春秋》，后又学古文《周官》《左氏春秋》《古文尚书》和今文《礼记》《韩诗》，不拘于家法。他学成之后，试图对诸经传进行刊定，遍注《周易》《尚书》《毛诗》《三礼》《左传》《论语》《孝经》诸经。郑玄注《尚书》用古文，但也时采今文说，故郑注行而欧阳、大小夏侯《尚书》废。他笺《诗》，用《毛诗》古本为主，但又兼采齐、鲁、韩三家，以至郑《诗笺》行而今文齐、鲁、韩三家《诗》废。他注《仪礼》也兼用今古文，从今文而注内叠出古文，从古文而注内叠出今文，于是郑《礼注》出而今文大、小戴《礼》废。《后汉书·郑玄传·论》云：

> 自秦焚六经，圣文埃灭。汉兴，诸儒颇修艺文，及东京，学者

---

① 史承节：《后汉大司农郑公之碑》，参王利器《郑康成年谱》，齐鲁书社1983年版，第208—209页。

亦各名家。而守文之徒，滞固所禀，异端纷纭，互相诡激，遂令经有数家，家有数说，章句多者或乃百余万言，学徒劳而少功，后生疑而莫正。郑玄括囊大典，网罗众家，删裁繁诬，刊改漏失，自是学者略知所归。

当时试图对诸经传进行刊定的学者，在荆州有綦母闿、宋忠等人。《后汉书·刘表传》曰：

初平元年……诏书以表为荆州刺史……关西、兖、豫学士归者盖有千数，表安慰赈赡，皆得资全。遂起立学校，博求儒术，綦母闿、宋忠等撰立五经章句，谓之后定。

惠栋《〈后汉书〉补注》于《刘表传》下引《镇南碑》，亦云：

深愍末学，远本离真，乃令诸儒改定五经章句，删划浮辞，芟除烦重。

刘表定诸经之传，主要依靠宋忠。宋忠学尊贾逵、服虔，自然会融合今、古文。

在洛阳有王朗、王肃父子，他们也致力于经传的刊定。王朗曾注《春秋》《孝经》《周官》等经，王肃注《尚书》《诗》《论语》《三礼》《左氏解》，并撰定王朗未完成的《易传》。王朗、王肃虽然汲取古文之说，但主要是今文经学。此派反对郑玄的学术倾向，在晋武帝时，其书被立于学官。

（原载《中国思想学术史论稿》，陕西人民出版社2002年版）

《尚书大传》与西汉《尚书》学

汉代初期的《尚书》传本主要是伏生的 29 篇。《史记》及《汉书》的《儒林传》对此都有记载。其中《汉书·儒林传》说：

> 伏生，济南人也，故为秦博士。孝文时，求能治《尚书》者，天下亡有，闻伏生治之，欲召。时伏生年九十余，老不能行，于是诏太常，使掌故晁错往受之。秦时禁《书》，伏生壁藏之，其后大兵起，流亡。汉定，伏生求其《书》，亡数十篇，独得二十九篇，即以教于齐、鲁之间。齐学者由此颇能言《尚书》。山东大师亡不涉《尚书》以教。[1]

伏生所传本来只有 28 篇。它的具体篇目，据孔颖达《尚书正义》"虞书"下所载，为：

虞书：(1)《尧典》、(2)《皋陶谟》
夏书：(3)《禹贡》、(4)《甘誓》
商书：(5)《汤誓》、(6)《盘庚》、(7)《高宗肜日》、(8)《西伯戡黎》、(9)《微子》
周书：(10)《牧誓》、(11)《洪范》、(12)《金縢》、(13)《大诰》、(14)《康诰》、(15)《酒诰》、(16)《梓材》、(17)《召诰》、(18)《雒诰》、(19)《多士》、(20)《毋佚》、(21)《君奭》、(22)《多方》、(23)《立政》、(24)《顾命》、(25)《费誓》、(26)《吕

---

[1] 《汉书·儒林传》。

刑》、(27)《文侯之命》、(28)《秦誓》。

之所以说29篇，有人认为是伏生的传本后来在流行过程中在上述28篇之外又增加了《泰誓》一篇。有人认为是28篇加孔子的《书序》。

伏生教授《尚书》，著有《尚书大传》，后经弟子们整理发挥，共成41篇，成为两汉《尚书》学的奠基之作。

《尚书大传》所传注《尚书》的篇目，据清陈寿祺和皮锡瑞的辑本，有：

(1)《尧典》、(2)《九共》、(3)《皋陶谟》、(4)《禹贡》、(5)《帝告》、(6)《汤誓》、(7)《盘庚》、(8)《高宗肜日》、(9)《西伯戡黎》、(10)《微子》、(11)《大誓》、(12)《大战》、(13)《洪范》、(14)《大诰》、(15)《金縢》、(16)《嘉禾》、(17)《康诰》、(18)《酒诰》、(19)《梓材》、(20)《召诰》、(21)《洛诰》、(22)《多士》、(23)《毋逸》、(24)《揜诰》、(25)《多方》、(26)《臩命》、(27)《鲜（费）誓》、(28)《甫刑》。

这些篇目与孔颖达《尚书正义》所说28篇篇目有很大差别。这种差别可能有两种解释：一是伏生传授《尚书》时确实有孔子百篇《书序》作为参考，因而能够对他所搜集的《尚书》篇章以外的部分也能有所阐述。二是伏生所传《尚书》不止28篇，可能他还掌握有28篇以外的一些篇章。他作传注，主要是根据他所搜集的《尚书》篇章。

《尚书大传》共41篇。除以上28篇外，还有《虞夏传》《夏传》《洪范五行传》《周传》《略说》等篇目。这些篇章或者对某一时代的历史事实详加叙述，或主要抽出某一项具体制度，或推衍《尚书》中的某些具体内容，是伏生与弟子欧阳生、张生等在传授《尚书》时，比较注重而发挥又较多的部分。

《尚书大传》体现出伏生研究《尚书》的风格。它大体有三个特点。

第一，《尚书大传》注重对《尚书》各篇的主要内容提示。

《尚书大传》认为《尧典》篇主要讲的是春、秋、冬、夏、天文、地理、人道七政。《九共》篇主要讲诸侯述职之事。《皋陶谟》主要讲古代诸侯贡士制度。《禹贡》主要讲五岳四渎等地理形势。《帝告》主要讲古代服饰礼制。《汤誓》主要讲商汤夏桀鼎革之际的历史事实。《盘庚》讲诸侯采邑制及其黜罚。《高宗肜日》讲武丁祭成汤，有野鸡升鼎而鸣，祖己告诫武丁内反诸己，以思先王之道，获得祥瑞的故事。《西伯戡黎》讲周文王之德和周之兴盛。《微子》讲微子朝周，途经殷墟，凭吊故国的故事。《大誓》讲武王伐纣，观兵孟津的经过。《大战》讲武王与商纣决战牧野，武王对待殷遗民的策略。《洪范》讲武王封箕子于朝鲜，箕子来朝献治国大法。《大诰》讲周公政治决策的过程。《金縢》讲周公摄政及周公卒、葬于毕的经过。《嘉禾》主要讲成王时，民献嘉禾，越裳国献三象、白雉的祥瑞。《康诰》讲周公制礼乐。《酒诰》讲宗族宴饮之礼。《梓材》讲伯禽和康叔学礼的故事。《召诰》讲召公相宅洛邑。《洛诰》讲周公营建雒邑。《多士》讲周代郊遂制度和城邑规模。《毋逸》讲高宗守丧三年，百官总已听于冢宰。《多方》讲周代赋税制度。《臩命》讲周穆王悯文武之道缺，乃命伯臩申诫大仆国之政的事迹。《费誓》讲伯禽封于曲阜，徐戎并兴，鲁率师讨伐的历史。《甫刑》讲古代刑法原理和孔子的刑法思想。

与孔子《书序》相比较，《尚书大传》关于《尚书》的篇次与孔子《书序》的秩序大体相近似，但也有一些差异。例如《尚书大传》认为《微子》在《西伯戡黎》之后，《金縢》又是周公死后的作品，这些都难免受到后人指责，认为"伏生《大传》首尾不伦"。但是如果我们若明白了伏生《大传》传注的重心不在《尚书》篇章的篇次，而是其中的制度，我们就会发现，伏生所传注的内容还是有选择的。他既注意《尚书》篇章在时代先后上的大体秩序，又注意其中每一项重要制度的发明者和发明过程，对他认为比较重要的历史事实与文物制度，他不惜另辟专篇来进行论述，如《虞夏传》非常详细地叙述了尧、舜、禹禅让的历史事迹，《夏传》详细地论述了天子三公九卿的设官制度，《洪范五行传》对《洪范》九畴作引申和发挥，《周传》大讲西周学校制度，这些都体现出伏生更加关注《尚书》中的制度性内容，表明伏生对《尚书》的研究已由篇章的整理过渡到对内容的研究。

第二，《尚书大传》以《尚书》为依托，勾勒了古代政治的基本原理和古代政治制度的具体内容。

《大传》对《尚书》中的政治原理表现出很大的兴趣。从《大传》

所传注的全部内容来看，伏生认为政治的基本大纲是四时、天文、地理、人道等七大主要因素，它涉及天子和诸侯关系的处理、中央职官制度的设置、赋税制度的制定、乡遂基层组织的设立、教育制度的推行、刑法制度的颁布等具体内容。而其中又以《洪范》所提供的九种治国根本大法最为紧要，伏生为此而特别作有《洪范五行传》加以发挥。

《大传》对各项制度非常关注。它所论述古代的制度主要有分封制、巡狩制、朝觐制、贡赋制、考绩制、祭祀制、郊遂制、都邑制、刑法制、服饰制及其他礼制。在具体叙说这些礼制时，《大传》往往游离所传《尚书》篇目的中心内容，仅就礼制而加以叙述。

如《尚书·尧典》，《大传》在传注时主要谈七政，其中人道部分又主要论述了天子巡狩制和考绩制。《大传》论巡狩制云：

> 古者巡狩，以迁庙之主行，出以币帛皮圭告于祖，遂奉以载于斋车，每舍奠焉，然后就舍。反必告奠，卒敛币玉，藏之两阶之间，盖贵命也。见诸侯，问百年，命大师陈《诗》以观民俗，命市纳贾以观民好恶。山川神祇有不举者为不敬，不敬者削以地；宗庙有不顺者为不孝，不孝者黜以爵；变礼易乐为不从，不从者君流；改衣服制度为畔，畔者君讨；有功者赏之。《尚书》曰：明试以功，车服以庸。①

又其论考绩制云：

> 《书》曰：三岁考绩，三考黜陟幽明。其训曰：三岁而小考者，正职而行事也。九岁而大考者，黜无职而赏有功也。其赏有功也，诸侯赐弓矢者得专征，赐鈇钺者得专杀，赐圭瓒者得为鬯以祭。不得专征者以兵属于得专征之国，不得专杀者以狱属于得专杀之国，不得专赐圭瓒者，资鬯于天子之国，然后祭。②

在尧舜时代，不可能有如此完备的巡狩制和考绩制，《尧典》也并未

---

① 皮锡瑞：《尚书大传疏证》卷1，光绪二十二年（1896）师伏堂刊本。下同。
② 《尚书大传疏证》卷1。

重点叙述这些内容，而《大传》却从中抽出一些词句，加以自己的解释。

又如《尚书·盘庚》篇，本来叙述的内容是盘庚迁殷的详细经过。其下篇说盘庚迁殷，民众起初反对，既迁之后，又不满意新居，于是盘庚说："先王曾和先臣一起共甘苦，现在我祭祀先王，你们的祖先也一同来受祭享。如果你们心怀祸乱，先王告诉先臣，先臣就会抛弃你们。"而《尚书大传》在释"兹予大享于先王，尔祖其从与享之"时说：

> 古者诸侯始受封，则有采地。百里诸侯以三十里，七十里诸侯以二十里，五十里诸侯以十五里。其后子孙虽有罪黜，其采地不黜，使其子孙贤者守之，世世以祠其始受封之人，此之谓兴灭国、继绝世。书曰：兹予大享于先王，尔祖其从与享之，此之谓也。①

这显然不是在传注盘庚迁殷后如何治国，而是叙说古代采邑制。

从《大传》所传述的所谓古代礼制来看，伏生最为关注的问题就是天子和诸侯的关系的处理以及政治措施的指导原则问题。这种思想倾向与汉初的政治局面息息相关，表明伏生传授《尚书》也是希望以《尚书》作为依据，来谋求对汉代初期政治问题的积极解决。

《大传》对政治革命持比较开明的态度，在传注《汤誓》时，它说：

> 汤放桀而归于亳，三千诸侯大会，汤取天子之玺，置之于天子之坐左，复而再拜，从诸侯之位。汤曰：此天子之位，有道者可以处之矣。夫天下非一家之有也。唯有道者之有也，唯有道者宜处之。汤以此三让，三千诸侯莫敢即位，然后汤即天子之位。②

它认为只有顺应民心，才能赢得百姓信赖，才有资格居天子之位，像夏桀对百姓疾苦不闻不问，以为"天之有日，犹吾之有民也"，最终必然被百姓唾弃。《尚书大传·大战》篇在描述周武王与商纣王大战牧野时，也揭示了得民者昌、逆民者亡的道理。

---

① 《尚书大传疏证》卷3。
② 《尚书大传疏证》卷3。

《尚书大传》也有统一的思想，但它不像《公羊春秋》那样绝对维护君主的最高权威，它认为一统的权威主要依靠君主施政符合政治原理，维护各项行之有效的礼法制度，它认为中央与诸侯的权利和义务关系是可以得到合理解决的。这可能代表了当时一部分儒家学者关于汉初政治问题的解决的一种思路。

第三，《尚书大传》认为《尚书》中的政治原理和政治制度以阴阳五行为基础。

《尚书·尧典》叙述四宅观日，四时巡狩，以东西南北四方，配春夏秋冬四季，《大传》认为从尧时起，就有了政治原理的天象依据：

> 主春者张，昏中可以种谷。主夏者火，昏中可以种黍。主秋者虚，昏中可以种麦。主冬者昴，昏中可以收敛。……故天子南面而视四星之中，知民之缓急。急则不赋籍，不举力役。故曰：敬授人时，此之谓也。①

尧时主要是依据天象来确定四时的施政措施，古代政治很早就注意从自然天象中求得确定的理论依据。

《大传》认为古代政治原理的理论探索以《尚书·洪范》最有代表性。这篇由箕子上呈武王的作品，据说是上天赐予大禹的法宝，其中概括了九条政治原理：一曰五行；二曰敬用五事；三曰农用八政；四曰协用五纪；五曰建用皇极；六曰乂用三德；七曰明用稽疑；八曰念用庶征；九曰享用五福、威用六极。所谓五行，即水、火、木、金、土。《洪范》还记述了五行的性质，水曰润下，火曰炎上，木曰曲直，金曰从革，土爱稼穑。所谓五事即貌、言、视、听、思。《洪范》认为貌要恭敬，言要顺理，视要明察，听要聪颖，思要无所不容。所谓八政即食、货、祀、司空、司徒、司寇、宾、师。它们是职官设置中的八项关键内容，分掌民食、民货、祭祀、民居、民教、捕查盗贼、诸侯朝觐、军旅，在政治机构中具有重要地位。所谓五纪即岁、月、日、星辰、历数，是历法方面的内容。所谓皇极即君主应当建立的大中至正之道。所谓三德即正直、刚克、柔克，指政治的三

---

① 《尚书大传疏证》卷1。

种风格。所谓明用稽疑指政治措施应当根据龟筮、卿、士、庶民的赞成和反对的情况具体决策。所谓庶征即雨、旸、燠、寒、风五者的反映和它们给人事带来的影响。所谓五福即寿、富、康宁、攸好德、考终命，六极即凶短折、疾、忧、贫、恶、弱，它是政治措施好坏所导致的不同结果。

《洪范》确实是一篇有较高理论水平的政治法典。它可能是箕子在总结以往历代政治经验后所得出的政治法则。《洪范》九畴涉及对自然界基本物质及其属性的研究，涉及民众情性的研究，并以此为基础，归纳出政治的九项主要内容，要求君主以身作则，根据具体情况采取不同的政治风格，慎重地作出政治决策，时刻关注自然现象，思索它们对人事的影响，并通过对人类社会自身的休咎来反思政治措施的优劣，内容相当丰富，且有系统、有条理。

《尚书大传》对《洪范》十分重视，但它认为《洪范》的核心内容是阴阳五行，它有一篇《洪范五行传》，试图对《洪范》中的政治原理的理论依据进行重点阐述。在传注"五行"时，它说：

> 田猎不宿，饮食不享，出入不节，夺民农时，及有奸谋，则木不曲直。弃法律，逐功臣，杀太子，以妾为妻，则火不炎上。治官室，饰台榭，内淫乱，犯亲戚，侮父兄，则稼穑不成。好攻战，轻百姓，饰城郭，侵边境，则金不从革。简宗庙，不祷祠，废祭祀，逆天时，则水不润下。[①]

以《大传》的解说与《洪范》本身相比较，就会发现《洪范》只是介绍五行的性质，而《大传》则将五行性质与人事联系起来，认为研究五行主要是要通过五行属性的具体表现，来思索政治行为的过失。《大传》认为政治原则与自然现象是密切相关的，自然界的四时运行决定了政治行为的具体表现，如果不依据规则办事，就会引起灾异。《大传》对四时之政的具体内容作了详细分述，其中说春天的政治情况为：

> 东方之极，自碣石东至日出榑木之野，帝太暤神句芒司之。自

[①] 《尚书大传疏证》卷4。

冬日至数四十六日，迎春于东堂，距邦八里，堂高八尺，堂阶八等，青税八乘，旂旗尚青，田车载矛，号曰助天生，倡之以角，舞之以羽，此迎春之乐也。

孟春之月，御青阳左个，祷用牡，索祀于艮隅，貌必恭。厥休时雨。朔令曰：挺群禁，开闭阖，通穷室，达障塞，待优游。其禁毋伐林木。

仲春之月，御青阳正室，牲先脾，设主于户，索祀于震正。朔令曰：弃怒恶，解役罪，免忧患，休罚刑，闭关梁。其禁田猎不宿，饮食不享，出入不节，夺民农时及有奸谋。

季春之月，御青阳右个，荐用鲔，索祀于巽隅。朔令曰：宣库财，和外怨，抚四方，行柔惠，止刚强，九门磔禳，出疫于郊，以禳春气。①

可见《大传》以阴阳四时和五行为主干，构架了一个自然运行秩序，春主木，夏主火，季夏主土，秋主金，冬主水。这个自然天道秩序决定了政治的具体行为，凡帝王的居处、祭祀、言行、政令都应根据自然秩序的变化而变化。《大传》认为《洪范》五事和皇极也是与四时相联系的：

曰二月三月，维貌是司，四月五月，维视是司，六月七月，维言是司，八月九月，维听是司，十月十一月，维思是司，十二月与正月，维王极是司。②

如果五事失时，就会引起灾异，如五事之一容貌：

貌之不恭，是谓不肃，厥咎狂，厥罚恒雨，厥极恶，时则有服妖，时则有龟孽，时则有鸡祸，时则有下体生上之疴，时则有青眚青祥。③

经过《大传》的传注，《洪范》所提出的九类政治大法似乎都以阴阳

---

① 《尚书大传疏证》卷4。
② 《尚书大传疏证》卷4。
③ 《尚书大传疏证》卷4。

五行为最高依据。

《大传》的上述思想并非伏生的独创，自邹衍提出五德终始说之后，阴阳五行思想一时成为思想界的主要潮流。伏生的贡献是把这套理论运用于《尚书》的解释，以《尚书》为本，努力为儒家政治原则建立天道依据，在董仲舒之前即开始对儒家思想天道观进行自觉的理论建设。

在《洪范五行传》中，伏生还体现了一定的五行变救思想。如他认为貌、言、视、听、思、王极如果失常，造成了不好影响，可以用祭礼来加以挽救：

> 六沴之礼，散斋七日，致斋三日，新器洁祀，用赤黍，三日之朝，于中庭祀四方，从东方始，卒于北方，其祀礼曰格祀。曰：某也方祀，曰播国率相行祀。其祝也曰：若尔神灵洪祀，六沴是合，无差无倾，无有不正。若民有不敬事，则会批之六沴，六事之机，以悬示我，我民人无敢不敬事上下王祀。①

同时，《大传》认为即使发生灾异，也不要害怕，只要敬德保民，就可转危为安。《高宗肜日》就曾说道：武丁祭成汤，有飞雉升鼎而鸣。武丁问诸祖己。祖己曰："雉者，野鸟也。不当升鼎，今升鼎者，欲为用也，远方将有来朝者乎？"故武丁内反诸己，以思先王之道，三年，来朝者六国。② 可见，政治的关键是要修德，这与儒家强调人的道德自觉和理性能力是相一致的。

总之，《尚书大传》倾注着伏生对汉代现实问题的思索，倾注着伏生对儒家政治原则的哲学思索，它的意图是为汉代提出一套比较系统的政治理论，它形成了《尚书》解释学的一些基本特点，在汉代经学史、特别是《尚书》学史上具有重要地位。

（原载《1998年法门寺唐文化国际学术讨论会论文集》，陕西人民出版社2000年版）

---

① 《尚书大传疏证》卷4。
② 《尚书大传疏证》卷4。

汉代公羊学

一 《公羊传》注《春秋》的基本特点

《公羊传》是传注《春秋》的五家之一。据说齐国人公羊高从子夏那里了解到孔子著《春秋》的思想和方法，后来他又将这些思想方法传授给他的儿子公羊平，再由公羊平传授给公羊地、公羊敢、公羊寿。到汉景帝时，公羊寿同弟子胡毋子都将公羊一系的师说书于竹帛，遂有《春秋公羊传》。[①]

关于《春秋公羊传》的传授，向来就有人怀疑，因为子夏小孔子44岁，生于公元前508年，晚年在魏国讲学，居西河，为魏文侯师。他传公羊高以《春秋》，最晚不当迟于公元前430年左右。如果算到汉景帝时代，其间已近三百年，而公羊氏所历仅五世，显然有悖情理。从《公羊传》本身看，传中阐述经义，所引前人之说计有"子公羊子"（桓公六年、宣公五年），"子沈子"（隐十一年、庄十年），"子司马子"（庄公三十年），"子女（汝）子"（闵公元年），"子北宫子"（哀四年），"鲁子"（庄公三年、二十三年，僖五年、二十年、二十四年、二十八年），"高子"（文公四年），可能公羊之学不是一姓之学，后人归纳传授世系，对师承的某些环节有所遗漏。

公羊一系的《春秋》学说，经过几百年的发展，到汉景帝时乃著于竹帛，给后学者提供了一个定本。从中也可以看出，它对《春秋》的看法有一些特点。

[①] 唐徐彦《公羊注疏》引戴宏《春秋说序》，参见阮元《十三经注疏·春秋公羊传注疏总序》，中华书局1980年版。

第一，《公羊传》认为《春秋》集中地体现了孔子的经世之志。

孔子为何要作《春秋》？《公羊传》指出："子曰：……《春秋》之信史也。其序，则齐桓、晋文；其会，则主会者为之也；其词，则某有罪焉尔。"①"孔子曰：'吾道穷矣。'《春秋》何以始乎隐？祖之所逮闻也，所见异辞，所闻异辞，所传闻异辞。何以终乎哀十四年？曰：备矣。君子曷为为《春秋》？拨乱世反诸正，莫近诸《春秋》。"②可见《公羊传》认为孔子作《春秋》就是要通过齐桓公、晋文公为代表的二百四十多年的历史记述，通过对历史事迹和历史人物的评议，来表达他的政治理想。因此《春秋》并非一种简单的历史记述，其中包含着救乱扶衰的微言大义。

第二，《公羊传》认为孔子《春秋》经世理想的第一个特征是"一统"。

《公羊传》开宗明义，在解释《春秋》隐公元年经文："元年春，王正月"时说："元年者何？君之始年也。春者何？岁之始也。王者孰谓？文王也。曷为先言王而后言正月？王正月也。何言乎王正月？大一统也。"在隐公时，周天子的地位正在削弱，但孔子作《春秋》，仍以周文王历法系年月，表明孔子对天下一统有强烈的信念。

《公羊传》认为《春秋》主张维护天下统一的局面。春秋时期，王纲不振，诸侯力政，齐桓公首霸天下，救邢存卫，实质上已取代了周天子的权威。《公羊传》一方面对齐桓公救邢存卫的功绩表示肯定；另一方面又暗含齐桓公应听命于周的批评。如僖公元年，《春秋》经曰："齐师、宋师、曹师次于聂北救邢。"《公羊传》云："救不言次，此其言次何？不及事也。不及事者何？邢已亡矣。孰亡之？盖狄灭之。曷为不言狄灭之？为桓公讳也。曷为桓公讳？上无天子，下无方伯，天下诸侯有相灭亡者，桓公不能救，则桓公耻之。曷为先言次，而后言救？君也。君则其称师何？不与诸侯专封也。曷为不与？实与而文不与。文曷为不与？诸侯之义，不得专封也。诸侯之义不得专封，则其曰实与之何？上无天子，下无方伯，天下诸侯有相灭亡者，力能救之，则救之可也。"夷狄灭邢，天

---

① 《公羊传》昭公十二年春文。
② 《公羊传》哀公十四年西狩获麟后文。

子不能救邢，齐桓公出兵北伐，代行天子职权，《公羊传》赞成这种举动，但它又认为最理想的局面仍应是天子专征伐之任。

《公羊传》反对任何形式的分裂。定公十二年，鲁"堕三都"。《公羊传》云："孔子行乎季孙，三月不违。曰：家不藏甲，邑无百雉之城。于是帅师堕郈，帅师堕费。"孔子为鲁司寇不久，即主张摧毁鲁国境内世卿的军事据点，并采取了相应的军事行动，这次行动虽然最后失败，孔子也因此被迫流亡在外，但《公羊传》认为孔子的主张符合道义，值得推崇。

第三，《公羊传》认为孔子《春秋》经世理想的第二个特征是严华夷之辨。

《公羊传》在诠释《春秋》时多次提到中国与夷狄的关系。它说：

> 不与夷狄之执中国。[1]
> 不与夷狄之获中国。[2]
> 不与夷狄之主中国。[3]

《公羊传》极力抬高中国文化的优越性，对夷狄而仰慕中国者加以褒奖。庄公二十三年，《春秋》书曰："荆人来聘。"《公羊传》云："荆何以称人？始能聘也。"楚国是春秋时期大国之一，但被视为华夏族之外的夷狄。楚国向鲁行聘礼，故《春秋》郑重加以记载。而公羊则认为这是仰慕王化的表现，故褒美之。又如宣十二年夏六月，《春秋》书曰："晋荀林父帅师，及楚子战于邲，晋师败绩。"《公羊传》云："大夫不敌君，此其称名氏以敌楚子者何？不与晋而与楚子为礼也。"这年楚庄王大败郑，郑伯肉袒出降，楚庄王以礼待之，不要求郑割让土地。在郑危已解的情况下，晋却由荀林父率领军队，想火中取栗，却被楚庄王打得大败。《公羊传》认为楚庄王在这次事件中体现出笃礼薄利的仁爱之心，故《春秋》要加以褒美。

---

[1] 《公羊传》隐公七年。
[2] 《公羊传》庄公十年。
[3] 《公羊传》昭公二十三年。

《公羊传》对《春秋》保存中国文化不被夷狄改变的宗旨多次加以发挥。如庄公十八年夏《春秋》书曰："公追戎于济西。"《公羊传》曰："此未有言伐者，其言追何？大其为中国也。此未有伐中国者，则其言为中国追何？大其未至而豫御之也。其言于济西何？大之也。"鲁庄公逐夷狄，得到公羊传的高度评价。又如齐桓公用管仲，尊王攘夷而救中国，使不绝若线之中国文化得以保存，中国不致披发左衽，孔子许管仲为仁，《公羊传》也以为是。

第四，《公羊传》认为《春秋》将礼看作是维系社会的根本准绳，而要守礼，关键在于应该知权达变。

《公羊传》对于《春秋》涉及的礼制作了比较概括的解释。它比较注重礼制的损益，认为《春秋》中的礼制，大都有一个历史发展的过程。在具体分析《春秋》关于历史事件和历史人物的评价过程中，《公羊传》认为《春秋》主张知权达变，对礼制应该采取灵活变通的态度。如《春秋》桓十一年九月，"宋人执郑祭仲"。《公羊传》解释说："祭仲者何？郑相也。何以不名，贤也。何贤乎祭仲？以为知权也。其为知权奈何？古者郑国处于留，先郑伯有善于邻公者，通乎夫人以取其国，而迁郑焉，而野留。庄公死，已葬。祭仲将往省于留，途出于宋，宋人执之，谓之曰：为我出忽而立突。祭仲不从其言，则君必死，国必亡。从其言，则君可以生易死，国可以存易亡。少辽缓之，则突可故出，而忽可故反，是不可得，则病，然后有郑国。古人之有权者，祭仲之权是也。权者何？权者，反于经然后有善者也。权之所设，舍死亡无所设。行权有道，自贬损以行权，不害人以行权。杀人以自生，亡人以自存，君子不为也。"《公羊传》认为祭仲在被宋国拘执的情况下，为保君、保国而行权，答应宋国废郑昭公忽而立厉公突，故《春秋》书字以褒之。同时，《公羊传》还引申开来，在一定条件下，只要最终目的是守经守礼，具体行为方式可以有所变化。

《公羊传》对于春秋时期的兼并战争持较为通达的态度。它认为《春秋》主张"大复仇"。《春秋》庄公四年夏，书曰："纪侯大去其国。"《公羊传》云："大去者，何？灭也。孰灭之？齐灭之。曷为不言齐灭之？为襄公讳也。《春秋》为贤者讳，何贤乎襄公？复仇也。"《春秋》最恶灭人之国。鲁无骇率师灭极，《春秋》贬之。齐襄灭纪国，公羊传认为应该加以表彰，这是因为齐襄公灭纪是为了复仇。齐襄公的九世祖哀公因纪侯谗言于周，被周懿王烹杀。齐襄公灭纪，为远祖复仇，合乎道义。它还加以引申说："远祖者，几世乎？九世矣。九世犹可以复仇乎？虽百世可也。家亦可乎？曰不可。国何以可？国君一体也。先君之耻犹今君之耻也，今君之耻犹先君之耻也。国君何以为一体？国君以国为体，诸侯世，故国君为一体也。"《公羊传》认为今天的纪国虽没有犯谗杀之罪，但今天的纪国国君与过去的纪国国君存在血缘关系，今天的纪国能够存在，是因为古无明天子以正过去纪国国君之罪，其罪行被延续下来，在上无天子、下无方伯的情况下，齐襄可以缘恩疾（根据自然情感）复仇。为表明齐襄复仇的正当性，《春秋》特于齐襄灭纪后书曰："六月乙丑，齐侯葬纪伯姬。"以示齐侯复仇光明正大，恩怨分明。纪伯姬是纪侯夫人，齐灭纪后死，因纪已灭，故无纪国臣子为伯姬举行葬礼。齐襄即以夫人之礼葬纪伯姬。《公羊传》认为《春秋》彰显此事，破外夫人不书葬之例，特书齐侯葬纪姬，是称道齐襄恩怨分明的态度。

又如庄公九年秋，《春秋》书曰："八月庚申，及齐师战于乾时，我师败绩。"《公羊传》曰："内不言败，此其言败何？伐败也。曷为伐败？复仇也，此复仇乎大国，曷为使微者？公也。公则曷为不言公？不与公复仇也。曷为不与公复仇？复仇者在下也。"鲁庄公之父鲁桓公被齐襄公在酒宴上诱杀，齐桓公继位后，鲁庄公于其九年在齐地乾时发动了向齐国复杀父之仇的战争，但惨败而归。《公羊传》认为，《春秋》讳言鲁败，但在此处大书特书，说明《春秋》肯定鲁之复仇战争，虽败犹荣。遗憾的是，这样一场战争不是由鲁庄公直接领导的，而是由鲁大夫领导的。

第五，《公羊传》还认为《春秋》中有一定的阴阳相胜思想。

《春秋》中记载有日食、地震、陨石、冰雹、虫灾等自然界异常现象。《公羊传》对《春秋》的这类记载都有所解释。虽然它把大多数记载归结为"记异也"，并没有做过多的发挥，但仍然体现出公羊学对阴阳学说有一些初步的认识。庄公二十五年《春秋》经："六月辛未，朔，日有食之。鼓，用牲于社。"《公羊传》的解释是："日食则曷为鼓，用牲于社？求乎阴之道也。以朱丝营社，或曰胁之，或曰为闇，恐人犯之，故营之。"它认为日食是阴气胜过阳气的表现，而社为土、为地，属阴。用牲祭祀，就是求于阴以救阳，用红色丝营社，一说是对社神施加威胁，一说是为了挡住人，不使社神受到侵犯。可见，《公羊传》有一定的阴阳相胜的思想。

从《公羊传》注释《春秋》的整体内容来看，公羊学派所体现的主要思想是主张统一、辨别华夷、明礼达变，它属于儒家思想体系中比较开明的一派。《公羊传》释《春秋》把《春秋》经文本身当为诠释的原典，认为其中包含了孔子学说的精髓，这就给后继者留下了十分宽阔的思考余地。

二　董仲舒的《春秋》公羊学

董仲舒，广川（今河北枣强县）人。生于公元前179年（汉文帝前元元年），卒于公元前104年（汉武帝太初元年）。年少时，治《公羊春秋》。景帝时，与胡毋生同被举为博士。汉武帝即位以后，诏举贤良方正、极言敢谏之士，"策问以古今治道"，董仲舒献对"天人三策"，建议以儒家思想作为国家政治的指导思想，大力培养儒家知识分子以充实国家官僚机构，在思想文化领域"罢黜百家，独尊儒术"，深得汉武帝赏识。被任命为江都王相，不久因为公孙弘所嫉，出为胶西王相。他借病告免归家，潜心著述。朝廷仍经常派人向他咨询政事。他的著作现存的主要是《春秋繁露》。

董仲舒所处的时代是汉代由黄老无为而治的政治向有为政治转变的历史时期，面对这一时期所出现的机遇和问题，董仲舒提出了一系列主张。而他的这些主张又是从《春秋公羊传》中所阐发的，他对《公羊传》的理解和发挥，成为《春秋》公羊学的一个重要历史发展阶段。

第一，董仲舒认为《春秋》中的核心思想是"改制"。

董仲舒在《春秋繁露·俞序》中曾对孔子作《春秋》的意图如此表述："仲尼之作《春秋》也，上探正天端，王公之位，万民之所欲，下明得失，起贤才，以待后圣。故引史记，理往事，正是非，见王公。史记十二公之间，皆衰世之事，故门人惑。孔子曰：吾因其行事，而加乎王心焉。以为见之空言，不如行事博深切明。"他认为孔子之所以缘鲁史而作《春秋》，就是要通过对历史事件的评述来表达他的政治主张，并且希望将来有圣明的君主来贯彻他的主张。

如前所述，认为《春秋》体现了孔子的思想主张，这是公羊学派的共同看法。但董仲舒把这种说法又向前推进了一步，他提出孔子思想主张的核心是要改制——要在总结历史经验的基础上，创作一套具有鲜明特点的政治制度。他说：

> 孔子立新王之道。①
> 《春秋》应天作新王之事，时正黑统、王鲁。②
> 有非力之所能致而自至者，西狩获麟，受命之符是也。然后托乎《春秋》正不正之间，而明改制之义。③

董仲舒认为《春秋》的要害在"新王"，"新王"的实质是"改制"。即孔子痛感周文衰败，试图在总结以往历史经验的基础上，为新王提供一套政治规模。

董仲舒深入分析了《春秋》的具体内容，指出《春秋》中有许多孔子改制的理论根据。这些根据主要包括：

其一是《春秋》中有比较明确的历史变易思想。历史经过损益而发展，这是历史变化的客观规律："夏无道而殷伐之，殷无道而周伐之，周无道而秦伐之，秦无道而汉伐之。有道伐无道，此天理也。"④他还总结出《春秋》有黑统、白统、赤统循环往复、周而复始的思想。其中黑统是：

> 三正以黑统初。正日月朔于营室，斗建寅。天统气始通化物，物见萌达，其色黑。故朝正服黑，首服藻黑，正路舆质黑，马黑，大节绶帻尚黑，旗黑，大宝玉黑，郊牲黑，牺牲角卵。冠于阼，昏礼逆于庭，丧礼殡于东阶之上。祭牲黑牡，荐尚肝。乐器黑质……具存二王之后也。亲赤统，故日分平明，平明朝正。⑤

---

① 《春秋繁露·玉杯》。
② 《春秋繁露·三代改制质文》。
③ 《春秋繁露·符瑞》。
④ 《春秋繁露·尧舜不擅移汤武不专杀》。
⑤ 《春秋繁露·三代改制质文》。

即黑统以寅月为正月，色尚黑。白统是：

> 历正日月朔于虚，斗建丑。天统气始蜕化物，物初芽，其色白。故朝正服白，首服藻白，正路舆质白，马白，大节绶帻尚白，旗白，大宝玉白，郊牲白，牺牲角茧。冠于堂，昏礼逆于堂，丧事殡于楹柱之间。祭牲白牡，荐尚肺。乐器白质……具存二王之后也。亲黑统，故日分鸣晨，鸣晨朝正。①

白统是以丑月为正月，色尚白。赤统是：

> 历正日月朔于牵牛，斗建子。天统气始施化物，物始动，其色赤。故朝正服赤，首服藻赤，正路舆质赤，马赤，大节绶帻尚赤，旗赤，大宝玉赤，郊牲骍，牺牲角栗。冠于房，昏礼逆于户，丧礼殡于西阶之上。祭牲骍牡，荐尚心。乐器赤质……具存二王之后也。亲白统，故日分夜半，夜半朝正。②

赤统是以子月为正月，色尚赤。三统的每一统都有服色礼具、万物牺牲的特色，三统循环往复，救溢扶衰。从夏、商、周的历史来看，夏即黑统，殷是白统、周是赤统，而周之后即黑统。

孔子作《春秋》，通三统，就是要显示历史发展经历了三统循环的过程。

孔子改制的第二个依据是：《春秋》王鲁，"缘鲁以言王义"。所谓王鲁，即将鲁国当作"新王"的化身来叙说新王政治的基本特点。董仲舒说："故《春秋》应天作新王之事，时正黑统。王鲁，尚黑，绌夏，亲周，故宋。"③

《春秋》以鲁国作为记叙历史的纲目，在董仲舒看来是富有深意的。他分析了《春秋》中的许多具体事例，证明孔子确实是把鲁国视为新王

---

① 《春秋繁露·三代改制质文》。
② 《春秋繁露·三代改制质文》。
③ 《春秋繁露·三代改制质文》。

政治的化身。比如鲁隐公元年三月,邾娄仪父与鲁结盟,董仲舒认为邾娄(邹)国尊慕王道,率先归附,故《春秋》予以表彰。同理,隐公七年特书滕侯卒,像滕这样的小国,《春秋》称其君为侯,又特书其卒,就是因为滕子先朝鲁公。隐公十一年《春秋》书"薛侯来朝"、庄公二十三年载"荆人来聘",都有这种深意。《春秋》除正面"王鲁"以外,还黜夏、故宋,将夏先王改称为帝,将商的后代宋改称为客,也是录五帝之后为小国、存二王之后为大国、伸张新王的意思。他说:"《春秋》曰:杞伯来朝。王者之后称公,杞何以称伯?《春秋》上绌夏,下存周,以《春秋》当新王。《春秋》当新王者何?曰:王者之法,必正号,绌王谓之帝,封其后为小国,使奉祀之。下存二王之后以大国,使服其服,行其礼乐,称客而朝。故同时称帝者五,称王者三,所以昭五端,通三统也。"① 《春秋》将黄帝、颛顼、帝喾、帝尧、帝舜之后录为小国,又将夏、商之裔封为附庸,实际上就是要在总结以往历史经验的基础上,显示新王的道统,说明新王政治与前朝各代的前后继承关系。

《春秋》改制的第三个依据是孔子有受命于天的符瑞,此即哀公十四年西狩获麟。

《春秋》有改制思想,这是董仲舒诠释《春秋》的第一个重要发挥,这一认识与《春秋公羊》本身把孔子当作一个有救世宏愿的思想家有关系,同时也与孔子把历史视为代有损益的发展也有关系。但改制很难说是孔子的思想。孔子一生以周礼当作政治的最高目标,"郁郁乎文哉,吾从周",对周代礼制的赞美溢于言表,他不可能有对周代礼制的较大改变。董仲舒关于《春秋》改制说的提出,主要是从他对当时汉代现实问题的感受中归纳出来。

第二,董仲舒认为《春秋》体现了新王政治丰富而具体的内涵。

新王政治的特点之一是它推行以三纲五常为核心的等级制度,树立大一统君主的绝对权威。董仲舒认为《春秋》的基本精神是:"是非二百四十二年之中,以为天下仪表,贬天子,退诸侯,讨大夫,以达王事而已矣。"② 所谓"贬天子"即批评春秋时期周天子不能尽天子的

---

① 《春秋繁露·三代改制质文》。
② 《史记·太史公自序》引董仲舒语。

责任。董仲舒认为，天子是上天之子，"德侔天地者，皇天右而子之，号称天子"①。天子是上参天、下通地、中连人，阴阳、五行、四时、日月、星辰、山川，无所不知的明王。他能使万民归附，天下无敌，是最高的君主，臣民的表率。《春秋》通过对周天子的批评来说明应该出现这样一种理想的君王。

所谓"退诸侯""讨大夫"就是《春秋》对春秋时期诸侯大臣割据专权的现象进行抨击。他说："《春秋》明此，存亡道可观也。……观乎鲁隐、祭仲、叔武、孔父、荀息、仇牧、吴季子、公子目夷，知忠臣之效；……观乎献六羽，知上下之差。""献八佾，讳八言六。郑鲁易地，讳易言假。晋文再致天子，讳致言狩。桓公存邢卫杞，不见《春秋》……非诸侯所当为也。"②《春秋》对忠于王命的臣民进行褒扬，对齐桓、晋文的僭越行为进行贬斥，充分显示了君臣之间的"常份"。有次江都王说到大夫池庸、文种、范蠡为越王勾践灭吴，可以称为"三仁"，董仲舒认为越无一仁，齐桓公等五伯也无法与三王相比。③

可见，董仲舒认为《春秋》新王政治是一种中央拥有高度专权，诸侯和大臣谨于职守，干强枝弱，上下有序的政治。董仲舒高度肯定"一统"的重要性，说："《春秋》大一统者，天地之常经，古今之通谊。"④一统是天地间最长久的普遍原则，也是国家最高的政治。

但董仲舒也没有抛弃公羊学派的民本思想。在他看来，一统的目的是推行王道，而王道的中心就是让平民百姓在物质生活方面有所保障，在精神生活方面有所提高。这就要求一统之王应该以民为本，"同民所欲"，应该保证百姓的基本生产资料，提供百姓发展生产的基本条件，并要以教化修饬"仁义礼智信五常之道"，使百姓的道德水平有所上升。因此一统之王必须先正其身，严格要求自己，要以仁为本，刑德结合，选贤与能。如果一统之王怠于政事，甚至残戕百姓，横征暴敛，那么他就必然要受到天道的惩罚。如果一意孤行，仍不思悔改，到无可救药的时

---

① 《春秋繁露·顺命》。
② 《春秋繁露·王道》。
③ 《春秋繁露·对胶西王越大夫不得为仁》。
④ 《汉书·儒林传》。

候，必然会有新受命的一统之王替天行道，变易其位。

第三，董仲舒系统论证了《春秋》中具有天人感应思想。

《春秋》中记载有日食、地震、陨石、冰雹、虫灾等自然界异常现象，《公羊传》并没有做过多的发挥。但董仲舒却认为《春秋》之所以记载自然现象，是说明天与人之间存在联系，反映了孔子对天人关系的认识。他"首推阴阳"，试图把《春秋》中的所谓天人关系的深意发挥出来。他说，《春秋》灾异屡见，"日为之食，星霣（陨）如雨，雨螽，沙鹿崩，夏大雨水，冬大雨雪，霣石于宋五，六鹢退飞"等，与春秋时期的政治失常是有关系的。这些灾异的出现，是因为"周衰，天子微弱，诸侯力政，大夫专国，士专邑，不能行度制法文之礼。诸侯背叛，莫修贡聘，奉献天子。臣弑其君，子弑其父，孽杀其宗，不能统理，更相伐锉以广地。以强相协，不能制属。强奄弱，众暴寡，富使贫，并兼无已，臣上下僭，不能禁止"①。董仲舒指出，天与人之间存在感应关系。他从传说中引证历代天人交感的神话，对此加以论证，说："故天将授舜，主天法商而王，祖锡姓为姚氏。至舜形体，大上而员首，而明有二童子，性长于天文，纯乎孝慈。天将授禹，主地法夏而王，祖锡姓为姒氏。至禹生发于背，形体长，长足肵，疾行先左，随以右，劳左佚右也。性长于行，习地明水。天将授汤，主天法质而王，祖锡姓为子氏。谓契母吞玄鸟卵生契，契先发于匡，性长于人伦。至汤，体长专小，足左扁而右便，劳右佚左也，性长于天光，质易纯仁。天将授文王，主地法文而王，祖锡姓姬氏。谓后稷母姜源，履天之迹，而生后稷。后稷长于邰土，播田五谷。至文王，形体博长，有四乳而大足，性长于地文势……"②像吞玄鸟生契、履大人迹而生后稷等种种传说，在董仲舒看来，就如同《春秋》书灾异以见天人感应之征兆一样，都是真实可信的。

董仲舒还归纳出"天人交感、同类相动"的感应规则。他引用人们日常的感受，说："今平地注水，去燥就湿；均薪施火，去湿就燥。百物去其所与异，而从其所与同。故气同则会，声比则应，其验皦然也。试调琴瑟而错之，鼓其宫则他宫应之，鼓其商而他商应之，五音比而自鸣，

---

① 《春秋繁露·王道》。
② 《春秋繁露·三代改制质文》。

非有神，其数然也。美事召美类，恶事召恶为，类之相应而起也。如马鸣则马应之，牛鸣则牛应之。帝王之将兴也，其美祥亦先见；其将亡也，妖孽亦先见。物故以类相召也。"① 自然界的同类事物之间往往发生相互感应的现象，董仲舒认为这不是偶然的，是因为事物都具有阴阳属性，自然事物莫不表现为阴阳二气和五行的有规律的运动："天之常道，相反之物也，不得两起，故谓之一。一而不二者，天之行也。阴与阳，相反之物也。故或出或入，或左或右。"② "天有五行：一曰木，二曰火，三曰土，四曰金，五曰水。木，五行之始也；水，五行之终也；土，五行之中也。此其天次之序也"③。自然界一年四季和万物生长荣枯的循环与节奏，都是阴阳有主次、有规律的变化，是五行"比相生而间相胜"的结果。在这种客观必然性之中，"阴相求，阳相索"④，性质相近的东西总是存在感应关系。

天人关系问题是先秦以来人们所普遍关注的根本问题。商周时期，天被视为有自由意志的全知全能的上帝，人的一切行为都要从上帝处获得裁决。春秋末年，随着无神论思潮的兴起，孔子尽量从人的品性来说明人的行为，强调"为仁由己"，对人的地位和作用给予高度重视。但孔子也试图沟通天与人之间的关系。子贡说："夫子之文章可得而闻也，夫子之言性与天道，不可得而闻也"，可能是说孔子关于人性与天道的"言说"难以理解或孔子对此谈论的较少，并不是说孔子不关心性与天道的关系问题。而且孔子晚年好《易》，又说他不是以占卜的眼光来研究《易》，而是要从《易》这部侧重天道运行规则的书中领会"德"，实际上也是希望在天人之间架起一座桥梁。孔子之后，道家学派批评儒家局限于从人道论证儒家的主张，没有像道家那样依据于"物之所不得遁而皆存"的天道，这自然也刺激了儒家学派认真探索儒家思想的天道依据。思孟学派以诚言天，认为诚者天之道，道德理性即天道的本质。而这种学说又因为其神秘遭到儒家学派内部的批评，荀子指出天人应该相分。

---

① 《春秋繁露·同类相动》。
② 《春秋繁露·天道无二》。
③ 《春秋繁露·五行之义》。
④ 《春秋繁露·同类相动》。

但同时也仍有一些儒家后学试图从另外的角度来建立天人之间的联系，《易传》的天道观即其典型代表。可见，在董仲舒之前，儒家学派在探索天人关系方面，已经有了相当长的历史，并已取得了不少成果。因此，董仲舒要发挥天人关系，也不是无源之水、无本之木。董仲舒发明《春秋》中的天人关系，是对《春秋》学，特别是《公羊春秋》学的巨大贡献。但他所宣扬的天人感应理论，以《春秋》灾异为主要来源，并吸收和改造阴阳五行学说，使得《春秋》中的天人关系理论上升到了一个新的水平。

董仲舒不但首次揭橥《春秋》天人感应的思想，而且认为《春秋》中所有的政治主张都是以天人感应作为最根本的依据。

从天人感应的积极一面来看，既然天道预示着人类社会的基本准则，那么天子应该认真体察天意，奉行天道给予人的正确启示。天子应该正本清源，视天如父，像对父亲尽孝道那样遵循天的意志。董仲舒说，《春秋》之所以称"元年春"而不称"一年春"，之所以变一为元，就是这个意思："《春秋》谓一为元，示大始而欲正本也。"① "《春秋》何贵乎元而言之？元者，始也。言本正也。道，王道也。王者，人之始也。王正，则元气和顺，风雨时，景星见，黄龙下。"② 具体而言，就是天子要仁爱为怀，要正心诚意，恪守王道。而诸侯、大夫、士也要各守其职，安于本分。"号为诸侯者，宜谨视所候奉之天子也。号为大夫者，宜厚其忠信，敦其礼义，使善大于匹夫之义，足以化也。"③

董仲舒认为，《春秋》所谓新王政治的基本原则都可以从天道中求得证明。"君臣父子夫妇之义，皆与诸阴阳之道。"④ "王道之三纲可求于天"，《春秋》认为君为臣纲，父为子纲，夫为妻纲，实质上也是天道之常。又如《春秋》主张为政以德，从天道看，"阳之出，常悬于前而任岁事；阴之出，常悬于后而守空虚"，可见，"天之任阳而不任阴，好德不好刑如是"⑤。又如《春秋》以中和为美，主张和谐是事物的最好状态，

---

① 《汉书·董仲舒传》。
② 《春秋繁露·王道》。
③ 《春秋繁露·深察名号》。
④ 《春秋繁露·基义》。
⑤ 《春秋繁露·天道无二》。

而"天之序，必先和然后发德，必先平然后发威……德生于和，威生于平也。不和无德，不平无威，天之道也"①。"中者，天下之终始也，而和者，天地之所生成也。夫德莫大于和，而道莫正于中。中者，天地之美，达理也。"② 总之，凡新王政治的各种理想的行为规则，都可从天道中体会出来。

从天人感应消极的一面来说，如果人类社会背天而行，就会引起自然界的变化，灾异就会产生。董仲舒认为《春秋》就是通过灾异来说明，人若是背天而行，将会引起各种灾难："孔子作《春秋》，上揆之天道，下质诸人情，参之于古，考之于今。故《春秋》之所讥，灾害之所加也。《春秋》之所恶，怪异之所施也。书邦家之过，兼灾异之变。"③ "小者谓之灾，灾常先至，而异乃随之。灾者，天之谴也；异者，天之威也。谴之而不知，乃畏之以威。"④ 因此，人要顺天而不能逆天。如果逆天受到天的谴告，应有所警惕，迅速改恶从善。董仲舒还认为，出现灾异现象并不可怕，可怕的是不知警惧，不能及时有所改易："故见天意者之于灾异也，畏之而不恶也。以为天欲振吾过，救吾失，故以此报我也。《春秋》之法，上变古易常，应是而有天灾者，谓幸国。"⑤ 他还举例说："楚庄王以天不见灾，地不见孽，则祷之于山川曰：'天其将亡予邪？不说吾过，极吾罪也。'以此观之，天灾之应过而至也，异之显明可畏也，此乃天之所欲救也，《春秋》之所独幸也，庄王所以祷而请也。"⑥ 楚庄王因为上天没有显示灾异，而向天祷告，请求上天以灾异对其行为过失给予提醒，在董仲舒看来是难得的贤君。他总结说："因恶夫推灾异之象于前，然后图安危祸乱于后者，非《春秋》之所甚贵也。"⑦

董仲舒甚至还在《春秋》传注之外，详细论述了运用感应原理来纠正行为过失，复归于天道之常的具体办法。就其小者而言，君主施政与

---

① 《春秋繁露·威德所生》。
② 《春秋繁露·循天之道》。
③ 《汉书·董仲舒传》。
④ 《春秋繁露·必仁且智》。
⑤ 《春秋繁露·必仁且智》。
⑥ 《春秋繁露·必仁且智》。
⑦ 《春秋繁露·二端》。

四时五行相配合。如春天属五行中木德，木之德曰生，春天要办一些促进生产、发育的事，要做到不违农时，省刑罚，薄税敛，尚德进贤，改良政治，发展生产。这样就会使草木茂盛，虫鱼增殖。如果统治者荒淫无度，大兴土木，掠夺民财，就会造成林木枯槁，怪异臻至。这时就要认真反省，救之以德："木有变，春凋秋荣，秋木冰，春多雨。以徭役众，赋敛重，百姓贫穷叛去，道多饥人。救之者，省徭役，薄赋敛，出仓谷，赈困穷矣。"① 其他如夏天属火德，中夏属土德，季秋属金德，冬天属水德，其变救方法均可类推。就其大者而言，董仲舒指出"改制"是天命授受的必然启示。"受命于天，易姓更王，非继前王而王也。若一因前制，修故业，而无有所改，是与继前王而王者无以别。受命之君，天之所大显也。事父者承意，事君者仪志，事天亦然。今天大显已，物袭所代，而率与同，则不显不明，非天志。故必徙居处，更称号，改正朔，易服色者，无他焉，不敢不顺天志，而明自显也。"② 也就是说，当君主完全丧失了天命，政治败坏到不可救药的程度时，就会有新王出来受命改制。董仲舒认为《春秋》中并没有肯定君主的地位可以万世不变。如果君主违背了天道，并不思悔改，对它进行革命是正义的："且天之生民，非为王也，而天立王，以为民也。故其德足以安乐民者，天予之。其恶足以贼害民者，天夺之。《诗》云：'殷士肤敏，裸将于京。侯服于周，天命靡常'。言天之无常予，无常夺也。故封泰山之上，禅梁父之下，易姓而王，德如尧舜者，七十二人。王者，天之所予也，其所伐，皆天之所夺也。"③ 董仲舒就是这样依据天道，对公羊学派所谓的非常可怪之论予以证明。

天人感应是董仲舒诠释《春秋》的一大理论创造，也是董仲舒整个思想体系的核心。他用天人感应来诠释《春秋》，不但使《春秋》对灾异的记述富有全新的内涵，同时也大大扩充了公羊春秋学的内涵，开辟了公羊春秋学研究的新局面。《汉书·五行志》说他"始推阴阳"以研究《公羊春秋》，"为儒者宗"，成为汉代儒学的领袖和宗师，他的理论和方

---

① 《春秋繁露·五行变救》。
② 《春秋繁露·楚庄王》。
③ 《春秋繁露·尧舜不擅移汤武不专杀》。

法不但对公羊学，对儒家其他经学流派也产生了巨大影响。

三　何休《春秋公羊解诂》对公羊学的发展

何休（129—182），东汉任城樊（今山东兖州）人，字邵公。太傅陈蕃征其参与政事，蕃败，他以"党人"禁锢。党禁解，任司徒、议郎、谏议大夫等职。《拾遗记》说他："木讷多智，三坟五典，阴阳算术，河洛谶纬，及远年古谚，历代图籍，莫不成诵也。门徒有问者，则为注记，而口不能说。作《左氏膏肓》《公羊墨守》《谷梁废疾》，谓之三关，言理幽微，非知机藏德，不可通焉。"何休精于六经，又善历算，除著有《左氏膏肓》《公羊墨守》《谷梁废疾》之外，还著有《春秋公羊解诂》，发挥《公羊春秋》的微言大义，成为汉代公羊学说最经典的著作之一。

《公羊解诂》，《隋书·经籍志》云有11卷，《唐书·艺文志》说有13卷。陆德明《经典释文》云有12卷。唐徐彦撰有疏解，今本为28卷。

何休在《春秋公羊解话》序中说："昔者孔子有云：'吾志在《春秋》，行在《孝经》。'此二者，圣人之极致，治世者之要务也。传《春秋》者非一，本据乱而作，其中多非常异议可怪之论，说者疑惑，至有倍经任意、反传违戾者，其势虽问不得不广，是以讲诵师言至于百万，犹有不解，时加酿嘲辞，援引他经，失其句读，以无为有，甚可闵笑者，不可胜记也。是以治古学贵文章者，谓之俗儒，至使贾逵缘隙奋笔，以为公羊可夺，左氏可兴。恨先师观听不决，多随二创（徐彦疏云：戴宏等作《解疑论》，而难左氏，不得左氏之理，又背经任意反传，故为二创），此世之余事，斯岂非守文持论，败绩失据之过哉？余窃悲之久矣。往者略依胡毋生《条例》，多得其正，故遂隐括，使就绳墨焉。"何休时，古文学派渐盛，相继出现了像郑众、杜林、桓谭、贾逵、马融、许慎、服虔、郑玄等声名显著的学者。古文经学特别是《左传》研究的兴盛，给公羊学派的传播带来了压力。何休认为，《春秋》和《孝经》最能代表孔子思想，也是治国根本大法。但对于《春秋》这样包含深刻思想内容的著作，由于传授《公羊传》者有"倍经任意、反传违戾"的过失，有的讲解烦琐，达百万言，还是有许多不通之处，这就给古文经学造成攻驳的借口，如贾逵在章帝时就作《长义》41条，攻驳《公羊》。而公羊学者反驳左氏又不得法，以致人们认为《公羊》可废，《左氏》可兴。对此何休深受刺激，他试图按照胡毋生所发明的条例，将公羊学作新的发挥。

第一，何休对公羊学的理论贡献之一是：他大大推进了孔子以《春秋》当新王之说。

《公羊传》隐公元年，"元年者何？君之始年也。春者何？岁之始也。王者孰谓？谓文王也。曷为先言王而后言正月？王正月也。何言乎正月？大一统也。"何休解释说："变一为元。元者，气也，无形以起，有形以分，造起天地，天地之始也。故上无所系，而使春系之也。不言公，言君之始年者，王者、诸侯皆称君，所以通其义于王者，惟王者然后改元立号。《春秋》托新王受命于鲁，故因以录即位，明王者当继天奉元，养成万物。……统者，始也，总系之辞。夫王者始受命改制，布政施教于天下，自公侯至于庶人，自山川至于草木昆虫，莫不一一系于正月，故云政教之始。……一国之始政，莫大于正始。故《春秋》以元之气，正天之端；以天之端，正王之政；以王之政，正诸侯之即位；以诸侯之即位，正境内之治。诸侯不上奉王之政，则不得即位，故先言正月而后言即位，政不由王出，则不得为政，故先言王而后言正月也。王者不承天以制号令则无法，故先言春而后言王。天不深正其元则不能成其化，故先言元而后言春。五者同日并见，相须成体，乃天人之大本，万物之所系，不可不察也。"在春秋时期，东周天子大权旁落，天下并没有一统之王。而鲁隐公又只是诸侯之一，事实上也没有成为一统之王的资格。但《春秋》在鲁隐公即位之年，变一为元，说"元年春，王正月"。何休认为这里有极深的含义。因为元的本义是元气，它是天地万物的基础，只有得天之命的王者才能在即位之年改元立号。可见《春秋》是借鲁隐公即位这个符号来表达新王的政治规模。同时，又在正月之前系以"王"字，这说明隐公即位之年的正月，就是一统之新王的正月。如果像隐公这样的诸侯不奉新王的正朔，政不由王出，则不能即位，不得为政。所以隐公元年经文："元年春，王正月。"即集中地体现了孔子作《春秋》的意图，它就是要依托242年的历史表达一种符合道义的理想政治。

"王鲁"之说本于董仲舒。董仲舒在《春秋繁露·三代改制质文》中曾说："故《春秋》应天作新王之事，时正黑统，王鲁尚黑。"董仲舒为了提出改制说,将《春秋》视为改制的经典,认为孔子以鲁为寄托,阐发了他的政治改制规模。其中典型的表现就是在保存夏(黑统)、商(白统)、周(赤统)三统的同时,崇尚黑统。董仲舒提出王鲁、《春秋》应天作新王本来就没有充分的根据,主要是依据《春秋》叙述史事以鲁为核心,而何休则认为从元年春王正月即可分析出孔子确实有托鲁隐公表述政治理想的思想。凡鲁君之即位概称为"元",并系以"王",足见鲁君在《春秋》中被假想为获得天命的大一统之王。

何休还详细阐释了"新周""故宋"之说,并把它们与"王鲁"紧密联系起来。"新周",见于《公羊传》宣公十六年:"成周宣榭灾,何以书?记灾也。外灾不书,此何以书?新周也。"新周的意思本来是"亲周"。《春秋》是鲁国史记,一般不书外灾,但此年写了东周的火灾,是鲁亲近周国,以示天下之有宗主。董仲舒在《春秋繁露·三代改制质文》中也说:"王鲁尚黑,绌夏、亲周、故宋。"并没有对亲周作过多的发挥。而何休则指出《春秋》有新周之意:"新周,故分别有灾,不与宋同也。孔子以《春秋》当新王,上黜杞,下新周而故宋,因天灾中兴之乐器,示周不复兴。故系宣榭于成周。使若周文,黜而新之,从为王后者记灾也。"① 在何休看来,此年论东周之灾,并不是"亲周",而是说明东周已经不复具有成为新王的使命。

"故宋",见于《公羊传》襄公九年:"宋火。何以书?记灾也。外灾不书,此何以书?为王者之后记灾也。"此处本意是解释宋火灾为何被记录下来,认为主要原因是宋为商之后。董仲舒在解释此文时也未过多发挥,只是说《春秋》比较重视前代典制的保存,为后王制法提供参考,而何休则明确指出"故宋"如同"新周"一样,也是说明商已经退出了新王之列。

何休解释《春秋》有所谓三科九旨之说,其第一科三旨即"新周、故宋,以《春秋》当新王",可见这一思想在他的公羊学中的地位。"新周、故宋,以《春秋》当新王"的最终目的就是把孔子改造为一个具有高度哲学思想的政治家。在何休之前,虽有孟子说过"《春秋》,天子之事也",董仲舒说过"是非二百四十二年之中,以为天下仪表,贬天子,

---

① 《春秋公羊解诂·宣公十六年》。

退诸侯,讨大夫,以达王事而已矣"①,"孔子作《春秋》,先正王而系以万事,见素王之文焉"②,但未有人像何休这样就《春秋公羊传》本身进行如此细致的分疏。经过何休的挖掘,孔子为"素王"说似乎在《春秋》本文中有了更加坚硬的证据。

第二,何休对《公羊春秋》学的第二个贡献是:他把《春秋》当作一部包含了不同历史阶段不同政治理想的宝典。

《公羊传》在描述《春秋》的写作特点时,曾经指出,《春秋》对"所见世""所闻世""所传闻世"分别有不同的书法。即"所见异辞、所闻异辞、所传闻异辞"。董仲舒在发挥《春秋》公羊学时,也曾注意到这一特点。董仲舒曾经指出,《春秋》中鲁十二世可分为三等:有见、有闻、有传闻。有见三世,有闻四世,有传闻五世。鲁哀、定、昭三公为所见世;鲁襄、成、文、宣四公为所闻世;鲁僖、闵、庄、桓、隐五公为所传闻世。"于所见微其辞,于所闻痛其祸,于传闻杀其恩,与情俱也。……屈伸之志,详略之文皆应之。"③ 所见世,记事使用什么书法忌讳多,因而用词隐晦;所闻世,对于事件造成的祸害感受真切,因而记载明确详细;所传闻世,恩惠和感情都减弱,记载较为简略。但董仲舒论三世主要是从书法上加以论述,只是说在用词的考究上有所不同,尚没有把《春秋》三世与他所主张的三统说联系起来,而何休则认为这里面有十分深刻的意义。他说:"所见者,谓昭、定、哀,己与父时事也;所闻者,谓文、宣、成、襄,王父时事也;所传闻者,谓隐、桓、庄、闵、僖,高祖、曾祖时事也。异辞者,见恩有厚薄,义有深浅。时恩衰义缺,将以理人伦,序人类,因制治乱之法。故于所见之世,恩己与父之臣尤深,大夫卒,有罪无罪皆日录之。'丙申,季孙隐如卒'是也。于所闻之世,王父之臣恩少杀,大夫卒,无罪者日录,有罪者不日,略之,'叔孙得臣卒'是也。于所传闻之世,高祖、曾祖之臣恩浅,大夫卒,有罪无罪皆不日,略之也,'公子益师、无骇卒'是也。于所传闻之世,见治起于衰乱之中,用心尚粗觕,故内其国而外诸夏,先详内而后治外;

---

① 《史记·太史公自序》述董仲舒之语。
② 《春秋左传序》疏引。
③ 《春秋繁露·楚庄王》。

录大略小，内小恶书，外小恶不书，大国有大夫，小国略称人，内离会书，外离会不书是也。于所闻之世，见治升平，内诸夏而外夷狄，书外离会，小国有大夫，宣十一年，'秋，晋侯会狄于攒函'，襄二十三年，'邾娄鼻我来奔'是也。至所见之世，著治太平，夷狄进至于爵，天下远近小大若一，用心尤深而详，故崇仁义，讥二名，晋魏曼多、仲孙何忌是也。所以三世者，礼，为父母三年，为祖父母期，为曾祖父母齐衰三月，立爱自亲始，故《春秋》据哀录隐，上治祖祢。所以二百四十二年者，取法十二公，天数备足，著治法式。"[①] 何休认为《春秋》用三种不同的书法来描述所见世、所闻世、所传闻世的历史，实际上是将这三个不同的历史阶段，当为历史演进的必然发展序列，并表明历史演进三种阶段的整体特征。其中所传闻世即据乱世，在这个阶段，"内其国而外诸夏"，政治的重心尚放在一国内部，国与国之间的联系尚未广泛展开。所闻世即升平世，在这个阶段，"内诸夏而外夷狄"，政治已经突破了国家地域，同一种文化传统的民族和国家有了比较密切的政治往来。所见世即太平世，在这个阶段，"夷狄进至于爵，天下远近大小若一"，政治已经超越了民族与文化传统的界限，不同文化传统的民族国家也有了密切的政治联系，天下得到更广泛的统一。

何休认为《春秋》就是孔子关于政治理想的宝典，它集中地体现了孔子关于据乱世、升平世、太平世三种不同历史发展阶段的不同的政治设想。如前所述，在何休之前，《公羊传》就已经明确指出《春秋》体现了孔子的政治理想，董仲舒又进一步指出孔子政治理想的精神实质就是改制，它通过"王鲁"，把鲁国当作假想的"新王"，来表达一种有别于前此政治的新政治。董仲舒还指出这种"新王政治"主要取法三统变易而来。但无论《公羊传》和《春秋繁露》都没有指出《春秋》本身即依据242年历史的三个阶段，表述了孔子关于"三世政治"的理想看法，而何休则巧妙地将"所见异辞，所闻异辞，所传闻异辞"这种关于《春秋》书法的概括，与"微言大义说""孔子为新王立法说"和"三统说"联系起来，并归纳出孔子政治理想的不同阶段及其特点，从而使得《春秋》的内涵显得更加丰富。

[①]《春秋公羊解诂·隐公元年》。

第三，何休还对《公羊》学的天人关系理论作了更加细致的论述。

清人王引之《经义述闻》卷24《春秋公羊传》之"公羊灾异"条说："《公羊春秋》记灾异者数矣。自董仲舒推言灾异之应（见《汉书·五行志》），何休又引而申之，其说郅详且备。然寻检传文，惟宣十五年冬蟓生，有'变古易常，应是而有天灾'之语，其余则皆不言致此之由，亦不以为祸乱之兆。"董仲舒推说《公羊春秋》的灾异说，借以佐证他的天人感应思想，这本来与公羊学本身已经形成了一些差别。与董仲舒借《春秋公羊传》的诠释来谈天人感应不同的是，何休更加重视从《公羊》的本文与本事，环环相扣地解释所谓天与人之间的神秘关系。

隐三年春二月，己巳，日有食之。何休注云："异者，非常可怪，先事而至者。是后卫州吁弑其君完，诸侯初僭，鲁隐系获，公子翚进谄谋。"隐九年三月癸酉，大雨，震电，庚辰，大雨雪。何休注云："震、雷、电者，阳气也，有声名曰雷，无声名曰电。周之三月，夏之正月，雨当水雪杂下，雷当闻于地中，其雉雊；电未可见，而大雨震电，此阳气大失其节，犹隐公久居位而不反于桓，失其宜也。……俶，始怒也。始怒甚，犹大甚也。盖师说以为平地七尺雪者，盛阴之气也，八日之间，先示隐公以不宜久居位，而继从盛阴之气大怒，此桓将怒而弑隐公之象。"仅从隐公年间的天象来看，何休解释它们主要是把每一种异常天象与前后的历史事件对应起来。这种以《春秋》本事对应天象的做法，使得《春秋》中的天人感应更加复杂。

公羊学是汉代《春秋》学的主流。《公羊传》用诠释的眼光看待《春秋》，认为《春秋》包含了孔子主张统一、辨别华夷、明礼达变的思想，具有比较开阔的理论视野。董仲舒用天人感应的观点对《春秋》具有政治改革精神和系统的政治理念的阐述，开辟了公羊学研究的新局面。何休把《春秋》视为反映孔子不同历史阶段不同政治理想的宝典，进一步充实了《公羊传》的理论内涵。可见汉代公羊学的发展主要得益于经学理论水平的提高，得益于理论与《公羊传》文本的结合水平的提高。

（原载《周秦汉唐文化研究》第1辑，三秦出版社2002年版，原题《试论汉代的〈春秋〉公羊学》）

从两汉礼学看汉代经学

两汉礼学取得了三大主要成就。

第一个成就是论证了礼是自然和历史的本质，传播了以礼治国的思想。

在汉初，就有儒生从儒家的德治思想出发，积极倡导以礼治国的政治策略。伏生《尚书大传》认为政治的基本大纲是四时、天文、地理、人道等主要因素，而核心即礼制。① 文帝时，贾谊就曾指出：汉初以来，在黄老清净无为思想支配之下，对礼制放任苟简，造成了大量社会矛盾，只有把礼提高到法的地位，才能改变政治局面。他说：

> 礼者，所以固国家，定社稷，使君无失其民者也。主主臣臣，礼之正也；威德在君，礼之分也；尊卑大小，强弱有位，礼之数也。礼，天子爱天下，诸侯爱境内，大夫爱官属，士庶各爱其家。失爱不仁，过爱不义。故礼者，所以守尊卑之经、强弱之称者也。②

虽然贾谊的主张没有被汉文帝采纳，但他为儒学的复兴作了有价值的理论建设。汉武帝时，董仲舒在著名的"天人三策"中，举例说，周王朝初兴，用仁义礼乐教化百姓，"故圣王已没，而子孙长久安宁数百岁，此皆礼乐教化之功也"。至周末之世，不以礼治民，以致丧失天下。秦王朝变本加厉，"弃捐礼谊而恶闻之，其心欲尽灭先圣之道，而专为自

---

① 《尚书大传疏证》卷1，光绪二十二年（1896）师伏堂刊本。下同。
② 《贾谊集·礼》。

恣苟简之治……故立为天子十四岁而国破亡矣"①。而秦以后至汉代之际，本来可以抓住时机，调整政治策略，使国家长治久安，但却安于积习，以致"临政七十余岁而不可善治"。当务之急就是要用礼治作为政治的指导思想。

董仲舒之后，儒家学者对于礼治思想作了进一步的论证，戴圣选编《礼记》收录了《中庸》《礼运》等篇。《中庸》认为人是一切政治出发点，"君子之道，造端于夫妇"，政治的最高目标应该从人的基本存在开始。而政治目的不外乎使人的道德品性和理性能力得到充分的发展。既然人内在具有超越动物界的品性与能力，有成为有道德重理性的文明人的潜能，政治措施就应该顺乎人性而施设，而源于人性又能调适人情的礼制是有利于人性正常发展的最佳选择。因此，政治的最高目标就是礼治。《礼运》篇还提出了大同和小康两类理想社会。小康政治，天下为家，大人世及，贵族世袭，爱有等差，以家族为本位，有礼义制度维系，经济上重私产。大同政治，天下为公，选贤举能，讲信修睦，泛爱而无等差，其民纯任自然，无纷争之意，亦无礼义为之纪。经济上废私产而倡共产，货恶其弃于地，不必藏于己，力恶其不出于身，不必为己。大同社会是礼治的最高境界。

两汉时期礼学的第二个成果就是结合国家政治的需要，对于礼的基本仪式进行了讨论，奠定了国家礼典的规模。

早在刘邦即位不久，就有叔孙通制朝仪，据说他所制汉仪有12篇②。除朝仪外，叔孙通还"定宗庙仪法，及稍定汉诸仪法"。但他制定的朝仪，"大抵皆袭秦故"，与儒家的主张并不十分相符，因而受到鲁地儒生的非议。但尽管这样，国家礼典依然留下了十分广阔的发展空间。

例如郊天礼，本来是统一政权的大型祭天礼典。但随着东周的衰落以及五德终始说的流行，原有的统一的上帝观念被五位天帝所取代。据《史记·封禅书》，秦先后设有白帝、青帝、黄帝、炎帝时。四帝祭祀是秦人重要的祭祀活动，按照五行原则在与天相应的每季仲月举祭礼。因此，尽管有一些儒家学者竭力鼓吹郊天礼，但祀经所载西周那种严格的郊天之礼在

---

① 《汉书·董仲舒传》。
② 《后汉书·曹褒传》。王充《论衡·谢短》称其书为《仪品》16篇。

秦帝国统治期间却并没有得到举行，只是在雍（今陕西宝鸡凤翔）举行郊祀。汉承秦制，高祖二年（前205），刘邦另立黑帝祠，①四祠扩展为五祠。汉武帝继位之初，也沿袭了五畤郊祀的做法。元鼎五年（前112）武帝听从方士的建议，在甘泉宫筑共三层的祠坛，最上一层安置泰一神主，中间一层为五帝坛，最下一层为群神及北斗。这年冬至（十一月初一）汉武帝郊拜泰一。②这是汉代第一次按照礼经所载郊天大礼的意义所举行的祭天仪礼。此后礼学家们为规划郊天大典进行了十分繁复的讨论。西汉成帝时，一度废止雍五畤和甘泉泰一祠，在长安城作郊天坛，并于公元前31年春正月，在长安南郊祭天。其后几度反复，到东汉初期，终于确定了南郊祭天的礼典，东汉永平年间（58—75）"兆五郊于洛阳四方，中兆在未"③。这种祭天格局成为历代封建政权祭天的基本格局。

与郊天礼相对应的就是祭地礼。据甲骨卜辞，至迟在商代，统一的大地观念已经形成，大地神被称为"土"。到周代大地神已经形成一个条理化的系统。代表大地的土地神被称为"地"，它是与"天"相对的地母神；代表王侯领土的土神被称为"社"，与谷神"稷"合称为"社稷"。战国时期，随着人们地理知识的增加，大地神观念又有一些变化。昆仑之神被当作整个大地的代表，而后土之神则被当作神州（中国）大地神。秦汉时期，由于未能举行严格的郊天礼，故祭地礼也未尝实践。元鼎四年（前113），在雍祠五畤后，汉武帝有感于大地神没有祭礼，在汾阴立坛祭后土。司马谈曾参与制定后土祭礼的规划，他与祠官建议："后土宜于泽中圜丘，为五坛，坛一黄犊牢具，已祠尽瘗。"武帝采纳了他们的建议。此后宣帝、元帝等曾到河东汾阴祠祭后土。但这种礼制，显然与礼学家的设想有一定距离。成帝即位后，丞相匡衡等奏罢汾阴后土祠，建议在长安北郊立坛祭后土。几度反复之后，到西汉末年，南郊祭天、北郊祭地的礼制格局才得以基本形成。

除祭祀天地的大典之外，西汉祭祖之典也呈现出突出的独创性。按照周代礼制，天子、诸侯、大夫、士可根据身份等级的不同而举行规格

---

① 《史记·礼书》。
② 《史记·封禅书》。
③ 《后汉书·郊祀志》。

不同的祭祀。天子有太祖庙和三昭三穆共七庙，诸侯有太祖庙和二昭二穆共五庙，大夫有太祖庙与一昭一穆共三庙，士一庙，庶人无庙，祭于寝。自天子以至于庶民，虽然都要祭祀祖先，但所祭祀祖先的数量则是不同的。秦始皇死后，秦二世于公元前209年设"七庙"。汉高祖即位后，因为是平民天子，未立七庙。汉代直到武帝，帝王死后，不但在京师立有"原庙"，而且在郡国均立有庙，并没有施行天子七庙之制，到元帝永光四年（前40），当时郡国的祖宗庙共有160余所，每年的祭祀费用十分惊人。这时乃有贡禹上书说，古礼天子七庙，郡国宗庙不合古制。于是乃由朝廷颁布诏令对宗庙进行整顿，以高祖之庙为太祖，文帝之庙为太宗，景帝之庙为昭，武帝之庙为穆，昭帝之庙为昭，宣帝之庙为穆。此后汉代帝王庙制还有反复，而这一时期关于宗庙到底应该如何设置的讨论也相当烦琐，并涉及对西周七庙的不同理解。东汉明帝死后遗诏，不准为他建寝庙，从此独立的昭穆之庙制度变为"同堂异室"的庙制，虽然天子同样有七庙，但这时已是在一庙之内依世次分别至七室加以祭享。这种庙制也为此后历代封建国家所共同遵循。

由此可见，两汉时期礼学的一个重要方面就是对国家礼典的制作。帝王意志与儒生乃至方士的结合，使得国家礼典在实践中初具规模。

两汉时期礼学研究的第三个成果是对有关礼的文献进行了收集整理。

据《史记·儒林列传》记载：由于秦始皇焚书，大批礼学书籍散亡，汉初礼经只有高堂生所传《士礼》。据《汉书·艺文志》记载，这部《士礼》即《仪礼》，共有17篇。《仪礼》虽有17篇，但其中《既夕礼》为《士丧礼》的下篇，《有司》为《少牢馈食礼》的下篇，实际只有15篇，而且所记又大多为士礼，只有《觐礼》记诸侯朝觐天子之礼。据《史记·儒林列传》记载，当时主持朝廷仪礼的大夫并不懂《礼经》：

> 而鲁徐生善为容。孝文帝时，徐生以容为礼官大夫，传子至孙徐延、徐襄。襄，其天姿善为容，不能通《礼经》。延颇能，未善也。襄以容为汉礼官大夫，至广陵内史，延及徐氏弟子公户满意、桓生、单次，皆常为汉礼官大夫。①

---

① 《史记·儒林列传》。

出现这种情况，一方面是因为当时《礼经》本身残缺；另一方面也因为客观形势发展大大出乎人们的想象，没有哪一种固有的礼仪可以拿来就用。《仪礼》到西汉末年有戴德、戴圣等不同传本。

为了满足国家对于礼的需要，汉代政府曾经广泛搜罗古礼。在高堂生所传《礼经》立于学官不久，就有《礼古经》发现。据《汉书·艺文志》记载：

> 《礼古经》者，出于鲁淹中及孔氏，与十七篇文相似，多三十九篇及《明堂阴阳》《王史氏记》。所见多天子、诸侯、卿、大夫之制。①

《礼古经》比高堂生《仪礼》多出39篇，而且多为天子、诸侯、卿、大夫之礼，这对汉代国家礼典的制作自然会有促进作用。汉宣帝甘露三年（前51），诏诸儒讲"五经"同异于石渠阁，礼学家后仓弟子闻人通汉、戴圣等都皆与会。这次会议对于各种仪礼的统一起到了一定作用。在帝王的参与下，诸儒采撮当时所可能见到的各种有关礼的记叙，对仪礼作了初步的裁定，其中有的礼学家就援引了《礼古经》。②

在"仪礼"以外，汉初关于礼的文献还流传有一些"记"。所谓记，就是对礼文的具体论述。汉初，礼学家手中都掌握有若干记文。据《汉书·艺文志》，记文共有131篇之多，其中有些是"七十子后学者所记也"，有些则是秦汉礼学家对于礼的论述。汉宣帝时，后仓在《礼记》研究方面有所发明。据刘歆《七略》记载，"汉宣帝时行射礼，博士后苍为之辞，至今记之，曰《曲台记》"。《曲台记》在《汉书·艺文志》中有著录，有9篇之多，今佚。后苍礼学分为四家，后苍授闻人通汉、戴德、戴圣、庆普。"由是礼有大戴、小戴、庆氏之学。"③

在搜集《礼古经》的同时，古文记也有所发现。它们是《王史氏》21篇，又称《王史氏记》，以及《明堂阴阳》32篇，《中庸说》2篇，

---

① 《汉书·艺文志》。
② 参见杨天宇《〈礼记〉简述》，《礼记译注》，上海古籍出版社1997年版。
③ 《汉书·艺文志》。

《乐记》23 篇，《孔子三朝记》7 篇等。这些被称为古文礼记，共计有 204 篇之多。① 这些记因为是儒家后学所说，实际上具有与《礼经》相等的权威，对它们的研究是西汉礼学的一个重要方面。

戴德和戴圣在纂集《礼记》的基础上，根据自己的认识，分别选抄了一定的篇数，并加以编排。戴德选了 85 篇，称为《大戴礼记》，戴圣选了 49 篇，称为《小戴礼记》。

在古文《礼经》、古文《礼记》发现时，还发现了《周礼》。据《汉书·河间献王传》云：

> 河间献王德，以孝景前二年立，修学好古，实事求是。从民得善书，必为好写与之，留其真，金帛赐以招之。……献王所得书，皆古文先秦旧书，《周官》《尚书》《礼》《礼记》《孟子》《老子》之属，皆经传说记，七十子之徒所论。②

据陆德明《经典释文·叙录》，河间献王收集《周官》只有 5 篇，其中《冬官》一篇佚失，以《考工记》补之：

> 或曰河间献王开献书之路，时有李氏上《周官》五篇，失《事官》一篇，乃购千金不得，取《考工记》以补之。③

由于刘歆的提倡，《周礼》在王莽时期成为重要的礼典。贾公彦叙《周礼》兴废过程就曾说道：

> 至孝成皇帝，达才通人刘向子歆，校理秘书，始得列序，著于录略。然亡其冬官一篇，以《考工记》足之。时众儒并出共排，以为非是，唯歆独识。④

---

① 《乐记》23 篇中有 11 篇已具于今文 131 篇之中，参见陈寿祺《左海经辨》，"刘向《别录》古文二百四篇，《汉书·艺文志》《记》百三十一篇"条。
② 《汉书·河间献王传》。
③ 《经典释文·叙录》。
④ 《周礼正义·序》。

刘向和刘歆在校理群书过程中，对于《仪礼》《礼记》和《周礼》都有校订。其中据贾公彦疏《士冠礼》篇题，刘向将《仪礼》按照"尊卑吉凶次第论叙"，先有《士冠》《士昏》《士相见》等士礼，进而有《乡饮酒》《乡射》等士与大夫同用之礼，再有《燕礼》《大射》《聘礼》《公食大夫》等诸侯礼，最后才是觐见天子之《觐礼》，这是由卑至尊，均属吉礼。后半自《丧服》《士丧》《既夕》《士虞》《郊特牲》《少牢》直至《有司彻》，凡7篇都属凶礼。至于在鲁淹中所发现的56篇《礼古经》，刘向《别录》校理《仪礼》时，只是将《礼古经》与高堂生传本相同部分（17篇）作了对勘，并调整了篇次。

对于《礼记》，刘向也有所整理。他加以校订的底本是《小戴记》。据说《小戴记》本来只有46篇，是他另外加上《月令》《明堂位》《乐记》3篇，然后有49篇。从这里也可看出，刘向之所以未整理《礼古经》之多出的39篇，可能是因为它们大多言天子、诸侯、卿、大夫之制，与《明堂阴阳》等内容相近，而他在整理《礼记》时，将这些内容照顾到了。刘向对《小戴记》的内容还有所分类，它们是通论、制度、丧服、世子法、祭礼、吉礼、乐记、明堂阴阳记等。

对于《周礼》，刘向曾征召天下对它有一定研究的儒生云集京城，对它加以进一步整理。《周礼》在发现后，被藏于皇朝秘府，据说高堂生、萧奋、孟卿、后仓、戴德、戴圣等人对它都不了解。而刘向、刘歆通过校理，转写出今文本《周礼》。故史称《周礼》也有故书、今书的不同。《天官·大宰职》贾《疏》曰：

> 言故书者，郑注《周礼》时，有数本，刘向未校之前，或在山岩石室，有古文，考校后为今文，古今不同。①

可见《周礼》的整理，离不开刘向、刘歆父子的努力。

东汉时期，《仪礼》仍然有大戴本、小戴本、刘向《别录》本、《礼经》古本以及上述诸本的不同抄本。《礼记》也有大戴本、小戴本、刘向

---

① 《周礼·天官·大宰职》贾《疏》。

《别录》本以及上述诸本的传抄本。《周礼》也有古文本，刘向、刘歆整理本以及民间抄本。东汉末年，郑玄在今文、古文礼的研究水平进一步提高的基础上，分别作《仪礼注》《礼记注》《周礼注》。其《仪礼注》以小戴本为底本，参考刘向整理本，再校以《礼经》古本，其《礼记注》也以小戴本为底本，同时参考其他传本，择善而从，其《周礼注》则以刘向、刘歆整理本为底本，校以古文本和传抄本，郑玄的三礼注，不但为后世提供了比刘向、刘歆更加完善的《仪礼》《礼记》《周礼》三种礼籍的定本，而且还提高了《礼记》《周礼》的地位。特别是《周礼》从此一跃而成为三礼之首。

从两汉礼学的发展过程中，我们可以看到礼学的差异。这些差异主要表现为：

1. 礼籍确实有今本和古本的不同。

汉初礼籍只有《仪礼》17篇，它们是用汉代通行文字所写的，被称为今文礼经。在高堂生所传《仪礼》17篇立于学官后不久，才发现《礼古经》，其中除与高堂生传本相似的有17篇外，还有39篇。这56篇都是用战国间东方六国古字书写的，称为礼古文经。

又如《礼记》，汉初131篇，据说是由河间献王搜求的。① 不久又在鲁淹中发现《明堂阴阳》23篇、《王史氏记》21篇、《乐记》23篇，《孔子三朝记》7篇、《中庸说》2篇。这些均是用古文写成，其中只有《乐记》11篇与《礼记》131篇之11篇相同，多出204篇。

至于《周礼》，汉代河间献王始得于民间，本为古文先秦旧书，因为河间献王献之于官府，汉复藏于秘府，故汉代礼学家大都未曾见到。刘歆曾作过校理，并将它作了转写。

2. 对今本和古本确实都有研究。

汉代高堂生17篇《仪礼》研究的后继者有萧奋，汉宣帝时主要是后苍，后苍授闻人通汉、戴德、戴圣、庆普。东汉时庆氏礼由于曹充、曹褒父子的提倡，一度有较大影响。当时以庆氏礼闻名的还有董钧，他在永平中为博士，曾参议五郊祭祀、宗庙礼乐、威仪章服的

---

① 《隋书·经籍志》："汉初，河间献王得仲尼弟子及后学者所记一百三十一篇，献之，时亦无传之者。"

制作。

131篇《礼记》在汉宣帝时也是由后苍后继研究，他有《曲台记》9篇。后苍授闻人通汉、戴德、戴圣、庆普。闻人通汉虽未立学官，而石渠议奏，其礼论最多。大戴《礼记》授琅琊徐良。小戴授桥仁、杨荣，桥仁著《礼记章句》49篇。东汉时马融即传小戴之学。庆氏礼学在东汉初有曹充、曹褒、董钧撰著。曹充撰有《章句辨难》，曹褒撰有《通义》12篇、《演经杂论》120篇。

而对古本的研究，《仪礼》方面，西汉末年戴德、戴圣分别整理《仪礼》17篇时，可能以古本为参照，刘向校理《仪礼》时，也是以古本为参照，并对《仪礼》进行了重新排列。郑玄注《仪礼》也是以小戴本为底本，参照其他传本。《后汉书·儒林传》说郑玄本习小戴礼，后以古经校之，取其义长者为郑氏注。郑玄《仪礼》注确实是从今文则叠出古文，从古文则叠出今文。贾公彦《仪礼·士冠礼疏》就曾评价郑注，说"《仪礼》之内或从今、或从古，皆逐义强者从之。若二字俱合义者，则互挽见之"。

《礼记》方面，大戴和小戴在整理过程中，分别选录85篇或49篇，都参照了古本。刘向《别录》本，即以小戴本为底本，并校以古本，再加上古本的《月令》《明堂位》《乐记》3篇。郑玄《礼记注》即以刘向《别录》本为底本，进一步对今文、古文加以校对，与《仪礼》一样，他也是从古则叠今，从今则叠古。

至于《周礼》，在刘歆发现他的价值后，就有他的门徒杜子春等人研究，当时的名师大儒都仰承其说。郑兴郑众父子、贾逵、马融等竞相为《周礼》作解诂。郑玄《周礼注》更是其中的翘楚。

3. 礼学研究确实存在今文与古文的分歧。

（1）关于礼籍意义。

一般来说，今文学者对六经都以"微言大义"的方式去看待，认为它们都是为汉制法的作品，而古文学家则比较平实。例如《春秋》，古文经学家贾逵曾说：

> 名不正则言不顺，言不顺则事不成。今隐公人臣而虚称以王，以周天子见在上而黜公侯，是非正名而言顺也。如此，何以笑子路

率尔？何以为忠信？何以为事上？何以诲人？何以为法？何以全身？如此若为通乎？①

他认为《公羊》学者所宣扬"黜周王鲁"和"以《春秋》当新王"之说存在许多矛盾。如果真像公羊学者所说的那样，孔子托王于鲁，那岂不是无视周天子的存在，以为臣之鲁，行为君之事？那么《春秋》就不可能使乱臣贼子惧。

（2）关于礼的制作。

按照先秦礼学家的论述，虽然可以缘情制礼，但制礼又必须有一定的原则，大小戴《礼记》之《礼器》篇就收录了关于礼的制作的五项原则："礼，时为大，顺次之，体次之，宜次之，称次之。"即制礼第一是要"随时"；第二是"达顺"；第三是"备体"；第四是"从宜"；第五是"合称"。所谓"随时"就是要根据时代的要求与变化，所谓"达顺"就是要做到人人各安其分，所谓"备体"就是要根据礼的大小、显微，安排确当的设施和完备的仪节。所谓"从宜"就是要顾到天时、地利乃至人力、物产条件，各从其宜。例如"贫者不以货财为礼，老者不以筋力为礼"。所谓"合称"就是要在"从宜"时也应使礼仪与各人的地位相称。除上述制礼五原则之外，《礼记》收录的《中庸》篇还明确指出："非天子，不议礼，不制度，不考文。"又说："虽有其位，苟无其德，不敢作礼乐焉；虽有其德，苟无其位，亦不敢作礼乐焉。"这种关于礼乐制作的富于理想色彩的主张，一方面是对西周礼乐制作原则的发掘；另一方面也是对西汉勇于制作礼乐之风的一种批评。

秦汉儒家学者对礼的制作一般都比较谨慎，与方士相比较，他们往往得不到帝王的喜欢。例如，秦始皇征召齐鲁儒生博士70人议定封禅礼，但儒生们各执己见，秦始皇看到他们"议各乘离，难施用"，只好不用。② 后来汉武帝准备封禅，儒生苦于"封禅用希旷绝，莫知其仪礼"，无法提出一个像样的方案。汉武帝依据方士的说法，制成封禅礼器让儒

---

① 徐彦《公羊传·隐公》疏引。
② 《史记·封禅书》。

生们议定，但这些人又"牵拘于《诗》《书》古文"，不知变通。武帝最后只好"尽罢诸儒不用"，"乃自制仪，采儒术以文焉"①。但儒家学者内部，对于礼的制作也是有分歧的。两汉今文礼学家在谋划国家礼典的过程中，创造性要多一些，而古文礼学家相对要更强调礼典的学理基础。他们力图消化礼籍记载的矛盾，对礼的制作的学术基础提出了越来越高的要求。如曹褒是高堂生礼学一派庆普之学的继承者，他对于礼乐制作大抵持西汉礼学家一般的思想和观点，《后汉书·曹褒传》说：

> 曹褒，字叔通，鲁国薛人也。……章和元年正月，乃召褒诣嘉德门，令小黄门持班固所上叔孙通《汉仪》十二篇，敕褒曰："此制散略，多不合经，今宜依礼条正，使可施行。于南宫、东观尽心集作。"褒既受命，乃次序礼事，依准旧典，杂以五经谶记之文，撰次天子至于庶人冠婚吉凶终始制度，以为百五十篇……帝以众论难一，故但纳之，不复令有司平奏。……和帝即位……后太尉张酺、尚书张敏等奏褒擅制汉礼，破乱圣术，宜加刑诛。帝虽寝其奏，而汉礼遂不行。②

在帝王支持下，曹褒对汉代礼仪有丰富补充的愿望，并作了努力。但他在原有礼仪之典外，吸收谶记的有关内容，因而遭到批评，而所制礼仪也并没有施行。

(3) 关于礼的具体内容。

今文礼与古文礼在论述礼仪和礼制过程中，存在不少的矛盾。例如关于诸侯王等爵制，《礼记·王制》的记述是：

> 王者之制禄爵，公、侯、伯、子、男，凡五等。天子之田方千里，公侯方百里，伯七十里，子男五十里。

而《周礼·地官·大司徒》的记述是：

---

① 《汉书·儿宽传》。
② 《后汉书·曹褒传》。

凡建邦国，以土圭土其地而制其域。诸公之地，封疆方五百里，其食者半；诸侯之地，封疆方四百里，其食者三之一；诸伯之地，封疆方三百里，其食者三之一；诸子之地，封疆方二百里，其食者四之一；诸男之地，封疆方百里，其食者四之一。

拿《礼记·王制》与《周礼》相比照，就可看出《礼记·王制》虽然在爵制设置方面与《周礼》相同，但实际上是按五等以颁田禄，而且封国规模要比《周礼》小得多。但它又与《孟子》书中的说法"公侯皆方百里，伯七十里，子男五十里"比较相符，与《尚书大传·盘庚》的记载也比较相符。①

又如古代祭祀上帝的制度，礼籍记载各有不同。《礼记·月令》有比较完备的五帝、五神系统。而《周礼》中虽有五帝观念，又制定了许多祭祀五帝的祀典，但尚未明确五帝的名称；虽已有将五帝与方位和颜色相配合的材料，但还很不完备，很不明确。如前所述，上帝的观念在春秋以后经过了一个由统一的上帝到分裂的五帝、再到统一的上帝下辖五方帝的过程。而处在这一过程中的礼学家，必然会在上帝祭祀的论述中表现出不同的观点。

礼制具体内容的差异在对儒家的其他经典的解释中也有反映。如《尚书·尧典》："在璇玑玉衡，以齐七政，肆类于上帝。于六宗，望于山川，遍于群神。"《尚书大传》的解释是：

万物非天不生，非地不载，非春不动，非夏不长，非秋不收，非冬不藏，故《书》曰：于六宗，此之谓也。②

伏生将六宗解释为天地四时，但经文明明也说"肆类于上帝"，"类"即祭祀，已说了祭祀上帝。故今文《尚书》之欧阳、大小夏侯说六宗曰：

---

① 《尚书大传·盘庚》："古者诸侯始受封，则有采地。百里诸侯以三十里，七十里诸侯以二十里，五十里诸侯以十五里……"《尚书大传疏证》卷3。

② 《尚书大传疏证》卷1。

上不及天，下不及地，傍不及四时，居中央，恍惚无有，神助阴阳主化，有益于人，故郊祭之。①

欧阳、大小夏侯为了弥补解说上的漏洞，把六宗视为天地之间的天神之类，可能是星、辰、司中、司命、风师、雨师。而贾逵注云：

六宗：天地神之尊者，谓天宗三、地宗三。天宗日月星辰，地宗岱山河海。日月属阴阳宗，北辰为星宗，岱为山宗，河为水宗，海为泽宗。祀天则天文从祀，祀地则地理从祀。②

贾逵认为六宗不但包括天上之神灵，也包括地上之神灵，属于天的神灵在祭天时从祀，属于地的神灵在祭地时从祀。

综观汉代礼学的发展，可见礼学内部确实存在一些矛盾，这些矛盾导致学派之间的斗争。刘歆争立《左传》的学术地位，与太常博士们争论，其《移太常博士书》批评今文博士言礼昧于大体，信口说而背传记，"是末师而非往古，至于国家将有大事，若立辟雍、封禅、巡狩之仪，则幽冥而莫知其原"③。可见古文礼学家认为今文礼对于礼的研究存在很大不足。

值得指出的是，上述差异是礼学发展过程中所出现的自然差异。大多数礼学家并没有绝对割断二者的联系。例如关于《礼记》的整理，《小戴记》49 篇，郑玄《礼记注》有存目，而且每篇都有此于《别录》属某类的记载。由《别录》的分类来看，49 篇《礼记》大致有三个来源：一是汉代流行的属于汉以前的今文记。二是汉代一些新产生的礼学论文。如《王制》篇就是文帝使博士诸生刺六经而作④，但也收在《小戴记》中。三是汉代所不断发掘的古文记。如《月令》下《目录》云："此于《别录》属《明堂阴阳记》。"《明堂位》第十四下《目录》云："此于

---

① 《周礼注疏》卷十八，上海古籍出版社 2010 年版，第 650 页。
② 《周礼注疏》卷十八，上海古籍出版社 2010 年版，第 650 页。
③ 《汉书·楚元王传》。
④ 《史记·封禅书》。

《别录》属《明堂阴阳》。"它说明《月令》和《明堂位》抄自古文《明堂阴阳》33篇。其他如《哀公问》抄自《孔子三朝记》7篇等，都可从《目录》中反映出来。

又如关于礼籍的解释，礼学家最高的目标就是希望对所有关于礼的不同论述都能够作出合理的解释。例如关于诸侯的爵制，郑玄就是要予以调和。他注《王制》说：

> 此殷所因夏爵三等之制也。殷有鬼侯梅伯。《春秋》变周之文，从殷质，合伯子男以为一，则殷爵三等者，公侯伯也，异畿内谓之子。周武王初定天下，更立五等之爵，增以子男，而犹因殷之地，以九州之界尚狭也。周公摄政，致太平，斥大九州之界，制礼，成武王之意，封王者之后为公，及有功之诸侯，大者地方五百里，其次侯四百里，其次伯三百里，其次子二百里，其次男百里。

他认为殷制爵分三等，即公、侯、伯，按公百里、侯七十里、伯五十里以授田。而爵分五等，则是周武王始定的制度，但武王建国，所拥有的地盘太小，故虽立五等爵制，却仍按三等授出，即公侯授以百里、伯七十里、子男五十里。直到成王时期，周公摄政，武功大兴，疆土辽阔，始能成武王之意，按五等分别授田，而且授田数也大大增加，尽管郑玄的解释仍然与周朝历史事实不完全吻合，但这毕竟使得封建爵制在周公制礼这一前提下得到了统一。

又如对郊天礼和五帝祭祀的关系的解释，郑玄就是在两汉祭天礼的实践基础上，对《礼记》与《周礼》的记载予以调和。他甚至杂采纬书，将《礼记·月令》与《周礼》六天说结合。认为天上有一个至上帝，其名为"天皇大帝耀魄宝"，居于紫微宫。至上帝之下有五天帝，居太微宫，它们是东方苍帝灵威仰，南方赤帝赤熛怒，中央黄帝含枢纽，西方白帝白招拒，北方黑帝叶光纪。祭祀五天帝时，各以其精所感生之五人帝配食。这五人帝是太昊（配苍帝）、炎帝（配赤帝）、黄帝（配黄帝）、少昊（配白帝）、颛顼（配黑帝）。五人帝之下又有五官，它们也各随其帝配食，句芒配太昊、祝融配炎帝、后土配黄帝、蓐收配少昊、玄冥配颛顼。他在注《周礼》时即依此加以运用和发挥。

两汉无论是研究今文礼的还是研究古文礼的礼学家,都没在礼的哲学性解释方面突破阴阳五行的理论模式。《礼记》所收录的秦汉间人的有关礼的作品,关于礼的阐释体现出极为浓厚的阴阳五行思想。在秦汉之际,人们热衷于用阴阳五行来解释种种社会现象。伏生传《尚书》,所作《尚书大传》就试图用阴阳五行学说来总结古代政治经验,其《洪范五行传》将春、夏、秋、冬季气和候的变法来配置政治措施,对于各季气的祭祀对象、祭祀器物、祭祀地点也都有所说明。后来董仲舒注《春秋》,也用阴阳五行来说明礼制。《礼记》有《月令》,有明堂制度,这些篇章都源于阴阳五行学说,在西汉礼学中却占有十分重要的地位。无论今文礼学家还是古文礼学家,都对此进行了详细的解说。甚至古文学家还认为他们的解释比今文更加可信。

汉代经学的今古文问题是中国学术史研究的一个重要问题。综观近人的有关论述,关于这一问题大致有五种主要看法:

一是今古文经学只有文字差异。也就是说,经书凡为汉代通行文字所写的,即为今文经,凡是先秦六国文字所写的,即为古文经。它们之间只有文字上的区别,并没有其他深层的含义。[①]

二是今古文经学有师承差异。二者之异源于孔门弟子之差异。孔门弟子有倾向于保存文献者,有主张积极变革者。[②]

三是今古文经学有思想差异。古文述而不作,代表孔子早年"从周"的思想。今文讲变易,反映了孔子晚年变革的设想。[③]

四是今古文经学有思想差异,但这种差异主要是汉代经学研究的差异,体现了汉代经学家的不同的政治倾向。[④]

[①] 刘师培:"今文古文为汉儒之恒言,犹今日所谓旧版书新版书也。汉代之所谓古文经,乃秦代之时,未易古文为秦文者也。其故本至汉犹存。"参见《汉代古文学辩诬·论今古文之分仅以文字不同之故》,《左庵外集》卷4,《刘申叔先生遗书》(第44册)。

[②] 此种论点散见于关于五经的形成发展过程的论述。如有人认为《谷梁》与孟子思想相近,而《左传》与荀子关系较为密切。

[③] 廖平1886年著《今古学考》,认为今文经以《王制》为主,古文经以《周官》为主。这主要是因为孔子一生学术有前后两期的变化。"孔子初年问礼,有从周之意","至于晚年,哀道不行,假手自行其意,以挽弊补偏"。

[④] 侯外庐等《中国思想通史》(第2卷)认为:今文经学和古文经学主要反映了汉代儒生的不同的政治理想和立场,参见该书第九章讨论今古文经学部分,人民出版社1957年版。

五是今古文经学既有文字差异，又有师承差异，还有思想差异。思想差异源于师承差异，也就是说，汉代经学之所以形成今古文两种派别，与经学家所据经典的版本及其传播者有直接关系。①

通过对汉代礼学的简单回顾，可以得出初步结论：在汉代礼学中，确实存在礼经经文文字的差异。这主要是因为对礼的现实需要促进了对古礼的不断发掘。

在汉代礼学中，确实存在礼学思想的差异，这种差异主要表现为礼学家对于礼制的现实效应、礼的具体细节及其制作原则的认识有所不同。

在汉代礼学中，礼学思想的分歧与先秦礼学的不同流派存在一定的对应关系，但这种对应关系并不是绝对的。

从汉代礼学来看，汉代经学确实有今文经和古文经的区别，同时也有今文经学和古文经学两种学术流派，但今古文经学的区别并不完全渊源于先秦儒学的分派，更不能从孔子一生思想的前后两个阶段中找原因。它们的学术思想相同大于相异，而且这种相异与经文文字的今古之别有一定联系，但并不存在绝对的联系，主要是与经学家关于现实社会的认识有关系，与经学学术研究的不断深入有关系。

（原载《中国思想史论集——中国思想史研究回顾与展望》，广西师范大学出版社2000年版，原题《从两汉时期的礼学看经学的今古文问题》）

---

① 朱维铮：《周予同经学史论著选》，上海人民出版社1983年版。

思想与皇权的协调

——论孝观念从孔孟到《白虎通义》的转变

孝是先秦儒家提出的整合社会的思想观念之一，到《白虎通义》已经成为社会核心价值理念与规范。但关于孝的讨论，从孔孟经荀子、董仲舒到《白虎通义》，在孝的缘由、内涵、表现形式等方面都发生了变化，这一变化既反映了儒学理论自身矛盾的发展，也有皇权意识的制约与渗透。孝从孔孟到《白虎通义》的变化过程，反映了儒家思想上的观念如何转化为社会核心价值观念的一般过程。

一 关于"孝"的缘由的讨论

按照孔孟的解释，孝基于人的血缘亲情之爱。譬如为父母服三年丧，就是子女对父母养育之恩的报答，它出自人的不忍之心。[1] 当子女把对父母长辈发自内心的关爱表达出来，可以称为孝。正因为孝是一种与生俱来的本性，曾子曾经把它视为放之四海而皆准的真理。

而荀子认为，孝不是人的本性，而是由君子圣人教化的结果。他说："夫子之让乎父，弟之让乎兄；子之代乎父，弟之代乎兄，此二行者，皆反于性而悖于情也。然而孝子之道，礼义之文理也。故顺情性则不辞让矣，辞让则悖于情性矣。"[2] 孝悌并不是人性的自然舒展，而是礼义熏陶使然。他假托尧舜答问曰："尧问于舜曰：'人情何如？'舜对曰：'人情甚不美，又何问焉！妻子具而孝衰于亲，嗜欲得而信衰于友，爵禄盈而

---

[1] 《论语·阳货》。
[2] 《荀子·性恶》。

忠衰于君。"① 如果没有礼义教化，人是不会有孝亲、忠君的表现的。可见孝亲、忠君的道德行为乃是后天形成的，是圣人君子教化的结果。

西汉中期，董仲舒指出：孝是"天道"对人的启示。他说："君臣父子夫妇之义，皆取诸阴阳之道。"② 这是因为，"天有五行，一曰木，二曰火，三曰土，四曰金，五曰水。……木生火，火生土，土生金，金生水，水生木，此其父子也。木居左，金居右，火居前，水居后，土居中央，此其父子之序也。相受而布，是故木受水，而火受木，土受火，金受土，水受金也。诸授之者，皆其父也。受之者，皆其子也。……故五行者，乃孝子忠臣之行"③。自然界离不开阴阳五行有规则的运行，而阴阳五行的不变次序也是父子关系的根据。具体而言，五行有相生的关系，生者反映的是父道，所生者反映的是子道。从木主生而火主养、金以死而水主藏的五行特征中，从火乐木而养以阳、水克金而丧以阴，以及土竭忠以事火的基本关系中，可以推知出孝是子女应该执守的准则。

《白虎通义》对人的性情有专门讨论，但没有将它与孝联系起来，它有关"孝"的根据的解释主要参考和发展了董仲舒的阐释："君臣法天，取象日月屈伸，归功天地。父子法地，取象五行转相生也。夫妇法人，取象人合阴阳，有施化端也。"④ 其《五行》篇说："子顺父，臣顺君，妻顺夫，何法？法地顺天也。男不离父母，法火不离木也。女离父母，何法？法水流去金也。"又说："木生火，所以还烧其母何？曰：金胜木，火欲为木害金。金者坚强难消，故母以逊体助火烧金，此自欲成子之义。"所以孝完全是五行规律的昭示，是不容置疑的最高真理。

关于儒家论孝的根据的上述变化，已经有学人在讨论有关孝的问题时曾有所关注，但对孝为何会发生观念上的转变，语焉不详。⑤ 有人认为，这种变化的主要原因是当时对人性有了重新思考，对孝从家庭道德

---

① 《荀子·性恶》。
② 《春秋繁露·基义》。
③ 《春秋繁露·五行之义》。
④ 《白虎通义·三纲六纪》。
⑤ 参见刘修明《"汉以孝治天下"发微》，《历史研究》1983 年第 3 期；孙筱《孝的观念与汉代新的社会统治秩序》，《中国史研究》1990 年第 3 期；季乃礼《论汉代的以孝治天下》，《学术月刊》2000 年第 9 期；查昌国《先秦"孝"、"友"观念研究》，安徽大学出版社 2006 年版等。

观念向社会道德观念的转变有了新的认识。个人认为，除上述原因以外，这种变化还与儒家人性论的内在矛盾以及道家天道观念的影响有关。①

二 关于孝的内涵的讨论

在孔孟那里，孝的内涵主要包括以下三项内容：

1. 赡养。从物质生活层面赡养父母是孔子所谓"孝"的最低要求："事父母，能竭其力；事君，能致其身；与朋友交，言而有信。"② 所谓"能竭其力"，就是昏定晨省，嘘寒问暖，尽自己能力为父母提供较好的物质生活条件。父母年老体弱，子女应该把父母身体健康放在心上："父母之年，不可不知也。一则以喜，一则以惧"③，父母健康长寿，令人高兴，但他们毕竟年事已高，在世之日有减无增，令人忧惧。父母患病，子女应倾心侍候："父母唯其疾之忧。"④ 孔孟反复论述，赡养行为要贯注关怀父母的真实情感。当子游问什么是孝时，孔子大发感慨："今之孝者，是谓能养，至于犬马皆能有养，不敬，何以别乎？"⑤ 所谓"敬"就是有发自内心的真情实感。孔子说，赡养父母并不难，难的是对父母和颜悦色。子夏问孝，孔子说："色难。有事，弟子服其劳；有酒食，先生馔，曾是以为孝乎？"⑥ 所谓"色难"，《礼记·祭义》的解释是："孝子之有深爱者，必有和气；有和气者，必有愉色；有愉色者，必有婉容。"

2. 达志。孝还包括对父母意愿的尊重。孔子说："父在观其志，父没观其行，三年无改于父之道，可谓孝矣。"⑦ 他所谓"观志""观行"，就是要顺着父母的志愿行事。父母担心子女身体受到伤害，做子女的就不要使自身受到任何损伤；父母希望子女能有所作为，做子女的应该努力不使父母失望；父母如有未完成的心愿，子女应该努力使之实现。孔子

---

① 参见方光华《论孔孟的仁义与天道》，《湘潭大学学报》（哲学社会科学版）2005 年第 5 期。
② 《论语·学而》。
③ 《论语·里仁》。
④ 《论语·为政》。
⑤ 《论语·为政》。
⑥ 《论语·为政》。
⑦ 《论语·学而》。

赞叹武王、周公"其达孝乎！夫孝者，善继人之志，善述人之事者也，孝有三：大孝尊亲，其次不辱，其下能养"①，也就是说，比起赡养父母，使父母的愿望得到实现，这样的孝行要困难得多。这样的人会珍惜自己的身体，会谨慎自己的言行，会认真对待生命过程中的每一处境，就像曾子所说的那样要求自己："居处不庄，非孝也；事君不忠，非孝也；莅官不敬，非孝也；朋友不信，非孝也；战阵无勇，非孝也。""一举足而不敢忘父母，一出言而不敢忘父母。一举足而不敢忘父母，是故道而不径，舟而不游，不敢以先父母之遗体行殆；一出言而不敢忘父母，是故恶言不出于口，忿言不反于身。不辱其身，不羞其亲，可为孝矣。"② 正如《孝经》所归纳的那样："身体发肤，受之父母，不敢毁伤，孝之始也；立身行道，扬名于后世，以显父母，孝之终也。"

3. 追思。在孔子心目中，孝不仅仅体现在父母生前的孝敬，还表现在父母死后，对父母有内在自然的悲痛哀思之情，"人未有自致者也，必也亲丧乎！"③ 往往在至亲亡故之时，一个人的真情实感才会淋漓尽致地袒露在众人面前。如果能做到"事死如事生，事亡如事存"，那就是"孝之至也"④。

荀子给"孝"划分了三个档次。这就是："入孝出弟，人之小行也；上顺下笃，人之中行也；从道不从君，从义不从父，人之大行也。"⑤ 他认为，行孝包括父母生前的赡养和死后的追思，而且赡养注意身敬、辞逊、色顺。他说，有人"夙兴夜寐，耕耘树艺，手足胼胝，以养其亲"，但人们却不以为孝，此人可能是在身敬、辞逊、色顺上做得不够。但荀子认为，孔孟关于孝的第二项主要内容"达志"需要改为"从义"。对君父俯首帖耳，言听计从，并不是孝，只有坚持原则，服从道义，以道义为行为标准，以免亲人陷入不仁不义，才是真正的"大孝"。"故可以从而不从，是不子也；未可以从而从，是不衷也；明于从不从之义，而能致恭敬、忠信、端悫，以慎行之，则可谓大孝矣。传曰：从道不从君，

---

① 《礼记·祭义》。
② 《礼记·祭义》。
③ 《论语·子张》。
④ 《礼记·中庸》。
⑤ 《荀子·子道》。

从义不丛父，此之谓也。"①

董仲舒和《白虎通义》在很大程度上继承了荀子的思想，对孝的"从义"的方面给予了关注。《白虎通义》把孝作为一种统治策略："安民然后富足，富足而后乐，乐而后众，乃多贤，多贤乃能进善，进善乃能退恶，退恶乃能断刑，内能正己，外能正人，内外行备，孝道乃生。"②而孝既包括子女对父母的赡养、追思，更包括对社会道义的遵循。

三 关于孝的表现节度的讨论

如何将对父母长辈的孝合情合理地表达出来，这是孔孟反复讨论的问题。孔孟都认为，孝首先要有发自内心的真实情感。孟子主张效法舜，在奉养父母长辈的过程中，始终不改"慕父母"之心。③但孔孟都认为，孝又不是对父母长辈关心和思念的情感不加节制的表露。有人母死而哭过哀，孔子曰："哀则哀矣，而难为继也。夫礼，为可传也，为可继也，故哭踊有节。"④失亲至痛，哀思无尽，但不能沉溺不起，不能哀痛过度。他认为孝需要："生，事之以礼；死，葬之以礼，祭之以礼。"⑤《礼记·檀弓下》记有子与子游的问答，讨论儒家之礼与戎狄之道的区别。有子认为，人在丧礼中应该率性直行，尽情宣泄哀恸之情，不必受礼节的限制。子游认为，直情而径行是"戎狄之道"，儒家的孝道不然。

孔孟认为，倘若孝亲之心与礼制规定遇到冲突，使自己的孝敬之心得到符合情理的表达，才是问题的关键。例如葬礼，孔子主张根据经济实力，如果家庭经济情况不好，达不到礼制的要求，只要有一颗至真至切的孝敬之心，丧事简单一些也是恰当的："有，勿过礼。苟亡矣，敛首足形，还葬，县棺而封，人岂有非之者哉！"⑥而孟子母丧，棺木超过礼

---

① 《荀子·子道》。
② 《白虎通义·考黜》。
③ 《孟子·万章上》。
④ 《礼记·檀弓上》。
⑤ 《论语·为政》。
⑥ 《礼记·檀弓上》。

制规定，其弟子充虞质疑，孟子回答说："古者棺椁无度，中古棺七寸，椁称之。自天子达于庶人，非直为观美也，然后尽于人心。"① 按照孟子的说法，对棺椁木板的厚度做规定是必要的，但不应该因此而影响孝敬之心。如果财力允许，棺材可以做得精美一些，以防亲人的遗体在腐烂之前就被泥土玷污，不能借口有礼制约束就马虎应付。

而荀子则强调礼的重要性。他说："礼之于正国家也，如权衡之于轻重也，如绳墨之于曲直也。故人无礼不生，事无礼不成，国家无礼不宁。"②"故绳者，直之至；衡者，平之至；规矩者，方圆之至；礼者，人道之极也。然而不法礼，不足礼，谓之无方之民；法礼足礼，谓之有方之士。""圣人者，道之极也。故学者，固学为圣人也，非特学为无方之民也。"③ 他明确指出，礼为人道之最高理念，能否法礼、足礼是划定圣凡的界限。

董仲舒认为，人确实具有伦理道德的可能性，但社会的道德化不能完全寄托在人性之善端上，而必须有礼制教化，有圣人示范和约束，不能像孟子那样对人性之善过多地倚重。④

《白虎通义》有关"孝"的表现节度的讨论突出了守礼的重要性，离开了礼的约束，孝就难得其正。其《三教》引用孔子之语曰："之死而致死之，不仁而不可为也。之死而致生之，不知而不可为。故有死道焉，以夺孝子之心焉，有生道焉，使人勿倍焉。"《白虎通义》不厌其烦地讨论葬制、庙制和服制，力图为社会制定符合各等级身份的制度。其《礼乐》篇云："故《孝经》曰：安上治民，莫善于礼，移风易俗，莫善于乐"；"夫礼者，阴阳之际也，百事之会也，所以尊天地，傧鬼神，序上下，正人道也"。

四　当父母长辈发生过错如何行孝？

孔子说，要做到孝顺，就要尽心奉养父母长辈，顺从他们的意愿，

---

① 《孟子·公孙丑下》。
② 《荀子·大略》。
③ 《荀子·礼论》。
④ 《春秋繁露·深察名号》。

如果父母长辈有做得不对的地方，做子女的应该委婉地进行规劝："事父母，几谏，见志不从，又敬不违，劳而不怨。"① 孟子也承认父母长辈会有过错，对于父母长辈的过失，子女应甄别情况，区别对待。若父母长辈之过小，子女应予以宽容谅解，不可有怨恨的情绪，否则就是不孝；若父母长辈之过大，子女如果无动于衷，不忧不怨，则是疏远父母长辈的表现，是不孝之行。他主张子女应帮助犯有大过的父母长辈改过，但要注意方式方法，切忌采取"责善"之法。"责善，朋友之道也。"② 朋友之交，贵在以诚相见，朋友有过失，需坦率相告，直言相劝，若在父子之间也责以善道，直言规劝，就会令父子在感情上产生隔阂而不相亲近。正如齐人匡章"责善"其父，而得罪了父亲，伤害了父子之间的感情，结果是父子只好分居异处。孟子还认为，对父母长辈的孝不能太拘泥，应有灵活变通性。例如男女结婚是人间最自然合理的事，依据礼制，娶妻必须事先禀告父母长辈，征得父母长辈的同意；然而，如果告父母长辈反对而不能娶妻，破坏了人间最自然合理的事，就可以"不告而娶"，舜的父母不喜欢舜，如告，必不得娶，故舜"不告而娶"③。

荀子认为孝子不仅要从义不从父，还应对其父母长辈的不义进行抗争，一味地从父，绝非孝子之行。他认为以道义为行为标准的孝才是真正的"大孝"。他认为在以下三种情形下可以"从义不从父"："孝子所不从命有三：从命则亲危，不从命则亲安，孝子不从命乃衷；从命则亲辱，不从命则亲荣，孝子不从命乃义；从命则禽兽，不从命则修饰，孝子不从命乃敬。"④

《白虎通义》认为父母长辈有可能发生过错，故"父有诤子，则身不陷于不义"，并就如何对父母长辈的过错进行"谏诤"做了解释："子之谏父，法火以揉木也。……子谏父以恩，故但揉之也，木无毁伤也。"⑤ "子谏父何法？法火揉直木也。"⑥《白虎通义》不允许父母肆意杀害子女

---

① 《论语·里仁》。
② 《孟子·离娄下》。
③ 《孟子·万章上》。
④ 《荀子·子道》。
⑤ 《白虎通义·谏诤》。
⑥ 《白虎通义·五行》。

的行为发生:"父煞其子当诛何?以为天地之性,人为贵,人皆天所生也,托父母气而生也。王者以养长而教之,故父不得专也。"① 但从主导意识来看,它倡导父子、兄弟、夫妇之间的相互包容,维护父母长辈不容置疑的权威:"父子者,何谓也?父者,矩也,以法度教子也;子者,孳也,孳孳无已也。"②

五 孝与对社会其他成员的伦理关系

孝对完善人格十分重要,孔孟把它视为仁爱的起点。因为每一个人总会在某些事情上狠不下心,而最不能狠心的对象一定是父母长辈。如果一个人能把他内心中的同情心、爱心从自己的亲人扩展到他周围的人乃至与他有一定距离的其他事物,那么这个人就会富有仁爱之心。孔子就曾说过:"孝,德之始也。"把孝当作一个人其他美好品德的基础。③

孔孟都认为,孝对维护社会稳定有至关重要的作用。孔子的学生有子说:"其为人也孝弟,而好犯上者,鲜矣;不好犯上,而好作乱者,未之有也。"④ 孟子说:"老吾老,以及人之老,幼吾幼,以及人之幼,天下可运于掌。"⑤ 孟子反复宣扬舜的大孝,并概括说:"尧舜之道,孝悌而已矣。"⑥ 如果人们"入则孝,出则悌,守先王之道",就可以做到"人人亲其亲,长其长,而天下平"⑦。

儒家主张爱是有差等的,爱人爱物须从爱父母长辈开始,"未有仁而遗其亲者也,未有义而后其君者也"⑧。但事实上,家族之爱有时会与对他人之爱发生矛盾。孟子认为像墨子之徒所鼓吹的对他人的爱如同对家庭成员的爱的情形不合人之常情⑨,所以,如果家族的某一人员受到他人

① 《白虎通义·诛伐》。
② 《白虎通义·三纲六纪》。
③ 《大戴礼记·卫将军文子》。
④ 《论语·学而》。
⑤ 《孟子·梁惠王上》。
⑥ 《孟子·告子下》。
⑦ 《孟子》之《滕文公下》《离娄上》。
⑧ 《孟子·梁惠王上》。
⑨ 《孟子·滕文公上》。

的伤害，家族的其他成员为他复仇是可以理解的。但孟子又说："吾今而后知杀人之亲之重也。杀人之父，人亦杀其父；杀人之兄，人亦杀其兄。然则非自杀之也，一间耳。"① 杀了别人的父亲，别人也就会杀他的父亲；杀了别人的哥哥，别人也会杀他的哥哥。虽然父亲和哥哥不是他自己杀的，但等于是自己杀的。孟子虽然对血亲复仇的行为表示理解，但并不主张这种行为。当自己的父亲先杀了他人，做子女的到底该如何做呢？《孟子·尽心上》就假设有"舜为天子，皋陶为士，瞽瞍杀人，则如之何"的话题，孟子的回答是：哪怕是贵为天子的舜也不能禁止法官将自己的父亲治罪；另一方面，舜将抛弃天子之位，偷偷地背父亲而逃走，沿着海边住下来，一辈子都快乐得很，把曾经做过天子的事忘得一干二净。孟子所提出的解决方式本质上是尽量维护家族孝道的先导地位。

荀子明确反对私斗，骂这些人连猪狗都不如，他说："斗者，忘其身者也，忘其亲者也，忘其君者也。行其少顷之怒，而丧终身之躯，然且为之，是忘其身也；家室立残，亲戚不免乎刑戮，然且为之，是忘其亲也；君上之所恶也，刑法之所大禁也，然且为之，是忘其君也。忧忘其身，内忘其亲，上忘其君，是刑法之所不舍也，圣王之所不畜也，乳彘触虎，乳狗不远游，不忘其亲也。人也，忧忘其身，内忘其亲，上忘其君，则是人也，而曾狗彘之不若也。"②

董仲舒认为："虽天子，必有尊也，教以孝也；必有先也，教以弟也。此威势不足独恃，而教化之功，不亦大乎"；"无孝悌则亡其所以生，无衣食则亡其所以养，无礼乐则亡其所以成也。三者皆亡，则……家自为俗。父不能使子，君不能使臣，虽有城市，名曰虚邑"。③ 家族之间的孝是普遍必然的道理，也是安定天下的必由之路。但董仲舒强调，孝需要遵循"义"的制约，在特殊情况下，"辞父之命而不为不承亲，绝母之属而不为不孝慈，义矣夫"④。

《白虎通义》认可父子相隐，"父为子隐何法？木之藏火也。子为父

---

① 《孟子·尽心下》。
② 《荀子·荣辱》。
③ 《春秋繁露》之《为人者天》《立元神》。
④ 《春秋繁露·精华》。

隐何法？法水逃金也。"还认可子女可以为父母长辈复仇："子复仇何法？法木胜水，水胜火也。"① 金若克木，火复其仇，火若消金，水雪其耻，故土为火胜水，水为金克火，火为木克金。"子得为父报仇者，臣子之于君父，其义一也，忠臣孝子所以不能已，以恩义不可夺也。故曰：父之仇不与共天下，兄之仇不与共国，朋友之仇不与同朝，族人之仇不与共邻。"② 但"父母以义见杀，子不复仇者，为往来不止也"③，也就是说，如果父母长辈是因为犯了罪行而被杀，则不能复仇。

汉代法律，掩盖父母长辈的过错在原则上可以得到保护。西汉宣帝地节四年（前66）诏："父子之亲，夫妇之道，天性也。虽有患祸，犹蒙死而存之。诚爱结于心，仁厚之至也，岂能违之哉？自今子首匿父母，妻匿夫，孙匿大父母，皆勿坐。"④ 相反，不为父母长辈隐，反要受到惩罚，为父母长辈报仇而杀人者也常常可以得到政府的宽宥，它反映出孝的观念对汉代法律设施的影响。⑤

六　孝与忠

孔孟都认识到孝与忠存在关联。孔子曾经援引《尚书》："孝乎惟孝，友于兄弟，施于有政，是亦为政，奚其为为政？"⑥ 说孝顺父母长辈、友爱兄弟，不出逆子、悍妻、不法的兄弟，就等于为国家完成了一定的政治任务。但孔孟都没有将对父母长辈的孝道与对君主的忠道简单地等同起来。在谈到君臣关系时，孔孟都强调君臣关系的相对性。孔子说："君使臣以礼，臣事君以忠。"⑦ 孟子说："君视臣如手足，则臣视君如腹心……君之视臣如土芥，则臣之视君如寇仇。"⑧ 特别是当孝与忠发生冲突时，孔、孟都把维护孝道放在首位。《韩诗外传》卷7有一段齐宣王与

---

① 《白虎通义·五行》。
② 《白虎通义·诛伐》。
③ 《白虎通义·诛伐》。
④ 《汉书·宣帝纪》。
⑤ 孙筱：《汉代"孝"的观念的变化》，《孔子研究》1988年第3期。
⑥ 《论语·为政》。
⑦ 《论语·八佾》。
⑧ 《孟子·离娄下》。

田过的对话，可视为这一思想的反映："齐宣王谓田过曰：'吾闻儒者丧亲三年，丧君三年，君与父孰重？'田过对曰：'殆不如父重'。宣王忿然，曰：'曷为士去亲而事君？'田过对曰：'非君之土地无以处吾亲，非君之禄无以养吾亲，非君之爵无以尊显吾亲，受之于君，致之于亲。凡事君，以为亲也。'宣王悒然无以应之。"

荀子在谈到"臣道"时，虽然强调要"以德覆君而化之"，"以德调君而辅之"，臣不能对君主一味顺从，但荀子还是有君恩大于父恩的思想。他说："君之丧所以取三年，何也？曰：君者，治辨之主也，文理之原也，情貌之尽也，相率而致隆之，不亦可乎！《诗》曰：'恺恺君子，民之父母。'彼君子者，固有为民父母之说焉。父能生之，不能养之，母能食之，不能教诲之，君者，已能食之矣，又善教诲之者也，三年毕矣哉！"① 荀子将君父并称，忠孝混同。他说："上之于下，如保赤子。……故下之亲上，欢如父母，可杀而不可使不顺"；"臣之于君也，下之于上也，若子之事父，弟之事兄"。② 荀子认为君、亲是一样的，他甚至提出必须树立和保证君主绝对权威的"隆君"思想："君者，国之隆也；父者，家之隆也。隆一而治，二而乱。自古及今，未有二隆争重而能长久者。"③ 由上可知，荀子主张君权高于父权，忠大于孝。依荀子的逻辑，当忠孝冲突，忠孝必取其一时，应舍亲保君，弃孝尽忠。

董仲舒将孝与忠结合起来，说："忠臣之义，孝子之行，取之土。土者，五行最贵者也，其义不可加矣。"④ 既然忠道和孝道都是土德，那么忠、孝实际上成了"土德"的不同表现形式。孝道就是忠道，忠道亦是孝道。

《白虎通义》虽然表现出对孝道的高度认可，但如果孝道与君道发生矛盾，则毫不犹豫地维护君道："不以父命废王命何法？法金不畏土而畏火。"⑤ 如果父命与君命发生矛盾，应像土生金而金却惧火那样，遵守君主的命令，甚至倾向君道："诛不避亲戚何？所以尊君卑臣，强干弱枝，

---

① 《荀子·礼论》。
② 《荀子》之《王霸》《议兵》。
③ 《荀子·致士》。
④ 《春秋繁露·五行对》。
⑤ 《白虎通义·五行》。

明善善恶恶之义也。"① 它举《春秋》肯定鲁季子杀其母兄,《尚书》肯定周公诛管蔡为例,说明君道要高于孝道。

七 解决孝所面临的矛盾冲突的根据

孝所面临的各种矛盾如何才能得到彻底解决?孔子认为道德主体所遇到矛盾的解决,需要主体自身对"仁"有高度自觉。孟子同样认为矛盾的解决关键在于对自身有更高的反思,他认为最自然、最恰当的伦理行为必定是不掺杂个人情绪和主观计较的自觉行为,只有由内心自发流出来的处理方式才是最恰当的方式。孟子认为,一般人之所以在复杂的矛盾冲突中找不到解决问题的办法,就是因为他们遗失了自己的本心,他提出"求其放心",要人们把遗失了的善心找回来,并加以发扬光大。孔孟从人自身去寻求矛盾解决的思路充分表现早期儒学对于人的道德能力的自信,人自身的仁义既是一切外在规范的根据,同时又是解决外在规范冲突的根据。

而荀子认为孝所面临的各种矛盾,只有师法君子圣人制作编定而成的礼义才能得到合理的解决。他说:"礼有三本:天地者,生之本也;先祖者,类之本也;君师者,治之本也。"② 也就是说,礼源于不可移易的权威:天地、先祖、君师。而礼也就成为天地、人间秩序的根本。那么礼是如何运行于社会的呢?荀子认为:它是由君子发现、制定和运用于社会的。他说:"天地者,生之始也;礼义者,治之始也;君子者,礼义之始也。为之,贯之,积重之,致好之者,君子之始也。故天地生君子,君子理天地;君子者,天地之参也,万物之总也,民之父母长辈也。无君子,则天地不理,礼义无统,上无君师,下无父子,夫是之谓至乱。君臣、父子、兄弟、夫妇,始则终,终则始,与天地同理,与万世同久,夫是之谓大本。"③ 礼义虽为天地、人间秩序的根本,但需要君子的发现、制定和运用。所以,作为人伦之一父子之亲的孝道,当然也是由君子圣人制作编定而成的,礼义是形成孝道的根源。

---

① 《白虎通义·诛伐》。
② 《荀子·礼论》。
③ 《荀子·王制》。

董仲舒认为天道才是人心信仰的源头。比如阴阳，就其相辅相成和阳尊阴卑而言，它表明事物必然是上下、左右、前后、表里、美恶、顺逆、喜怒、寒暑、昼夜的矛盾统一。而它的社会意义则是"妻者夫之合，子者父之合，臣者君之合"的君臣父子夫妇之义。正如"阴道无所独行，其始也不得专起，其终也不得分功"，人类社会"臣兼功于君，子兼功于父，妻兼功于夫"①，所以阴阳运动的客观法则显示出等级名分的合理性。如五行相生，从父子一伦上来看，它非常深刻地体现了父子关系的秩序与原则："木已生而火养之，金已死而水藏之，火乐木而养以阳，水克金而丧以阴，土之事天竭其忠，故五行者，乃孝子忠臣之行也。"②但并非每个人都可以体察天意，只有圣人既可以"察物之异以求天意"，又可以"内视反听""察身以知天"。

《白虎通义》认同董仲舒的观点，但更加强调圣人和帝王的准则作用，鼓吹"圣人者何？圣者，通也，道也，声也。道无所不通，明无所不照，闻声知情，与天地合德，日月合明，四时合序，鬼神合吉凶"③。帝王也是圣人。只有圣人和帝王才是解决孝道冲突的最后根据。

八 思想与皇权的协调以及《白虎通义》的性质

众所周知，中国古代社会与西方有所不同，它思想上的控制并不完全是通过法典的示范，而主要是通过经典的诠释以及诠释的教育普及。经典中的核心观念如何与皇权相协调，这是一个值得检讨的问题。

从孔孟到《白虎通义》，关于孝的诠释的发展历程是一个有一定代表性的例子。孝在孔孟那里主要是一种思想观念，而到《白虎通义》则成为帝王意志下的社会规范，其内涵有很大的变化。这种变化主要表现为：第一，关于孝的来源。孔孟很明确地阐明了孝源于人的内心，而荀子则认为孝来源于教化，董仲舒认为孝是天道的启示，《白虎通义》则主张孝是帝王对于天道必然性的发现，具有神秘性。第二，关于孝的内容。孔

---

① 《春秋繁露·基义》。
② 《春秋繁露·五行之义》。
③ 《白虎通义·圣人》。

孟基本上把它局限在家族伦理领域，而荀子外化为对社会道义的遵从，到董仲舒进一步扩大到对天道的虔诚，《白虎通义》具体化为对君主及其体制的信服。第三，关于孝的表现原则。孔孟倾向于孝的表达要使内心愉悦和顺畅，而荀子则强调外在普遍的道义标准的约束，到董仲舒表现为追求合符天道的规律，《白虎通义》认为当遵守君主的教诫。第四，关于孝的特殊性冲突。孝主要涉及父母发生过错时如何行孝，以及对父母的孝与对社会其他成员的关系、对父母的孝与对帝王的忠的关系等。在这些矛盾中，孔孟有家族本位的倾向，而荀子则强调社会本位，并有天无二尊、在矛盾冲突中高扬君主地位、遵从理性的倾向，董仲舒则希望协调家庭与社会本位，并希望从天道中予以具体分析，《白虎通义》表现为信奉君主圣人的教化。

上述关于孝的论述的转化过程，具有三个主要特点：首先，它将内在驱动转化为一种客观必然，并突出君王圣人在发现必然性中的地位；其次，它将有特定指向的内涵转化为包容性很宽泛的规范；最后，它将矛盾的消解由内在合理的诉求统一到客观规则的约束。不言自明，这个过程有利于皇权意识的生长与发展。值得注意的是，这个过程不是纯粹由皇权引导的结果，它有思想的发展要求。但它也不是思想的自由发展，它确有皇权意识的渗透。例如，荀子和董仲舒都意识到寻求道义和客观规则对于孝的恰当表现有意义，并意识到聪明睿智的君王圣人的示范作用，但只有《白虎通义》将这种寻求归结到帝王，明确宣示帝王就是圣王圣人。孝的观念的这种发展说明：孝有皇权意识生长的土壤，而皇权与孝有矛盾，但它会规范这种矛盾。

关于《白虎通义》的性质，侯外庐先生曾经提出"封建的神学法典"说。他认为《白虎通义》的世界观是"神学的"，《白虎通义》显示有神论的世界观，其宇宙根源和宇宙生成论将阴阳五行说庸俗化和神秘化，根据多出纬书；其历史观也是神学的，历史只是帝王受命于天的传授史，帝王的历史只是神灵转化的历史；它规定了国家制度和社会制度的基本原则，是一种制度化了的思想，起着法典的作用。[①] 余敦康先生和金春峰

---

① 侯外庐等：《中国思想通史》（第2卷），人民出版社1957年版，第232页；又见侯外庐：《汉代白虎观宗教会议与神学法典〈白虎通义〉》，《历史研究》1956年第5期。

先生回顾了从汉武帝到汉章帝经今、古文学和谶纬三派的相继出现和斗争过程，认为《白虎通义》是统治者和经学家寻找共同的思想基础而形成统一的新经学，它属于经学的范畴。[①] 任继愈先生主编《中国哲学发展史》认为，《白虎通义》"属于经学的范围，不算作国家正式颁布的法典，但它起着法典的作用"[②]。近年来，王四达先生分析了汉礼的制作过程和汉章帝制礼的主观意图，认为《白虎通义》是章帝为制作汉礼而预先对诸礼义理和礼制框架进行甄别与审定的产物，它直接派生了章帝命曹褒撰定的《汉礼》，因此应该把它定为礼典。[③] 姜广辉先生主编的《中国经学思想史》第2卷认为，《白虎通义》"在东汉具有宪法的地位，为章帝之后的东汉诸帝确立了施政理国的大经大法"[④]。它虽然有些地方援引纬书，但它是对传统经学的一次总结和发展。该书通过讨论《白虎通义》"限制最高王权的三种方式""秉承五经之义诠释典章制度的制作意义（特别是突出了经典的'德治思想''民本意蕴'）""以天道推求人道"等问题，证明《白虎通义》是儒学经学的最高成果。

孝从孔孟到《白虎通义》的发展历程可以看出：中国古代重视对最能反映文化基因的重新诠释，重视通过对新的诠释传播与普及而逐渐形成对新的文化理念的领会和消化。但应该注意，在对已经重新诠释的经典的传播与普及过程中，学术的作用并不是孤立的，皇权的作用不可忽视。从孔孟到《白虎通义》有关孝的诠释的变化可以看出：皇权观念会利用中国文化的基本内核，将有利于自身的方面加以发展。

（原载《学术研究》2008年第5期）

[①] 余敦康：《两汉时期的经学与白虎观会议》，《中国哲学》1984年第12辑；金春峰：《汉代思想史》，中国社会科学出版社1987年版。

[②] 任继愈主编：《中国哲学发展史》（秦汉卷），人民出版社1985年版，第474、494页。

[③] 王四达：《是"经学"、"法典"，还是"礼典"》，《孔子研究》2001年第6期。

[④] 姜广辉主编：《中国经学思想史》（第2卷）第三十四章《〈白虎通义〉制度化经学的主体思想》，中国社会科学出版社2003年版；张广保：《〈白虎通义〉制度化经学的主体思想》，《经学今诠三编》，《中国哲学》第24辑，辽宁教育出版社2002年版。

先秦两汉时期的史学理论及其特点

中国史学，源远流长。传说黄帝时期设立了史官。夏商两代，史官分左右史，左史纪言，右史纪事。商朝还有典与册的历史典籍。西周时，史官分工更细，有大史、小史、内史、外史、侍史、御史、女史之称。这些史官有的掌管国家的典章，有的负责起草政治命令，有的负责保存各侯国的政治文件。在长期的实践中，已经摸索出一套记叙历史和保存文献的固定的方法。章学诚曾经指出，古代记述有成法，而撰述无定例，比较准确地表明了古代史学的状况。即虽然尚没有出现专门史著，但已形成了某些固定的记叙历史的方法，这些方法在殷墟卜辞及西周彝器铭文中有比较集中的反映。它体现了一定的史学思想，但还不能说是比较成熟的史学理论。

真正的史学撰著是孔子删述鲁史创作《春秋》而开始的。专门的史学著作，有比较典型的史学思想。孔子本人就是一位史学批评家。他认为历史是人群活动的陈迹，"其事则齐桓晋文"，而史学则是在描述历史过程中更加突出作者的主体意识，"其义则丘窃取之矣"。史学主体不可脱离历史事实，但可以对历史事实作详略取舍和价值判断。可以说孔子第一次比较集中地区别了历史与史学，明确了历史客体与史学主体的界限。

至于孔子所谓史学主体所持之"义"，主要是史学家们对于社会历史本质和发展规则的洞察，是史家的历史观。孔子认为历史的客观进程是继承和发展的统一。他说，夏商周三代各有典礼，但三种礼都是损与益的关系。孔子并不反对对现有社会政治的改良，但他认为社会演变有一个根本不变之道，那就是只有道德和理性的进步才是具有永恒性的。可见，孔子对于历史客体的演变规则和历史发展的本质已作过深入地思考，并把它作为史学主体的必要前提。

孔子还论述了史学主体的内容。他认为史学主体应该与现实生活的伦理主体保持一致，史学家应该具备高尚的道德情操和对社会发展规则的理性认识，并且应该富有敏锐的社会批判力。他自己特别注重对历史人物和事件作道德和价值判断。他删述鲁史而作《春秋》，目的就在于正名、定名分。孟子曾经叙述《春秋》的写作目的，他说："世衰道微，邪说暴行有作，臣弑其君者有之，子弑其父者有之，孔子惧，作《春秋》。"[1] 孔子甚至认为，为了保持伦理道德的严肃性，可以用避讳的办法对历史进行隐晦的记叙。他还使用了一定的书法。

在春秋战国时期，孔子的史学主张只是一家之言。老子和庄子就曾对孔子的史学主张作过批评。他们认为，历史应该是自然和人类社会相互统一的过程。孔子为代表的儒家所提出的历史发展的道德或理性的本质论并非历史的终极本质，因为人类不是宇宙的价值中心。如庄子就通过对人、泥鳅、猴、麋鹿、蜈蚣、鸱鸦、鸟、鱼等生物的生理和心理需求，指出无论从生活环境还是从生理需要来说，人的价值标准都不见得是万物的准绳。即使在人类自身，也无法得出普遍有效的结论。道家从而指出，历史的本质应该是万物不得遁而皆存的"道"。道家的道作为历史观，它主要是指自然历史和社会历史顺其自然，消除人为因素的自由运行过程。道家认为人类历史已经掺杂了大量的人为要素，积重难返，失道而后德，失德而后仁，失仁而后义，失义而后礼，越来越违背历史的真正本质。道家的历史观，具有两个理论上的贡献：一是它将社会历史置于自然历史之中，把二者看作是统一的整体；二是它对历史发展持批判态度，并且提出了历史发展的终极合理性问题，引发人们对社会历史进行更高层次的探索。

道家从自然历史探索人类历史规则的思想受到普遍重视。战国中期，邹衍即感于儒、墨两家"不知天之弘，昭旷之道"，于是"深观阴阳消息"，通过对自然历史的具体研究，提出了五德终始说。邹衍用五德相胜说解释朝代兴替：

---

[1] 《孟子·滕文公下》。

凡帝王之将兴也，天必先见祥乎下民。黄帝之时，天先见大螾大蝼，黄帝曰：土气胜。土气胜，故其色尚黄，其事则土。及禹之时，天先见草木秋冬不杀，禹曰：木气胜。木气胜，故其色尚青，其事则木。及汤之时，天先见金刃生于水，汤曰：金气胜。金气胜，故其色尚白，其事则金。及文王之时，天先见火，赤乌衔丹书集于周社，文王曰：火气胜。火气胜，故其色尚赤，其事则火。代火者必将水，天且先见水气胜，水气胜，故其色尚黑，其事则水。水气至而不知，数备，将徙于土。①

邹衍认为历史是变化的，王朝更替是历史的必然趋势。但历史变化又是有规则的，它取决于自然运行的法则。自然界五种基本要素金、木、水、火、土存在相克的原理，木克土，金克木，水克火、土克水。这种程序还借助于某些自然现象有规则地体现出来。人类社会应该从所表现的自然现象中得到启示，并遵循它的演变规则。邹衍的历史观提出了关于历史继承和变异的系统看法，在当时引起了巨大的反响。

儒家学派之内，面对社稷无常奉、君臣无定位的社会现状，对孔子的史学思想也展开了广泛的讨论。大致围绕两个中心问题：一是如何辩证地坚持儒家关于社会历史本质的观点。孔子死后到战国中晚期的儒家后学，已经意识到孔子维持宗法制度的保守性。孟子就曾批评过宗法制度下的某些行为规范不合历史潮流，比如血亲复仇，孟子曾批评说："吾今而后知杀人之亲之重也。杀人之父，人亦杀其父；杀人之兄，人亦杀其兄。然则非自杀之也，一间耳。"② 他主张应该以义制仁，在推崇"仁"的同时提倡以"义"为核心的地域关系的行为规范。荀子还进一步提出"法后王"的主张，认为应该着眼于历史的向前发展去寻求历史的本质。因而孔子的"时中"思想方法受到儒家后学的继承和发扬，强调应该根据时间、地点、条件的变化灵活地采取相应的行为方式。但儒家依然认为，社会的发展变化始终需要建立在道德和理性基础上的秩序。君主应该充分认识到得民者昌、逆民者亡的道理。积极为百姓谋求福利，

---

① 《吕氏春秋·应同》。
② 《孟子·尽心下》。

并培养社会的道德情操。理想的统治者应该仁智合一，既有高尚的道德感召力，又有为社会谋求最大福利的理性能力，内圣而外王。

二是如何消化吸收道家所提出的历史"道"本质论的问题。战国中晚期的儒家学者受道家天道论的影响，通过对自然现象的具体研究归纳，在《易传》中提出了儒家的天道观。他们把自然界的运动变化抽象为阴阳二气的运动过程，通过阴阳定位，结合《易经》卦象，论证了所谓自然天道实质上就是儒家关于社会发展的基本原则。阴阳运动表面上变动不居，周流六虚，不可为典要，恰如其分地体现了现实社会关系剧烈变动的现象，但阴阳运动又是有规则可循的，它始终揭示只有阴阳平衡，居中守正，才是阴阳运动的常态，是阴阳运动的主要方面。它表明只有那些中正顺时、刚健有为的人才能赢得百姓的推服，只有那些和谐与充满道义的状态才是理性的社会，才是符合自然历史和人类历史的本质的社会。

孔子死后儒家学派的上述讨论表明：春秋战国时期，儒家对历史发展的本体及其不同发展阶段的关系的认识，对历史发展的本质与具体王朝的相递关系的认识，都已上升到一个新的高度。这一时期的儒家学者将孔子六艺并重的思想进一步发展，指出了只有通过国家政治、经济、军事、文化等方面的实践，才能体现历史的道德和理性精神。他们在学术思想中广泛摄取道、墨、法、兵、农各家之长，扩展了儒学思想的体系。在历史记叙中，也扩充了历史的含量，不再如孔子《春秋》那样，仅就王室的重要政治、军事、文化、外交活动作简要叙述，而是多方位、多角度地记叙当时的社会生活状况。如《世本》有帝系篇、作篇、居篇、氏姓篇，不但记叙帝王世袭，而且记叙氏姓源流、居住环境以及器物的发明创造。

经过上述理论建设，儒家回答了道家的挑战，并吸收了道家关于历史观的某些成果，捍卫了儒家关于历史客体的基本观点。但是，如何把儒家的历史观运用于史学学术，也有一些不同的认识。西汉末年所谓今、古文经学的差别可以说就与春秋战国时期人们对于儒家历史观运用于史学学术研究的不同理解有一定关系。就当时对《春秋》的传注来看，影响较大的有《左传》《公羊传》《谷梁传》。左丘明传《春秋》，据《史记·十二诸侯年表序》所言：

七十子之徒，口受其传指，为有所刺讥褒讳挹损之文辞，不可以书见也。鲁君子左丘明，惧弟子人人异端，各安其意，失其真，故因孔子史纪，具论其语，成《左氏春秋》。①

《汉书·艺文志》亦说："丘明恐弟子各安其意，以失其真，故论一事而作传，明夫子不以空言说经也。"上述两种说法都表明左丘明是通过解释《春秋》的具体历史事实来阐释孔子关于历史人物和事件的具体评价，从而理解孔子的历史观。而公羊、谷梁则更多的是用儒家的历史观去评价历史事实，甚至由于缺乏对历史事实的具体研究，出现是非相左的情况。公羊、谷梁的史学方法在战国中晚期也曾风靡一时。像《吕氏春秋》就是以著者的历史哲学为框架，通过灵活运用历史事实而表述作者的思想观点。总之，如何运用历史观去研究历史，这一课题在战国时期已经被提出。

两汉时期，司马迁和班固分别对儒家的史学哲学进行实践，创作了《史记》和《汉书》。司马迁的《史记》，表面上看，"是非颇谬于圣人，论大道则先黄老而后六经，序游侠则退处士而进奸雄，述货殖则贵势利而羞贫贱"②，似乎不是儒家史学思想的实践，但实际上，司马迁对儒家史学哲学有十分深入的理解。他说他著《史记》的目的，就是要继承孔子以来的史学传统："先人有言，自周公后五百岁而有孔子，孔子卒后至今五百岁，有能昭明世，正《易经》，继《春秋》，本《诗》《书》《礼》《乐》之际，意在斯乎，意在斯乎，小子何敢让焉。"③《史记》是儒家史学哲学第一次全面而系统的实践。

首先，司马迁坚持和发展了儒家关于历史发展的本质思想，用他自己的话说，就是"通古今之变"。

司马迁是通过对黄帝以来的历史进行全面的记叙与比较来思索古今变迁的大势和规则的。他特别关注历史的不同时期、不同阶层的历史人物的命运，试图通过对帝王、贵族、官僚、士大夫、商人、游侠以至社

---

① 《史纪·十二诸侯年表序》。
② 《汉书·司马迁传》。
③ 《史记·太史公自序》。

会下层种种人物的生活境遇来揭示历史的本质。

《史记》赞扬那些与自然界恶劣环境和那些与社会丑恶势力做斗争的历史人物。他记载了从黄帝以来人民对于山水的治理、土地的改良、农作物的种植、器械的发明等。他也记载了许多反抗黑暗政治和社会不平的英雄人物，歌颂了人类的正义和高尚情操。比如他写大禹治水，三过家门而不入，写郑国修筑郑国渠，如何科学地了解水势并采取相应的方案，写汉武帝时对于黄河的治理。又如他写了周文王、武王对于商纣统治的反抗，写了燕太子丹派刺客荆轲行刺秦始皇，荆轲"风萧萧兮易水寒，壮士一去兮不复还"的勇于自我牺牲的英雄气概，写了陈胜、吴广揭竿而起反抗暴秦的统治。

《史记》还探讨了政治道德。司马迁认为，政治必须遵循政治的内在原则，必须以教化为主，刑罚为辅，而搞好政治的关键是：君主要以身作则，以德化民。他通过秦皇、汉武的比较，揭示了人君之道，又通过循吏与酷吏的比较，提示了人臣之道，司马迁赞扬那些有自知之明，能为民造福，并勇于自我牺牲的政治家。他认为，周公和萧何是既具有良好道德品格，又有政治才干的大政治家。对于下层社会的游侠，司马迁加以颂扬，认为这些人物"其言必信，其行必果，已诺必诚，不爱其躯，赴士之厄困。既已存亡死生矣，而不矜其能，羞伐其德"[1]。他们重友谊，讲信义，助人为乐，舍己为人，说到做到，济人困危，刚强正直，伸张正义，不自夸，不图报，这些人虽然身份低贱，多是乡曲布衣，闾阎匹夫，但他们的行动却有益于社会，值得肯定。如汉初的朱家、郭解是当时很有影响的侠客。在《赵世家》中司马迁描写了程婴、公孙杵臼保护赵氏孤儿的故事，宣传主仆之间、朋友之间的忠、义之道。

司马迁还试图从整体上去认识历史。从历史横的方面看，司马迁的《史记》写了《平准书》与《货殖列传》。在《货殖列传》中分析社会经济发展状况，指出农业、矿业、手工业、商品都是人类生活不可缺少的生产和经济活动。它们有其自身演变的规则。至于经济和政治的关系，司马迁在《平准书》中记述了因经济发展而引起政治变动的大量史实，肯定"仓廪实而知礼节，衣食足而知荣辱"，认为人的精神面貌与经济状

---

[1] 《史记·游侠列传》。

况有着至为密切的关系。从历史纵深来看，司马迁作《史记》，礼、乐、律、历、天官、封禅、河渠八书，就记载了汉武帝以前的历代典章制度。表明只有对人类社会生活主要内容的系统思考，才能深入考察历史演化的轨迹，寻求其中的规则。

其次，司马迁还继承和发展了春秋战国以来人们关于自然界的认识成果，对自然界和人类社会发展的关系作了研究，用他的话说，就是"究天人之际"。

孔子所作《春秋》在18000字的篇幅里，记载了242年间的重要天象和地理变化，日食、月食、地震、山崩、星变、水灾、旱灾、虫灾都在《春秋》一书中有所反映。司马迁著《史记》，专门辟有《天官书》《律书》《历书》《河渠书》《日者列传》《龟策列传》《货殖列传》等，记载了重要的天象变化和地理状况，特别记述了大量的地区性经济、物产、水利、风俗等内容。司马迁还探索了天、地、人三者的相互关系。《天官书》中说：

> 日变修德，月变省刑，星变结和……大上修德，其次修政，其次修救，其次修禳，正下无之。夫常星之变希见，而三光之占亟用。日月晕适，风云，此天之客气，其发见亦有大运。然其与政事俯仰，最近天人之符。此五者，天之感动。为天数者，必通三五。终始古今，深观时变，察其精粗，则天官备矣。①

司马迁认为自初生民以来，各朝君主都十分关注日月星辰和历数的变化。其中的主要原因就是因为天象与政治的良恶、朝代的更替、社会的兴衰有密切关系。特别是日月恒星及五大行星的运行，对人事有紧密的联系，因此他研究自古以来天人相互感应的规则，深观时变，以更加有效地指导人们的现实生活。

司马迁还在《天官书》中记载了分野理论。把天球分为若干天区，使之与地上郡国州府一一对应，凡上天出现某种天象，其所主吉凶必体现在它们所对应的地区。《史记》记载了大量史传事验现象，对天象与人

---

① 《史记·天官书》。

事的关进行描述，如"秦始皇之时，十五年彗星四见，久者八十日，长或竟天。其后秦遂以兵灭六王，并中国，外攘四夷……项羽救巨鹿，枉矢西流，山东遂合纵诸侯，西坑秦人，诛屠咸阳"等。

司马迁对天人之际的上述探索，既坚持了天人统一的历史观，又把天象的内容具体化，包含了当时天文学的研究的某些成果。虽然有许多神学和迷信的说法，仍然代表了儒家从天道研究历史本质和演变的原则的进步。

再次，司马迁容纳了春秋战国以来的史学表述方法，形成了"成一家之言"的著作体例。

《史记》创造了纪、表、书、传的纪传体例。本纪统理众事，按年系录帝王行事和诏诰号令、三公拜罢、宰臣知黜、薨卒刑杀、外交朝贡、灾祥变异，务主简严，对历史起提纲挈领的作用。表则效法周谱，或年经而国纬，或主事，或主时，年代久远则用世表，年近代近则用年表、月表。书则记国家大政大法，凡郡县之设置更异、官制之兴废、刑法之轻重、户口之登耗、经济之盛衰、礼乐风俗之变移、兵卫之兴革、河渠之通塞、日食星变等事，类序罗列，始末俱呈。世家和传则分别记载诸侯国以及在历史上产生了一定的影响的人物。清代赵翼在《廿二史札记》中曾说："古者左史记言，右史记事，言为《尚书》，事为《春秋》，其后沿为编年、纪事二体。纪事者以一篇记事，而不能统贯一代之令，编年者又不能即一人而各具其本末，司马迁参酌古今，发凡起例，创为全史。本纪以序帝王，世家以纪侯国，十表以系世事，八书以详制度，列传以志人物。然后一代君臣政事，贤否得失，总汇于一编之中。自此例一定，历代作史者，遂不能出其范围，信史家之极则也。"司马迁糅和原有撰述方法形成的创造性的史学方法，成为后代正史之楷模。

班固认为，司马迁的史学思想并不完全符合儒家史学哲学的正统，但他并没有改变司马迁史学哲学的整体结构。他把纪、传、表、书的体例运用于汉代历史研究，只是在某些问题的看法上更加正统化了而已。

班固曾对本纪的写法作过调整。如他认为高祖之后孝惠帝继位，虽政出吕后，但名号尚存，揆之《春秋》义法，不能不书惠帝纪，应改变《史记》以吕后直接承接高祖本纪的写法。王莽在汉末虽然实际控制了前汉权力，并曾封为帝皇，但班固却认为也不能为王莽立纪。至于《史记》

有项羽本纪、陈涉世家,班固都表示反对。认为项羽虽宰制天下,但自汉朝视之,则形同僭伪,立本纪非其伦。可见班固把本纪视为了帝王的专利,并把它当为历史本质的物质载体和集中体现。班固的这种思想显然有把具体的君主等同于儒家所标明的历史本质的倾向。

但值得注意的是,班固扩展了史学研究的具体内容。《汉书》八表十志,其十志除《天文志》未成而由其妹班昭等续写完之外,《郊祀志》《沟洫志》《食货志》《刑法志》《五行志》《地理志》《艺文志》《礼乐志》《律历志》等均涉及汉代社会生活的方方面面。如《刑法志》撮举《周礼》井田军赋大略,附有汉郡国兵制;《五行志》引《尚书·洪范》及欧阳、大小夏侯之说,又杂采董仲舒、刘向刘歆父子之说;《地理志》肇述沿革,先列郡国,后言户口,篇首收《禹贡》全书;《艺文志》辨章学术、考镜源流,取刘歆《七略》,删而为六,对历史文化的记载比《史记》更加宽广。上述记载有助于人们更加全面地认识汉代社会生活的全貌,也有助于人们了解汉代社会变迁大势。

《史记》和《汉书》标志着中国古代历史哲学的正式成型。中国古代史学的基础特征也由它的形成过程而展示出来,有如下几个重要表现:

第一,中国古代史学与哲学有不可分割的联系。中国古代史学把对人类历史发展的运行规则当为自身的重要目标,并主张结合对自然历史(主要天文地理现象的变化规则)的研究来阐释人类历史的运行规则。这一目标和思路实际上就是中国古代哲学的目标和思路。因此,从中国古代史学的正式产生和形成时期来看,古代史学与哲学是相互融汇、相互贯通的。

第二,中国古代史学具有文化史学的特色。就其具体内容来说,由于古人把自然和人类社会看成是统一的整体,因此,中国古代的史学自始至终不是纯粹的社会科学,它不但记叙了人类生活的丰富内涵,而且还记载了自然历史,包含了天文地理的变化。就古代史学的思想内容而言,由于春秋战国时期是中国古代社会由宗法制向郡县制过渡时期,史家思考历史变化的规则交织着人们对文化观念的思考。在这种背景下探索天人关系,显然更加注重历史的继承与变异,更加注重对历史作文化史的全面思考,因而先后出现了邹衍的五德相胜说、董仲舒的三统说等。综观五德相胜、三统以及三五相包诸说,其理论要点即在于既论证了历史发展的阶段性，又论证了历史发展有某些稳定的本质。因此，可以说，古代史学哲学也是一种在文化冲突背景下，全面思考历史发展的继承与变异的哲学。

第三，古代史学要求史学主体有对于历史发展本质的高度自觉，同时还需要史学家有为史学献身的高尚情怀。古代史家把史学看作一种相对独立的文化传统。他们认为只有那些洞知历史本质的人才能承担起史学的重任。因为他们通过究天人之际、通古今之变，能够从世俗的是非和小我的局限中超越出来，能够感知历史发展的理性，能够分辨出哪些历史人物是历史理性的自觉承担者，哪些人是历史理性的非自觉承担者。有了这个前提，史家才能在纷繁的历史事实中找到最为切要的联系，才能对历史保持一种相对冷静的批评态度，才能不为权势和偶然因素所制约。古代史家还强调把史学撰述当作是修己之学，从事史学撰述和研究，与从事其他活动一样，都应有利于人的道德和理性的培养。

以上三个方面，是中国史学理论形成时期的基本特征，也是古代史学理论的精华所在。

（原载《河北学刊》1996 年第 2 期）

三 佛学与儒学关系蠡测

南北朝时期佛教教义发展的特点

南北朝时期，由于国家分裂，佛教也随之分为具有不同特点的南传、北传两种传统。它们在不同特点的宗教文化背景下，形成了各自不同的义理发展趋向。经过南北朝晚期的相互交流，为隋唐中国佛学宗派的形成做了充分的理论准备。综观南北朝佛教发展的具体历史过程，当时佛教义理的发展主要有三大特点。

一

南朝佛教在玄学化的佛学思维及其批判中，逐渐产生了对般若中观的认识方法的自觉要求，形成了以佛性为核心的般若思辨传统，预示了一心开二门的真如缘起义理体系。

佛学传入中国后相当长一段时期，中国学者是以玄学思想方法来思维佛教的。东晋年间所谓六家七宗，大都把佛教诸法的实相视为实体化的宇宙本体。如释道安（314—385）主本无论，他对佛教言空的道理领悟深刻，但他仍把"无"视为肇形万物的本体，说"无在万化之前，空为众形之始"[①]。又如即色义的主张者支道林（314?—366）对"有"与"无"之间的辩证关系阐述也较深刻，但仍不能得出佛教"色即是空、空即是色"的结论，而主张"色即为空，色复异空"。[②]对上述玄学化的思维倾向，僧肇（384—414）曾在般若学的基础上作过批评，指出分析诸法的本质，不能从实体的角度去看，不能从宇宙生化的角度去看，而应

[①] 《高僧传·昙济传》引《七宗论》。
[②] 《世说新语·文学篇》注引《妙观章》。

该从事物缘起关系的两个方面去看:"一切诸法,缘会而生;缘会而生,则未生无有,缘离则灭。如其真有,有则无灭,以此而推,故知虽今现有,有而性常自空,性常自空,故谓之性空。"① 僧肇从事物缘起关系的实质去体会佛法实相,显然对罗什在关中所弘传的般若思想方法有较深的悟解,他被誉为秦人(中国人)"解空第一"。

但罗什与僧肇所确立的般若思想方法并没有成为当时佛教界的普遍思想原则。在关中长安,即使罗什的许多弟子也没有掌握罗什的般若思想方法,他们误解了佛驮跋陀罗(觉贤,359—429)与罗什有关"一微空""众微空"的讨论,不能理解觉贤对缘起法的正确分析。② 而南方以慧远(334—416)为核心的佛教信徒大都坚持道安的佛学思想方法。如慧远即从道安本无论出发,分析最高实体与最高境界的关系说:"至极以不变为性,得性以体极为宗。"③ 坚持最高实体的常住性,相信木性之神亘三世而不灭。④ 因此,尽管关中长安曾一度成为佛教文化的重镇,但罗什与僧肇的般若思想方法并没有从根本上扭转当时佛学义理思维的方式。

在南朝刘宋时期,佛教的玄学化思路的延续有下述表现:一是当时佛教信徒普遍把佛及佛国净土当作真实存在的寄托,并坚信六道轮回有一个永恒的实体作根据。二是在佛教经典的取舍中比较欣赏说一切有部的论典。提婆所译《阿毗昙八犍度论》及《阿毗昙心论》深受欢迎。三是在接受《涅槃经》时,忽视了《涅槃》的般若基础,局限于经中"常、乐、我、净"之言,人为制造《般若》与《涅槃》的对立。范泰(?—428)曾概述当时南方佛教的理论状态,说:"提婆始来,义、观(一作义、亲)之徒,莫不沐浴钻仰。此盖小乘法耳,便谓理之所极,谓《无生》《方等》之经,皆是魔书。提婆末后说经,乃不登高座。法显后至,《泥洹》始唱,便谓常住之言,众理之最。《般若》宗极,皆出其下。以此推之,便是无主于内,有闻辄变,譬之于射,后破夺先。"⑤ 范泰的这段话比较生动地反映了南朝刘宋时期佛教理论的实体化思维形态及其

---

① 《肇论·宗本义》。
② 《高僧传·佛驮跋陀罗传》。
③ 《高僧传·慧远传》及慧远《法性论》残篇。
④ 《弘明集·沙门不敬王者论》。
⑤ 《弘明集·与生观二法师书》。

混乱状态。

对南方佛教思路做出重要理论转化的是竺道生（355—434）。道生对南北佛学都有一定了解，他依据法显（335—420）所译六卷本《涅槃经》，提出众生皆有佛性说。他论证他的这一观点时曾采用般若思想，如他认为没有实体化的佛存在："法身真实，丈六应假"[①]；"以体法为佛，不可离法有佛也；若不离法有佛是法也，然则佛亦法矣"[②]。他曾把佛及其所代表的境界抽象为一种本质，但道生尚缺乏关于世界诸法的纯粹般若学的看法。他肯定众生皆有佛性，时常借助于佛与众生之间的感应关系，认为佛无时不与众生感应，众生不能体觉，是因为众生为法障蒙蔽。道生佛性论的重要意义在于他以命题形式对南方佛教思维作了理论转化。他把对佛法实相的分析转向从众生成佛之因上去考察。随着北本四十卷《涅槃经》（昙无谶译）的南传，南方佛性讨论成为一时风尚。有的把佛性视为众生某种超越的意念，有的把佛性视为众生存在的现状，还有的把佛性当为众生轮回的主体。

在佛性问题的讨论中，佛教理论家们意识到要正确概定佛性，需要对诸法的本质深入分析，特别需要分析法性、实相、佛性、涅槃之间的关系。南方佛教产生了对般若理论方法的自觉要求。齐梁之际，出现了一股三论学热潮。当时在南方弘传三论的有摄山僧朗、隐士周颙、沙门智林等。据智林说，一方面他们的主张与姚秦时期罗什在关中开创的般若思想方法相呼应；另一方面也是他们自己从佛教经论中自觉体贴出来："此义旨趣，似非初开。妙音中绝，六七十载。理高常韵，莫有能传……年少见长安耆老，多云关中高胜，乃旧有此义。当法集盛时，能深得斯趣者，本无多人。传过江东，略无其人。"[③] 而与此同时，南方佛教对"小乘空宗"的论典《成实论》以及大乘的《摩诃般若波罗蜜经》表现了极高的兴趣。南齐萧子良曾令僧柔、僧次把《成实论》抄略为9卷。周颙作序说抄略《成实论》的目的是期望"得使功归至典，其道弥传，

---

① 《注维摩诘经·佛国品》。
② 《注维摩诘经·入不二法门品》。
③ 《南齐书·周颙传》。

波若诸经无堕于地矣"①。把《成实论》视为理解般若诸经的津梁。南朝《成实论》注释蔚为风气。至于《摩诃般若》，梁武帝曾"集名僧二十余人"，详其去取，兼采《释论》(《大智度论》)，"此外或据关河旧义，或依先达故语，时有间出，以相显发"②。对大品般若的义理作系统条理。

齐梁之际对般若学的需求在深度和广度上都超过了姚秦时期罗什、僧肇诸人在关中的弘播，它表明般若思想方法开始成为中国佛教义理思维的自觉原则。当时南方绝大多数佛教信徒在理论上都能明确地把佛的法身及其所代表的境界视为是诸法缘起本质的抽象和证悟。如梁武帝的儿子萧统《解法身义令旨》即分别了作为譬喻说的金刚不坏之身与不可智知、不可识识的诸法本质。③ 而参与讨论的十一家，有的论点的深刻性还超过了萧统。而且当时许多佛教信徒都能借助般若中道把佛性与佛教其他概念沟通起来。吉藏在其《大乘玄论》卷3曾概括说："经中有明佛性、法性、真如、实际等，并是佛性之异名。"南方佛教经过般若思想方法的渗透、陶冶，已能思辨性地演绎佛教诸概念之间的相互联系。

本来印度佛教中的任何一个概念都不足演绎出一个逻辑系统。但中国的佛性讨论却潜藏着以佛性为核心构架佛学体系的企图。最先明确表示这一企图的是梁武帝的"立神明成佛义"。他把佛性视为心识之神明，认为心识有神明、无明两个方面。心识神明是成佛之本，显现无为法，无明是障佛之根，显现有为诸法。梁武帝的观点被吹捧为对当时佛教教义悬而未决的问题的一大解决。沈绩说像他那样"至于佛性大义，顿迷心路"的人读到此论后思路也廓然开朗。④ 梁武帝立神明成佛义在理论上并不见得有多高深，但它暗示了建构佛学理论体系的意图。在梁武帝后，围绕佛性如何组织其他佛教概念，产生了不同的派别和观点。有的以梁武帝的说法为依据，结合《楞伽经》等经典，创立真如佛性随缘不变的论点，有的把般若言空的人法二空转换为唯识言空，以阿赖耶识为核心，以阿摩罗识（如来藏自性清净心）作为阿赖耶识的归宿。上述两种思路

---

① 《出三藏纪集·抄〈成实论〉序》。
② 《出三藏纪集·注解大品序》。
③ 《广弘明集·解法身义令旨》。
④ 《弘明集》·立神明成佛义记序。

虽然对成佛的根性、特别是这一根性的主体性的认识在程度上差异很大，但它们都贯注了南朝佛教般若思辨传统，比较注重概念之间的逻辑关系。基本上倾向一心开二门的真如佛性不变随缘的义理趋向。

南朝佛性论的本体论趋向很显然是实体化的传统思维方式在般若思想熔冶之后，以一种不同于传统的方式的复活，它是佛学宗派的中国化的表现。对这种理论趋向，固守印度般若思想的三论学者作了抨击，摄山法朗及其弟子傅縡都曾对当时佛教理论的创新之风大加抨击。如傅縡说："顷代浇薄，时无旷士，苟习小学，以化蒙心，渐染成俗，遂迷正路，唯竞穿凿，各肆营造。枝叶徒繁，本源日翳，一师解释，复异一师。更改旧宗，各立新意，同学之中，取寤复别，如是展转，添糅倍多。"①三论学者过于讲究对般若学的复原，看不到南朝佛教理论的创新之风中，酝酿着佛教理论的新的表述形式。

二

北朝佛教由注重对禅法的实践导致对诸法的实证分析，结合当时部分法相唯识学经典的传播，形成了以阿赖耶识为核心的体验传统，预示了唯识义理体系。

东晋南朝之际，自西晋末年至刘宋初年百余年间在北方地区形成的主要佛教理论中心（关中长安、凉州、高昌等）都逐渐毁于战火，东晋末年南北佛学相互交流的风气也渐形衰落。北地名僧四散，佛教义理讨论相对沦于空寂。自拓跋氏入主中原至太武帝之世（约416—452）40余年，北地佛教主要是释玄高所传禅法。玄高曾在关中师从觉贤，但似乎没有得到觉贤禅法的精髓，流于神感仙异。北魏佛教义学直到孝文帝（471—499）时才逐渐兴盛起来，孝文时期的佛教义学，主要有上承关中长安佛学的僧嵩所传道登、慧纪的《成实论》师，上承北凉佛学的昙无谶所传《涅槃》师，上承道安、提婆的《毗昙》师，当时流行的经典主要是《八犍度论》《成实论》《涅槃经》等。

北地义学之兴恰与南朝萧齐般若学之兴大约同时，但北方义学却没

---

① 《全陈文·明道论》。

有像南朝佛学那样产生对般若中道的自觉需要。罗什、僧肇在关中长安所弘扬的般若思想也没有得到继承。北地佛教徒欣赏的是罗什并不十分重视的《成实论》，并在宗趣上偏尚《毗昙》。《成实》学者如僧渊、智游都以精通毗昙而著名于时。《毗昙》学的要点是根据有部诸论的义旨，特别是依法胜《心论》及法救《杂心论》的纲领，以四谛组织一切法，以阐明我空法有及法由缘生而有自性之义。这些观点与北地学者的禅定经验颇相吻合。禅定讲究对内心种种欲念的生起原委的根究，重视排除欲念的种种方法，在理论形态上也注重诸法的实有，不像南方佛教那样侧重概念之间的圆融。

在上述理论背景下，北地义理宗趣明显有异于南方。同是重视《成实论》，南方佛教把它视为接受般若的津梁，而北方佛教则看重其中对于诸法的系统分析，特别欣赏它所持烦恼与心常相应生、不能把烦恼看成是后天才有的客相的观点。同是讲《涅槃经》，南方佛教注重其中关于佛性的存在状态及其与涅槃的关系，而北地佛教则注重其中关于内心如何证悟涅槃的具体针治办法。当时昙准南游于齐，特地听南朝名僧讲《涅槃》，"既南北情异，思不相参，准乃别更讲说，多为北士所师"①。南北关于《涅槃经》的不同理解导致南北佛教讲说的格格不入。

北地义学的分析和实证倾向在孝文帝之后更趋明确。当时的禅学更为注重实证的体验。孝文帝时期略后，流行的禅学除南来菩提达摩禅法以外，还有佛陀扇多以及勒那摩提传授的禅法。佛陀扇多和勒那摩提所传都属瑜伽师宗，注重对有为诸法的分析和针治。如佛陀的禅法，据其再传弟子僧稠所述，是依《涅槃》而行四念处法。《涅槃》所录四念处法原为小乘最胜之方便，亦为说一切有部所重视。北地的禅学实践需要依据佛教经典对其经验予以理论化，6世纪初，法相唯识学著作的大量翻译迎合了北地义学发展的这一企图。

法相唯识学是无著、世亲共同创立的佛教派别，它在《成实论》及说一切有部对于诸法的烦琐分析的基础上进一步归纳、扩充，细分为五位百法，然后以阿赖耶识为核心，通过阿赖耶识种子的流转与还灭组织诸法并论证证得真如的步骤和过程。法相唯识著作的上述理论框架极易

---

① 《高僧传·僧宗传》。

得到北地禅学经验的印可。在所译唯识诸著作中，世亲菩萨所造的《十地经论》尤其受到欢迎。勒那摩提、菩提流支共同对它作了翻译，并形成了不同理解的南北二道。《十地经论》是解释《华严经·十地品》的，其中论述《华严经》有关邪见缘起时，说到了心意识种子与阿赖耶识，但到底如何看待阿赖耶识，论中并没有明确分疏。勒那摩提与菩提流支对修行次第以及诸法的分析似乎并没有产生争论，分歧主要集中在对于缘起的中心阿赖耶识的本性的看法上。南道勒那摩提主张阿赖耶识即真如法性，北道菩提流支主张阿赖耶识与真如有别。北地佛教义学的南北二道及其分歧反映出北地佛教的宗趣在于分析以修证主体为核心的诸法缘起，建构以阿赖耶识为中介的佛学体系，也反映了在建构这一义学体系时，北地佛教所潜在的矛盾与问题。

三

南北朝后期，南北佛教不同思维传统与不同义理方向的融合，使南北佛教教义多元化。

南北朝晚期，南北文化上的对立蜕化为政权的对立，南人对北方文化的蔑视态度得到了扭转，南北重新建立了学术文化交往。佛教文化也得到了融汇，北方的禅定经验受到南方重视，南方的思辨传统影响到北方。南北朝晚期佛教文化的融汇产生了两大影响。

第一，南方般若学与北方禅学的结合既改变了南方佛学重慧轻定、重理论轻实践的传统，也带来了北方禅学的重大突破。

在东晋末年，关中长安和江南庐山、建业分别有罗什与觉贤所传禅法。虽然觉贤认为罗什禅不讲师承，不讲源流，不得宗旨，但罗什与觉贤都是对缘起法的实质有较深体悟的人，他们禅法有一个共同的特点是贯穿了大乘思想。二者禅法都讲究从定中见慧、最后了彻诸法本质，体证真如。

但无论南北都没有对罗什、觉贤的禅法作全面继承。由于般若思想方法在当时尚不能为一般佛教信徒所理解，南北所传禅法多执意于安般守意、不净观、念佛等形式。北方专注于静坐，甚至撇义理于不顾。而南方在南朝刘宋时期唯提婆一切有部与《涅槃》常住之说是从，退斥般若中道，使得南方义学与禅定脱节。

南北朝后期义禅分离局面得到扭转。南方佛教开始在讲究般若智慧时注重禅定经验。北方禅学在禅定同时开始讲究把教理融入禅观之中，达摩禅除"行入"之外还讲"理入"，行入指对境遇忍受能力的锻炼，而理入即以中道所诠无相之实相统观诸法，以无著之心契合真实之理。达摩禅与北地原有禅法的区别是明显的，道宣在《高僧传·习禅篇》曾叙述过其中的差异，达摩禅的传人惠可也自知所传禅法不同于北地原有禅法的特点，他讲《楞伽经》，自称依"南天竺一乘宗"，显示他们的禅法教理在龙树的般若学。[①] 北齐慧文的禅法也吸收了般若学，灌顶谓慧文禅法"一依释论（《大智度论》）"，并把大品般若开头所说"修习道种智、一切智、一切种智"归为"一心中得"。此类观点直接影响了南岳慧思。总之南北朝后期禅学与义学的结合不仅仅有益于佛教形成从理论到实践的完整体系，它还使佛教教理和禅定都得到了升华。

第二，南北义学的交流还使南北不同的义学宗趣都或多或少地掺入了不同的义理旨趣。

魏末周初，南北交通频繁，南方佛法多传到北地。南方僧人也渐渐了解北地唯识宗旨。南北义学的这种交流一方面使得北方义学的唯识倾向开始纠缠在阿赖耶识的根性问题；另一方面也使南方义学的真如思辨倾向离不开从万法唯心所现的角度去论证真如的体性。从前一角度看，当时大多数人把阿赖耶识的根性讨论归结为佛性讨论；而真谛翻译《摄大乘论》，深受南方义学的熏陶，坚持证得涅槃的净心种子虽摄持于阿赖耶识，而引生此净心种子的直接根据却不在阿赖耶识，设定阿摩罗识是净心种子的根源以及阿赖耶识的归宿；此类思想的传播大大抑制了北方唯识宗趣义的充分显露，使得讨论阿赖耶识内部净种的呈现及最后觉悟时羼入了南方义学的思辨形式。从后一方面看，自真谛把般若十八空由人法两种分析性的空转化为在三性三无性基础上的对待空之后，南方义学论述诸法本质逐渐理解了北方唯识学的要点，也注重从认识角度予以阐述，并羼入了对心法的烦琐分析。

南北朝晚期佛教义学的交流与融汇丰富了中国佛教的理论思维，它

---

① 《续高僧传·法冲传》。

使中国佛教宗派的形成具有理论多样性和观点的庞杂性。南北朝佛教教义的发展既代表着传统玄学思维方式向印度般若思想方法的过渡，又代表着中国佛教理论中国特色的形成。它既是印度佛学思维方法的生根时期，又是中国佛学特色的萌芽时期，在中国佛教发展史上具有特别重要的地位，需要我们加以重视和研究。

（原载《文史哲》1993 年第 1 期，原题《试论南北朝时期佛教教义发展的特点》）

创立中国第一个佛教宗派的智者大师

一　国破家亡　皈依佛门

智顗，俗姓陈，字德安，生于梁大同四年（538）。他祖籍河南许昌，西晋末年，因避战乱，其远祖迁居荆州华容，他的父亲陈起祖是一个文武兼资的人物。天监（502—519）中，梁湘东王萧绎在荆州上任时，曾聘请陈起祖为宾客，陈起祖在辅佐萧绎经营帝业的过程中被封侯。

萧绎是梁武帝的第七子。他任荆州刺史时的官衔是使持节、都督荆雍湘司郢宁梁南北秦九州诸军事、镇西将军。他指挥的地区，东至今天湖北省接江西省之界，南至湖南云南边境，北至襄阳，西至陕南的汉中。除了四川全境由他弟弟萧纪统治外，长江上流重镇，全部归他管辖。江东政权本来就是"树根本于扬越，任推毂（军府）于荆州"①，从东晋以来，江东政权就是依靠扬州和荆州的军事势力维持统治。但太清元年（547），梁武帝为接纳西魏侯景之降，派他的侄儿萧渊明率领扬州主力军队五万人进攻彭城（江苏徐州），被东魏大将慕容绍宗所败，主力几乎全部被歼。加之太清二年（548）侯景叛乱，于太清三年（549）三月攻入建康，至公元551年十一月，侯景在连续废除萧正德、萧纲、萧栋几位傀儡之后，自立为帝，长江下游在混乱中已经丧失了军事能力。荆州的地位显得重要起来。萧绎有了称帝的野心。

萧绎在公元548年听到建康被围时，并没有派遣大军，援救父兄。在梁武帝被围困的日子里，梁援军自西方至者有二三十万人，而荆州却只派步骑万人，东援建康。后来在舆论压力下被迫派大将王僧辩率领舟师

---

①《宋书·何尚之传》。

万人继续增援。可是不久台城被侯景攻破，荆州的舟师也被侯景接收过去，只有王僧辩等将领数人回到江陵。不久，梁武帝死了，武帝的儿子除被侯景软禁的萧纲之外，最有威望的是萧绎的三兄萧纶。他在侯景起兵时被任命为北讨大都督，总督诸军北讨侯景。及台城被攻破，萧纶逃往会稽又从会稽逃往郢州（今湖北武昌），被推为都督中外诸军事，成为反抗侯景的盟主。萧绎却派王僧辩率水军万人，进逼郢州，逼走萧纶。萧纶逃至汉东。这时西魏派大将杨忠略地汉东，萧绎派使臣去同杨忠接洽，缔结了出卖国土称臣西魏的盟约，目的在于要求西魏消灭萧纶。不久，西魏军就在杨忠的指挥下，擒杀萧纶，投尸江岸。

萧纶死后，在益州任刺史的八弟萧纪又成了萧绎的消灭对象。萧纪自大同三年（537）被任命为都督益梁等十三州诸军事、益州刺史，到了大宝三年（552），镇守梁、益已经十六个年头。有精兵四万，马八千匹。在梁武帝死后，萧纲被杀（551年十月），他即位称帝，率水军沿江东下，以讨侯景为名，想到建康重建梁政权。萧绎见萧纪东下，又派使臣向西魏请兵，说："子纠亲也，请君讨之。"萧纪虽然是我亲兄弟，但请你消灭他。西魏遂派大军攻下梁州，接着进兵取得益州。萧纪还没有到江陵，后方已失，前面又遭萧绎狙击。不久萧绎生俘萧纪，杀之于巫峡口。

萧绎翦除兄弟的势力的目的虽然达到了，但梁、益既失，襄阳又被西魏所控制，江陵已危如累卵了。而此时侯景出兵攻取江州、郢州，向江陵逼近，侯景军推进至巴陵（今湖南岳阳）。萧绎命王僧辩击退景军，收复江州、郢州。大宝三年（552）三月，王僧辩又大捷于姑熟（今安徽当涂），乘胜进抵建康，消灭了侯景。萧绎的大哥萧统的孙子萧栋兄弟三人本已被侯景监禁，这时逃奔荆州军，但在萧绎的指使下，王僧辩把他们兄弟三人沉水溺死。

侯景既破，萧绎就在大宝三年（552）十一月于江陵即帝位，是为梁元帝。大概是陈起祖在萧绎经营帝业的过程中发挥了较突出的作用，萧绎在赏赐有功文武臣僚时，没有忘记陈起祖，拜他为使持节散骑常侍益阳县开国侯。

在陈起祖被封时，陈德安才15岁。15岁的少年是否能够理解发生在他身边的这一系列血腥事变，现在不得而知。但也许他对萧氏兄弟之间的互相残杀有所感受，他有一股超脱人世束缚的强烈愿望。就在他的父亲荣封侯爵的这年，他却要求出家。这一要求当然没有得到他父母的支持。

一个人在家族荣显之时要投靠佛门，求得清净，可能有各种各样的原因。但陈德安要投入佛门，最可靠的推测就是他对现实社会的阴暗污浊已经深为不满。他希望脱离于现实生活的愿望致使他在白天也产生幻觉。他在15岁时，"稽颡礼佛，恍焉如梦，见极高山，临大海曲，有僧如今光师，举手接上云：汝当居此处"①。今光师即定光禅师，定慧具足，常住天台赤城山传法。他的这种感受使他对佛教经典也产生了浓厚兴趣。虽然附近寺院僧侣只给他口授过《普门品》，但他对经典往往能够自通文句。

事实的发展证明了他的预感。萧绎苦心经营的帝业不过是过眼烟云。萧绎即位之初，人户著籍不足三万，江北诸郡，多被东魏侵占，梁、益两州，已全部并于西魏，雍州一带又成为西魏附庸，处境已非常艰难。而本来向西魏称臣的萧绎，做了皇帝之后，就不再称臣。西魏派遣使臣宇文仁恕到江陵聘问，梁元帝接待宇文仁恕时礼节不热烈，并向他表示，梁已统一，西魏所侵占之梁、益两州和襄阳等地应归还梁国。西魏君臣听后自然十分气愤，他们不但不想归还梁、益两州，还想吞并江陵。公元554年九月，西魏执政者宇文泰命于谨、宇文护等率步骑五万，南攻江陵。十一月十四日，西魏大军包围江陵，二十九日破城，俘虏并处死梁元帝萧绎。江陵百姓男女十余万口被西魏分赏给将士作奴婢，驱归关中。

在江陵失守时，陈起祖一家遭到家破人亡的厄运。德安"二亲珍丧"，"亲属流徙"。德安被迫北度硖州（治所在今湖北宜昌），投靠舅氏。家破人亡的切身经历更加坚定了他投身佛门的决心。他向他的哥哥陈针（当时任中兵参军）表示了他的志愿。他的哥哥对他说："父母刚离开我们，你现在又要出家，我怎么能舍得你离开呢？"德安跪着回答说："过去梁荆是多么强盛，但你已亲眼看到，它转瞬就成了西魏的仆妾，原来要统一天下的野心恐怕现在连统治一个小小的角落都不可能了。我觉得要报答父母的恩德，并不一定是我们天天糊里糊涂地生活在一起就会有好处，关键在于要追求'道'，要搞清生活的意义。我现在志向已定，

---

① 《国清百录·天台国清寺智者禅师碑文》。

恐怕不能再改变了。"他的哥哥听了之后，只好同意了他的选择，并命他到衡州（治所在今湖南衡阳）找他们父亲的故旧、湘州刺史王琳。经王琳的资助，德安在湘州果愿寺出家，法名智顗。这年他18岁。

二 南北求索 了悟佛法

在智顗出家时，江南政局还在激烈变化。西魏把江陵这座空城留给了萧统的第三子萧詧，王僧辩、陈霸先则在建康拥立萧绎的第九子萧方智为帝，是为梁敬帝。太平二年（557）九月，陈霸先在打败王僧辩勾结北齐的企图，消灭王僧辩和入侵的北齐军队之后，废敬帝自立。但当时江东政权的号令还是不出建康千里之外。盘踞湘、郢二州的湘州刺史王琳，一方面拥立萧绎的7岁孙萧庄为梁主，另一方面又勾结北齐、北周，联军东下，进犯建康，但被继陈霸先为帝的陈文帝陈蒨打败。陈文帝遂于公元560年收复了江州、郢州，削平了长江中游王琳的割据势力，初步巩固了江东政权。

从公元555—560年智顗18—20岁左右这段时期，智顗的求道活动主要在湘州和衡州。他在果愿寺沙门法绪的教导下，学习佛教律仪。后又诣慧旷律师，拜他为师，弄懂了佛教戒律的基本道理。不久他又到衡州大贤山，诵《法华经》《无量义经》《普贤观经》，并进修《方等》。在研读佛教经典过程中，智顗"心神融净，爽利常日"[①]，他完全陷入了对佛教教义的沉迷。

当时江南佛教已经得到了相当深入的发展。在齐梁之际，随着对佛性讨论的进一步深入，对般若学的需求在深度和广度上都超过了姚秦时期罗什、僧肇诸人在关中的弘播。当时南方绝大多数佛教信徒在理论上都能明确地把佛的法身及其所代表的境界视为诸法缘起本质的抽象和证悟。如梁武帝的长子萧统《解法身义令旨》就对不可智知、不可识识的诸法本质有基本遵循般若空观的说明。而参与讨论的十一家，有的论点的深刻性还超过了萧统。般若学的广泛普及就其对南北朝时期人们的精神生活来说，主要有两大作用。一是它以思辨的形式否定了人们积极探

---

① 《隋天台智者大师别传》。

索理想政治的努力。这早在僧肇依据般若空观来批评"六家七宗"的本体论并终结玄学的理论命题时就已经得到了充分反映。既然现实存在都没有任何质的规定性，诸法（各种现象）的本质是不可言状、超言绝虑的真如，那么自然就不会有所谓绝对合理的政治原则、伦理原则。佛教经典就是这样打消了人们从现实角度思考问题的努力。"贪欲是涅槃，恚痴亦如是，如此三事中，有无量佛道"①，人们不必再为某些固定的标准而束缚自己。二是它在否定人们追索理想政治、人伦准则的同时，又提倡人们应该追求高尚的精神生活，应该有领悟宇宙最高真理的志愿。在佛教传入之前，中国传统思想领域只有道家非毁儒家对于政治和人伦的理想信念，提倡人们从宇宙根源性的"道"去思考人的生存方式。但佛教般若空观把道家的这种理论发展到了一个更高的水平，它根本否定包括道家宇宙生化之道的终极价值，号召人们从对现实存在彻底的否定性思维中确立人的精神世界。

般若空观对于化解南北朝时期人们心理上的某些症结起到了很重要的作用。比如儒家的伦理纲常在南北朝时到底应该怎样发展？一些门阀世族主张提高符合人性的伦理规范的地位，具体地说，就是要提高孝道，贬低忠道，加强家族伦理，淡化政治伦理。而佛教则从理论和行动上贬低忠孝。按照佛教的理解，凡一切没有超脱轮回之链的众生，都是轮回主体伦理行为平等的对象，而且轮回主体的果报不受其他因素决定，它主要取决于主体业力的影响。这一方面有利于突破伦理纲常的限制，另一方面也有助于冲破门阀世族家族伦理的价值取向，还不会导致非道德主义和享乐主义。它对于解放当时人们思想有启示作用。智顗也许就是受这些因素影响，终于超越了家族伦理规范的限制，要去追求"道"这种最高的真理。

梁、陈之际，江南佛教在般若空观的渗透、陶冶的基础上，还出现了以佛性为核心构架佛学体系的企图。最先明确表示这一企图的是梁武帝的"立神明成佛义"。它把佛性视为心识之神明，认为心识有神明、无明两个方面。心识神明是成佛之本，显现无为法，无明是障佛之根，显现有为诸法。梁武帝的观点被吹捧为对当时佛教教义悬而未决的问题的

---

① 《诸法无行经》卷下。

一大解决。沈绩说连像他这样"至于佛性大义，顿迷心路"①的人读到此论后也廓然开朗。梁武帝立神明成佛义在理论上不见得有多高深，但它显示了一种从佛性出发构架佛学理论体系的意图。也就是说，佛教发展到梁、陈之际，已经形成了理论创新的需要，它要求人们用中国人比较熟悉的思路来整理、提炼庞大的佛学系统，它需要中国式的佛教理论领袖。

18 岁至 20 岁左右的这段日子，智顗在湖南初步步入佛法的殿堂时，应该会对梁武帝时期沸沸扬扬的"佛性"义、"二谛"义的讨论的结果发生兴趣，他不可能不触及当时江南佛教界的尖端问题。事实上，正是因为他关注这些问题，并深入研读经典，才使他形成了对佛教理论的某些独特认识。灌顶在《隋天台智者大师别传》所描述的智顗读经感受，实质上就是一种非常沉迷、执着的心境。在这种心境中，智顗觉得他把握了某些真理，但又说不清这些真理到底是什么，他还没有能力把它理论化地表述出来，但他觉得精神非常充实，他能够看到精神家园那耀眼的光芒。

就在陈文帝削平长江中游的王琳割据势力的这一年（560），智顗到了光州大苏山。当时大苏山有慧思禅师居住。慧思（515—577），俗姓李，后魏南豫州汝阳郡武津县（今河南上蔡）人。15 岁信仰佛法出家，20 岁受具足戒。常读《法华经》，因读《妙胜定经》开始修习禅观。他对禅法有心得，悟得法华三昧。34 岁时（548）在兖州讲禅法，遭猜忌而南行，先到信州，后入郢州。公元 553 年，他到了光州，公元 554 年，入住大苏山，在开岳寺、观邑寺讲《大品般若经》，信众日增。在公元 558 年，他在光城县齐光寺撰《立誓愿文》，叙述自己出家学道、习禅以及在各地游化迭遭诸异道扰乱毒害，因而发心写造金字经本的因缘，立誓修禅解脱法、得神通力、弘扬般若、广度众生的大愿。由于这篇《立誓愿文》的流传，更引起了远地信众的信仰。智顗来到大苏山，据灌顶的说法，是因为智顗"常乐禅悦，怏怏江东无足可问"②，似乎是智顗因看重慧思的禅法而来到了大苏山，但实际上可能是因为陈文帝逼近湘州、郢

---

① 《弘明集·立神明成佛义记》。

② 《隋天台智者大师别传》。

州，为逃避战乱，智顗只好投到陈齐边境。

但智顗投奔大苏山，对他成为宗教理论领袖来说，无疑是重要的转折。南北朝时期，佛教也形成了南北两种不同的特点。南朝佛学重视思辨，而北朝佛教重视躬行。佛教的理论发展需要思辨和躬行相统一，需要扭转南义北禅的局面。而北朝禅师慧文、慧思本身也在禅法中吸纳般若学内容。灌顶说慧文的禅法"一依释论（《大智度论》）"。慧文曾把大品般若开头所说"修习道种智、一切智、一切种智"归为"一心中得"。这种思路影响了慧思，慧思将慧文结合禅法与《般若经》的做法发展为结合禅法与《法华经》。他认为只有以心法为基础才能讨论诸法实相，心法可以分为根本心识和枝条心识二类。六识为枝条心识，是心之相，六识的本体为根本心识，是心之性，亦称如来藏。慧思的这种说法，很可能代表当时一部分习禅者的心识观，也体现了他们根据各人亲身体验来沟通佛法大系的努力。但这种做法也很容易引起保守原有禅法传统的反对。达摩的弟子惠可和慧文的弟子慧思的禅法在北方先后受到排挤，很可能就是因为他们的创造性破坏了原有禅法传统。

智顗来到大苏山。有幸师从了北方富有创造力的禅师之一——慧思，这一方面使他有条件弥补南方和尚禅法实践经验的不足，另一方面也有利于他为条理佛学体系找到一个切实的基点。灌顶描绘智顗拜见慧思后的情形说：

> 初获顶拜。思曰：昔日灵山，同听《法华》，宿缘所追，今复来矣！即示普贤道场，为说四安乐行。于是昏晓苦到如教研心。于时但勇于求法而贫于资供，切栢为香，栢尽则继之以栗。卷帘进月，月没则燎之以松。息不虚黈，言不妄出。经二七日，诵至《药王品》诸佛同赞："是真精进、是名真法供养"，到此一句，身心豁然，寂而入定。持因静发，照了《法华》。若高辉之临幽谷，达诸法相，似长风之游太虚。①

智顗很快就掌握了慧思的方法。当他把自己的体验向慧思禀告时，

---

① 《隋天台智者大师别传》。

慧思更为开演,"大张教网,法目圆备,落景谙详,连环达旦"。慧思又向他展示了一个以心法为基点的佛教诸法体系。智𫖮内心的兴奋可想而知。他突然觉得缠绕在他心中的许多问题都已迎刃而解,而他以往的心得体会又都得到了恰当的证明。他遂更加用功,不久,就取得了非凡的进步。"问一知十","观慧无碍,禅门不壅,宿习开发,焕若华敷"。连他的业师慧思也感叹地说:"这种境界除了你以外不可能有人这么快就能够证得,除了我以外也没有人能够真正认识到你现在进步的程度。你现在已经获得了法华三昧前的方便,纵使有千千万万的经师,来跟你讨论佛法,你也不要担心,你现在能够在说法人中取得第一的地位。"①

在大苏山,智𫖮向慧思学习了大约8年。慧思对他的进步非常满意。其中有很长一段时间,智𫖮代替慧思向信徒开讲,除了个别义理尚需向慧思请示之外,其他都可以自裁。慧思有时也去听智𫖮讲经,听了曾经高兴地说:"可谓法付法臣,法王无事者也。"② 智𫖮曾经师从的慧旷律师也来听讲,对智𫖮也非常推重。

大苏山8年苦修,对智𫖮后来创立以《法华》为中心的天台宗学说,起了决定性的影响。

三　金陵传道　初试锋芒

公元567年,慧思决定从光州前往湖南,入住南岳。在临行前,他对智𫖮说:"我很早就有到南岳衡山修禅的愿望,一直担心我的禅法没有人可以继承,现在你已经得到了其中的大概,很符合我的本愿,我打算去南岳,你不必跟随,只要按照我的禅法随缘化物、培养后代就行了,千万不要让我的禅法在你身上就断绝流传。"次年(568)慧思带了徒众40余人前往湖南,入住南岳,在那里继续提倡修禅。在陈地得到大批信徒。陈主也迎他到陈都建业,住栖玄寺,讲《大品般若》。他很感慨当时南地佛学界偏重理论、轻视禅观,于是开定慧两门,日间谈理,夜间修禅,同时讲说禅波罗蜜。陈主尊他为大禅师,倾动一时。后又还住南岳,继

---

① 《隋天台智者大师别传》。
② 《隋天台智者大师别传》。

续传授禅法。陈太建九年（577）卒，计在陈传道共10年。

智𫖮既不得随慧思入住南岳，遂同法喜等27人一同东下，到达陈都金陵传弘禅法。当时陈文帝刚死，其子陈伯宗继位，是为陈废帝。其后三年（569），文帝弟陈顼废伯宗自立，是为宣帝。智𫖮在当时选择了陈的都城作为宣传禅法的首要目标，可能是慧思与他师徒二人精心考虑后的结果。他们师徒所创立的禅法要融汇义理与实践，这不符合北方禅僧的传统。而北周武帝宇文邕于公元560年即位后，表面上"常自晦迹"，不露声色，实则已经酝酿抑制佛教发展的政治气氛。他常常提倡儒学，与佛道二家讨论佛道二教的弊端。相对来说，陈政权此时还保持了相对稳定，同时又有比较普遍的佛教义理素养，很适合融禅理为一体的新禅法的传播。当然选择陈国，智𫖮也许难免也有一些感情上的纠葛。陈文帝毕竟是削平资助智𫖮出家的王琳势力的人，他的父亲陈霸先还曾经取代了智𫖮父亲陈起祖曾经为之奋斗过的梁政权。但智𫖮一想到萧绎（梁元帝）的龌龊行为，他之被杀和梁的灭亡也许是罪有应得，他的父亲陈起祖和故旧王琳只不过是促成佛教最高真理显现出来的法缘，是条件之一。而且陈文帝逼近湘州，还促使他有缘拜见慧思，使他朝佛法真理大大迈进了一步。一想到这些，智𫖮感情上的纽结就随而解开了。

在公元567—569年的三年（智𫖮29—31岁）间，智𫖮与法喜等人的传法工作逐渐取得很大进展。也许是人微言轻，也许是理论过于高超，总之，在他们刚到金陵时，"知音者寡"。但经历了三次事件之后，智𫖮的名声开始远播。

第一件事是老僧法济问禅悦。法济自矜为南朝禅学栋梁，他问难智𫖮说："曾经有一人入定，感知摄山发生动震，并知道僧诠已经谢世，这是何种禅？"智𫖮回答说："这是边定不深，邪乘暗入，如果这样修禅，必定没有好结果。"法济听后惊叹地说："我自己曾经修习得到这种本领，曾向灵耀则公说起，但则公不能解释。说了之后我再已没有这种功能。今天我真是听到了从没有听说过的东西，你不但真正了解法相，而且还能照见人家领悟佛法所达到的地步。"于是他把此事告诉了他的从侄何凯。经何凯的传播，智𫖮声驰道俗，向他请教的人开始多起来了。

第二件事是与大忍法师在蒋山论道。大忍法师是梁陈两代有名的义学师匠，他一般不与人交接。有次他与智𫖮在蒋山讨论佛法，两人观慧纵横，大忍涵润经论，左右逢源，智𫖮随机设对，词锋犀利。听众如醉如痴，叹闻所未闻。大忍感叹地说："智𫖮的论点并不是从文疏中导出，而是随机应变。看来他确实对佛法有心得，才会使他对佛教的理论问题都能洞知其要害。他的这种做法是符合般若空观的方法原理的。我能在与他的辩论中得到启发，使我老疾而忘疲，真是有幸。"大忍的这番评论又使智𫖮的声誉进一步提高。不但有人向他请教，还有人想请他主持某些佛教圣地。连仆射徐陵，也对他毕恭毕敬，"资敬尽节，参不失时序，拜不避泥水，若蒙书疏，则洗手烧香，冠带三礼，屏气开封，对文伏读，句句称诺"①。

第三件事是与慧荣、法朗弟子辩佛法于瓦官寺。小庄严寺慧荣对智𫖮很不服气，与他公开辩论。他提出了许许多多复杂的教义问题，但智𫖮一一予以回答。慧荣深感智𫖮思维的敏锐。由于内心紧张，一不小心，手中的羽扇也落到地上。法岁法师当时与慧荣坐在一起，拍着他的背说："你从来就是佛教理论界的权威，现在却如同降伏的驯鹿，你的羽扇都掉到地上了，我看你用什么东西来遮羞？"慧荣回答说："我这次是因为轻敌失势，我还不至于像你所说的那个地步。"在与慧荣辩论后不久，兴皇法朗派了他的得意弟子来与智𫖮讨论佛法。兴皇法朗长期研究般若空观，是富有成就的佛教专家。智𫖮与法朗弟子的讨论达数十天之久。但最后还是智𫖮获胜。法朗的弟子留在瓦官寺，跟智𫖮学禅法。

智𫖮在金陵初试锋芒，证明了他的业师慧思对他的看法是正确的。在辩论中，智𫖮不完全按照经典文疏，而是根据自己的修禅体会来论述佛教教义，而他所说的观点连那些饱读经典文疏的佛教理论权威都挑不出什么毛病。这充分说明佛教教义的发展不能完全依靠从文字上找根据，还必须有理论家们的自我体验。在驳倒一系列佛教理论权威的过程中，智𫖮依靠的是他在慧思那里学得的禅智。由于智𫖮融禅定与义理为一体，他所谈的佛法自然给人们留下了这样的印象：他是一位学行如一的高僧，不是一位空头理论家。人们崇拜他就十分自然了。

公元569年，智𫖮31岁，陈宣帝夺得了帝位，并开始经营夺取淮南的计划。大约在这时，智𫖮的声望上达宸听，陈宣帝开始注意这

---

① 《隋天台智者大师别传》。

位和尚。当娶陈武帝会稽长公主的沈君理请智𫖮到瓦官寺讲《法华经》时,陈宣帝诏令停一天朝集,让群臣去听智𫖮讲经。在这次讲经中,听讲的有仆射徐陵、光禄王固、侍中孔奂、尚书毛喜、仆射周弘正等,这些人都是朝廷公卿之首。这么多的人去听年轻的智𫖮讲经,真是气势非凡。

陈宣帝是位有一定抱负的皇帝,但他经营淮南时犯了一个严重错误。为打击北齐,他试图联合北周,而北周也有联陈的愿望。陈宣帝没有认识到北周利用陈王朝出兵淮南牵制北齐进而吞并北齐的用心,于太建五年(573)开始北伐,于公元 575 年大败齐兵于吕梁(今江苏徐州市东南),尽复淮南失地。因为陈宣帝的主观要求就是划淮而守,北伐并没有继续。而北周武帝却伺机出兵,于公元 576 年消灭北齐,统一了中原,这时陈宣帝再想争夺徐州、兖州,自然就与北周形成对立,北周与陈的武装冲突已经不可避免。

智𫖮在公元 569—575 年陈宣帝的这段难得的升平时期里,兢兢业业地向各类信徒传授禅法。他主要讲《大智度论》和《次第禅门》。但传法活动表面上轰轰烈烈,实际上收效不大。据说起初在瓦官寺只有 40 人坐禅,有 20 人得法,其后有百余人坐禅,20 人得法,其后有 200 人共坐,只有不到 10 人得法。越到后来,跟随智𫖮学习的人就越多,但得法的人却更少。智𫖮也许感到金陵太过繁华,升平之世人们往往感受不到人生意义这一问题的迫切性,使人们不能认识到安定生活中所隐藏的危机。在太建七年(575)陈收复淮南这一表面上的鼎盛时期,智𫖮决定自行化道,到偏远的天台山"息缘兹岭,啄峰饮涧,展平生之愿"①。金陵的皇帝和百官都百般挽留,但智𫖮还是毅然直指东川。这年智𫖮 38 岁。

四　沉潜天台　再求精进

太建七年(575)秋九月,智𫖮来到了天台山。天台山在今浙江省天台县内。当时已有一些禅僧在此修炼。当智𫖮同慧辩等 20 余人来到天台山时,受到了定光禅师等人的热烈欢迎。

----

① 《隋天台智者大师别传》。

智顗在天台山一住 10 年，直到陈后主至德三年（585）才离开天台重新回到金陵。

在天台山的 10 年间，智顗做了许多重要的事情。首先是他闭关苦练，在禅定上有了更高的境界。天台山上有一峰叫华顶峰，地势非常险峻。智顗一到天台，就离开跟随他的徒众，独自来到峰顶，进行苦修。夜晚，他听到大风将树木拔起的声音，又感觉到惊雷震动了山脉，各种各样的魑魅呈现在眼前，比降魔变文中所绘魔鬼还要可怕。但智顗湛然安心，而逼迫之境也自然散失。他体验了在孤寂的山顶独自一人面对诸法逼迫的感受。但当他克服了心中对于恶法的恐惧时，他死去的父母和同伴又勾起了他对人间温暖的回忆，他感受到人间温情的强烈牵引。但智顗深念实相，体达本无，最后他又彻底超脱了对人世温情的执着。智顗的这一经历使他在苦行中成熟起来。如果说在慧思那里，他学会了如何将自己对于佛法的研究与自我体验结合起来，那么，这时他是用整个身心来面对整个现象世界。他将自己的修行与实际生活融为一体，超越了一切矛盾与对抗。他感受到了从来未有的轻松。据说他在华顶修头陀苦行既竟，回到他在天台所建简陋的伽蓝，"风烟山水，外足忘忧，妙慧深禅，内充愉乐"[①]。

天台山的禅修生活起初是比较艰苦的。由于地势僻远，交通不便，加之收成不好，僧众有的还要外出乞讨。智顗与慧绰种植苣笋，拾捡橡栗，并没有感到贫困和忧戚。后来陈宣帝知道了这一情况，遂于太建九年（577）下诏说：

（智顗）禅师，佛法雄杰，时匠所宗，训兼道俗，国之望也。宜割始丰县调，以充众费，蠲两户民，用给薪水。[②]

陈宣帝将始丰县的赋税拨给智顗，又命两户民为智顗提供劳务，从此天台山的禅修才有了比较充实的物质保障。智顗于是在陈郡袁子雄的资助下开始建构禅寺，禅寺于太建十年（578）建成。经左仆射徐陵的启

[①] 《隋天台智者大师别传》。
[②] 《隋天台智者大师别传》。

奏，陈宣帝又敕给了"修禅寺"的寺名。

智𫖮在天台山对于自己20余年的宗教实践和宗教理论进行了初步总结。可能在天台山修禅寺比较清净的环境里，他口授或撰写了《六妙门》《修习止观坐禅法要》《禅波罗蜜次第法门》。

《六妙门》是现在能够见到的智𫖮的最早的著述。它介绍了修禅的六种阶段：一数、二随、三止、四观、五还、六净。《修习止观坐禅法要》则以止观为核心，提出了一心三观的重要法则。书中说："若夫泥洹之法，入乃多途，论其急要，不出止观二法。所以然者，止乃伏结之初门，观是断惑之正要；止则爱养心识之善知，观则策发神解之妙述；止是禅定之胜因，观是智慧之由借。"[1] 他认为在进入涅槃大果之门中，止观二法就如"车之双轮，鸟之双翼"，是最根本的方法。很显然，这是他从慧思那里学来的师门法宝，也是他在南陈能够克敌制胜的奥秘。智𫖮还进一步说道："若行者能修止观，能了知一切诸法皆由心生，因缘虚假，不实故空，以知空故，即不得一切诸法名字相，则体真止也。"[2] 也就是说，如果能按止观法则修行，最后就一定能够证悟一切现象都是人心的主观显现。如果我们在一心中具备空、假、中三观，就一定能够领悟佛教的最高真理。

唐代有一著名的天台学俗家弟子梁肃，对天台智𫖮的止观学说曾经这样评价："夫止观何为也，导万法之理而复于实际者也。实际者何也？性之本也。"[3] 意思是说：天台止观学说一方面要将理论与实践相结合；另一方面还要以此为中心来显露佛教的最高真理。如前所述，梁陈之际，中国佛教界在做佛教思想理论创新的努力。为建构佛学理论体系，许许多多的佛教高僧都在提出各自的理论观点。当时江南佛教在般若空观的基础上，形成了以佛性为核心的般若思辨传统，预示了一心开二门的真如缘起义理方向，而北朝佛教由注重对禅法的实践导致对诸法的实证分析，结合当时部分法相唯识学经典的传播，形成了以阿赖耶识为核心的体验传统，预示了唯识义理体系。智𫖮止观学说，既有南方思辨色彩，

---

[1] 《修习止观坐禅法要》。
[2] 《修习止观坐禅法要》。
[3] 《天台止观统例》。

又有北方体验因素，体现出他融合南北不同义理方向的特色。他已经站在中国佛教理论的前沿，并已确定了他的基本理论框架。这是他38岁至48岁之间的重要发展。

智顗在天台期间，还做过劝化渔民改事他业的工作。由于天台附近有大海，黎民世世以渔捕为业，智顗为此而"运普悲乘"，劝告百姓以慈修身、口、意。他用因果报应的道理启化百姓，又动用当地地方力量，最后使合境渔人改事他业。大约是智顗想巩固他在天台禁止渔捕的效果，他还利用一个偶然的天象向门徒宣告，瑞云遥盖禅寺，黄雀横集檐宇，是那些得救的江鱼化为黄雀来酬谢众人的恩德。他派门人把这一瑞征向陈宣帝作了汇报。陈宣帝自然明白其中的意思，遂下令天台附近"严禁采捕，永为放生之池"。有了皇帝这道命令，天台禁渔捕的效果大约就巩固下来了。

在天台期间，智顗并没有中断与金陵权贵的联系。在今天保存下来的来往信件中，当时与他互通音讯的有徐陵、毛喜等。自公元575年到公元585年，陈国局面越来越变得恶劣起来。北周于公元576年统一中原后，将主要兵力用来对付陈国。陈宣帝于太建十年（578）二月，命大将吴明彻率水军猛攻彭城（今江苏徐州），但后路被北周军队截断，在撤退到清口（今江苏淮泗西）时，又遇到北周军拦截，结果全军覆没，将士三万余人成为俘虏。只有骑兵数千回到淮水南岸。此后北周就把兵锋转向淮南。到公元579年冬天，江北、淮南之地已不复为陈所有，陈氏江东政权摇摇欲坠。公元582年，陈宣帝又谢世，子陈叔宝立。而北周外戚杨坚已于公元581年夺取政权，这位有丰富政治经验的隋文帝自然就把消灭陈国、统一全国作为他的首要政治目标。

智顗到公元585年时止，已在陈国活动了18年之久。从陈国子祭酒徐孝克所作《天台山修禅寺智顗禅师放生碑文》来看，智顗对陈宣帝是很崇敬的。他的传教事业由这位皇帝玉成，他对陈国的处境也很担忧，对于陈宣帝的儿子，他也非常关注。所以当公元585年，陈叔宝即帝位三年之后，当杨坚通过军事反击和离间分化使突厥诸部的威胁解除、腾出手来对付南方时，智顗应陈叔宝之邀，又一次来到了金陵。

五　重返金陵　抚慰民心

陈少帝至德二年（584），少帝从弟永阳王陈伯智出镇东阳，致书三请智𫖮，智𫖮到达后，伯智和他的儿子"咸禀净戒"。此后，经徐陵推荐，少帝前后三次遣敕使，迎请智𫖮，智𫖮于至德三年（585）四月在"太极殿"受到"天子躬礼三拜"的礼遇。接着他开讲《大智度论》和《仁王般若经》，少帝"临筵听法，百僚莫不尽敬"。皇后沈氏，请立法名，智𫖮为她取名"海慧"。皇太子也从其受菩萨戒，真可谓显赫一时。

智𫖮此次到金陵，金陵权贵们的精神面貌已经大不如前。在宣帝时期，人们关心佛法，好歹还讨论一些佛教比较深刻的哲理，对佛教还能够保持一种比较闲适的心境，能够理解其中的精华。但此时，人们更多的是关心个人的生死问题，关心在陈国即将灭亡这一可怕的必然性面前个人身心的归宿。左仆射徐陵曾将自己心底的秘密向智𫖮倾诉。他说他有五愿："一愿临终正念成就；二愿不更地狱三途；三愿还即人中，不高不下处托生；四愿童真出家、如法奉戒；五愿不堕流俗之僧。"[①] 这些愿望一方面反映出他对于死的深刻恐惧，又反映出他对现实生活的深深留念，在恐惧与留念的矛盾冲突中，他非常遗憾没有少年出家，获得消除这些矛盾的佛法奥秘。另有一位典陈国军事机密的毛喜在智𫖮还留滞天台时就曾经致书请智𫖮还返，书中念念不忘对他后代的殷切关注："弟子诸弟及儿等，悉蒙平安。第二任鄱阳郡，第三为豫章王司马，第四大廷卿，第五入阁度支郎。大儿犹在东宫为中书舍人。仰蒙垂顾。"[②] 这些来往书信充分反映了在陈国即将灭亡的必然性面前，人们对于自己的身心和亲属的处境是多么无能为力。他们只有求救于慈悲的佛法，从佛法中寻找精神支柱。

智𫖮到金陵之所以受到王公贵族们的崇拜，固然由于他在陈国18年的宗教生涯中已经牢固地树立起了言行如一的宗教领袖的形象，但最主要的原因是当时陈国到处弥漫的幻灭情绪导致了对佛教的狂热。人们信

[①]《国清百录·陈左仆射徐陵书》。
[②]《国清百录·陈吏部尚书毛喜书》。

仰佛教，同时又把对佛教的信仰转移在对身边宗教权威智𫖮的崇拜之上。智𫖮成了陈国士民的精神偶像。

但智𫖮又能够为这些骚动的灵魂做些什么呢？他对于陈国的命运毫无办法，只有给他的信徒们以最大的安慰。在智𫖮移住光宅寺后，陈叔宝的太子请受菩萨戒，上书说：

> 仰惟化导无方，随机济物，卫护国土，汲引人天，照烛光耀，托迹师友。比丘入梦，符契之像久彰，和尚来仪，高座之德斯秉。是以翘心十地，渴仰四依，大小二乘，内外两教，尊师重道，由来尚矣。伏希俯提，从其所请，世世结缘，遂其本愿，日夜增长。今二月五日于崇正殿设千僧法会，奉请为菩萨戒师，谨遣主书刘璨奉迎。①

智𫖮满足了他的要求，如期为他授菩萨戒。因为按照当时一般人所理解的佛教的说法，人身虽有生死之异，至于精神则永远不灭。天地一成一败，谓之一劫。每劫中都有诸佛得道，出世教化。目前这个世界，一共有千位佛出来，自其开始到释迦牟尼已有七佛，将来的佛是弥勒佛。弥勒佛时，受过菩萨戒以上的人都会摆脱轮回，进入佛国。智𫖮一方面给这位年幼的太子以廉价的许诺，另一方面又暗示陈的灭亡是不可挽回的事。就在这次授戒仪式中，智𫖮以特殊的方式寓言"成晚"（陈亡）。

智𫖮不断地向人们讲经，讲授现实世界犹如火宅、没有任何可靠性的道理，同时又宣说佛教的真理就是依凭矛盾并最后超越矛盾。不管当时人们是否真正了解了智𫖮所说的一切，但人们最后总算明白，尽管陈国的灭亡已经不可避免，但是人们的精神生活是不会因为陈的灭亡和个人的遭遇而消亡，它是独立的，有它的归宿，如果人们能够意识到精神生活的崇高价值，就不会把目前的处境和遭遇当作摧毁自己的力量，反而会把它当作领悟人生意义的条件。这种宣教活动一直延续到公元589年。

---

① 《隋天台智者大师别传》。

六　隋师灭陈　踯躅匡山

　　隋开皇八年（588），智顗51岁。三月隋文帝杨坚下诏伐陈。十月杨广（杨坚第二子）受命任淮南行台尚书令，十一月隋军在长江沿线全面出击，开皇九年（589）正月在下游发动总攻。正月二十日，陈后主命主力10余万在建康城东与隋军决战，隋军大胜，当天就占领了建康，俘获了陈叔宝。当时他藏身于景阳井中，隋军用绳子把他拽上来时感到特别沉重，一上来才知道他将自己与宠妃张丽华、孔贵嫔捆在一起。两天后，晋王杨广入据台城。隋军纪律严明，获得了当地人民的好感。三月陈国皆平。自西晋末以来分裂近三百年的南方，终于又与北方归为一统。

　　但智顗在这时却被迫远离这一事件。他策杖荆湘，试图回到他的故地。在途中他感梦而息止匡山。匡山在庐山，其上东林寺为东晋著名僧人慧远所创。智顗在这里憩泊，"时游峰顶，以岁为日，羡玩忘劳"①。智顗息止匡山，据他自己说是因为梦见老僧请他守护陶侃瑞像。陶侃是东晋有名的重臣，他坐镇荆楚，对于东晋王朝的稳固起了重要作用。智顗在这时梦到陶侃，或许有对这位出身贫寒，孤苦自立，最后建功立业的名臣产生了共鸣，他也许对佛法是否要切实地渗透到军国大事的实际解决中去一度也产生过犹疑。总之，在此时他梦见陶侃，可能显示了他对江南故国感情上的依恋，严峻深刻的佛法哲理仍然湮灭不了他对人世温情的直觉，湮灭不了他的情感。但很快地，他就在东山慧远的遗迹中谛听到了先贤的嘱托，慢慢消解了他心中的波澜。慧远这位著名的高僧并没有被当时南北混乱的战争所打垮，他历尽千辛万苦最后来到九江匡山，别置禅林，带领徒众修道。历30余年，影不出山，迹不入市，终于使佛教真理得以广泛传播。智顗从慧远的经历中得到了启发，佛法使他又一次超越了感情的牵制，使他的忍受矛盾的能力又一次得到了提升。

　　陈国灭亡后，杨广复拜并州总管，他的三弟秦王杨俊任扬州总管四十四州诸军事，接替他镇守广陵。隋朝开始向南方各州县重新委派地方长官。秦王杨俊逐渐发现智顗在南方士民中的精神领袖作用，曾命人请

---

① 《国清百录·述匡山寺书》。

他出山。但智顗似乎不想合作，对使者说："虽欲相见，终恐缘差。"虽然你想与我相见，就怕你我没有缘分。智顗的这种态度引起了文帝杨坚的注意。开皇十年（590）正月十六日，在陈国灭亡一周年之际，他给智顗发出了一道敕书：

> 皇帝敬问光宅寺智顗禅师：朕于佛教，敬信情重。往者周武之时，毁坏佛法，发心立愿，必许护持。及受命于天，仍即兴复，仰凭神力，法轮重转；十方众生，俱获利益。比以有陈虐乱，残暴东南，百姓劳役，不胜其苦。故命将出师，为民除害，吴越之地，今得廓清，道俗义安，深称朕意。朕尊崇正法，救济苍生，欲令福田永存，津梁无极。师既已离世网，修己化人，必希奖进僧伍，固守禁戒，使见者钦服，闻即生善，方副大道之心，是为出家之业。若身从道服，心染俗尘，非直含生之类无所归依，仰恐妙法之门更来谤诟。宜相劝励，以同朕心。①

这道敕书除了隋文帝的自我宣扬、自我吹嘘之外，就是要给智顗这个曾经与陈国结纳很深的知名和尚提出一点警告，施加一点压力，促使他为隋王朝服务。智顗在打算重返金陵时，江南发生了叛乱。

开皇十年（590）十一月，"陈之故境，大抵皆反"。由于陈地百姓不满于隋政权将北方管理农民的方式推行于南方，一些南方士族豪强乘机散布隋朝将南人迁徙入关的流言，叛乱在陈国全境发生，尤以东南地区的声势最大。扬州总管杨俊收拾不了，杨坚又命杨广为扬州总管，与杨素带兵平叛。不到一个冬天，叛乱就被迅速平息。杨素从京口进军江浙、福建，杨广从扬州进军安徽。由于杨广在江南的重要影响，他被任命为"使持节、上国柱、太尉公、扬州总管诸军事、扬州刺史"。从公元590年十一月第二次出镇扬州，到开皇二十年（600）被立为皇太子时去职，在任整整10年。

杨广上任时，南方在杨素血腥镇压以后到处弥漫着反隋情绪，杨广自己又是两度带兵南下的征服者，要被南方人民接受，他必须改善自己

---

① 《国清百录·隋高祖文皇帝敕书》。

的形象。杨广聪明地认识到儒学和佛学是沟通南北隔阂的有效工具，他对儒学和佛教表现出极大的热心。在扬州总管任上，他网罗了大量才学之士，其中知名的王府学士和扬州博士有柳䛒、诸葛颖、虞世南、王胄、王眘、朱玚、庾自直、潘徽、虞绰等人。除柳䛒来自后梁国、诸葛颖来自齐国外，其他都来自陈国。他召集他们读书著述，在称帝以前近20年间，从未停止修撰，"自经术、文章、兵农、地理、医卜、释道及至蒲博、鹰狗，皆为新书，无不精洽，共成三十一部，万七千余卷"①。对于佛教他更为关注。他着手另建一都以代替原来存在而现在已被毁坏的佛教文化中心建康。他从新都江都下了几道命令，要求收集和重抄在战争和以后的内乱中分散在各地的佛经。他在江都建造了佛寺和藏经堂，召集南方著名的高僧至江都的寺院从事宗教和学术工作。

杨广没有忘记南方佛教领袖智顗。为了彻底地改变自己的形象，杨广决定在扬州受菩萨戒，他请智顗主持戒仪。智顗初陈寡德，次让名僧，后举同学，作了多次辞让后，估量形势，答应了杨广的要求。但同时也提出了四个条件：

> 一、虽好学禅，行不称法，年既西夕，远守绳床，抚臆论心，假名而已，吹嘘在彼，恶闻过实，愿勿以禅法见期。
> 二、生在边表，长逢离乱，身暗库序，口拙暄凉，方外虚玄，久非其分，城间撙节，无一可取，虽欲自慎，终恐朴直忤人，愿不责其规矩。
> 三、微欲传灯，以报法恩，若身当戒范，应重去就，去就若重，传灯则阙，去就若轻，则来嫌诮，避嫌安身，未若通法，愿许为法，勿嫌轻重。
> 四、三十余年，水石之间，因以成性，今王途既一，佛法再兴，谬承人汎，沐此恩化，内竭朽力，仰酬外护，若丘壑念起，愿放其饮啄，以卒残年。②

---

① 《文献通考·经籍考·总叙》。
② 《隋天台智者大师别传》。

智顗所提四个条件第一个是说他虽然拥有禅师的虚名，但实际上闻过其实，他不愿意给杨广传授禅法。第二个条件是他向来不懂世间礼节，请杨广在会见时不要强迫他遵守规矩。第三个条件是说他的责任是传教，即使到了扬州，如果有传教的需要，也不能阻止他自由行动。第四个条件是说他虽然很愿意为隋效力，但如果他想归隐丘壑，希望杨广也不要阻拦。对于一个不久前曾给陈国太子授菩萨戒的宗教领袖来说，灭亡陈国的隋朝皇子又要他授菩萨戒，他不可能不产生心理上的矛盾。他完全能够意识到如果他答应了杨广的请求，他的精神领袖的作用就超越了国界。他于是向杨广提出了一些表面上冠冕堂皇的条件，尽量保持宗教领袖的个性。

杨广并不在乎智顗是否愿意向他传授禅法，也不在乎见面时智顗是否按照官场的规矩行礼。他关键是要智顗做出一种愿意合作的姿态，愿意作为他的戒师。因此，在了解智顗的四个条件之后，他一一答应，并在《王受菩萨戒疏》中自称：

> 弟子基承积善，生在皇家，庭训早趋，贻教夙渐，福理攸钟，妙机须悟。耻崎岖于小径，希优游于大乘，笑止息于化城，誓舟航于彼岸。但开士万行，戒善为先，菩萨十受，专持最上。喻造宫室，必因基址，徒架虚空，终不成立。……孔老释门，咸资镕铸，不有轨仪，孰将安仰？诚复释迦能仁，本为和尚，文殊师利，冥作阇黎，而必藉人师，显传圣授，自近之远，感而遂通。萨陀波仑罄髓于无竭，善财忘身于法界，经有明文，非为臆说，深信佛语，聿遵明导。天台智顗禅师，佛法龙象，童真出家，戒珠圆净，年将耳顺，定水渊澄，因静发慧，安无碍辩。先物后已，谦挹盛风，名称普闻，众所知识。弟子所以虔诚遥注，命楫远延，每畏缘差。值诸留难，亦既至止，心路豁然，及披云雾，即消烦恼。谨以今开皇十一年十一月二十三日，总管金城设千僧蔬饭，敬屈禅师授菩萨戒，戒名为孝，亦名制止。方便智度，归亲奉极，以此胜福，奉资至尊皇后，作大庄严，同如来慈普，诸佛爱等，视四生犹如一子。①

---

① 《国清百录·王受菩萨戒疏》。

杨广在申请受戒文中一方面表达他对佛法忠诚的信念和受戒的迫切要求；另一方面对智𫖮的佛教定慧修养大加吹捧，同时也告诉智𫖮他将在开皇十一年（591）十一月二十三日于扬州金城殿设千僧会，希望智𫖮在此日给他授戒。

智𫖮于是在他息泊匡山两三年之后，在他54岁时来到了扬州。

七　掉步荆湘　寻觅法眼

开皇十一年（591）十一月二十三日，杨广如期举行了千僧会，智𫖮于内第躬传戒香，授杨广律仪。他说："大士为度，远济为宗，名实相符，义非轻约，今可法名为总持也，用摄相兼之道也。"① 大意是，杨广既然受了菩萨戒，就应该名实相符，不要轻易地对待这场戒仪；现在可给取法名为"总持"，希望在日后行为中信守菩萨戒律。杨广并没有把智𫖮所说的话放在心上，令他高兴的是现在他终于实现了他的政治目标，他用柔弱的一手把南方宗教领袖拉了过来，取得了依靠武力难以达到的政治效果。在授戒之后，他施送给智𫖮的礼物就有五六十种之多。

但智𫖮却没有忘记他出山前所提的条件，一授完菩萨戒，他就提出要回到荆楚，杨广当然不愿意他离去，致书挽留，书中说：

> 爰逮来诲，须往荆楚，辞致首尾，仰具高怀。但祇禀净戒，事成甫尔。宿昔凝滞，匪遑咨决。阇梨和尚，经称胜田。种子虽投，嘉苗未植。方用心形，永伸供养。庶凭善诱，日洒尘劳。凡厥共缘，依止有地。斯亦舟航兼运，利益弘多。如来化导，何必止还天竺。菩萨应变，本无定方。深愿坦然，以虚受物。迟延展礼，面当咨逊。②

意思是说，"我刚授戒，你就要离去，譬如种子刚投到田里，禾苗都没长出来，播种的人就不加管理。戒师您是佛法权威，我正打算留你长

---

① 《续高僧传·智𫖮传》。
② 《国清百录·王请留书》。

住，向你请教，怎么能这样快就离我而去。况且菩萨应变并无固定的方位，如果如来一定要在天竺化导，亦不必到处传播他的佛法。我认为您老还是应该'虚己受物'，心怀坦然，不要再存芥蒂"。

但智𫖮坚持己见。杨广因有言在先，只好向他提出妥协。他先是派柳顾言向智𫖮表示希望智𫖮不要一去不返，离开的地方也不要太远。后来又专门写信，说："荆潭路遥……行程难期。"我看你还是在扬州或南京附近依林壑安居，将来再作远行打算。但智𫖮还是不听，不得已，杨广只好放他上路："复逮今旨，欲遂前心，功德因缘，岂敢违忤。谨遵宿愿，即命所司发遣。发日离晨，仰听详择。……"①

智𫖮大约在公元592年三月开始从扬州向荆楚进发。他首先回到了匡山。在回匡山之前，智𫖮就曾经向杨广介绍了匡山的禅寺情况。他说："江州匡山东林寺，东晋雁门慧远法师之所创。慧远是弥天释道安的高足，道安是大和尚佛图澄的弟子，三德相承，就像太阳、月亮和星星一样。他们都是佛法栋梁，不可思议的杰出人物。慧远在东林寺同耶舍禅师修头陀行，德布遐远，声高云汉。此外还有庄严寺、峰顶寺，都是佛教名胜。我曾经在东林寺息泊，在峰顶寺修行。此处风景，真是美不胜收。但山下的伽蓝与驿道相距太近，来来往往的人群把伽蓝弄得非常混杂。我想请您做东林、峰顶两寺檀越，并请下令禁止官民在寺庙停泊。"当时杨广就答应了他的要求，并分别致书匡山极暄法师、禅阁寺、峰顶寺僧众。智𫖮到庐山之后，杨广又于当年七月派人探望，一方面表示对智𫖮的思念，另一方面又送上法衣六件，盐一百斛，米一百斛。智𫖮在回信中，勉杨广以法事，过了夏天，他就往衡山而去。

八月，智𫖮到了衡山。衡岳是他的业师慧思最后息缘之地。陈太建九年（577），这位禅师从山顶下来，住半山道场，大集徒众，劝勉勤修法华、般舟三昧，语极苦切，六月便卒于南岳。智𫖮到衡山时，慧思已去世15年了，在这里，智𫖮勾起了对业师深深的怀念，同时也使他在业师的遗像面前更加感到传灯的紧迫，他不能辜负业师的期托，不能让师传在他身上截断流传。可能是在这时，他向杨广提出了为他的业师写碑颂的要求，并得到了杨广的蒙许。

---

① 《国清百录·王许行书》。

十月，智颛到了潭州。杨广的特使也随之而到。杨广在十一月十五日的书信中说："岁聿云暮，寒气殊重。禅悦经行，愿常安乐。弟子顺来，每多劳疾。但睽觐稍久，唯用倾结。仰度所营功德，已当究竟。今遣左亲信伏达奉迎。"① 杨广说，现在又到了冬天，我想你所经营的功德应该圆满了，请您回到扬州。但智颛不加理睬，他往荆州进发。

十二月，智颛到了荆州。这是他自公元555年离开故乡后第一次回来，其中相隔整整38个年头。智颛回到荆州，"道俗延颈候望，扶老携幼"。他在这里竭力宣传佛法，试图以此来报答故乡对他的养育之恩。

开皇十三年（593）二月，杨广要入朝进觐，在到达陕州（治所在今河南陕县，时辖河南三门峡、陕县、洛宁、渑池、灵宝等地）时，遣使到荆州迎请智颛，请于三月下旬相见。智颛没有应命，但于五月派弟子智邃晋见杨广，送上"玉泉伽蓝图"和"万春树皮袈裟"。智颛在荆州当阳玉泉山陲，想建造一座寺庙，他把当地地形和设计方案和盘告诉了杨广。同时又送给杨广万春树皮袈裟一件。万春树皮袈裟是梁武帝时外国奉献。当时一共有四件，但到这时只有这一件。智颛一方面用珍贵的礼物表示对杨广的支持，充分满足了杨广结纳智颛的政治愿望，另一方面提出了在荆州建玉泉寺的构想。团结智颛这样一位宗教领袖，是杨广在江南值得向父皇炫耀的一大功绩。杨广之所以邀智颛一同入京朝觐，并在陕州逗留数月之久以等待智颛，就是这样一个目的。智颛虽然没有亲自来，但送来了万春树皮袈裟，等于智颛已经来了。杨广非常高兴，"著如来衣，深荷慈奖"，高兴之余，也就满口答应了智颛修建玉泉寺的构想。他在朝觐父皇时，也没有忘记向杨坚汇报智颛的情况，并请父皇赐给智颛修建玉泉寺的寺额。

七月二十三日，杨坚放给荆州玉泉寺额。敕书中说："皇帝敬问修禅寺智颛禅师，省书具至，意孟秋余热，道体如何？熏修禅悦，有以怡慰，所须寺名额，今依来请，智邃师还，指宣往意。"② 意思是说，"我批准你在荆州当阳造玉泉寺。你的徒弟智邃回去后，会把我的意思向你说明白"。杨广在京期间，于九月二十四日也遣书问好。

---

① 《国清百录·王遣使潭州迎书》。
② 《国清百录·文皇帝敕给荆州玉泉寺额书》。

玉泉寺从八月开始修建，大约到开皇十四年（594）春天就已基本修成。这年春天，杨广在问候智顗的书信中提到"玉泉创立，道场严整，禅众归集，静慧日新"。当时他决定于仲秋归藩，遂约智顗在夏天一过，就沿江而下，以便到扬州会见。但杨广旋即又跟父皇去东岳巡狩，"发自京师，言停洛阳，又止历下"，于泰山行柴望之礼。于是归藩之期推迟到了开皇十五年（595）春天。

智顗在荆州的活动并非事事如意。在他临死之前，他曾经回忆这段时期，如此说道：

> 于荆州法集，听众一千余僧，学禅三百，州司惶虑，谓乖国式。岂可聚众，用恼官人，故朝同云合，暮如雨散，设有善萠，不获增长，此乃世调无堪，不能谐和得所。①

他的传教活动也许是官府害怕他聚众生事而受到限制。但智顗在公元591年十一月扬州授戒到595年春的三年多时间里，毕竟在杨广的支持下，改善了庐山的环境，修建了荆州玉泉寺。特别是他在三年之间屡屡违背杨广的意愿，但杨广仍然对他保持了持续的敬重，常常派遣使者问好和邀请。他慢慢地觉得可能他与杨广确实有佛教所说的缘分。他应该彻底改变心境，彻底超越一些俗念，好好宣传佛法，护卫来之不易的统一局面。

在开皇十五年（595）初，智顗答应了杨广邀返扬州的请求，并在杨广回到扬州后不久（晚春），也来到了扬州。智顗对杨广表现出了真正的关切。他答应了杨广求学禅慧的请求，七月，以所著《净名义疏》初卷奉上杨广。不久杨广的结发妻子萧妃犯病，医治无术，智顗率徒弟为之建斋七日，行金光明忏，并断定萧妃能够起死回生，后来萧妃的病也果真好了。当然在他积极为杨广设想的同时，他也没忘记请杨广为荆州玉泉寺、十住寺的施主。杨广当即致书荆州总管，令其检括。九月，杨广迎智顗至金城。

但智顗在杨广身边并没有停留太久，他又提出要返归天台。杨广又

---

① 《国清百录·遗书与晋王》。

一次答应了他的请求。智𫖮此次提出返归天台的理由是："恐命不待期，一旦无常，身充禽鸟。"① 愿在有生之年，"安立僧徒"，垂为法戒。杨广从智𫖮的言行中看到这位宗教领袖已经完全调整了心境，已经真心实意地要为隋朝的政治服务，他要以佛教真理的追求和传播影响众生，保护国土，因而没有加以阻拦，十分爽快地送智𫖮回到了天台山。

八　天台归隐　石城示疾

开皇十五年（595）九月，智𫖮回到了阔别 10 年之久的天台，这时他已经 58 岁。在他生命的晚年，他选择了天台作为安身之处，据他自己的说法是因为他在 15 岁时所做的梦境已经预示他必终于天台。实则是他 38 岁至 48 岁间天台 10 年的修禅生活是他一生佛教理论的辉煌时期。他曾经在这里沉浸在对佛法的哲理追求之中，并整理了他早岁的宗教思想和宗教实践。也许如果他不在 585 年离开天台，不陷入陈、隋之间的是非纠葛，他就不至于在 10 年之久的时间内保持不了对于佛教真理的极度专注，也许不至于使他在原有的佛教理论水平上徘徊。他觉得应该回到这块宝地，在这里熔铸他对于佛法的参悟。

智𫖮在 585 年从天台出山直到 595 年重新入山，整整 10 年陷入尘世是非纠葛是否值得，这是不大容易判别的问题。但智𫖮在这 10 年间，虽然理论上也许不如沉潜天台时期那么专注，而他对社会现实生活的感触至少使他对于佛教的真理有了更加冷峻的了解，这些感触都体现在他晚年于天台传授或撰述的著作之中。

智𫖮在隋开皇十三年至十五年间（593—595）讲述的《法华玄义》《法华文句》《摩诃止观》，均由灌顶在天台整理成书。他对《法华玄义》似乎特别关注。在他临终的时候，他曾致书杨广说："在山两夏，专治《玄义》，进解经文，至《佛道品》，为三十一卷。"② 同时他还请求杨广将他以前送给杨广的玄义及其他文疏，交他的弟子烧毁，只有这三十一卷《法华玄义》才是他呕心沥血的作品。《法华玄义》无疑是他一生最有

---

① 《国清百录·重述还天台书》。
② 《国清百录·遗书与晋王》。

代表性的著作。

在《法华玄义》中，智𫖮坚持了他从宗教实践中所体验的论点，认为一切现象都由心造。他把此心归结为真如之心。"其一（心）法者，所谓实相，实相之相，无相不相。"① 真如心既显现有为法，又显现无为法，具染净二门。简单地说，即一念三千。一心具有天、人、阿修罗、地狱、饿鬼、畜生、声闻、缘觉、菩萨和佛六凡四圣十法界。智𫖮还认为"性具善恶"，一切诸法都具足三千，互摄互融，并无差别。十法界不是固定不移的，"六凡"可以向上到达于"佛"的地位，而"佛"也可以现身在"六凡"之中。因此要成就佛道，最关键的是实修一心三观，在一心中明达诸法实相。至于修观的行仪，则有常坐、常行、半坐半行、非行非坐等四种三昧。

《法华玄义》比起智𫖮早期在天台的撰述来有一些差别。如果说他早期重在传播止观并行的修行原则，主要是提倡一种创新的宗教修持原则，那么这时他的重点是要揭示佛教真理的具体内涵，特别是要解决缠绕着他整整一生的矛盾冲突，他必须从佛教的角度说明佛教最高真理到底与现实生活有什么本质的联系。从智𫖮晚年的结论来看，它是一种高度的辩证法取消了真理与现实的矛盾。他认为真理就在矛盾之中，真理就是矛盾。他引证《法华经》最多的经文就是此经对于矛盾的令人震惊的销解。《法华经》说："一色一香，无非中道。"引申开来，"淫房酒肆，尽是道场"。它告诫人们不要对一切现象包括对佛教的真理产生执着，应该以无所谓的态度放任事物的自生自灭。这些教诲也许使智𫖮产生了比早年初读此经时更加深切的共鸣，也许使他在回味他的一生时发现对于现实价值的一点点执着，就会使自己忧患俱生，就会使他发现他的忧患也无助于事情的解决，历史就是这样令人无能为力，就是这样不以人的意志为转移。智𫖮从而也冷峻地宣告：在无论怎样叫人难以忍受的恶劣现实境遇之中，总是有佛教的真理照耀，真理就是依凭它而得以显现。

智𫖮的这种理论当然有它的现实意义。后来的人们指斥他宣讲了"凡现实的都是合理的"这样极端庸俗的道理。确实，按照智𫖮的教导，人们不必有什么理想，有什么价值目标，必须安于现状。但智𫖮的理论

---

① 《法华玄义》卷8。

也并不因此就是对现实存在的完全肯定。他号召人们在安于现状时也否定了人们对于现实政治价值的积极追求，最后还是要人们深深体会精神生活的意义，成为一个独立而又不危害他人的人，成为一个向佛教真理回归的人。

智顗实际上开创了中国佛教的第一个宗派，这个宗派人们称之为天台宗。《法华玄义》《法华文句》《摩诃止观》被称为"天台三大部"，是天台宗思想理论的奠基著作。到此时为止，智顗可以说已经对梁齐之际的佛教理论方向做出了自己的回答，他当之无愧地成为当时佛教界最有影响的理论权威。

在智顗归隐天台山期间，杨广于开皇十七年（597）四月曾遣使入山参问。九月杨广又遣使入天台迎请。智顗随使下山。这次下山也许是智顗感到他在人世的时间已经不多，想再见杨广一面。他在这年曾做了一梦。梦见大风吹坏宝塔，又有梵僧跟他说，他的"机用将尽，傍助亦息"。他还梦到他的业师慧思和法喜禅师令他说法，他把自己最感疑难的"三观三智"对亡师和亡友说了，他们招约他到一个美妙的地方去。于是在接到杨广的邀请后，他扶病下山。到达剡石城（今浙江嵊县）时，智顗已经无法前行。杨广得知后马上派人探问，并祝愿他很快恢复。十一月二十一日，智顗也作了最大努力，发愿请诸佛考虑他的要求，如果诸佛觉得他"形命停留，能生物善，不污佛法"，就让他早日康复，如果觉得他"命虽未尽，方多魔障，损物善根，污乱佛法"，就让他早日灰灭。同时，他又给杨广写了遗书。遗书详细地回顾了他一生经历，说他有六大遗憾。其中第一大遗憾是他"内无实德，外召虚誉，学徒强集，檀越自来，既不能绝域远游，而复依违顺彼，自招恼乱。道退行亏，应得不得，忧悔何补？上负三宝，下愧本心"。看来他还是认为他没有痛下决心、远离尘世而耽搁了他的修行。第二大遗憾是他"欲以先师禅慧，授与学人，故留滞陈都，八年弘法。诸来学者，或易悟而早亡，或随分而自益，兼无他之才，空延教化，略成断种。自行前缺，利物次虚，再负先师百金之寄"。他对早年在金陵的传道也不满意，认为当时并没有取得应有的效果。第三大遗憾是他再返金陵，仍然不见一人求禅求慧，没有一个真正对佛教真理有热情的人来向他咨询佛法，这是他对隋灭陈前夕他的工作的侧面否定。第四大遗憾是他到荆湘传教，"虽结缘者众"，但也没有能委以大法的人。"初谓缘者不来,今则往求不得。"这使他感到十分凄怆。第五大遗憾是他修造玉泉寺聚集了一批学僧,但由于官府限制,没有使他的传教事业蓬勃发展。第六大遗憾是他回返江都,真正想干一番事业的时候,他已经年老体弱。智𫖮最后表示:

> 生来所以周章者,皆为佛法,为国土,为众生。……命尽之后,若有神力,誓当影护王之土境,使愿法流衍,以答王恩,以副本志。①

他也希望杨广在他死后,"留心佛法,询访胜德,使义门无废,深穷佛教,治道益明"。

智𫖮在《遗书与晋王》中还将杨广所赠的莲花香炉、犀角如意回赠给了杨广,希望"德香遐远,长保如意"。同时也提出了一些具体要求。一是请将天台将废寺田,拨为天台基业,并修建天台大寺;二是希望杨广为业师慧思写好碑颂;三是请杨广继续任玉泉寺檀越。在吩咐了这些后事后,智𫖮于十一月二十四日未时入灭,终年60岁。

智𫖮临灭时,听唱《法华经》。他感叹地说:"法门父母,慧解由生,本迹旷大,微妙难测,四十余年蕴之,知谁可与?唯独明了,余人所不见,辍斤绝弦于今日矣。"②言语中充满了对佛法后继乏人的忧虑。门徒智朗问他:"你现在就要离去了,请解开我们最后的疑惑。你将超生在何种地位?我们将以谁作为领袖?"智𫖮对这种问题非常不满。他说:"你们这些人平时不努力学习佛法,只知道问人家修悟到了什么样的地步,即使得到了回答,亦如盲问乳,如蹶者访路,不会有任何实际好处。……我现在告诉你们吧,如果我不出来传道,必定会六根清净,因为为他损己,只获得了五品位。观音菩萨和我的师友就要来迎接我。至于你们将来以什么作为导师,难道我说得还少吗?我常说四种三昧是你们的明导,教你们放下重担,教你们降三毒,教你们对治四大,教你们解除束缚,教你们超脱大悲大难,你们在我死后,应该以法为师。"然后

---

① 《国清百录·遗书与晋王》。
② 《隋天台智者大师别传》。

他告诫僧徒不必哭位,唱三宝名,跏趺而逝。

智顗死讯一传开,在江南引起了佛教界的震动。道俗奔赴,烧香散花,号绕泣拜,如丧考妣。在石城让道俗尽敬十日之后,弟子将他殓入禅龛,送回天台山安葬。

杨广自然也难免要有所表示。他完全答应了智顗的要求,并在天台山大兴土木,修建了国清寺。但事势的发展证明,杨广崇敬智顗,并非真心崇拜他的佛教理论修养,而是觉得智顗在江南宗教领袖的地位可以利用。智顗最后的岁月对杨广的真心实意的关切以及对杨广的较高评价有一大半是智顗的一厢情愿。他这位佛教高僧到底也没有摆脱和看透杨广政治手腕的迷惑。如果说杨广对他还有一点真诚的敬重,那也是杨广和常人一样,对智顗的禅法成就莫测高深。在智顗死后次年,他命令寺僧打开禅龛,看看智顗是否有灵异,打开的结果是智顗面貌如生。杨广还是不甘心,当他用尽手段,谋得太子地位,并取得帝位后,于大业元年(605)又命寺僧发龛,这次的结果是智顗尸骨无存。炀帝杨广派来的使者回去汇报后,杨广可能索然寡味。但他还是不能打倒智顗这块牌子,继续支持天台山的佛教事业,至于他的内心深处,也许再也不会对智顗这位和尚有所牵挂。智顗若是知道杨广最后会杀父夺母,最后会对他的尸骨是否有灵异这样感兴趣,不知道会有怎样的感慨!

总之,智顗终于结束了他多灾多难的一生,他在人情与佛法、感情与理性的矛盾冲突中对于佛教真理表达了他独到的认识。他好像找到了真理,但这种真理他自己掌握了几分,他似乎也没有足够的自信。他认为他只能生在五品佛位之中,还没有穷极真理。他给后人留下了许许多多的迷惑。

(原载《中国十大高僧》,三秦出版社 1997 年版;《中国十大高僧》后改名为《中国高僧正传》,三秦出版社 2005 年版)

中宗年间京都佛事与鉴真的长安之行

鉴真的长安之行对他一生具有重要影响。鉴真的长安之行始于神龙元年（705），本来是随道岸到洛阳观礼佛法，神龙二年（706）十月前后又随道岸到了长安，并于景龙二年（708）三月二十八日于实际寺从恒景受具足戒，极有可能聆听了文纲、恒景、义净等律师的传法，特别是他在长安的数年间，正值中宗、韦后大力推崇佛教，包括内道场佛事、中宗及眷属的授戒和法门寺佛骨的供养与奉送等，对他产生了深远的影响。他回到扬州后，大力弘扬律法，成为继道岸、玄俨、义威之后江左最杰出的戒师，又不畏艰险，东渡日本，将律学远播东洋，饱含着他从洛阳和长安之行所感受到的对于佛法的信念。

一

长安五年（705）正月，武则天病重，张柬之迎立李显，后称中宗孝和皇帝，改元神龙，二月复国号为唐。神龙元年（705）十一月，武则天病死。神龙二年（706）五月，附葬乾陵。十月李显从洛阳迁长安，此后直到景龙四年（710）六月被皇后韦氏毒死，李显常在长安太极宫听政。

在此期间，洛阳和长安皇室的重要法事活动如下。

1. 内道场的法事活动

唐代在宫内有设斋、行道、讲经、授戒、行香、斋会等仪式，有时在太极殿或麟德殿举行。李显在洛阳设有内道场，迁长安后，长安也设有内道场。进入内道场的高僧，据赞宁《宋高僧传》卷5《恒景传》，前后有20余人。其中可考的有：

文纲（636—727），俗姓孔，会稽（今浙江绍兴）人。12岁出家，

20岁受具足戒,后到长安向道宣律师学律。长安四年(704)奉敕往岐州无忧王寺迎舍利。景龙二年(708),中宗延入内道场行道,并送真身舍利往无忧王寺入塔。①

法藏(643—712),俗姓康,祖居康居,后迁长安。17岁从云华寺智俨学《华严经》,尽得其教,因通梵语,曾参加实叉难陀和义净译场。《华严经》全译后,他曾为武则天讲解。他参与了佛舍利奉迎活动,是内道场供养高僧。

义净(635—713),俗姓张,齐州(今山东历城)人,或说范阳(今北京西南)人,高宗咸亨二年(671)自长安出发,经广州取海道赴印度求法,历时25年,游历30余国,于武周证圣元年(695)返归洛阳。神龙三年(707),"诏入内与同翻经沙门九旬坐夏……"②

法宝(?—?),唐三藏弟子,先后参与玄奘、实叉难陀和义净等译场证义,擅长《俱舍论》。③

恒景(633—712),俗姓文,当阳(今湖北当阳)人。贞观二十二年(648)初度,曾向文纲学律,后又到荆州玉泉寺学习天台智者大师的止观法门。据传,在武则天和中宗时曾三次被请入内道场。④

道岸(653—717),俗姓唐,世居颍川(今河南禹州一带),是当地望族,后迁光州(今河南潢川)。他早年对儒、道学说颇有研究,后落发出家,坚修律仪,深入禅慧。后从楚到越,住会稽龙兴寺。他在南方的弘法活动使江南风气为之一变。传称中宗遣使征召,与大德数人同居内殿。⑤

道俊(?—?),江陵(今湖北荆州)人,住荆州碧涧精舍。修东山道信、弘忍所传禅法⑥,在武则天、中宗时,应诏入内供养,后还本寺。⑦

---

① 《宋高僧传·文纲传》。
② 《宋高僧传·义净传》。
③ 《宋高僧传·法宝传》。
④ 《宋高僧传·恒景传》。
⑤ 《宋高僧传·道岸传》。
⑥ 当时在洛阳的著名禅师是神秀,神秀卒于神龙二年(706),他曾经推荐慧能,中宗曾诏请慧能入内,慧能未到。后改为道俊,道俊此时在寺弘法已40年。在诏请道俊同时,中宗制令普寂代本师神秀统领法众。
⑦ 《宋高僧传·道岸传》。

玄奘（？—？），江陵人，住荆州白马寺，通大小乘学，尤明《法华经》。与道俊同被召，在京二载，景龙三年（709）归本寺。①

僧伽（？—？），是唐初异僧，葱岭北何国人，龙朔（661—664）初游历江淮，住普光王寺。景龙二年（708）被诏赴内道场谈论，占对休咎，契若合符。②

道亮（631—711），越州（今浙江绍兴）人。8岁出家，居云门寺，受具足戒后学"三论"和《涅槃经》，神龙元年（705），中宗诏道亮与法席宗师10人，入长乐大内坐夏安居，后又为中宗及其眷属授菩萨戒。③

从上述10位高僧来看，文纲、义净、恒景、道岸、道亮精通律学，道俊修习禅法，恒景深研《华严》，玄奘精通《法华》，法宝潜心唯识，僧伽是有道异僧，可知中宗对戒学、定学、慧学、神异颇感兴趣。

内道场还有为帝、后及嫔御等授菩萨戒的活动。中宗及妃嫔受戒应是在景龙二年（708），一在林光宫为中宗授戒；二在乾清宫为二圣内尼授戒。据传主持受戒的戒师是：

文纲。景龙二年（708）中宗命文纲在乾清宫为内尼受戒，并于宫中坐夏，为二圣内尼讲《四分律》一遍。④

道岸。本传称"被中宗召入宫"为菩萨戒师，中宗亲率六宫围绕供养，仍图形于林光宫，中宗亲作画赞。

恒景。本传称他曾被中宗供养为授戒师。

道亮。本传称他是中宗菩萨戒师。

内道场还有佛、道辩论二教高低。神龙元年（705）中宗曾命佛、道讨论老子化胡问题。当时僧道盛集内殿，百官侍听。九月十四日，中宗下敕废《老子化胡经》，刻石于洛京白马寺。洛京大恒道观主桓彦道（一说桓道彦）等上表力争，中宗又敕批云："朕以匪躬，忝承丕业，虽抚宁多失，而平恕实专。矧夫三圣重光，玄元统序，岂忘老教，偏意释宗。朕志款还淳，情存去伪。理乖事舛者，虽在亲而亦除，义符名当者，虽

---

① 《宋高僧传·玄奘传》。
② 《宋高僧传·僧伽传》。
③ 《宋高僧传·道亮传》。
④ 《宋高僧传·文纲传》。

有怨而必录，顷以万机余暇，略导三教之文。至于道德二篇，妙绝希夷之境，天竺有空二谛，理秘真如之谈。莫不敷扬玄门，阐扬至赜，何假化胡之伪，方盛老君之宗……"①从此将《老子化胡经》废弃。但内道场也不是佛教处处取胜。中宗时，尝"令内道场僧与道士各述所能，久而不决。玄都观叶法善取胡桃三升，并壳食之并尽。僧仍不服。法善烧一铁钵，赫赤两合。欲合老僧头，僧唱贼，袈裟掩面而走。孝和抚掌大笑"②。叶法善以幻术使高僧出了丑。

中宗内道场应设于神龙元年（705），至景龙三年（709）春二月八日始散。③ 恒景、道俊、玄奘同还故乡。当时中宗还诏中书、门下及学士于林光宫内道场设斋，恒景、玄奘等得到了中宗的赋诗，中书令李峤、中书舍人李义等应和，恒景捧诗振锡而行，天下荣之。

2. 为武则天等的追福法事

武则天在神龙元年（705）十二月壬寅去世前，其女太平公主就于长安大宁坊东南隅建罔极寺。武则天去世后，其灵柩于神龙二年（706）正月送回长安，五月附葬乾陵。在此期间，神龙二年（706）二月，中宗已于洛阳建造有圣善寺纪念其母。④

根据唐代惯例，"凡国忌日，两京定大观、寺各二散斋，诸道士、女道士及僧尼皆集斋所，京文武五品以上及清官七品以上皆集，行香以退"⑤。中宗李显也应有忌日行香活动。《旧唐书·中宗本纪》称中宗于国忌日诏五品以上行香。

景龙元年（707），由宫人出钱，在荐福寺南安仁坊西北部建造有小雁塔。荐福寺是高宗死后百日（684年三月），由皇族捐资，于开化坊襄城公主宅所造纪念高宗之寺。本名献福寺，天授元年（690）武则天亲题寺额，改名荐福寺。中宗在此寺附近建造小雁塔，以纪念则天皇太后。景龙二年（708），中宗还将于阗高僧实叉难陀（651—710）请入长安，当实叉难陀到长安时，中宗屈万乘之尊，亲迎于开远门外，并让他住在

---

① 《宋高僧传·法明传》。
② 《朝野佥载》卷3。
③ 《宋高僧传·玄奘传》。
④ 《资治通鉴》卷209，胡注。
⑤ 《唐六典·尚书礼部》。

大荐福寺。①

除为武后所举行的法事活动以外，中宗和韦后还为亡故的懿德太子、永泰公主及韦后之父举行纪念法会。神龙元年（705）中宗为懿德太子追福，将长安延寿坊的三阶教道场改名懿德寺。同时，又将长寿坊的延兴寺改名永泰寺，纪念永泰公主。神龙中（707），韦皇后追赠其父为酆王，并改大兴善寺（在唐靖善坊）为酆国寺。②

3. 法门寺佛骨的供养与奉送

法门寺位于唐代岐阳、岐山、扶风县县治之间，今属陕西扶风县，以供养释迦牟尼真身舍利闻名于中外。法门寺相传始建于东汉桓灵之世。北魏时，岐阳郡守拓跋育初启塔基，瞻礼佛骨，并有所扩建。隋初被命名为成实道场。仁寿（601—604）末，右内史李敏再次修复此寺。大业（605—617）中此寺因火被废。唐高祖武德八年（625）改名法门寺。唐贞观五年（631），由于岐州刺史张德亮奏请，法门寺又一次得到维修。古传此塔三十年一开，"令人生善，岁谷稔而兵戈息"，此寺佛舍利的奉迎在唐代佛教活动中有较高地位。

唐中宗以前，已有显庆四年（659）十月唐高宗命寺僧智琮、慧辩和官员王长信至法门寺奉迎佛骨。佛骨于显庆五年（660）三月送往东都洛阳，入内供养，到龙朔二年（662）才将舍利送归法门寺。

长安四年（704），武则天派凤阁侍郎崔玄暐与法藏、文纲等人到法门寺奉迎佛骨。正月十一日，当舍利进入东都洛阳时，敕令王公以下，精事幡华幢盖，又命太常具乐置于明堂。③ 随着这年中宗继位，法门寺佛骨的供养和奉送都由中宗主持。中宗之所以设内道场，可能也有供养佛舍利的目的。

佛舍利在神龙二年（706）十月，随同中宗移长安大内。景龙二年（708）由文纲送归法门寺，文纲是道宣高足。高宗龙朔二年（662）道宣曾参与舍利送归法门寺佛事。景龙二年，文纲已72岁，可谓道高德重，故中宗命其护送舍利归法门寺。

---

① 《宋高僧传·实叉难陀传》。
② 徐松撰，李健超增订：《唐两京城坊考》，三秦出版社1996年版。
③ 《大唐圣朝无忧王寺大圣真身宝塔碑铭并序》，《全唐文》卷516。

在佛舍利归法门寺前，中宗、韦后等曾下发供养佛舍利。《唐中宗下发入塔铭》载："大唐景龙二年，岁次戊申，二月乙丑，朔十五日己卯，应天神龙皇帝，顺天翊圣皇后，各下发入塔，供养舍利。温王长安、安乐二公主，郯国、崇国二夫人，亦各下发供养。使内寺主妙威、都维那仙嘉、都统那无上。"① 联系到景龙二年（708），宫中曾分别有中宗及眷属受菩萨戒仪式，可能供养佛舍利之头发系二月乙丑日和己卯日授戒时所下之发。

4. 义净译事

义净慕玄奘高节，37 岁时从广州取海路赴印度求法，经 25 年，历 30 余国，于天后证圣元年（695）夏还至洛阳，得梵本经律论近 400 部。当时武则天有感《华严经》翻译未备，已从于阗请到实叉难陀于东都大内大遍空寺翻译。义净遂同南印度沙门菩提流志参与《华严经》译事，至圣历二年（699）事毕。② 此后义净另辟译场，先在东都福先寺，后移京西明寺，神龙二年（706）居荐福寺，参与义净译事的有法宝与法藏、胜庄。

义净传译佛经约 56 部，230 卷，特致力于律部，声名极一时之盛。其中神龙元年（705）翻译有《孔雀王经》《胜光天子》《香王菩萨咒》《一切庄严王经》等。中宗对义净的佛教翻译也非常重视，曾亲制《大唐龙兴三藏圣教序》。又御洛阳西门，宣示群官新翻之经。神龙三年（707），诏命义净与同他一起翻译佛经的僧人入内道场坐夏九旬。此间义净又翻译了《药师琉璃光佛本愿功德经》2 卷，中宗曾"亲御法筵，手自笔受"③。

二

鉴真于大周则天长安元年（701）于扬州大云寺智满禅师受沙弥戒，

---

① 韩伟、罗西章：《法门寺出土唐中宗下发入塔铭》，《考古与文物》1983 年第 6 期。
② 法藏因参与译事，此年奉敕于佛授记寺讲新译《华严经》，并于长生殿以金狮子为喻，敷宣玄义，被赐号"贤首"。
③ 《宋高僧传·义净传》。

住大云寺，开始了他的宗教践履生涯。

当时在江南颇具声望的和尚是道岸。中宗神龙元年（705），鉴真从道岸受菩萨戒。① 菩萨戒的主要内容是三聚净戒，即摄律仪戒、摄善法戒、饶益有情戒。鉴真受菩萨戒时约17岁，说明他当时已在佛法修持方面崭露头角。

道岸据传是文纲弟子，但从《宋高僧传》本传的记载来看，他是由儒、道而入佛的，对儒、道学说曾经有长期的潜心研究，"浮江淮，达洙泗，探禹穴，升孔堂，多历年所"②。他居于光州，因听说越中初法师道高寰宇，于是杖锡游吴。在会稽等地道岸进行了大量的弘法活动，并形成了独特的作风。根据后来的发展，他的佛法思想是以律为核心，兼通诸派。中宗继位，诏其入内道场。他到洛都的具体时间综合各种推测，应以神龙元年（705）较为可信。③ 他可能是在到了洛阳后才拜年近70的律师文纲为师，并大力弘扬南山律法。本传称他曾别请御敕，明确规定在江南应以南山律法为准。

道岸虽说是由中宗诏请入内道场，但开始时不受重视。史载他在入朝之初，虽与大德数人同居内殿，但因为"僧腊未高，犹沦居下筵，累隔先辈"，后来因为其他大德表现欠佳，"帝因朝暇，躬阅清言，虽天眷屡回，而圣威难犯，凡厥目对，靡不魂惊，皆向日趋风，灭听收视"④，他可能因为应对自如在内道场中脱颖而出，以至中宗赐衣钵，特彰荣宠。可能他曾一度在洛阳白马、中兴等寺任过都维那。神龙二年（706）十月即随中宗至长安。他在长安曾主持中宗、韦后的受戒，得到中宗的信任，中宗图其形于林光宫，亲笔题有画赞。他还担任庄严、荐福、罔极等寺的都维那。707年中宗召宫人出资修建小雁塔，道岸与工部尚书张锡同典其任，为小雁塔的完工出了大力。

---

① 《宋高僧传·鉴真传》。
② 《宋高僧传·道岸传》。
③ 道岸死于开元五年（717），时年64岁，应生于653年。据《宋高僧传》卷8《慧朗传》，他曾于开元四年（716）在新定遂安州主持戒坛，此时应回到了会稽，而同书《道岸传》又说"江海一辞，星霜二（当为一字之误）纪，每怀成道之所，更迫钟漏之期，遂去上京"，故其入京之年为705年。
④ 《宋高僧传·道岸传》。

鉴真是随道岸一起入京的，因此他也应于神龙元年（705）到过东都洛阳，后又随道岸到长安，他到长安后居实际寺。实际寺位于长安城太平坊西南隅，原为隋薛国公长孙览宅，隋大业二年（606）置寺，为四道场之一。

鉴真在长安时，曾于景龙二年（708）三月二十八日在实际寺随恒景受具足戒。恒景生于633年，贞观二十二年（648）出家，后随文纲学习律法，并至荆州玉泉寺学习智者大师所传止观法门，著有《顺了义论》2卷、《摄正法论》7卷、《佛性论》2卷。天授二年（691）所出《华严经法界无差别论》等6部7卷，恒景证义。[①] 京师清禅寺及东都佛授记寺译《文殊授记》等经19部，恒景与法宝躬任"证义"[②]。恒景在则天、李显朝有三次被请入内道场接受供养。由于他精勤戒、定、慧三学，在当时名僧中地位很高。景龙二年（708）他已75岁，于实际寺开坛授戒。

鉴真随恒景受戒，一方面因道岸与鉴真景仰恒景，另一方面是本师道岸对佛法没有偏见。道岸的弟子颇多，其中最称上足的是行超、玄俨，此外还有义海、道融、怀则、道超、思一、慧周、怀莹、怀彦、道纲、慧篡、子瑀[③]等人。从道岸对弟子的教导来看，他确守律宗但又不拘于律学。如他的高足玄俨（674—742），弱冠即从道岸受具足戒，后诣上京，控颐律苑，向律宗名师崇福寺满意（相部宗法砺高足）与融济（南山宗道宣高足）学习律法。道岸后来又命他宣扬般若。[④] 又如玄朗，曾从道岸授具足戒，学律范，又博览经论，对涅槃尤有研究。[⑤] 恒景学过南山律，又通天台禅观，并识华严教法，是鉴真进一步深造的理想导师。

鉴真在洛阳与长安主要学习内容应是与律学相关的内容。当时律学有四家，一是道宣（596—667）所创南山宗。道宣受业传教弟子有近千人。其中知名的主要是文纲、融济、大慈等。二是法砺（578—642）之相部宗。有弟子满意，居长安崇福寺，后世号之为西塔律师。满意有弟

[①] 《宋高僧传·实叉难陀传》。
[②] 《宋高僧传·天智传》。
[③] 子瑀是吴兴德清人，如意年中（692）于洛京大福寺受戒，证圣年（695）归于大云道场，坚执律柄，天宝十一年（751）卒。见《宋高僧传·子瑀传》。
[④] 《宋高僧传·玄俨传》。
[⑤] 《宋高僧传·玄朗传》。

子名大亮。三是怀素之东塔宗。怀素，姓范氏，居京兆，先师事法砺，后师玄奘。① 他在研究法砺的律疏后有所不满，著书反对。住恒济寺，亦曾住崇福寺，称为东塔宗。怀素弟子最著名者为法慎。四是义净所译戒法。义净在赴印度前即读道宣钞述、法砺文疏，赴印后特考西方当时所尚戒律，归国后，广译根本一切有部律，大旨近乎《十诵》，试图恢复天竺旧规。上述四宗颇有争端。怀素尝说："相部无知，则大开量中得自取大小行也。南山犯重，则与天神言论，是自言得上人法也。"② 他批评法砺相部宗主观臆断之处太多，道宣南山宗别出心裁，自以为是。他和义净则分别本于《四分》《十诵》，试图恢复律学的本来面目。但南山宗和相部宗也不以怀素的律学为然。

当时律学主流是向大乘菩萨戒发展。天台智者有《菩萨戒经疏》，隋智文有《菩萨戒疏》，华严宗人如法藏、澄观均研菩萨戒，法相宗典籍也有《大唐三藏法师传西域正法藏受菩萨戒法》。天台、华严、法相均以心为戒体。道宣虽宗小乘四分律，但实践中为大乘，也以心为戒体。恒景早年曾从文纲学南山律，对天台止观、华严宗都有所研究，对律学的见解自然较为开阔。鉴真师从他学习律学，也自然使他能够以开阔的胸怀来认识当时律学的分歧，并有所甄别。

此外，鉴真在洛阳和长安期间，正值中宗、韦后大弘佛法。始于神龙元年（705）正月，终于景龙三年（709）春的内道场佛事，特别是中宗及其眷属的授戒与法门寺佛骨的供养和奉送，都因为其戒师道岸、恒景亲与其事，对鉴真自然会有影响。他从这些法事活动中感受到了佛法的精微广大，认识到佛法的尊严和弘法事业的伟大。

恒景随道俊、玄奘等于景龙三年（708）春在内道场解斋后同归本寺。而道岸还参与了小雁塔的修建工程，并任庄严、献福等寺的都维那。中宗被弑，睿宗即位（710）后，道岸的弟子玄俨与西明寺崇业等在承明别殿为睿宗授菩萨戒。③ 道岸也可能迟到开元四年（716）才回到会稽。

鉴真极有可能在恒景南归时（709）或恒景南归至道岸南归（709—

---

① 汤用彤：《隋唐佛教史稿》，中华书局1982年版，第180页。
② 《宋高僧传·怀素传》。
③ 《宋高僧传·玄俨传》。

716）年间回到了扬州。据《宋高僧传》鉴真本传，鉴真"观光两京，名师陶诱。三藏教法，数稔该通，动必研几，曾无矜伐。言旋淮海，以戒律化诱，郁为一方宗首"①。如果鉴真在洛阳和长安停留时间超过10年，不能说他于三藏教法，数稔该通，也不能说他很快就回到了淮海。

总之，鉴真的长安之行始于神龙元年（705），本来是随道岸到洛阳观礼佛法，神龙二年（706）十月左右又随道岸到了长安，并于景龙二年（708）三月二十八日于实际寺从恒景受具足戒，极有可能聆听了文纲、恒景、义净等律师的传法，特别是他在长安的数年间，正值中宗、韦后大力推崇佛教，包括内道场佛事、中宗及眷属的授戒和法门寺佛骨的供养与奉送等，对他产生了深远的影响。他回到扬州后，大力弘扬律法，成为继道岸、玄俨、义威之后，江左最杰出的戒师，又不畏险阻，经五次失败，最后于天宝十二年（753）底到达日本，将律学远播东洋，也许就饱含着他从洛阳和长安之行所感受到的对于佛法的信念。

（原载台湾《中国佛学》1998年第1期，原题《中宗年间京都主要佛事活动与鉴真的长安之行》）

---

① 《宋高僧传·鉴真传》。

对神秀北宗禅法的重新认识

神秀（约606—706），俗姓李，陈留尉氏县（今属河南）人，13岁出家，20岁受具。48岁时，师从弘忍，深受弘忍称赞。唐高宗仪凤年间（676—679）经荆楚高僧数十人举荐，任荆州当阳玉泉寺住持。武则天久视元年（700），被迎请入洛阳内道场供养。中宗神龙二年（706）于洛阳天宫寺去世，被谥为"大通禅师"。传见《楞伽师资记》《传法宝纪》《历代法宝记》《唐玉泉寺大通禅师碑铭》（《全唐文》卷231）、《宋高僧传》卷8等。

神秀对从达摩以来强调通过坐禅达到心识转变的禅法有很高的素养，特别直接继承和发展了道信的"守一""看心"以及弘忍的"守心"的禅法，提出了比较系统的以"观心""看净"为主旨的禅法。其禅法由他的弟子普寂、义福、敬贤、惠福等[①]发展，为与后来慧能在南方提倡的禅法相区别，又被人们称为北宗。

在20世纪20、30年代从敦煌遗书中发现大量早期禅宗文献以前，关

[①] 普寂（651—739），少习儒学，后研习《法华》《唯识》《大乘起信论》等，并受具足戒，闻神秀在荆州玉泉寺，遂前往师事。神秀于久视元年（700）应诏入都，普寂正式受度为僧，住嵩山南岳嵩岳寺。神秀死后，普寂成为北宗僧团领袖。玄宗开元十三年（725），普寂应诏入住洛阳敬爱寺，后住兴唐寺，卒后被谥为"大照禅师"。传见《楞伽师资记》、《大照禅师塔铭》（《全唐文》卷263）、《宋高僧传》卷9等。义福（658—736），自幼持戒修行，游学卫、邺（即河南汲县至安阳一带），后闻法如在嵩山传授禅法，遂前往师事，因法如已死，遂至荆州玉泉寺师事神秀，后随神秀入京。神秀死后，义福居嵩山嵩岳寺。中宗神龙年间（705—706），至长安及蓝田化感寺20年，名声渐著。玄宗开元十年（722），入住长安慈恩寺，后住洛阳龙兴寺，卒后被谥为"大智禅师"。传见《大智禅师碑铭并序》（《全唐文》卷280）、《大智禅师塔铭》（《唐文拾遗》卷19）、《宋高僧传》卷9等。敬贤（660—723），又作景贤，年二十出家，曾从智宝禅师，后投神秀，中宗时曾应诏入洛阳传法。传见《嵩山会善寺故景贤大师身塔石记》（《全唐文》卷362）等。惠福，事迹不详，《楞伽师资记》云居蓝田玉山。

于神秀及其弟子普寂等为代表的北宗禅法的资料极为零散。敦煌经籍中有不少属于北宗的史书和禅法语录。其中《观心论》《大乘五方便》等文献一般被认为是神秀系的禅法著作。《观心论》原题《达摩大师观心论》或《达摩和尚观心破相论》，其敦煌写本发现后，1932年日本学者神尾壹春在《宗教研究》新9卷第5号发表《观心论私考》，提出该书为神秀著。铃木大拙1935年对传世本和敦煌本加以对校，收入《校刊少室逸书及解说》（安宅佛教文库1936年版），但他认为此论是达摩口述，由弟子记录。《大乘五方便》又称《大乘无生方便门》，敦煌遗书中有很多写本。《大正藏》卷85收有写本的一部分，题名为《大乘无生方便》和《赞禅门诗》。宇井伯寿曾对敦煌三种写本加以校刊，分别用《大乘北宗论》《大乘无生方便门》《大乘五方便北宗》和《无题》发表在所著《禅宗史研究》（岩波书店1939年版）所附的《北宗残简》中。后来铃木大拙又对上述各本加以校订，做成四种校刊本（《禅思想史研究第三》，岩波书店1968年版），并认为《五方便》可能是在神秀死后不久出现。

关于神秀北宗禅法的研究，任继愈先生在《中国社会科学》1990年第2期曾经发表一篇文章，题目是《神秀北宗禅法》[①]，文章认为南北禅法的差别不大，南北之争是政治地位之争。实际上，南北禅法的差别虽然不像从前所想象的那样巨大，但仍然有很大的差异。

首先，让我们来看神秀北宗禅法的主要创新。

神秀的北宗禅法认为人生来就具有与佛一样的本性，它本来纯洁清净，只是由于受到情欲妄念的染污才失去它本来的光泽。如果通过专心坐禅修行，在内心彻底清除情欲杂念，就可使清净本性显现，获得解脱。《大乘五方便北宗》第四号本之总结部分，有人问北宗提倡修禅方便法门的依据是什么，答云依据人人都有净心本体，并说净心体犹如明镜，从无始已来，虽现万象，不曾染著，又说净心体有"觉性"，它是众生修证菩提的源泉。[②]

神秀禅法比道信、弘忍更加有针对性地论述了所谓"离色离心""身

[①] 任继愈：《神秀北宗禅法》，《中国社会科学》1990年第2期。
[②] 《大乘五方便北宗》（第四号本），《禅思想史研究第三》，《铃木大拙全集》（第3卷），岩波书店2000年版，第232—233页。

心不动"的方法。所谓"离色离心",就是要通过坐禅使自己的感官和意识脱离对物质、精神等物相的追求、执着,断除心灵深处的各种是非、美丑、爱憎、取舍。所谓"身心不动"是指感官和意识虽接触外界,但不进行思维,不作分别判断。据《大乘五方便》,北宗认为"心不起心真如,色不起色真如,心真如,故心解脱,色真如,故色解脱,心色俱离,即无一物,是大菩提树"①。如果意识和感官都如实地面对事物,即可解脱自如。而一般人之所以不能解脱,就是因为有妄念,即意识和感官往往远离真实而产生虚妄分别。《大乘无生方便门》提出"住心看净"。具体方法是,禅师引导修行者发"四弘誓愿"(众生无边誓愿度、烦恼无边誓愿断、法门无边誓愿学、无上佛道誓愿证),礼请十方三世诸佛菩萨,授三聚净戒,各自忏悔,然后坐禅,观心看净:

> 一切相,总不得取,所以《金刚经》云:凡所有相,皆是虚妄。看心若净,名净心地,莫卷缩身心,舒展身心,放旷远看,平等看,尽虚空看。②

如此住心看净,久而久之,即可心色俱离:

> 如是长时我断而入言("入言"二字疑衍),虚空无一物,清净无有相,常令不间断,从此永离障。眼根清净,眼根离障。耳根清净,耳根离障。如是乃至六根清净,六根离障。一切无碍,是即解脱。不见六根相,清净无有相,常不间断,即是佛。③

值得注意的是,北宗《五方便》并没有具体从妄的方面论述如何断妄,而反复强调只要看净,妄无可入,并说:"一念净心,顿超佛地。"④可见北宗对众生清净本性的信仰程度之深。敦煌本《六祖坛经》所载神

---

① 《大乘无生方便门》(第二号本),《禅思想史研究第三》,第170页。
② 《大乘无生方便门》(第二号本),《禅思想史研究第三》,第168页。
③ 《大乘无生方便门》(第二号本),《禅思想史研究第三》,第169页。
④ 《大乘无生方便门》(第二号本),《禅思想史研究第三》,第169页。

秀呈给弘忍的表述自己禅法见解的偈颂是：

> 身是菩提树，心如明镜台，时时勤拂拭，莫使惹尘埃。①

意为众生皆有达到觉悟（菩提）的素质，先天所秉有的佛性如同明镜一般洁净，应当勤加修行，不要使它受到情欲烦恼的污染。即使此偈非神秀亲自创作，也确实比较准确地反映出神秀禅法的特点。

神秀为代表的北宗禅法还讨论了观心看净中所谓开智慧的问题。他认为观心看净这种方便法门容易出现贪著禅味，即所谓邪定的偏差。也就是说，若观心看净而悟得心性本体纯洁无染，但不能回真向俗，不能使纯净的心体通过净化五根而如实地面对外物，并利乐众生，则仍然是有体无用。而北宗观心看净的目的是要有体有用，体用分明：

> 离念名体，见闻觉知是用。寂而常用，用而常寂。即用即寂，离相名寂。寂照照寂，寂照者因性起相，照寂者摄相归性。舒则弥沦法界，卷则总在于毛端，吐纳分明，神用自在。②

悟得心性本净，仍然不舍万法，虽然不舍万法，但心性纯净无碍。神秀禅法认为做到此点，关键是要开佛知见：

> 心不动是智，用是知。色不动是慧，用是见。俱不动是开佛知见，得大涅槃。③

按照北宗的解释，心性本体有觉智，心性本体之用则可名为"知"。而眼、耳等五根有如实而闻见之慧体，其慧体之用则可名为"见"。修行者若只有心性本体的觉智与五根之慧体，而没有心性之"知"与五根之"见"，则不能得到解脱。他们讨论了如何由心体之"知"激发五根之慧，

---

① 参见杨曾文校《敦煌新本六祖坛经》，上海古籍出版社1993年版，第9页。下同。
② 《大乘无生方便门》（第二号本），《禅思想史研究第三》，第172页。
③ 《大乘五方便北宗》（第四号本），《禅思想史研究第三》，第166页。

由五根之慧而生五根之见的复杂环节,归根结底,就是要求禅修者不要沉湎于禅味之寂静,如果沉湎于禅味之寂静,则出定心散,既不可能彻底排除烦恼,又不能正确认识佛法,更不能救度众生。《北宗五方便》第四号本曾总结开智慧的目的,说:

> 由开智慧故,得身心不动;由身心不动,境界不伤;由境界不伤,玄功不间断;由玄功不间断故,六根不起;由六根不起故,一切法不取舍;由一切法不取舍故,口不议,心不思;由不思议故,一切法如如平等,须弥芥子平等,大海毛孔平等,长短自他平等。①

可见开佛知见是为了实践有体有用,而有体有用,体用平等一如之心如实面对一切法,实际上是要达到"空不异色,色不异空",众生即佛,佛即众生的认识境地。

神秀为代表的北宗禅法的另一个特色是,它继承了达摩以来由众生心性统一佛法的思路,特别发展了弘忍以"守心"禅法统括佛法的思路,从他们所主张的"住心看静"的修禅方法的角度对佛法作了全新的解释。《北宗五方便》辟有"总彰佛体"专章,专门解释什么是佛,什么是真如,什么是觉之三义,什么是法界、染法界、净法界,什么是如来身等。如什么是佛,答云佛名觉,"谓心体离念",也就是说只有心离妄念,契悟真心,即名佛。又如什么是真如,答云心不起心真如,色不起色真如,心真如,故心解脱,色真如,故色解脱。心色俱离,即无一物。所有这些解释,都是依据北宗关于禅法的见解,而摒弃文字知见。宗密后来概括北宗禅法的两个特点:一是拂尘看净;二是方便通经。② 第一个特点说的是北宗的修禅功夫,后一个特点说的是北宗对经典的解释。由此可见神秀的北宗禅法确实发展了达摩禅法,特别是弘忍东山法门。北宗在7世纪末—8世纪初对佛学界和众生产生巨大影响,并非偶然。

在敦煌遗书的北宗禅法资料公布之前,学人们对北宗禅法的理解比

---

① 《大乘五方便北宗》(第四号本),《禅思想史研究第三》,第234页。
② 参见《圆觉经大疏》卷3。

较表面，受南宗禅标榜自我创新因素的影响，一般都强调北宗与南宗的绝对差异，忽视了二者之间的继承关系。随着新材料的整理和逐渐被学人们认识，北宗禅法的丰富内涵逐渐揭示出来。北宗与南宗的相近之处也呈现在学人们面前。但尽管如此，神秀为代表的北宗禅法与慧能为代表的南宗禅法还是有较大区别。不能因为北宗禅法与南宗禅法的近似，而淹没南宗禅的理论创新。让我们围绕慧能的禅法要点来分析二者之间的差异：

第一，慧能认为一切万法尽在众生自身心中，众生自身之心本来清净。他说：

> 三世诸佛，十二部经，在人性中本自具有。①
> 善知识，世人性本自净，万法在自性。思惟一切恶事，即行于恶行，思量一切善事，便修于善行，知如是一切法尽在自性。②

在慧能看来，世人心性即有为法、无为法的本体。所谓佛、净土，即世人心性本净的状态，所谓地狱、烦恼，即世人心性沉沦、隐微的状态。有人问西方彼岸由何得以到达，慧能说：

> 世人自色身是城，眼耳鼻舌身即是城门，外有五门，内有意门。心即是地，性即是王。性在王在，性去王无。性在身心存，性去身心坏。佛是自性作，莫向身外求。自性迷，佛即是众生，自性悟，众生即是佛。慈悲是观音，喜舍名为势至，能净是释迦，平直是弥勒。人我即是须弥，邪心即是海水，烦心即是波浪，毒心即是恶龙，尘劳即是鱼鳖，虚妄即是鬼神，三毒即是地狱……③

众生心性之慈悲、喜舍、能净、平直等性德即是观音、普贤、释迦、

---

① 《敦煌新本六祖坛经》，第32—33页。
② 《敦煌新本六祖坛经》，第21—22页。
③ 《敦煌新本六祖坛经》，第41页。

弥勒，即圣界，而人我之见、邪恶之心、烦恼之态、恶毒之意、扰劳之态、虚妄之心，则生起无穷无尽的凡界，衍化轮回世界。慧能关于心性与诸法关系的认识与北宗没有明显区别，从某种意义上说，他把北宗心性与诸法关系更加明朗化了，而且慧能也认为世人心性的常态是清净的，非清净状态只是偶然的：

> 自性常清净，日月常明，只为云覆盖，上明下暗，不能了见日月星辰，忽遇惠风吹散，卷尽云雾，万像森罗，一时皆现。世人性净，犹如青天，慧如日，智如月，智慧常明。于外著境，妄念游云盖覆，自性不能明。①

但明与无明的两面是相互依存的，并不是离妄念另有清净，而是妄念剔除，即清净。

慧能认为万法皆归于心性，这与北宗禅似乎没有区别，但实际上包含着极大的差异。慧能所说的心性不是北宗所谓理念化的抽象物，它就是世人常在之心。慧能还指出，清净之性的本质是空：

> 世界虚空，能含日月星辰，大地山河。一切草木，恶人善人、恶法善法，天堂地狱，尽在空中。世人性空，亦复如是。性含万法是大，万法尽是自性。见一切人及非人，恶之与善，恶法善法，尽皆不舍，不可染者，犹如虚空，名之为大。②

可见慧能对心性本体的认识与北宗有不同，他直指的心性即众生之心、世人常在之心。

第二，正因为心性本体即世人平常心，慧能认为就不能像北宗那样住心看净。他说：

> 若言看心，心原是妄，妄如幻故，无所看也。若言看净，人性

---

① 《敦煌新本六祖坛经》，第21—22页。
② 《敦煌新本六祖坛经》，第27页。

本净，为妄念故，盖覆真如。离妄念，本性净。不见自性本净，起心看净，却生净妄。妄无处所，故知看者却是妄也。净无形相，却立净相。言是功夫，作此见者，障自本性，却被净缚。若修不动者，不见一切人过患，是性不动。迷人自身不动，开口即说人是非，与道违背。看心看净，却是障道因缘。①

意谓既然心性本体是不离妄念的存在，如果坐禅看心，这个世俗的妄心本身虚幻无实，没有内容可当为被观的对象。如果一定要人为地在妄心中立一个净相，这种对净的执着和妄念，也是一种迷妄，反而会受到它的束缚。这样的人只看到别人的是非过错，只认为自己才是正确的，实际上则违背佛道，不可能达到解脱。

慧能对传统的定、慧提出了新的看法。他说：

善知识，我此法门，以定慧为本。大众勿迷言慧定别。慧定体一不二，即定是慧体，即慧是定用，即慧之时定在慧，即定之时慧在定。善知识，此义即是定慧等。②

所谓定慧等学即是说不要有关于定慧的明确区分意识，"莫言先定发慧，先慧发定，定慧各别"，对心体的证悟并没有由定生慧或从慧生定的具体程式，如果由定可以入道，则维摩诘不应诃斥舍利弗宴坐林中，由此可知对禅定的执着是根本性的错误：

善知识，又见有人教人坐看心净，不动不起，从此致功。迷人不悟，便执成颠倒，即有数百般如此教道者，故知大错。③

如果由慧可以入道，则《净名经》不应说直心是道场，直心是净土。由此可知即使口说一行三昧、对于佛法自诩有深入的了解，不行直心，

---

① 《敦煌新本六祖坛经》，第27页。
② 《敦煌新本六祖坛经》，第14页。
③ 《敦煌新本六祖坛经》，第15页。

终非佛弟子。慧能认为关于心体的证悟，绝对不存在具体的程式。真正的一行三昧，是"于一切时中，行住坐卧，常行直心是"①。

慧能对坐禅看净的批评以及关于定慧的创新性理解，表明他完全将禅当作一种现存的生活方式，禅并非与日常生活不同的方式，它没有与日常生活不同的内容。

显示出禅修即日常生活方式之后，慧能也讨论了悟之方法与方式问题。他说：

> 今既如是，此法门中何名坐禅？此法门中一切无碍。外于一切境界上，念不起为坐，见本性不乱为禅。何名为禅定？外离相曰禅，内不乱曰定。外若著相，内心即乱，外若离相，内性不乱。本性自净自定，只缘境触，触即乱，离相不乱即定。外离相即禅，内不乱即定，外禅内定，故名禅定。《维摩经》云：即时豁然，还得本心。《菩萨戒经》云：戒本源自性清净。善知识，见自性清净，自修自作自性法身，自行佛行，自作自成佛道。②

所谓"念不起为坐，见本性不乱为禅"，即是说证入本性，关键是要在日常生活中不要受名相的左右，不要在面对外相时产生取舍爱恶等种种念头，而要洞见自性清净。为何能够于念念之上不起念，慧能认为这主要是因为"本性有般若之智，自用智慧观照，不假文字"③。慧能指出，这种对本性的证入，需要善知识的点拨，但关键还是要靠自证。他还指出，证得的方式是顿悟而非渐悟：

> 善知识，法无顿渐，人有利钝，迷即渐劝，悟人顿修。识自本心，是见本性，悟即元无差别，不悟即长劫轮回。④

---

① 《敦煌新本六祖坛经》，第15页。
② 《敦煌新本六祖坛经》，第20页。
③ 《敦煌新本六祖坛经》，第16页。
④ 《敦煌新本六祖坛经》，第30页。

慧能说他的禅法是"无念为宗,无相为体,无住为本":

> 善知识,我此法门,从上已来,顿渐皆立无念为宗,无相为体,无住为本。何名为无相?于相而离相。无念者,于念而不念。无住者,为人本性,念念不住,前念、今念、后念,念念相续。若一念断绝,法身即离色身,念念时中,于一切法上无住。一念若住,念念即住,名系缚;于一切法上念念不住,即无缚也。此是以无住为本。善知识,外离一切相,但能离相,性体清净,是以无相为体。于一切境上不染,是名无念。于自念上离境,不于法上生念。若自物不思,念尽除却。一念断即死,别处受生……是以立无念为宗。……何名无念?无念法者,见一切法,不著一切法,遍一切处,不著一切处,常净自性,使六贼(眼、耳、鼻、舌、身、意)从六门中走出,于六尘(色、声、香、味、触、法)中不离不染,来去自由,即是般若三昧,自在解脱,名无念行。①

综观慧能的阐释,所谓"无念",即对任何事物、任何对象都不产生贪取或舍弃的念头,而不是断绝一切心念。北宗主张离念归寂,而慧能认为念念相续,没有离念的时候,关键是要对相续之念不产生任何取舍,这才是关于念的正确认识。所谓"无相",即"于相而离相","即见闻觉知,不染万境",即不舍弃日常生活,在正常接触诸法相的情况下,不执着法相。所谓"无住"即《金刚般若经》所谓:"菩萨摩诃萨应如是生清净心,不应住色生心,不应住声香味触法生心,应无所住而生其心。"慧能所说的无住同样如此,即"于一切法上念念不住",在对心法、心所法都无执着取舍的前提下,保持一种积极的人生情态。

第三,慧能也依据他对禅法的理解,对佛法体系作了创新性的诠释。例如什么是"法身",他说一切法自在性,名为清净法身。法身即自性清净之身。"何名为千百亿化身佛?"他说:"不思量性即空寂,思量即是自化,思量恶法化为地狱,思量善法化为天堂,毒害化为畜生,慈悲化为菩萨,智慧化为上界,愚痴化为下方。自性变化甚多,迷人自不知见。"

---

① 《敦煌新本六祖坛经》,第33—34页。

化身即自性之知千百亿种变化。何名报身？他说："一念善，智慧即生。一灯能除千年暗，一智能灭万年愚，莫思向前，常思于后。常后念善，名为报身。"① 报身即自性之智慧功用。又如他解释四弘大愿——众生无边誓愿度、烦恼无边誓愿断、法门无边誓愿学、无上佛道誓愿成，所谓度都是众生各于自身自性自度，所谓断是自心除虚妄，所谓学是要学无上正法，所谓成是自悟佛道，成行誓愿力。② 又如他解释忏悔，说："前念、后念及今念，念念不被愚迷染，从前恶行，一时自性若除，即是忏悔。"③ 再如他解释三皈依，是皈依自性三宝："佛者觉也，法者正也，僧者净也，自心皈依觉，邪迷不生，少欲知足，离财离色，名两足尊。自心皈依正，念念无邪故，即无爱著，以无爱著，名离欲尊。自心皈依净，一切尘劳妄念虽在自性，自性不染著，名众中尊。"总之，"自性不归，无所依处"④。……上述种种关于佛法基本概念的创新性阐释，完全实现了禅法与佛法的圆融，并显示出了与北宗完全不同的诠释内涵。

由此可见，对北宗禅法的比较客观的判断是：它确实有禅法上的重要创见，丰富和发展了达摩以来禅法的传统，为南宗的产生奠定了理论基础，不能割裂它与南宗之间的密切联系；但同时也要看到，它也确实有理论上的不足和进一步发展的可能，慧能为代表的南宗禅改造了它的理论命题和精神面貌，不能因为二者的联系掩盖二者的差异。

（原载《唐代历史文化研究》，三秦出版社2005年版）

---

① 《敦煌新本六祖坛经》，第22页。
② 《敦煌新本六祖坛经》，第24页。
③ 《敦煌新本六祖坛经》，第24页。
④ 《敦煌新本六祖坛经》，第25—26页。

论南宗禅的形成及其理论创新

7世纪中叶，达摩禅酝酿着新的发展动向，最先给达摩禅带来突破性发展的是牛头宗；慧能从弘忍禅法出发，直接对达摩禅提出了全新的见解；从北宗内部衍生的净众宗以及保唐宗也对禅法有所突破。7世纪中叶到8世纪初，禅宗创新思潮的共同特点是：将众生清净之性归结于现实人心，将定、慧等种种修禅方式归结为现实的生活方式，将佛法体系归结于禅法。

一

宗密在《中华传心地禅门师资承袭图》中将禅宗划分为三家，第一家是神秀为代表的北宗，被称为息妄修心宗，与将识破境教相通；第二家是法融所代表的牛头宗，被称为泯绝无寄宗，与破相显性教相通；第三家是慧能开创，以马祖道一为代表的洪州宗和以神会为代表的菏泽宗，被称为直显心性宗，与真心即性教相通。最先给达摩禅带来新的发展可能，或者说使达摩禅的潜在意义得到突破性显扬的，是法融及其牛头宗。

法融（594—657），幼习儒道经典，年十九，有感"儒道俗文，信同糠秕；般若止观，实可舟航"，遂出家，至茅山学三论。由于他神慧灵利，不久便深通般若空宗，"于一切法，已无计执"。后与道信相见。① 道信对他说："夫百千法门，同归方寸，河沙妙德，总在心源。一切戒门定

---

① 法融与道信同时，比道信小14岁。唐道宣《续高僧传》既有《道信传》，又有《法融传》，但未说道信向法融传法。但关于法融的其他材料都说道信曾向法融传法。

门慧门，神通变化，悉自具足，不离汝心。"① 道信指点法融，强调应该将佛法的理解回归于心源，只有将文字知解与自己的心性融为一体，乃可真正契悟佛法。由于法融对般若破除一切的思辨方法早有深入了解，据说在见到道信之后，思想认识有极大的飞跃："于不空无相体，显出绝待灵心本觉故，不俟久学，便悟解洞明。"② 遂于金陵牛头山传法，创立了牛头宗。

牛头宗据说由法融传智岩（577—645），由智岩传慧方，由慧方传法持（635—702），由法持传智威（646—722），由智威传慧忠（683—769）、玄素（668—752）③，在神秀、普寂时代已经产生了重大影响。

据宗密《中华传心地禅门师资承袭图》：

> 牛头宗意者，体诸法如梦，本来无事，心境本寂，非今始空，迷之为有，即见荣枯贵贱等事，事迹既有相违相顺，故生爱恶等情。情生则诸苦所系。梦作梦受，何损何益。有此能了之智，亦如梦心，乃至设有一法过于涅槃，亦如梦如幻。既达本来无事，理宜丧己忘情。情忘即绝苦因，方度一切苦厄，此以忘情为修也。

牛头宗从三个方面发展了达摩禅法。第一，它对达摩所谓"禅慧相即"的入道之途非常重视。达摩禅并不绝对排斥经教，但它反对学问化的教义研究，认为只有与禅修者的心理和行为融为一体的教义体悟，才是对经教的真正理解。法融本来精于般若空观，又蒙道信指点，遂将般若空观还归于心源，可能对融理入禅有更为深刻的领悟。在牛头山期间，法融仍然致力于《法华经》《般若经》的演讲。据日本僧人惠运（838—847年在唐）、智证（853—858年在唐）携至日本的教法目录以及《东域传灯目录》，法融的经典诠释类著述至少有《注金刚般若经》1卷、《金刚般若经意》1卷、《维摩经记》1卷、《维摩诘经要略》1卷、《华严经

---

① 《景德传灯录·法融传》。
② 《圆觉经大疏钞》卷3。
③ 关于牛头宗的早期师承辨析，可参看宇井伯寿《禅宗史研究·牛头法融及其传统》，柳田圣山《初期禅宗史书的研究》第三章第四节（法藏馆1967年版），平井俊荣《牛头宗和保唐宗》（载《敦煌佛典与禅》，大东出版社1980年版）。

私记》2卷、《法华名相》1卷。牛头宗并不把经典研究视为禅法的障碍。

第二，牛头宗将般若空观还归于心源，对于心源有不同于传统禅学的认识。法融有《心铭》和《绝观论》①，详述他对于心源和禅修的看法。《心铭》说：

> 心性不生，何须知见，本无一法，谁论熏炼，经返无端，追寻不见。……一心有滞，诸法不通，去来自尔，胡假推穷，生无生相，生照一同，欲得心净，无心用功。纵横无照，最为微妙。……分别凡圣，烦恼转盛，计校乖常，求真背正，双泯对治，湛然明净。……性空自离，任运浮沈，非清非浊，非浅非深。……见在无住，见在本心，本来不存，本来即今。

根据法融的论述，心性虽然是诸法的本体，但心性并无清净与虚妄的区别，不能认为有清净之心这样的独立主体。《绝观论》也用了大量篇幅来论叙心的空寂：

> 问曰：一切众生实有心不？
> 答曰：若众生实有心，即颠倒。只为于无心中而立心，乃生妄想。

---

① 《绝观论》也称《入理观门》《菩萨心境相融一合论》《三藏法师菩提达摩绝观论》，写本有北京图书馆闰字84、P2045、P2074、P2732、P2885，日本积翠轩石井光雄藏本。铃木大拙于1935年在北京图书馆发现第一种，校订后编入《校刊少室逸书及解说》（安宅文库1936年版），题为《观行法无名上士集》。1937年1月，久野芳隆介绍巴黎国立图书馆所藏伯希和本《绝观论》三种（P2074、P2732、P2885，《富于流动性的唐代禅宗典籍》，载《宗教研究》新14卷1期）。1945年，铃木大拙和吉田绍钦又以石井光雄本为底本，参照其他四本，校订《绝观论》（京都弘文堂出版）。1970年，柳田圣山又介绍了上述五本之外的另一种敦煌写本（P2045）（《绝观论的本文研究》，载《禅学研究》1970年58号），1976年柳田圣山与常盘义伸、平井俊荣等人合作，出版了以石井本为底本，用P2732本校补，参照其他四本进行补充的《绝观论》（禅文化研究所）。关于《绝观论》的作者，久野芳隆、关口真大、柳田圣山认为是法融（见久野芳隆《牛头法融所受三论宗的影响》，载《佛教研究》1939年；关口真大《达摩大师的研究》第二章，彰国社1957年版；柳田圣山《初期禅宗史书的研究》，法藏馆1967年版），而铃木大拙则认为是菩提达摩，可能由神会系的人加以集录（见《禅思想史研究第二》，岩波书店1951年版），中川孝认为它是在《观行法》的基础上，由牛头宗人改编而成（《绝观论考》，《印度学佛教学研究》1959年7卷2期）。

问曰：无心有何物？

答曰：无心即无物，无物即天真，天真即大道。本无心境，汝莫起生灭之见。

意谓众生本没有客观存在的清净状态，之所以认为有这样的清净状态，是因为不认识一切皆空的道理，在无心中强立自心，而这样的心不过是妄念。法融提倡用般若空观来返照心源，要对心源本身也要用缘起法消除任何形式的对立。

第三，牛头宗对于禅修的方式及最后的境界也有新的认识。据《绝观论》，当有人问"当断何法、当得何法而云圣也"，法融答云："一法不断、一法不得，即为圣也。"此人大感怀疑，进而提问："若不断不得，与凡何异？"法融回答说，虽不断不得，但与一般人还是有不同，"何以故？一切凡夫妄有所断，妄有所得"。凡人认为要断除烦恼，积累功德，获得种种智慧，才能达到解脱，而圣人不认为有烦恼可断，也不认为有智惠可求，也不有意去积累功德，更没有超凡入圣的追求。前者是"有所得"，实际上是把虚妄的东西看成真实的，不能摆脱苦恼，后者是"无所得"，能够平等无二，乐道恬然。

由上可见，牛头法融虽然接受了道信将佛法返归于心源的指点，但由于他的三论学统，对于早期禅宗关于心性本体及禅修方式都有不同认识，特别是对坐禅已不再执着，认为禅行不过是入道的方便法门，并非目的，它与其他有为法一样，不应成为众生成佛的障碍。它包含着对传统禅法的突破性理解。

宗密曾经概述"息妄修心宗"与"泯绝无寄宗"的特点，说：

息妄修心宗者，说众生虽本有佛性，而无始无明覆之不见，故轮回生死。诸佛已断妄想故，见性了了，出离生死，神通自在。当知凡圣功用不同，外境内心，各有分限，故须依师言教，背境观心，息灭妄念。念尽即觉悟，无所不知，如镜昏尘，须勤勤拂拭，尘尽明现，即无所不照。又须明解趣入禅境方便，远离愦闹，住闲静处，调身调息，跏趺宴默，舌拄上腭，心注一境。……

泯绝无寄宗者，说凡圣等法，皆如梦幻，都无所有，本来空寂，非今始无。即此达无之智，亦不可得，平等法界，无佛无众生，法界亦是假名，心既不有，谁言法界？无修不修，无佛不佛，设有一法，胜过涅槃，我说亦如梦幻，无法可拘，无佛可作，凡有所作，皆是迷妄，如此了达，本来无事，心无所寄，方免颠倒，始名解脱。①

所谓息妄修心宗即神秀为代表的北宗，所谓泯绝无寄宗即法融为代表的牛头宗。依据宗密的论述，北宗与牛头宗虽然都明确了众生皆本有佛性，都是从清净本性去论述解脱之道，但对于清净本性的认识和解脱之法的认识并不相同，北宗认为众生本有的佛性即诸佛所证之性，它与众生当下的心性有一定的距离，只有通过住心看净才能拂除虚妄，证得佛性。而牛头宗则认为佛性本空，众生心性与佛性并无本质的差异，从诸法本空的角度看，众生心性即诸佛佛性。因此并不需要住心看净之类的功夫，凡有所作，皆是迷妄，只有洞见诸法即空的本质，才能得到最后解脱。牛头宗的这种见解，据宗密的认识是"以达空故，于顿悟门而未了，以忘情故，于渐修而无亏"②。即与后来慧能所开创的南宗相比较，对心性的认识力度还有一定距离，但对修行方法的认识已经远远超出了北宗。

二

慧能（638—713）从弘忍禅法出发，直接对达摩禅提出了全新的见解。慧能大约于咸亨五年（674）投弘忍门下学法。弘忍从其得法偈③中感到他对禅法有深刻的洞见，遂向他讲授《金刚经》的要点和禅法要点，并嘱他到南方传法。慧能在南方大约隐居三年后，始于广州制止寺削发

---

① 《禅源诸诠集都序》卷上。
② 《圆觉经大疏钞》卷3。
③ 即敦煌本《坛经》的"菩提本无树，明镜亦无台，佛性常清净，何处有尘埃"，后来的《坛经》本为"菩提本无树，明镜亦非台；本来无一物，何处惹尘埃"。版本虽略有不同，但本质含义并无差异。

授戒，正式开始传播禅法。据《坛经》①，慧能的禅法要点是：

第一，一切万法尽在众生自身心中，众生自身之心本来清净。慧能说：

> 三世诸佛，十二部经，在人性中本自具有。②
> 善知识，世人性本自净，万法在自性。思惟一切恶事，即行于恶行，思量一切善事，便修于善行，知如是一切法尽在自性。③

在慧能看来，世人心性即有为法、无为法的本体。所谓佛、净土，即世人心性本净的状态，所谓地狱、烦恼，即世人心性沉沦、隐微的状态。有人问西方彼岸由何得以到达，慧能说：

> 世人自色身是城，眼耳鼻舌身即是城门，外有五门，内有意门。心即是地，性即是王。性在王在，性去王无。性在身心存，性去身心坏。佛是自性作，莫向身外求。自性迷，佛即是众生，自性悟，众生即是佛。慈悲是观音，喜舍名为势至，能净是释迦，平直是弥勒。人我即是须弥，邪心即是海水，烦心即是波浪，毒心即是恶龙，尘劳即是鱼鳖，虚妄即是鬼神，三毒即是地狱……④

众生心性之慈悲、喜舍、能净、平直等性德即是观音、普贤、释迦、弥勒，即圣界，而人我之见、邪恶之心、烦恼之态、恶毒之意、扰劳之态、虚妄之心，则生起无穷无尽的凡界，衍化轮回世界。

慧能认为万法皆归于心性，这与此前的禅宗似乎没有区别，但实际

---

① 六祖《坛经》有"惠昕本"（宋代惠昕967年改编本）、"契嵩本"（宋代契嵩1056年改编本）、"宗宝本"（元代宗宝1291年改编本）、"德异本"（元代德异刊于1290年）及敦煌本、敦煌新本（即任子宜本，又称敦博本）等各种版本。日本柳田圣山等编有《六祖坛经诸本集成》（未收敦博本，中文出版社1976年版），郭朋校释了以敦煌本为底本的《坛经》（中华书局1983年版），杨曾文以敦博本为底本，参照敦煌本和惠昕本校勘有《敦煌新本六祖坛经》（上海古籍出版社1993年版）。本引文所用《坛经》即以杨曾文校本为依据。
② 《敦煌新本六祖坛经》，第32—33页。
③ 《敦煌新本六祖坛经》，第21—22页。
④ 《敦煌新本六祖坛经》，第41页。

上包含着极大的差异，即他将心性归结为世人常在之心。

第二，正因为心性本体即世人常心，慧能认为就不能像北宗那样住心看净。他说：

> 若言看心，心原是妄，妄如幻故，无所看也。若言看净，人性本净，为妄念故，盖覆真如。离妄念，本性净。不见自性本净，越心看净，却心净妄。妄无处所，故知看者却是妄也。净无形相，却立净相。言是功夫，作此见者，障自本性，却被净缚。若修不动者，不见一切人过患，是性不动。迷人自身不动，开口即说人是非，与道违背。看心看净，却是障道因缘。①

意谓既然心性本体是不离妄念的存在，如果坐禅看心，这个世俗的妄心本身虚幻无实，没有内容可当为被观的对象。如果一定要人为地在妄心中立一个净相，这种对净的执着和妄念，也是一种迷妄，反而会受到它的束缚这样的人只看到别人的是非过错，只认为自己才是正确的，实际上则违背佛道，不可能使人达到解脱。

慧能对传统的定、慧提出了新的看法他说：

> 善知识，我此法门，以定慧为本。大众勿迷言慧定别。慧定体一不二，即定是慧体，即慧是定用，即慧之时定在慧，即定之时慧在定。善知识，此义即是定慧等。②

所谓定慧等学即是说不要有关于定慧的明确区分意识，"莫言先定发慧，先慧发定，定慧各别"，对心体的证悟并没有由定生慧或从慧生定的具体程式，如果由定可以入道，则维摩诘不应呵斥舍利弗宴坐林中，由此可知对禅定的执着是根本性的错误：

> 善知识，又见有人教人坐看心净，不动不起，从此致功。迷人

---

① 《敦煌新本六祖坛经》，第18页。
② 《敦煌新本六祖坛经》，第14页。

不悟，便执成颠倒，即有数百般如此教道者，故知大错。①

如果由惠可以入道，则《净名经》不应说直心是道场，直心是净土。由此可知即使口说一行三昧，对于佛法自诩有深入的了解，不行直心，终非佛弟子。慧能认为关于心体的证悟，绝对不存在具体的程式。真正的一行三昧，是"于一切时中，行住坐卧，常行直心是"②。

慧能对坐禅看净的批评以及关于定慧的创新性理解，表明他完全将禅当作一种现存的生活方式，禅并非是与日常生活不同的方式，它没有与日常生活不同的内容。

第三，依据他对禅法的理解，慧能对佛法体系作了创新性地诠释，例如什么是"法身"，他说一切法自在性，名为清净法身。法身即自性清净之身。"何名为千百亿化身佛？"他说："不思量性即空寂，思量即是自化，思量恶法化为地狱，思量善法化为天堂，毒害化为畜生，慈悲化为菩萨，智慧化为上界，愚痴化为下方。自性变化甚多，迷人自不知见。"化身即自性之千百亿种变化。何名报身？他说："一念善，智慧即生。一灯能除千年暗，一智能灭万年愚，莫思向前，常思于后。常后念善，名为报身。"③ 报身即自性之智慧功用。又如他解释四弘大愿——众生无边誓愿度、烦恼无边誓愿断、法门无边誓愿学、无上佛道誓愿成，说所谓度都是众生各于自身自性自度，所谓断是自心除虚妄，所谓学是要学无上正法，所谓成是自悟佛道，成行誓愿力。④ 又如他解释忏悔，说："前念、后念及今念，念念不被愚迷染，从前恶行，一时自性若除，即是忏悔。"⑤ 再如他解释三皈依，是皈依自性三宝："佛者觉也，法者正也，僧者净也，自心归依觉，邪迷不生，少欲知足，离财离色，名两足尊。自心归依正，念念无邪故，即无爱著，以无爱著，名离欲尊。自心归依净，一切尘劳妄念虽在自性，自性不染著，名众中尊。"总之，"自性不归，

---

① 《敦煌新本六祖坛经》，第 15 页。
② 《敦煌新本六祖坛经》，第 15 页。
③ 《敦煌新本六祖坛经》，第 22 页。
④ 《敦煌新本六祖坛经》，第 24 页。
⑤ 《敦煌新本六祖坛经》，第 24 页。

无所依处"①。……上述种种关于佛法基本概念的创新性阐释,完全实现了禅法与佛法的圆融,并显示出了与北宗完全不同的诠释内涵。

慧能的禅法在宗密看来,不但具有与北宗不同的特点,而且与牛头宗也有不同。其《禅源诸诠集都序》卷下即专门讨论空宗和性宗的十大差异。② 由于他持禅教一致的观点,认为牛头宗与空宗一致,慧能南宗禅(包括洪州宗与菏泽宗)与性宗一致,因而空宗和性宗的十大差异亦可理解为牛头与南宗的差异。根据宗密的认识,空宗还不能直显心性,而是通过对一切差别之法的排遣而逐渐显示心性,而性宗则直接以一真之性为法,直指心性。空宗一般认诸法本源为性,即从诸法本质的角度论心性,而性宗多目诸法本为心。空宗以诸法无性为性,性宗以灵明常住不空之体为性。……空宗说佛以空为德,无有少法可得,而性宗则说一切诸佛自体,皆有常乐我净、十身十智、真实功德。虽然法融牛头宗与慧能南宗并不见得对上述问题已全部涉及,但确实在对于心性的认识、心性与诸法的关系的解释、心性的体悟方式、心性体悟后的境界等方面还是存在一定的差异。牛头宗由于三论宗的理论背景,确实有从诸法本质角度论心性,多以遮诠方式来显示本性的倾向,而慧能则直接将本性归结为现实众生的人心,心性的显示主要依据心性本具的般若之智。

值得引起注意的是,慧能的禅法并不完全像宗密所条理的那样与牛头宗存在截然的对立,而是与牛头宗有许多相通之处。例如慧能对世人心性的认识,虽然他已将诸佛佛性归结为众生现实的人心,但现实人心的所谓本质状态仍然有从诸法本质角度加以论证的倾向,如慧能说"世界虚空,一切法尽在空中,世人性空,亦复如是",它说明所谓诸法的本质到底是取决于现实人心的清净本质,还是现实人心的清净本质只是诸法的本质的从属物,慧能并没有绝对排斥任何一种可能,后来南宗禅内部南阳慧忠国师与人辩论无情有佛性,并批评有人不惜篡改《坛经》,以求证明见闻觉知是佛性,实际上即是慧能关于现实人心之清净本性两种不同理解的进一步发展③。又如慧能唤十大弟子,交代说法宗旨:"举三

---

① 《敦煌新本六祖坛经》,第25—26页。
② 《禅源诸诠集都序》卷下。
③ 《圆觉经大疏钞》卷28。

科法门，动用三十六对，出没即离两边，说一切法，莫离于性相。若有人问法，出语尽双，皆取对法，来去相因，究竟二法尽除，更无去处。"①可见他既有自性般若观照而证悟本性的论述，同时还有遮诠之法，也就是说，于现实的人心如何证悟其清净本质，空观是极为重要的手段之一。慧能十分重视般若智慧的运用，他说："但持《金刚般若波罗密经》一卷，即得见性入般若三昧"；"汝若不得自悟，当起般若观照，刹那间妄念俱灭，即是自善知识，一悟即至佛地"②。南宗禅从禅宗的发展历史而言，一方面渊源于由于北宗禅的发展所逐渐暴露的禅修中的理论问题；另一方面也得益于牛头禅的传播。

三

对北宗禅的改造并非限于法融的牛头宗与慧能的南宗。从北宗内部衍生的净众宗也因认识到北宗禅法的某些不足，尝试对达摩禅予以新的发展。净众宗由无相（684—762）在成都府净众寺创立。此系禅法据说源于弘忍，由弘忍传资州智诜（609—702），由智诜传处寂（669—736），由处寂传无相。无相，俗姓金，故又称金和尚。本为新罗王族，玄宗开元十六年（728）浮海西渡至长安后，至资州德纯寺师从处寂。得法后居天谷山修行多年，处寂死后，居成都府净众寺，传法凡20余年，创立净众宗。

无相的禅法以"无忆、无念、莫忘"为总持门。据《历代法宝记》记载，无相认为"无忆是戒，无念是定，莫忘是惠（通'慧'）"。其中最关键的是无念："念不起是戒门，念不起是定门，念不起是惠门。无念即是戒、定、惠具足，是过去未来、现在恒沙诸佛，皆从此门入，若更有别门，无有是处。"③

无相确实破除了众生与佛的对立，他曾引《起信论》说："心真如门，心生灭门，无念即是真如门，有念即是生灭门。"又说："水不离波，

---

① 《敦煌新本六祖坛经》，第56页。
② 《敦煌新本六祖坛经》，第33页。
③ 《历代法宝记·无相禅师》。

波不离水,波喻妄念,水喻佛性。"① 也就是说佛不在众生之外,并非离众生而客观化了的实在,它与众生的心是相融的,若无念则众生即佛。而众生之所以与佛有对立,乃是因为不能无念、无忆,更不能时常保持在无念、无忆的状态之中。其次,无相已意识到悟即顿悟,他说:"念不起犹如明镜能照万相,念起犹如镜背,即不能照见","无明头出,般若头没,无明头没,般若头出"。② 虽然这些说法遭到神会叱责,但仍可见无相也看到了迷悟如刃之两面的关系。而且无相也是以说顿教法而扬名禅修界。第三,无相对禅仪颇为重视,无相禅法最受人注目的是他的传授仪式。据宗密说:

> 其传授仪式,略如此。此国今时官坛,受具足戒方便,谓一两月前,先克日牒示,召集僧尼士女,置方等道场礼忏,或三七五七,然后授法了,皆是夜间,意在绝外,屏喧乱也。授法了,便令言下息念坐禅。至于远方来者,或尼众俗人之类,久住不得,亦直须一七二七坐禅,然后随缘分散。亦如律宗,临坛之法,必须众举,由状官司给文牒,名曰开缘,或一年一度,或三年二年一度,不等开数开。③

据《历代法宝记》记载,无相在天谷山"饭不及吃,只空闲坐,大小便亦无功夫",他的体悟来源于自己的坐禅实践,因而在传授过程中对于坐禅十分重视。但他的坐禅主要是学会无念。

净宗众被宗密归入北宗,认为它本质上仍与神秀所传禅法相通,但实际上,它虽然在修禅方式方面没有超出神秀北宗,但对于心性的理解却有新的因素出现,与慧能南宗有相通之处。

净众宗的禅法理论由无住加以继承发展,而成为保唐宗。无住(714—774),俗姓李,凤翔眉县(今陕西眉县)人。年登五十,始出家修道,天宝八年(749)由五台山至长安,天宝十载(751)又由长安至

---

① 《历代法宝记·无相禅师》。
② 《历代法宝记·无相禅师》。
③ 《圆觉经大疏钞》卷3。

甘肃，在贺兰山修禅数年，乾元二年（759）至成都府净众寺。但他听金和尚宣讲禅法后，认为金和尚对禅法的理解没有超过他所领悟的地方，而他对金和尚的传授仪式又持不同看法，遂至成都西北茂州天苍山独自修禅。后于空惠寺、保唐寺大弘禅法，形成保唐宗。

无住的保唐禅法也被宗密归入北宗，可能是宗密认为保唐禅法源自弘忍弟子老安和尚以及与净众宗有密切关系的缘故，实则无住的禅法与慧能禅法有更多的相通之处。据宗密云：无住也传金和尚三句言教，但改"忘"字为"妄"字，即无忆、无念、莫妄。"意谓无忆、无念即真，忆念即妄，不许忆念，故云莫妄。"① 虽然只改了一个字，但它反映出无住确实比金和尚更加无所挂碍。无住对于有为法与无为法、众生与佛都缘于现实的人心有清醒的认识。《历代法宝记》介绍他的禅法要点：

> 和上云：一切众生，本来清净，本来圆满，添亦不得，减亦不得，为顺一念漏心，三界受种种身。假名善知识，指本性，即成佛道。著相即沉沦，为众生有念，假说无念。有念若无，无念不自。灭三界心，不居寂地，不住事相，不无功用。但离虚妄，名为解脱。②

也就是说众生与佛本无差别，只是由于众生有念，著相而沉沦，倘若无念则与佛无别。

无住对于所有有助于无念的法相也以无念视之，彻底无念。他认为对所有经论，都不能有任何执着，正如《楞伽经》所说："分别言语声，建立于诸法，以彼建立故，故堕于恶道。"认为经论可以助人领悟真如，而有念，则绝不能领悟真如。有人问他为何不教人读经、念佛礼拜，为何不事教相法。他回答说：究竟涅槃要在自证。大乘妙理，至理空旷，众生见本性即成佛道，著相即沉沦，起念即是尘劳，动念即是魔网。无住也反对贪著禅味，有法师问他入禅三昧否，他说他"不入三昧，不住坐禅，心无得失，一切时中总是禅"。他还作一偈：

---

① 《圆觉经大疏钞》卷3。
② 《历代法宝记·无住和上》。

我今意况渐好，行住坐卧俱了。看时无物可看，毕竟无言可道。但得此中意况，高抵木枕到晓。①

可见他确实超越了对于无为法的执着，不像金和尚那样以"莫忘"的形式肯定所谓"无忆""无念"状态之真。在无住这里，"莫妄"即"无忆""无念"，并没有对"无忆""无念"的自我意识，也就是即使是所谓无为法也无须有一点自我意识，更不能执之为真，若有所滞，则不可能真正了悟诸法的本质。无住对无相（金和尚）禅法的突破就在于他对有为法、无为法之空无所有的本质有更加透彻的体认，并将这种体认贯之于对禅法的解释，从而实现了禅法与自身生活的统一。宗密在叙保唐宗时，曾经对无住不同于无相禅法的特点予以注意，说：

（无住）指示法意（与金和尚）大同，其传授仪式，与金门下全异。异者，谓释门事相，一切不行。剃发了便挂七条，不受禁戒，至于礼忏转读、画佛写经，一切毁之，皆为妄想。所住之院，不置佛事，故云教行不拘也。言灭识者，即所修之道也。意谓生死轮转，都为起心，起心即妄，不论善恶，不起即真，亦不似事相之行，以分别为怨家，无分别为妙道。②

但尽管如此，宗密还是把保唐宗归入北宗体系，认为他不是牛头或慧能禅法的精神，这可能是因为宗密宗派认识的局限。

四

由上可见，自7世纪中叶开始，达摩禅即已出现不断创新的思潮，这种思潮的共同特点如下。

第一，将众生清净之性逐渐归结于现实人心。

达摩禅的基本出发点是认为众生皆有如来藏，它是众生成佛的依据。

---

① 《历代法宝记·无住和上》。
② 《圆觉经大疏钞》卷3。

惠可、僧璨、道信、弘忍、神秀都深信众生具有同一真性。主张从众生心性出发，理解佛教教义体系，实践解脱方式。这是达摩禅区别于其他禅法以及其他宗派理论的根本标志。正由于达摩禅直接以众生心性为核心，从而使得达摩禅法很早就排除了众生界与佛界这种世俗的区别，认识到众生界与佛界的区别本质上只是众生真性的虚妄与分别。但尽管如此，达摩禅在众生心性的层面，依然有染、净之分，烦恼与菩提的对立，仍然深信众生的真性本体是不同于众生现实人心的客观存在，只有截断现实人心意想之流，才能获证清净本体。虽然它排除了世俗的"有"与"无"的对立，但"有"与"无"的对立仍然在对现实人心的认识上以染净之别、善恶之分而有复活。牛头宗以三论为基本武器，将般若空观直透心源，指出不能在现实人心的认识上有任何分别，清净的本性与虚妄的人心本质上并没有什么不同，从诸法本空的角度看，清净本性与虚妄人心本来平等，对于化解达摩禅法中的清净情结，无疑有振聋发聩的作用，慧能以及后来的无住彻底排斥二分对立，视众生现实人心即清净本性，在牛头宗的基础上更进一步，从而形成了如来禅关于清净本性的认识特色。

第二，将定、慧等种种修禅方式归结为现实的生活方式。

如前所述，达摩有感于汉土经师口说纷腾而乏实证，因而主张从修心入手。其修心之法，既有对凝住壁观的继承，又重视日常生活行为的磨炼，同时也不排斥教理的辅助。达摩强调所有这些方式归根结底是要入理，即要契悟清净本性的真理。达摩禅法的上述特点被他的后继者所发展，惠可、道信等一再指出教义的探求只要回归于心源才会对修行者本人产生效用。而日常生活的种种磨炼也是为了明彻本心，并不是为苦行而苦行。惠可弟子僧那就曾指出"祖师心印，非专苦行，但助道耳。若契本心，发随意真光之用，则苦行如握土成金，若唯务苦行，而不明本心，为憎爱所缚，则苦行如黑月夜履于险道"[1]。至于禅坐，则自惠可至神秀，代代有所论述。惠可甚至说："十方诸佛，若有一人，不因坐禅而成佛者，无有是处。"[2] 但随着对心性认识的不断深入，禅师们认识到

---

[1] 《景德传灯录·僧那传》。
[2] 《楞伽师资记·惠可传》。

种种修行方法,归根结底都是要制服众生心中的妄念,而回归于真常之心。如弘忍《修心要论》,有人提问:"众生与佛,真体既同,何故诸佛不生不灭,受无量快乐,自在无碍,我等众生,堕生死中,受种种苦?"弘忍回答说:

> 十方诸佛悟达法性,皆自然照了于心源,妄想不生,正念不失,我所心灭故,得不受生死。不生死故,即毕竟寂灭,故知万乐自归。一切众生,迷于真性,不识心本,种种妄缘,不修正念,故即憎爱心起,以憎爱故,则心器破漏,心器破漏故,即有生死,有生死故,则诸苦自现。①

也就是说所要修正的就是妄念,克服了妄念,不失正念即与佛无别。当牛头宗运用般若空观,进一步观察妄念,指出妄念自性即空,与正念名异实同,自然就引导对于克服妄念的修行之法的反思。事实上也是牛头最早鼓吹无修即修,修即无修,淡化修行的意义,指出不要对修行产生执着,慧能从而主张定慧等学,行住坐卧,无非是禅,实质上即是将禅修当作与现实生活并无矛盾的生活方式。所有的修行方式如果游离于现实的人生,不是现实人生的有机组成部分,那么它就不会产生任何有益的效果,反而会制约心性的自由舒展。而禅更不能外在于现实人生。如果禅不是人们日常生活自然而然的行为,即人不能与禅合一,不能在禅里面实现个人行为方式的自由,那么它绝不是真正的禅。总之,证得真理的方式只有成为人们的生存方式,是人们生命的组成部分,像穿衣吃饭那样自然,才是真正求证真理的方式。

第三,将佛法归结为禅法。

达摩依据《楞伽经》认为众生皆有如来藏,对于佛法的理解基本倾向于净心缘起,但由于达摩禅浓厚的明心见性的特点,其后继者越来越倾向于用禅法来解释和建构佛法,即只有从禅法本身提出对于佛法概念和内容的系统解释,只有实现禅法与佛法概念的圆融无碍,才算是真正

---

① 《修心要论》,《禅思想史研究第三》,《铃木大拙全集》(第3卷),岩波书店2000年版,第305页。

的禅法。对禅法的理解是与对清净本性的理解相一致的，因而对于佛法的解释也与对清净本性的理解相一致。北宗禅即依据净心而不断提出对于佛法的新理解，从而显示出它鲜明的教理解释特色。如《北宗五方便》论"心体离念"即佛，心色俱离，即无一物即是真如，充分表明它"方便通经"的特点。但随着对清净本性的认识的深入，对于禅法的认识不断修改，从而在"方便通经"的角度，对于佛法的解释也自然发生变化。如慧能解释什么是佛，不像北宗那样说"离念是佛"，而是说现实众生之心念念相续的本来状态就是"佛"。而"真如"也并非"色心俱离，本无一物"，它就是众生之心。

达摩禅在 7 世纪中叶至 8 世纪中叶所出现的创新思潮，关于清净本性、禅修方式、佛法系统的理解，都已与达摩至神秀的主要传统产生了一定程度的变异，它标志着达摩禅已经发展到了一个更高的阶段。

[原载《西北大学学报》（哲学社会科学版）2002 年第 4 期，原题《试论南宗禅的形成及其理论创新》]

张载在批判佛学中建立的哲学体系论析

佛学自两汉之际传入中国，由依傍黄老到独立开宗，影响社会精神生活各个方面，至唐宋已几乎家家信佛，户户谈禅。张载[①]概述这种情况说："自其说炽传中国，儒者未容窥圣学门墙，已为引取，沦胥其间，指为大道。乃其俗达之天下，至善恶、知愚、男女、臧获，人人著信，使英才间气，生则溺耳目恬习之事，长则师世儒宗尚之言，遂冥然被驱，因谓圣人可不修而至，大道可不学而知，故未识圣人心，已谓不必求其迹，未见君子志，已谓不必事其文。"[②]在张载看来，这种社会风习造成了"人伦不察""庶物不明""德乱治忽""上无礼以防其伪，下无学以稽其弊"[③]。儒家大道几近于灭裂，他以为"自非独立不惧、精一自信、有大过人之才，何以正立其间，与之较是非，计得失！"[④]如果不能深入佛学的理论内部进行针砭，就不足以彻底树立儒学的道统。张载说："千

[①] 张载（1020—1077），字子厚，凤翔府郿县（今陕西眉县）人，祖籍大梁（今河南开封），北宋著名思想家、理学重要奠基和代表人物、关学创始人。因父知涪州（今重庆市涪陵区）卒于任上，孤幼无力归乡，遂侨居眉县横渠镇，后世称横渠先生。张载幼喜谈兵，青年时谒范仲淹，范劝其致力于儒学，遂研习儒典，又涉猎释老，最终回归儒家六经。嘉祐初（1056年末1057年初），张载与二程讨论《易》学，涣然自信，叹曰"吾道自足，何事旁求"。嘉祐二年（1057）举进士及第，熙宁二年（1069）因吕公著推荐，入京任崇文院校书，因与王安石相左，称疾西归，致力于儒学著述和讲学。熙宁十年（1077），再次受召入京，知太常礼院，因疾西归，卒于临潼馆舍。著作主要有《正蒙》《西铭》《横渠易说》《经学理窟》《张子语录》《文集佚存》《拾遗》及《礼记说》《论语说》《孟子说》等，中华书局1978年出版有《张载集》，刘学智、方光华总主编《关学文库》收录有林乐昌编校的《张子全书》（西北大学出版社2015/2021年版）。

[②] 《张载集·正蒙·干称》。

[③] 《张载集·正蒙·干称》。

[④] 《张载集·正蒙·干称》。

五百年无孔子。"① 而他立志"为往圣继绝学"。其弟子范育概述他一生宗旨，说他"独以命世之奇才，旷古之学识，参以博闻强记之学，质之以稽天穷地之思，与尧舜孔孟合德乎数千载之间。"② 张载的哲学体系乃是在深入批判佛学过程中建立起来的。

一　佛性前提批判——"八不缘起"与"天道神化"

佛教认为处于假名状态的宇宙现象是可说为有的，但他们否定假有的任何实在性，他们认为假名之有处于无穷无尽的因缘之网中，而这种因缘之网不可能给任何事物以真实的规定。龙树《中论》开首的归敬颂概括缘起法的本质云："不生亦不灭，不常亦不断，不一亦不异，不来亦不出；能说是因缘，善灭诸戏论，我稽首礼佛，诸说中第一。"即是说：虽然事物离不开因缘之网，但这种缘起不是生灭缘起，不是断常缘起，不是来去缘起，不是一异缘起。它不阐明世界万有的生化和毁灭，不解释世界万有的中断和延续，不阐析世界万有的同一与差别，不说明世界万有的流转与变化。比如《中论》说不生："诸法不自生，亦不从他生，不共不无因，是故知无生。"就是说，一切事物既不是由自己而生，也不是由其他事物而生，也不是由自己和其他事物共同而生，也不是无因而生，因而无生。事物的属性即由事物这种无决定性的因缘关系所概定；事物离不开其他条件，但其他条件又不足以概定事物的所谓"常性"，因而事物的"自性"本身是"空"。"是故一切法，无不是空者……属众因缘，故无自性，无自性故空"③；"无自性故，是则为空，空故不可取"④；"诸法无所有性是诸法自性"⑤。

"八不缘起"被视为"众教之宗归，群圣之原本"⑥。这种特殊的缘

---

① 《张载集·杂诗·圣心》。
② 《张载集·正蒙·范育序》。
③ 《中论·观四谛品》。
④ 《大智度论·释初品》。
⑤ 《摩诃般若波罗蜜经·法称品》。
⑥ 《中论疏·因缘品》。

起观念对中国传统的天道观和生化观的冲击是相当大的。僧肇就曾依般若中观以及八不缘起反省中土固有的动静观念，指出"求向物于向，于向未尝无，责向物于今，于今未尝有。于今未尝有，以明物不来，于向未尝无，故知物不去。复而求今，今亦不在，是谓昔物自在昔，不从今以至昔，今物自在今，不从昔以至今。"① 过去的事物与现在的事物并没有真实的决定性关系，都是空其自性的存在。这种理论影响太极阴阳以及道生一、一生二、二生三的生化观念。澄观在《华严经疏》卷3论儒佛不同时说："《周易》云'易有太极，是生两仪，两仪生四象，四象生八卦，八卦定吉凶，吉凶生大业'者，太极为因，即是邪因。若谓一阴一阳之为道，即计阴阳变易能生万物，亦是邪因。……安知因缘性空，真如妙有？"即是说根据八不缘起的观点去看，太极与阴阳都不能生化万物、规定事物的属性。宗密认为"元气生天地，天地生万物"这种对于宇宙的看法，"虽指大道为本，而不备明顺逆、起灭、染净、因缘"，只能当为"权教"②。

佛教不但从"八不缘起"批驳太极阴阳的生化模式，同时也批判玄学的自然而生论。玄学的代表人物郭象认为："物之生也，莫不块然自生"，"得生之难，而犹上不资于无，下不待于知，突然而自得此生矣。又何尝营生于已生，以失其自生哉？"③ 他曾举影与形的关系为例说，影由形起，但影与形并不相互决定，虽然相互关联，但它们各自的内在属性却是各自的自然常性，即所谓"独化"，"故彼我相因，形景俱生，虽复玄合，而非待也。明斯理也，将使万物各返所宗于体中，而不待乎外；外无所谢，而内无所矜，是以诱焉皆生而不知所以生，同焉皆得而不知所以得也"④。玄学的主题即在汉代元气生化论基础上探究超越性、境界性的"无"，到郭象把这种超越性安置于事物的"性分"，虽然在一定程度上"独化"论批判了元气生化模式，但玄学并没有彻底否定事物在独化过程自然而得的本性。吉藏《三论玄义》卷上对郭象的形影论作过批

---

① 《肇论·物不迁论》。
② 《原人论·斥迷执》。
③ 《庄子注·天地》。
④ 《庄子注·齐物论》。

判，指出"复有外道穷推万物，无所由籍，故谓：无因而现睹诸法，当知有果。例如庄周魍魉问影，影由形有，形因造化，造化则无所由。本既自有，即末不因他。是故无因而有果也"①。他根据八不缘起指出郭象的自然而生论是站不住脚的。澄观也曾点出王弼《周易注》的自然论之荒谬。②佛教对玄学自然而生的所谓无因有果论的批判，其实质乃同于其对太极生化论的批判，即通过否定一切可能带来相互肯定性的条件对待，而揭示事物的本质即无所有之自性，即空。

张载认为，要批判佛教的虚无的价值取向，要树立一种不同于佛教境界的境界，就不能不批判佛教的缘起学说。

张载认为："物无孤立之理。"③任何事物都不可能离开与其他事物的相互关系，同时也离不开自身内部对立双方的矛盾运动过程："非同异、屈伸、终始以发明之，则虽物非物也。事有始卒乃成，非同异、有无相感，则不见其成；不见其成，则虽物非物。"④但张载认为这种条件对待的本质不是八不缘起，而是阴阳二端的真实的交感变化：

> 造化所成，无一物相肖者，以是知万物虽多，其实一物；无无阴阳者，以是知天地变化，二端而已。
> 天地之气，虽聚散、攻取百涂，然其为理也，顺而不妄。⑤

张载认为，事物在阴阳变化中并非像佛教所说的那样没有任何肯定性。他批评佛教视天地万物的客观存在为幻化，指出"知太虚即气，则无无"⑥。

但张载也不再像汉代气化论者那样侧重探讨宇宙的本源和内在结构，他试图深入考察阴阳二气交感变化所体现的"天道"，也就是阴阳二气交感变化的内在本质。他把阴阳二气的运动变化分为两个层面——"神"

---

① 《三论玄义》。
② 《华严经疏》卷3。
③ 《张载集·正蒙·动物》。
④ 《张载集·正蒙·动物》。
⑤ 《张载集·正蒙·太和》。
⑥ 《张载集·正蒙·太和》。

与"化"。所谓"神",即"天德",指太虚通贯阴阳变化的属性;而"化"即"天道",指阴阳二气的运动变化过程:

> 德,其体,道,其用,一于气而已。
> 气有阴阳,推行有渐为化,合一不测为神。①
> 一故神,两故化。②

在张载看来,"神"是气的阴阳变化的总体属性,"化"则是阴阳二气交感变化过程中的属性。"神"以导"化","化"以践"神","神"不即是"化","化"不即是"神","神""化"不一不异,若即若离,或可描述为二者分而不裂,别而不离。

张载的天道神化论因而具有两方面的含义,就其对佛学缘起观的批判而言,它重新肯定宇宙存在的真实性;而就其对佛学的继承来看,它虽然夹杂着某些汉代命定论,但其核心在探求宇宙真实存在的超越性。

张载的天道神化极有功于儒学的发展。孔子创立儒家学派,其理论核心即在从人的道德情质分析礼制起源,至于人的情性与天道的相互关系,其弟子子贡就曾说:"夫子之言性与天道,不可得而闻也。"③思孟学派进一步发掘人的内在超越性,指出"仁也者,人也。合而言之,道也"④。试图从人的角度探讨整个宇宙的本质。但这种企图在受老庄道论批判之后,而有《易经》从阴阳变化说"继之者善也"⑤。但《易经》始终不能确证阴阳二气所蕴含的孟子之"诚"的内在超越性。张载把天道气化分判为"神"与"化"两个方面,对于沟通思孟学派与《易经》体系起了巨大的推动作用,甚而比同时代的周敦颐单纯从太极动而生阳、静而生阴、化生五行而圣人无欲以立仁义礼智显得更加深思熟虑,张载把周敦颐的理论试图进一步明朗化,对道学的发展产生巨大的影响。

---

① 《张载集·正蒙·神化》。
② 《张载集·正蒙·参两》。
③ 《论语·公冶长》。
④ 《孟子·尽心下》。
⑤ 《易经·系辞上》。

二 佛性内涵批判——虚空即性与天道即性

从八不缘起出发，佛教认为事物的法性，即事物"非有非无，非非有非非无"、双向多重否定所凸显的本性。从八不缘起涵括所有假名状态的存在物而言，人的本质亦是这种双向多重否定的体性，中国佛教论者即视此为"佛性"，即每个个体都蕴含有佛的本质，只是一般人由于无明覆盖而不能有所体证而已，虽然唯识宗一分无性也曾影响中国佛性学说，但人人皆有佛性却是当时佛学界所普遍崇仰的理论。

佛性的这种理论前提和内涵与中土固有的人性论迥然不同。孟子言性，就人的四端而言，并兼人的道德超越情怀，而荀子言性，多就人的生理属性，臻至于汉代而统一于从元气阴阳五行的生化说性禀于气，都没有去否定性地考察事物缘起的非真实对待，即使玄学避开宇宙气化，从事物自身探求其存在的"常性"，也未曾从否定方面入手。佛性论者深入考察事物的内在超越性而把它视为绝虑超言的体性，对于重新点醒思孟学派性论的超越情怀是大有帮助的，但其价值趋向却不能与儒家合辙。

佛教的佛性论曾经多次批评气禀说，指出佛教与儒道之不同还表现在"禀缘禀气异"，即"释以森罗万象，并由缘生，儒道以富贵吉凶，皆由气命，禀气者，不可改易，禀缘者，则可增可修"[①]。这种批评对汉代沉沦化的禀气论性说无疑是一重大打击。张载也认识到像汉儒那样论"性"也不能针砭佛性，他说："当自立说以明性，不可以遗言附会解之。"[②] 即必须重新阐发"性"的新义。

张载认为佛性是有其缺陷的。他说："若谓万象为太虚中所见之物，则物与虚不相资，形自形，性自性，形性、天人不相待而有，陷于浮屠以山河大地为见病之说。此道不明，正由懵者略知体虚空为性，不知本天道为用，反以人见之小，因缘天地，明有不尽，则诬世界乾坤为幻化，幽明不能举其要，遂躐等妄意而然。不悟一阴一阳范围天地，通乎昼夜，

[①] 《华严经随疏演义钞》卷14。
[②] 《张载集·经学理窟·义理》。

三极大中之矩。……"① 由于佛性论者在八不缘起上论性，虽然能够体虚空为性，即能够追求事物的内在超越性，但由于他们的八不缘起站不住脚，因而其佛性也是错误的，从八不缘起论性只能造成形性、天人相分，而只有从阴阳变化论性，才能正确展示此"性"的内涵。

张载指出，由于天道有神有化，而天人共贯于阴阳生化，则其一，性与天道是两个相等的概念：

> 天人异用，不足以言诚；天人异知，不足以尽明；所谓诚明者，性与天道不见乎小大之别也。②
>
> 天道即性也，故思知人者，不可不知天，能知天斯能知人矣。③

张载人量借用《易》《诗》《书》《礼》诸经典的有关材料，分别作《大易》篇、《乐器》篇、《王禘》篇等去阐明天人共德的观点，而构架天人共德的理论桥梁。

其二，性也有两个层次。相当于天德之"神"的性，此"性者，万物之一源，非有我之得私也"④。而相当于天道之"化"，处于阴阳变化的具体过程中的"性"，则是各个不同的。"天性在人，正犹水性之在冰，凝释虽异，为物一也；受光有小大、昏明，其照纳不二也。"⑤ 虽然天德之"神"赋布万物，但水与冰体现此"神"的表现不一样，又好像太阳普照万物，接受阳光的多少与明暗都取决于各具体的存在物。

张载认为性的两个方面是相互关联的，正犹天德之"神"与天道之"化"的关系一样，两性不异不一，既不能等同，又不能截然分离。他认为《中庸》说"至诚为能化"，以及孟子说"大而化之"，"皆以德合阴阳，与天地同流而无不通也"⑥。他们是两层"性"的统一的典范。

张载如此言性无疑也是儒学思想上一重要理论飞跃。在某种程度上，

---

① 《张载集·正蒙·太和》。
② 《张载集·正蒙·诚明》。
③ 《张载集·横渠易说·说卦》。
④ 《张载集·正蒙·诚明》。
⑤ 《张载集·正蒙·诚明》。
⑥ 《张载集·正蒙·神化》。

他把孔孟践仁以知天的道德信仰内化于"性"字之中，而大大扩展了儒家性字的含义。当时周敦颐虽明白性即仁义礼智，即诚，但也无法如此条分缕析。张载性论的得出是与他批判佛学而又继承佛学分不开的。他并不认为孔孟的性论已讲到极处，他说："要见圣人，无如《论》《孟》为要。《论》《孟》二书，于学者大足，只是须涵泳。"① 其性论即在佛学影响下从《论》《孟》诸书中体会而来。这也难怪叶适见范育序《正蒙》而总述讲学大旨，痛斥周张二程"大抵欲抑浮屠之锋锐，而示吾所有之道若此"②。

三　佛性体证批判——止观并重与穷理尽性

由于佛性在理论上是人人俱有，人之佛性蒙蔽只是由于无始以来无明障覆，因而佛教把体证佛性放在截断无明风起、离妄还真之上。而消除无明障覆不外两种方法，即止与观，"止"是使观察的对象"住于心内"，"观"是在"止"的基础上，集中观察和思维预定的对象。天台宗《修习止观坐禅法要》即云："若夫泥洹之法，入则多途，论其急要，不出止观二法。"禅宗将二者作为体用关系，《坛经·定慧品》云："我此法门，以定慧为本"；"定是慧之体，慧是定之用"。佛教的这种体证方法，把一切假名的万有收缩于内心，其实质即在于主观内缩式剥离而至于寂灭。既与传统的内圣外王之旨不合，又不同于"得意忘象""得意忘言"的肯定性体悟方法。

张载指出，佛教最大的弊端即在于体证方法上遗落人伦物事，虽然有某些见解，但整体上谬不堪言。"释氏语实际，乃知道者所谓诚也，天德也。其语到实际，则以人生为幻妄，以有为为疣赘，以世界为荫浊，遂厌而不有，遗而弗存，就使得之，乃诚而恶明者也。"③ 而"儒者因明致诚，因诚致明，故天人合一，致学而可以成圣，得天而未始遗人，易

---

① 《张载集·经学理窟·义理》。
② 《张载集·附录·叶适因范育序正蒙遂总述讲学大指》。
③ 《张载集·正蒙·乾称》。

所谓不遗、不流、不过者也"①。因此,"儒者穷理,故率性可以谓之道,浮屠不知穷理而自谓之性,故其说不可推而行"②。

张载指出,天道有"神"有"化","敦厚而不化,有体而无用也;化而自失焉,徇物而丧己也;大德敦化,然后仁智一而圣人之事备。性性为能存神,物物为能过化"③。"神"与"化"二者不能脱节,而圣德即在于存神过化,性性物物。同时从性的合体来看:"性其总,合两也;命其受,有则也。不极总之要,则不至受之分,尽性穷理而不可变,乃吾则也。"④ 只有把"性"的超越层面和所谓"命"的滞固方面统一起来,才能尽性。

张载特别指出,天地阴阳交感的基础即乾称父,坤称母:"乾称父,坤称母;予兹藐焉,乃混然中处。故天地之塞,吾其体;天地之帅,吾其性。民吾同胞,物吾与也……"⑤ 因而无论如何谈性的体证,都只能立足在这一真实的天地万物之中,只能从君臣父子夫妇兄弟的人伦中去切实地体证。

张载把体性和成性的过程放在具体的个人身上去看,他认为可以表述为两个方面,一即毋意必固我,而虚净其心以纳德,"意,有思也;必,有待也;固,不化也;我,有方也"⑥。"妄去然后得所正。"⑦ 乃至于"纤恶必除,善斯成性焉",而"察恶未尽,虽善必粗矣"⑧。二即仁民化物。"物有未体,则心为有外。"⑨ 所谓仁民化物,它包括讲究切实的兵战井田之术,而无一不当孜孜以求其准则。张载指出,在这一成性的过程中,既不能"徇生执有",沉湎于繁文缛节以及人情物欲而迷失"性"之本旨,也不能"沉空入寂",一味高谈性境妙用,他在《正蒙·三十》中以文王和孔子为例,说明他们在具体社会背景下成性是如何艰

---

① 《张载集·正蒙·乾称》。
② 《张载集·正蒙·中和》。
③ 《张载集·正蒙·神化》。
④ 《张载集·正蒙·诚明》。
⑤ 《张载集·正蒙·乾称》。
⑥ 《张载集·正蒙·中正》。
⑦ 《张载集·正蒙·乾称》。
⑧ 《张载集·正蒙·诚明》。
⑨ 《张载集·正蒙·大心》。

难，指出孔子到最后不梦周公，从心所欲而皆自然，乃在于"穷理尽性，然后至于命，尽人物之性，然后耳顺，与天地参，毋意、必、固、我，然后范围天地之化，从心而不逾矩；老而安死，然后不梦周公"。张载指出："释氏之学，言以心役物，使物不役心；周孔之道，岂是物能役心，虚室生白？"① 儒学之体证性德乃是在切实的人伦关系和切实的社会践履中无处而不自然，无处而不超越。

张载的成性论是儒家内圣外王理论的新发展。孔孟践仁以知天，而孟子仁心仁政之说，基础即在于性情才内在统一。自荀子揭示性恶之旨后，如何在"性"上贯穿内圣外王之旨，一直是儒学的困惑。汉儒以仁言天，而以气论性，只能以一种神学化的形式在人外之天上统一情与性于天德。张载肯定情与才在某些方面与性存在背离，他提出了"气质之性"的概念，"形而后有气质之性"②，而所谓气质之性，既指受于气之偏的"刚柔、缓急、有才与不才"③，也指人的食色等生理需求。张载在明朗"性恶"之旨的前提下，试图从"性"本身体证性的"天德"，其解决方式和思维路径为儒学进一步考察社会主体的自由与历史必然之关系提示了方向。但张载对于气质之性，一则说"饮食男女皆性也，是乌可灭？"④ 指斥浮屠灭性之说，不畅于理；二则又说"气质之性，君子有弗性者焉"⑤。再者说："善反之，则天地之性存焉。"⑥ 因此，其成性过程既有统一或变化气质之性的倾向，又有轻视气质之性的倾向，甚至说："能以天体身，则能体物也不疑。"⑦ 试图凭天德而直贯于下，这就与孔孟践仁以知天，由切身躬履到体悟天德而有所异。张载的体证论因而也残留着某些佛学因素，使他不能深入成性的两面趋向的本质关系。他的这些思想也影响了道学的发展，朱熹曾极力赞颂张载的"气质之性"这一概念，将成性之误愈演愈远。

---

① 《张载集·经学理窟·义理》。
② 《张载集·正蒙·诚明》。
③ 《张载集·正蒙·诚明》。
④ 《张载集·正蒙·乾称》。
⑤ 《张载集·正蒙·诚明》。
⑥ 《张载集·正蒙·诚明》。
⑦ 《张载集·正蒙·大心》。

张载的哲学体系标志着儒学经过长期的理论困惑和思考之后，终于从表层深入里层，开始了比较系统而又比较有力地对佛学的理论批判。它通过汲取佛学思想的精华，拓展儒学固有概念的内涵，把儒学的固有体系进行调整、融合，从而更新了儒学。

张载的哲学体系是从问题中来，他在《经学理窟·自道》中说："某学来三十年，自来作文字说义理无限，其有是者皆只是亿则屡中。"正因为他企望针砭佛学而又不能不反求于"六经"，因而他对传统的气化论、性论都有相当了解和发挥，虽然在气象上苦心极力，但比起道学所谓天理、良知之体贴出来，就显得其理论更具有批判佛学的理论基础，而不失于儒学之正。

张载对佛学的批判代表着两种超越情怀的对照。佛学侧重于从人生的否定方面分析人的自由，而儒学侧重于从人生的肯定方面分析人的自由。而张载对佛学的批判也不能彻底摧毁佛学的理论基础，他不能从八不缘起本身去反驳佛教缘起观，而求助于阴阳二端的真实决定关系，又不能深入真如缘起以及阿赖耶识缘起，因而不能汲取佛教特别是唯识学关于心体分析的理论成果。同时，他的天人合德的理论也多借助于儒家经典。总之，张载对佛学的批评还留下了巨大的理论工程。

（原载《中州学刊》1991 年第 5 期）

张载与二程的四次学术交流

关学和洛学是理学创立时期的两大重要学派。作为关学和洛学创始人的张载与二程，在各自思想体系形成过程中，有过四次重要的学术交流。对于张载关学和二程洛学的关系，学者们虽然已经有所研究，但仍然有一些问题值得引起关切。

第一次交流发生在宋仁宗嘉祐初年（约1056年末1057年初）。当时正值大考，张载与二程都来到京师。张载在相国寺讲《易》，二程前来拜访，一起讨论易学。据《宋史·张载传》，张载"尝坐虎皮讲《易》京师，听从者甚众。一夕，二程至，与论《易》。次日与人曰：'比见二程，深明易道，吾所弗及，汝辈可师之。'撤坐辍讲"。《程氏外书》也有大致相同的记载。这一记载反映了张载与二程第一次论学的基本情形。

这次讨论是围绕《周易》展开的。由于没有关于具体讨论内容的直接记载，只能从张载的早期作品《横渠易说》去推测。讨论可能涉及怎样解释《周易》。张载和二程都认为《周易》很重要，但张载在以义理阐释《周易》的同时没有完全抛弃象数，而二程主张更应以义理解《易》。程颐曾说："《易》有百余家，难为遍观。如素未读，不晓文义，且须看王弼、胡先生、荆公三家，理会得文义，且要熟读，然后却有用心处。"而且二程提出释《易》要依据《论语》《孟子》："于《语》《孟》二书，知其要约所在，则可以观五经矣。"[①] 甚至认为懂得了《论语》《孟子》中的"义理"，"六经"也就通了。"学者当以《论》《孟》为本。《论语》《孟子》既治，则六经可不治而明矣。"[②]

---

① 《河南程氏粹言·论书篇》。
② 《河南程氏遗书·伊川先生语十一》。

此次讨论之时，张载已经 38 岁，二程二十五六岁，张载比二程要大一些，但二程思想显得比张载要纯粹。原因应该是二程在开封从胡瑗学习了《周易口义》。胡瑗 1052 年被任命为国子监直讲，1056 年晋升太子中舍暨天章阁侍讲，而同年二程的父亲程珦升任国子博士，二程进太学读书，胡瑗以"颜子所好何学"试诸生，程颐的答卷得到胡瑗赏识。胡瑗在易学上很有心得，对汉代不断走向极端的象数易学也进行了扬弃，开拓了义理易学。这次讨论，不能说二程的思想已经深刻得不得了，但张载受到了震动和鼓舞。一是更加坚定了他由经以求道的信念；二是扬弃了对象数学的兴趣；三是更加坚定了解释《易》的需以《论语》、《孟子》为参照的认识。张载也说："要见圣人，无如《论》《孟》为要，《论》《孟》二书于学者大足，只是须涵泳。"① 张载的学生吕大临在《横渠先生行状》叙说其师的思想发展，原有与二程论《易》后"尽弃其学而学焉"的说法，在一定程度上反映出当时张载思想所受的触动和鼓舞。

但是，这并不能说明二程对《周易》的理解已经完全超过了张载，程颐就不认可吕大临的说法，他说："表叔（指张载）平生议论，谓颐兄弟有同处则可；若谓学于颐兄弟，则无是事。"② 并且要求吕大临将《行状》中的"尽弃其学而学焉"之类的话删去。

第二次交流发生在嘉祐三年（1058）。嘉祐二年（1057）张载中进士第后，被任命为祁州（今河北安国）司法参军，后调丹州云岩（今陕西宜川）任县令。嘉祐三年（1058）程颢请调京兆府鄠县（今西安鄠邑区）主簿。张载与程颢书信往来讨论"定性"问题。张载的信没有保存下来，程颢的信参见《河南程氏文集》卷 2《答横渠张子厚先生书》：

> 承教，谕以定性未能不动，犹累于外物，此贤者虑之熟矣，尚何俟小子之言！然尝思之矣，敢贡其说于左右。
> 所谓定者，动亦定，静亦定，无将迎，无内外。苟以外物为外，牵己而从之，是以己性为有内外也。且以性为随物于外，则当其在外时，何者为在内？是有意于绝外诱，而不知性之无内外也。既以

---

① 《张载集·经学理窟·义理》。
② 《河南程氏外书·时氏本拾遗》。

内外为二本，则又乌可遽语定哉？

　　夫天地之常，以其心普万物而无心；圣人之常，以其情顺万事而无情。故君子之学，莫若廓然而大公，物来而顺应。《易》曰："贞吉悔亡。憧憧往来，朋从尔思。"苟规规于外诱之除，将见灭于东而生于西也。非惟日之不足，顾其端无穷，不可得而除也。

　　人之情各有所蔽，故不能适道，大率患在于自私而用智。自私则不能以有为为应迹，用智则不能以明觉为自然。今以恶外物之心，而求照无物之地，是反鉴而索照也。《易》曰："艮其背，不获其身，行其庭，不见其人。"孟氏亦曰："所恶于智者，为其凿也。"与其非外而是内，不若内外之两忘也。两忘则澄然无事矣。无事则定，定则明，明则尚何应物之为累哉？

　　圣人之喜，以物之当喜；圣人之怒，以物之当怒。是圣人之喜怒，不系于心而系于物也。是则圣人岂不应于物哉？乌得以从外者为非，而更求在内者为是也？今以自私用智之喜怒，而视圣人喜怒之正为如何哉？夫人之情，易发而难制者，惟怒为甚。第能于怒时遽忘其怒，而观理之是非，亦可见外诱之不足恶，而于道亦思过半矣。

　　心之精微，口不能宣，加之素拙于文辞，又吏事匆匆，未能精虑，当否佇报，然举大要，亦当近之矣。道近求远，古人所非，惟聪明裁之。①

　　从程颢的回信来看，这次讨论的主题是儒学境界是什么。佛教传入中国后曾经提出佛教具有超越儒家的境界。张载与二程都认为儒家自有其境界。但对这个境界会是怎样，程颢的看法与张载有所不同。

　　张载认为这个境界主要表现在能准确把握事物的尺度，找到处理事物矛盾最恰当的方式。而程颢认为这个境界主要表现为心中自有主宰，即心能定，但定并不是静止不动，而是"动亦定，静亦定"，即与外物保持接触但又不被外物所累。如果被外物所累，说明自身心中无主，另外也说明是以性为内，以物为外，以内外为二物，没能做到"合内外"。圣

---

①《河南程氏文集·答横渠张子厚先生书》。

人的"无情"只是情感顺应于事物，而不夹杂私我与计度。虽然应物无穷，而心实未尝有动，只是"心普万物而无心"，"情顺万物而无情"。

因为对儒家境界的认识有别，两人对《周易》的一些内容的解释就出现了差异。如关于《周易》艮卦的理解，张载认为《易》以艮为止，"大抵止乃有光明，艮曰：时止则止，时行则行，其道光明；形则著，著则明，必能止则有光明。"① 时止时行，动静不失其时，其道光明，说明儒家境界关键在于能"止"，即能把握事物的分寸和最适合的刻度，没有一丝私意掺杂其间，犹如天地之道，只是寒暑往来一样，自然而然。而程颢认为：《易》曰"艮其背，不获其身，行其庭，不见其人"，艮是说心中有主，无内外之分。其次，对"憧憧往来，朋从尔思"的解释，程颢认为这是"两忘则澄然无事矣。无事则定，定则明，明则尚何应物之为累哉？"张载认为这是因为没有正道处之，有失中之忧，如果"撰次豫备乃择义之精，若是则何患乎物至事来！"《横渠易说·系辞下》有一段释文：

> "何思何虑"，行其所无事而已。下文皆是此一意。行其所无事，惟务崇德，但妄意有意即非行其所无事；行其所无事，则是意、必、固、我已绝。今天下无穷，动静情伪，止一屈信而已，在我先行其所无事，则复何事之有！日月寒暑之往来，尺蠖之屈，龙蛇之蛰，莫非行其所无事，是以恶其凿也。百虑而一致，先得此一致之理，则何用百虑！虑虽百，卒归乎理而已矣。此章从"憧憧往来"，要其有心，至于"德之盛也"，率本此意。咸之九四，有应在初，思其朋，是感其心也。不言心而言心之事，不能虚以受人，乃憧憧而致其思，咸道失矣。憧憧往来，心之往来也；不能虚以接物而有所系着，非行其所无事也。精义入神，豫而已。学者求圣人之学以备所行之事，今日先撰次来日所行必要作事。如此，若事在一月前，则自一月前栽培安排，则至是时有备。言前定，道前定，事前定，皆在于此积累，乃能有功。天下九经，自是行之者也，惟豫而已。撰次豫备乃择义之精，若是则何患乎物至事来！精义入神须从此去，

---

① 《张载集·横渠易说·下经》。

豫则事无不备，备则用利，用利则身安。凡人应物无节，则往往自失，故要在利用安身，盖以养德也。若夫穷神知化则是德之盛，故云"未之或知"。盖大则犹可勉而至，大而化则必在熟，化即达也。"精义入神以致用"，谓贯穿天下义理，有以待之，故可致用。穷神是穷尽其神也，入神是仅能入于神也，言入如自外而入，义固有浅深。①

张载的观点对二程可能有一定的影响，程颐之后将定与止的关系作了进一步的区别，他说："释氏多言定，圣人便言止。且如物之好，须道是好；物之恶，须道是恶。物自好恶，关我这里甚事？若说道我只是定，更无所为，然物好恶，亦自在里。故圣人只言止。所谓止，如人君止于仁，人臣止于敬之类。"② 佛教的"定"总的指向是努力排除外物，是"灭"是"空"，而儒家的"止"则是人、物各自性分的实现过程，最终程颐用儒家的"止"代替了佛教的"定"。

第三次交流发生在王安石变法期间。熙宁二年（1069），宋神宗起用王安石，准备变法，在吕公著的举荐下，张载被召入朝，有机会与程颢在京师再次会面并论学。据程颐所说"况十八叔、大哥皆在京师，相见且请熟议，异日当请闻之"③。十八叔指的是张戬，大哥指程颢，可知张载、张戬、程颢都在京师，并且三人对道学中的一些问题有所讨论，但却有"议而未合"之处。程颐当时不在京师，随父在汉州（今四川广汉），于是张载写信给程颐继续论学。程颐作了《答书》，因意犹未尽，又作了《再答》。

从《答书》和《再答》来看，这次讨论的主要话题是"太虚即气"的理论问题。程颐在《答横渠先生书》中写道："观吾叔之见，至正而谨严。如'虚无即气则无无'之语，深探远赜，岂后世学者所尝虑及也？（然此语未能无过）余所论，以大概气象言之，则有苦心极力之象，而无宽裕温厚之气。非明睿所照，而考索至此，故意屡偏而言多窒，小出入

---

① 《张载集·横渠易说·系辞下》。
② 《河南程氏遗书·伊川先生语四》。
③ 《河南程氏文集·书启》。

时有之。（明所照者，如目所睹，纤微尽识之矣。考索至者，如揣料于物，约见仿佛尔，能无差乎？）更愿完养思虑，涵泳义理，他日自当条畅。"① 此信写于熙宁三年（1070），当时张载 51 岁，程颐 38 岁。

"虚无即气则无无"是张载提出的一个命题。张载《横渠易说》的原文是："气之聚散于太虚，犹冰凝释于水。知太虚即气，则神变易而已。诸子浅妄，有有无之分，非穷理之学也。"② 《正蒙》的原句则是："气之聚散于太虚，犹冰凝释于水。知太虚即气，则无无。故圣人语性与天道之极，尽于参伍之神变易而已。诸子浅妄，有有无之分，非穷理之学也。"③ 对比《横渠易说》《答书》《正蒙》关于虚无即气的三处论断，不难看到张载对这一命题的表述呈现不断成熟的趋向。这三处都是用"气之聚散于太虚，犹冰凝释于水"来形容"太虚（虚无）即气"这一命题，批评"有有无之分"的诸子之说。不同之处只是对虚无与太虚有用语的斟酌而已。张载提炼出"太虚即气"的这一命题，有很强的针对性。

程颐说"此语未能无过"。原因是二程认为："形而上者谓之道，形而下者谓之器"，"若如或者以清虚一大为天道，则乃以器言而非道也"。④ 这就是说，张载将"一阴一阳"理解为道，而道就是气的运动变化。程颐将"一阴一阳"理解为气，而对"一阴一阳"起着支配作用的才是道。对于这一批评，张载并没有接受。

由于张载的二次来书又涉及关于孟子"必有事焉而勿忘勿助"的理解，因而导致了程颐的《再答》。在张载看来，孟子此说是"信乎入神之奥。若欲以思虑求之，是既已自累其心于不神矣，恶得而求之哉？"对此，程颐回答说：

> 内一事，云已与大哥议而未合者。试以所见言之。所云"孟子曰：必有事焉而勿正心，勿忘勿助长也。此信乎入神之奥。若欲以思虑求之，是既已自累其心于不神矣，恶得而求之哉？"颐以为有所

---

① 《河南程氏文集·书启》。
② 《张载集·横渠易说·系辞上》。
③ 《张载集·正蒙·太和》。
④ 《河南程氏遗书·明道先生语一》。

事,乃有思也,无思则无所事矣。孟子之是言,方言养气之道如是,何遽及神乎?气完则理正,理正则不私,不私之至,则神。自养气至此犹远,不可骤同语也。以孟子观之,自见其次第也。当以"必有事焉而勿正"为句,心字属下句。此说与大哥之言固无殊,但恐言之未详尔。远地末由拜见,岂胜倾恋之切?余意未能具道。

所谕"勿忘者,但不舍其虚明善应之心尔。"此言恐未便,既有存于心而不舍,则何谓虚明?安能善应邪?虚明善应,乃可存而不忘乎?①

"必有事焉而勿正心,勿忘勿助长",是《孟子·公孙丑》中讨论养"浩然之气"的内容。这段话的核心内容就是告诫弟子们养浩然之气,既不能间断,也不能急于求成,而是保持勿忘勿助的状态。张、程对孟子此话的理解之不同,首先,表现在断句上。从信的内容看,张载是主张在心字之后断句,即"必有事焉而勿正心,勿忘勿助长也"。而程颐则主张在心字之前断句,即"必有事焉而勿正,心勿忘勿助长也",即在信中所说的"当以'必有事焉而勿正'为句,心字属下句。"其次,张载说"必有事焉而勿正心,勿忘勿助长者,其入神之奥乎!"认为若变化气质,久而久之是可以达到天地之性那种状态的。程颐持反对意见,认为"勿忘勿助"只是谈养气之道,并没有涉及神的问题。最后,对张载所谓"勿忘者,但不舍其虚明善应之心尔",程颐认为"此言恐未便"。在程颐看来,既有存于心而不舍,就谈不上虚明,更不能善应。

双方分歧的真正原因何在?《经学理窟》中有一段文字有助于理解张载之意。张载说:

> 道理须从义理生,集义又须是博文,博文则利用。又集义则自是经典,已除去了多少挂意,精其义直至于入神,义则一种是义,只是尤精。虽曰义,然有一意、必、固、我便是系碍,动辄不可。须是无倚,百种病痛除尽,下头有一不犯手势自然道理,如此是快活,方真是义也。孟子所谓"必有事焉",谓下头必有此道理,但起

---

① 《河南程氏文集·书启》。

一意、必、固、我便是助长也。浩然之气本来是集义所生，故下头却说义。气须是集义以生，义不集如何得生？"行有不慊于心则馁矣"。义集须是博文，博文则用利，用利即身安，到身安处却要得资养此得精义者。脱然在物我之外，无意、必、固、我，是精义也。然立则道义从何而生？洒扫应对是诚心所为，亦是义理所当为也。①

在这段话中，张载表达的意思是：能自然而然从义，且能自得其乐，才是真正的义。在这种状态下，任何人为因素都是助长的表现。而这一过程是非常艰难的，由博文到集义再到利用，然后资养，达到精义入神的程度才是真正集义。《论语》"绝四"与"勿忘勿助"可以互证。"绝四"来源于《论语·子罕》："子绝四：毋意、毋必、毋固、毋我。""勿忘"就是"勿使有息"，"勿助长"则是去除意、必、固、我这些人为因素。

程颐认为此句只是论养气之道。他说："必有事焉而勿正（事者，事事之事），心勿忘勿助长，养气之道当如此"。对"必有事""勿正""心勿忘""助长"他作了详细的说明："'必有事'者，主养气而言，故必主于敬。'勿正'，勿作为也。'心勿忘'，必有事也。'助长'，乃正也。"又说："孟子曰：'必有事焉而勿正，心勿忘，勿助长也。'必有事焉，便是心勿忘；勿正，便是勿助长。"② 也就是说程颐将必有事焉解释为心勿忘，勿忘就是主敬；勿正解释为勿助长，就是勿作为，即无意、必、固、我。

程颐对张载的误读在于，二者对"忘"的阐释不同。张载之"忘"强调的是"不息"，程颐之"忘"与"勿助长"同义，即避免人为的因素。双方的分歧实际上是关于修养方法的认识有不同。张载强调为学工夫的阶段性，既注重外在的穷理，又重视内在的尽性，二程则认为不需要那么多的曲折，只主敬即可。这个分歧此后成为他们进一步讨论的焦点。

第四次交流发生在熙宁十年（1077）。张载由吕大防举荐再次入京，

---

① 《张载集·经学理窟·学大原下》。
② 《河南程氏遗书·伊川先生语四》。

不久"引疾而归",路过洛阳时曾与二程讨论哲学与时政。这次谈话由张载弟子苏昞记录,是为《洛阳议论》。这次讨论的哲学思想主题是对"穷理尽性以至于命"的理解。

"穷理尽性以至于命"是《易传·说卦》中的一个重要命题。据《洛阳议论》所载:"二程解'穷理尽性以至于命',只穷理便是至于命。子厚谓失于太快,此义尽有次序。须是穷理,便能尽得己之性,则推类又尽人之性;既尽得人之性,须是并万物之性一齐尽得,如此然后至于天道也。其间煞有事,岂有当下理会了?学者须是穷理为先,如此则方有学。今言知命与至于命,尽有远近,岂可以知便谓之至也。"①

张载通过"穷理尽性以至于命"注解《论语》的"三十而立"章,对此作出理论分疏。他说:"三十器于礼,非强立之谓也。四十精义致用,时措而不疑。五十穷理尽性,至天之命;然不可自谓之至,故曰知。六十尽人物之性,声入心通。七十与天同德,不思不勉,从容中道。"②张载强调为学工夫的阶段性,既注重外在的穷理又重视内在的尽性。二程则将"三十而立"做以下的论释:"'十有五而志于学,三十而立,四十而不惑',明善之彻矣。圣人不言诚之一节者,言不惑则自诚矣。'五十而知天命',思而知之也。'六十而耳顺',耳者在人之最末者也。至耳而顺,则是不思而得也,然犹滞于迹焉。至于'七十从心所欲不逾矩',则圣人之道终矣。此教之序也。"③ 二程的阐释是,到四十岁的时候彻底明了善的根源,五十岁的时候通过自思反省而知道天命,六十岁的时候达到不思而得的境界,七十岁的时候一切可以随顺自然。也就是说,一旦豁然贯通,则众物之表里精粗无不了解。

从张载与二程的四次学术交往来看:第一次讨论的主题是应该怎样解释《周易》。第二次讨论的主题为儒学境界是一种什么样的境界。张载认为这个境界主要表现在能准确把握事物的尺度,找到处理事物矛盾最恰当的方式,从而实现心灵的自由;而程颢认为这个境界主要表现为心中自有主宰,即心能定,与外物保持接触但又不被外物所累。第三次

---

① 《河南程氏遗书·二先生语十》。
② 《张载集·正蒙·三十》。
③ 《河南程氏遗书·二先生语九》。

讨论的主要话题是太虚即气。张载通过长期的易学研究提炼出虚无即气的命题，主要是为了彻底批评佛教和道家（教）的世界观，从根本上确立儒学的理论依据，而程颐并未理解张载的良苦用心。第四次讨论的主题是对《易传·说卦》"穷理尽性以至于命"的理解。张载强调为学工夫的阶段性，既注重外在的穷理，又重视内在的尽性，二程则认为不需要那么多的曲折。从他们的四次交流来看，是张载主导了讨论的主题，张载将其最有心得体会的观点就正于同好，但没有达到预期的效果。

更加值得关注的是，张载的弟子吕大临一方面坚守张载的思想，又很了解二程的思想，他试图沟通二者，对洛学的发展起到直接推动作用。吕大临曾与张载讨论"天道性命之微"，张载对其十分赏识。张载卒后，吕大临问学于二程，二程称其"深潜缜密"。朱熹也认为，在二程门徒中，吕大临高于诸公。吕大临"理""气"不可强分的观点使二程不得不重视张载的气本论并提升"气"在其思想中的地位。吕大临还试图以"中"来概括和把握"天道"内涵，以此调和张载与二程关于儒学理论与境界的矛盾。程颐认为"中"是关于心性自由状态的描述，与道、性不能混为一谈，但也没有办法否定天理除了是内在自由之外，还一定要合乎事物的最好尺度。吕大临还将"中"视为"本心"，主张"反求吾心"，对程颐视"心"为"已发"的观点作了批评。程颐不同意心就是性，认为心统性情，另外也不得不承认"心"有体有用。

对关学与洛学的关系较早进行评说的是二程弟子。他们的主张是"关学出于洛学"。朱熹虽肯定"横渠之学，实亦自成一家"，但仍认为"其源则自二先生（程颢、程颐）发之耳"[①]。侯外庐先生主编《中国思想通史》指出："按照道学的正统观念，关学是洛学的一个分支，但这和历史实际不尽符合。"[②] 后来他主编的《宋明理学史》进一步指出："二程从张载那里吸取了不少东西，如理一分殊、天地之性与气质之性的理论。张载提出的一些命题，经二程的扩充、发展，成为理学思想体系的

[①]《伊洛渊源录·司马光论谥书》小注。
[②] 侯外庐主编：《中国思想通史》（第4卷，上册），人民出版社1959年版，第562页。

最基本的、最重要的命题"①，很难看出张载对二程的因袭之处。应该说，侯先生的判断是准确的。

（摘要原载《中国社会科学报》2018年1月5日，第6版，原题《张载与二程的学术交往》）

---

① 侯外庐、邱汉生、张岂之主编：《宋明理学史》（上册），人民出版社1984年版，第125—126页。

论宋明新儒学的宗教色彩

对于宋明新儒学的性质，20世纪80年代中国学者曾产生过一场讨论。任继愈1980年发表《论儒教的形成》①一文，从历史的角度论述了儒家思想逐渐演变为儒教的过程。他指出孔子的学说经历了两次大的改造：第一次改造在汉代，产生了董仲舒的神学目的论，儒家思想已具宗教雏形。第二次改造在宋代，产生了"三教合一"的宋明理学，这是儒教的完成。1982年他又发表《儒教的再评价》一文②，对儒教的独特个性进行了补充说明。他认为，宋明新儒学是一种宗教，这种宗教的教主是孔子，其教义和崇拜的对象为"天地君亲师"，其经典为儒家六经，教派及教法世系即儒家的道统论，有所谓十六字真传，其宗教组织即中央的国学及地方的州学、府学、县学，学官即儒教的专职神职人员。僧侣主义、禁欲主义、蒙昧主义，注重内心反省的宗教方法，敌视科学，轻视生产，这些中世纪经院哲学所具备的落后东西，儒教应有尽有。虽然儒教不主张出世，不主张有一个彼岸世界，但它把现实世界中的三纲五常进行宗教式加工，使之转化为一个彼岸世界。宋明儒学反复讨论所谓"下学上达""极高明而道中庸"，和禅宗从"运水搬柴"中去体验妙道一样，是主张在人伦日用中去追求所谓高明的精神境界，实质上也是一种彼岸世界。因此，宋明新儒学是儒、释、道"三教合一"的产物，是成熟了的宗教。

冯友兰在《略论道学的特点、名称和性质》一文③中，对任继愈的上

---

① 任继愈：《论儒教的形成》，《中国社会科学》1980年第1期。
② 任继愈：《儒教的再评价》，《社会科学战线》1982年第2期。
③ 冯友兰：《略论道学的特点、名称和性质》，《社会科学战线》1982年第3期。

述观点作了批评。他认为是宗教必有教主，要论证儒学是宗教，就必须首先证明孔子是半人半神的人物、天地君亲师是神。但天地君亲师都不是神，而且宋明新儒学也未有人认真讨论过"天地君亲师"。孔子也并不神秘，不管历代皇帝给他加什么封号，这样的人总是个人，不是教主。儒家四书五经，都有来源可考，不出于神的启示。至于把宋明新儒学的精神境界视为禅宗的彼岸世界，这也不是科学的结论。禅宗虽然"呵佛骂祖"，但它的根本思想还是佛教的"超脱轮回""涅槃清净"，就形神关系而言，它主张神不灭论。而宋明新儒学所说精神境界依附一个人的肉体，肉体不存在，他的精神境界就不存在。这是一种神灭论。所以宋明新儒学和禅宗表面相似，但本质上不同，这个不同是宗教和哲学的差别。

宋明新儒学确实不是一种典型的宗教。孔子和四书五经在宋明新儒学中没有耶和华和《圣经》在基督教中的神秘地位。宋明诸儒还对董仲舒以来关于孔子和"五经"的神话进行了厘析，力图还孔子的历史面目。宋明新儒学也批评了佛、道教的神不灭论。虽然他们都承认宇宙中有鬼神、神明，但他们所指的含义或者是阴阳二气变化的神妙功能，或是圣人品德的高深玄远。与有神论所讲的主宰自然和人间的创世主的含义无多大联系。非但如此，有些新儒学的代表人物还批评了迷信鬼神的心理根源，张载还从哲学角度论证了"太虚即气"，万物皆气之聚散，不可能有所谓涅槃境界的道理。这些都表明宋明新儒学并非有神论。

特别是宋明新儒学与早期儒家一样，对人的道德和理性予以高度尊重。他们从宇宙角度对人的特性进行论证，提出人性的基本特征是良知，是仁爱。这显然有别于基督教的原罪说，宋明新儒学还高扬人在宇宙中的价值。如周敦颐在他的《太极图说》中说："惟人也得其秀而最灵。"意思就是人在宇宙中得到阴阳五行的秀气而成为宇宙的主宰。这更能证明宋明新儒学并非像基督教那样的宗教。

但宋明新儒学具有浓厚的宗教色彩。主要有以下三个方面的表现。

其一，它用神学式的虚构，制造了凌驾于万物之上的绝对观念，一切现实存在不过是这一绝对观念的呈现。无论宋明新儒学的气化派、天理派、心学派，都有一个共同的特点，就是预先假定气化之道、天理或心是一种绝对的客观存在。它们是一种精神的实体。这种实体与黑格尔的绝对观念有异曲同工之妙，而黑格尔的绝对观念早被费尔巴哈评论为"只是用理性的说法来表达自然为上帝所创造，物质实体非物质的亦即抽象的实体所创造的神学学说"①。这个分析颇适合对宋明新儒学各绝对观念的分析。

以朱熹的天理范畴为例，它有四种意义：一是它是毫无具体经验内容的最高抽象，如他说："极是道理之极至，总天地万物之理，便是太极，太极只是一个实理，一以贯之。"② 太极包括了一切，却又什么也没包括。二是它是先于物质存在的实体，是产生万物的神秘根源。如他说："原极之所以得名，盖取枢机之义，圣人谓之'太极'者，所以指夫天地万物之根也。"③ 三是它主宰万物的运行规则。四是它还是精神性的实在。由于以上四点特征，历史学家侯外庐先生称为"无人身的理性"。这种"无人身的理性"与具体事物的关联虽然不像黑格尔的绝对观念那样经过正、反、合而自我认识，而是借助于理生气、理一分殊来外化和展现，但它实质上是一种神学式的论证，或者说是一种信仰。

其二，它用神学化的理论思辨论证了三纲五常的万古不易，使政治、伦理规范趋于独断。宋明新儒学都热衷于把三纲五常神圣化。与汉代神学法典《白虎通义》不同的是，他们采取了一种思辨的方式。

二程认为三纲五常是"天理当然"，人类的等级制度及其相应的道德规范，是天理在人间的具体表现形态。朱熹也说："宇宙之间，一理而已。天得之而为天，地得之而为地，而凡生于天地之间者，又各得之以为性，其张之为三纲，其纪之为五常，盖皆此理之流行，无所适而不在。"④ 侯外庐先生曾详细分疏朱熹天理呈现为纲常法则的具体过程，指出朱熹为了使天理成为社会秩序的终极根据，一方面把"太极"当为伦理性的本体；另一方面把阴阳五行与仁、义、礼、智、信五种道德规范相对应，并加上气禀清浊差异的补充，从而证明：三纲五常是永恒的，而每一个人所处社会地位以及所尽义务又不完全是相同的。

---

① 《费尔巴哈哲学著作选集》上卷，生活·读书·新知三联书店1962年版，第114页。
② 《朱子语类》卷1。
③ 《朱子语类》卷94。
④ 《朱子公文集》卷7。

由此可见，宋明新儒学的政治目的是鼓吹政治神学和伦理神学。在宋明新儒学的政治理论中，对于社会制度和专制政体，从未把它当作审视、研究的对象，而是把它当作理论前提加以论证。这与理性主义精神是背道而驰的。

其三，它制造了一系列极富宗教修炼色彩的道德修养方法。宋明新儒学所提出的道德修养诸学说，无论是格物致知、穷理尽性、致良知，都有较浓厚的宗教修炼色彩。

这些修养方法夸大了人性的正当欲望与天理的矛盾。根据新儒学的理论，人既有仁义等伦理属性，又有饮食男女的需要，二者都出于天性。一个人如果只从后者着想，这就成为人欲。也就是说，凡是超过节度的、无休止的欲望，就是人欲，只要是在道德规范所许可的范围内的要求就是天理。这本来是很合理的学说，但新儒学往往把天理与人欲当为对立的两极。"天理存则人欲亡，人欲胜则天理灭。"① 因此，要完善自身的道德，就必须"穷天理，灭人欲"。到王阳明把"一念发动处"也当为"行"，则克制人欲就发展到无所不至。

这些修养方法还过分夸大了修养过程与最后一悟的差别。如朱熹认为，如果格物致知，存理去欲，则一旦豁然贯通，则众物之表里精粗无所不到。所谓豁然贯通，就有神秘因素。王夫之在《读四书大全说》中就曾指出：孟子说浩然之气，是集义所生，儒家讲修养，只要人的生命未停止，就始终有一个修养功夫，而朱熹说豁然贯通，是如悬之解，与佛教之顿悟后别无余事没有差别。故"孟子吃紧处教人求仁，程朱却指个不求自得、空洞虚玄的境界，异哉！非愚所敢知也"②。如果真有一个固定的境界，难免有彼岸世界之嫌。

宋明新儒学哲学性与宗教性相统一的性质，表明中国思想有着极其浓厚的信仰意识。也许有必要专门研究中国传统信仰理论的特色及其对古代文化所产生的影响，从而对儒、佛、道诸家思想作出更加准确的评价。

（原载《朱子学刊》1996年第1辑）

---

① 《朱子语类》卷13。
② 《读四书大全说》卷10。

法相唯识学与船山哲学

船山[①]重视法相唯识学，近人时有发明。熊十力先生说，他早岁十分崇拜船山学问，后读佛典，"始知船山甚浅。然考《船山遗书》目录，有《相宗络索》《八识规矩论赞》二书，自邓显鹤、曾国藩之伦，皆莫为刊行。诸为船山作传者，亦置弗道。吾臆船山晚年或于佛学有所窥，陋儒或讳其书不传，未可知耳"[②]。梁启超在其《清代学术概论》中也说："尤可注意者，《遗书》目录中有《相宗络索》及《三藏法师八识规矩论赞》二书。在彼时以儒者而知治'唯识宗'，可不谓豪杰之士耶！"[③] 船山对法相唯识学如何理解？法相唯识学与船山哲学有何关系？船山于佛学研究为何独着意于法相唯识学？

一 《相宗络索》对法相唯识学的理解

《相宗络索》作于1681年，它诠释八识、九缘、四缘、十二支、三境、三量、三性、见分三性、五位唯识、二障、我法二障各二、四分、五受、三界九地、三有身、二类生死、六位心所、六识五种、八识十证、八识三藏、八识所熏四义、七识能熏四义、邪见五种、迷悟二门、八识

---

① 王夫之（1619—1692），字而农，号姜斋，湖南衡阳人，晚年居于湘水之西的石船山，被学者称为船山先生，一生著述百余种，400余卷，其中有《思问录》《周易外传》《尚书引义》《读四书大全说》《张子正蒙注》《俟解》《搔首问》《老子衍》《庄子通》《相宗络索》《黄书》《噩梦》《读通鉴论》《宋论》等，对儒学、佛教、道家（教）和百家之学以及历史和政治等均有深入研究和评论，是明清之际的著名思想家。
② 《新唯识论·心书》。
③ 梁启超：《清代学术概论·黄宗羲和王夫之》，上海古籍出版社1998年版。

转四智次第、四加行、资粮三位、十地、八识转成四智诸相宗用语，颇为简明扼要，是船山对法相唯识学研究的提炼。刘毓嵩在《王船山先生年谱》中谓之为"释氏小学之绀珠"。

《相宗络索》对法相唯识学的宗旨有相当准确地把握。首先它指出万法唯识。船山诠释"五位唯识"时说："此以唯识一宗，该尽万法，一切事理见相，善恶凡圣，皆识所证。流转者；此识之流转；还灭者，即于识而还灭之。百法统万法，五位统百法，若非自识，彼法不成。一由阿赖耶识，旋生七位，建立种种迷悟规矩，凡一切相，皆从见生，见相皆从自证分生，一散而万。相宗所以破逐法执理之妄也。"① 并于解释"三境"时云："境者，识中所现之境界也。境本外境之名，此所言境，乃识中觉了能知之内境与外境相映对立所含藏之体相也。"② 法相唯识学认为世间种种"我""法"施设，都是由识所变现，《唯识三十颂》第一颂即说："由假说我法，有种种相转，彼依识所变。"船山从"自性唯识""相应心所唯识""所缘唯识""分位唯识""实性唯识"五个方面对万法唯识进行概括，指出心、心所及所变现的诸有为法乃至无为法都是依托识体而存在。

船山对识体有相当多的描述。他认为识体是无明推动的生命流转还灭的总载体。他诠释"十二支"时说，"无明""行"属过去支，自"名""色"以下皆现在支，而"爱""取""有"三支为"无明""行""识"之因，结成未来八识种子，循环生死之中，无有休息，皆此十二有支相缘不舍，唯一阿赖耶识贯彻始终。船山认为人的形体转化有"前有身""中有身""后有身"三个不同阶段，虽然某些方面被消灭，但阿赖耶识体则是始终作为转化的依托。③

阿赖耶识体如何能够变现现象？法相唯识学认为这是由于阿赖耶识体潜藏了无数种子，种子在显现行起时，生起八识，并变现外境。种子有刹那灭、果俱有、恒随转、性决定，待众缘、引自果六种特性，它有

---

① 《相宗络索·五位唯识》。
② 《相宗络索·三境》。
③ 《相宗络索·三有身》。

亲生自果的功能。① 船山对种子与阿赖耶识上述共聚和合的关系阐述说："阿赖耶此翻为藏，藏有三义，前一就本识言，后二依他立义，其实一也。"并就本识"能藏"概述道："此识体本虚，故能含藏前七无始熏习染所有善恶种子，又能藏现有前七所作善染诸法现行为未来种子。"② 不但准确地把握了种子与阿赖耶识的同一关系，而且把握了种子的"本有""新熏"两义。

船山特别注重分析识体转生八识的过程以及八识的共性和特性。识体显现行起，带起阿赖耶识、末那识、意识、眼耳鼻舌身前五识。船山辟"八识""六识五种""七识能熏四义""八识能熏四义"等名词，对八识的结构和功能作了丰富的阐析。如他分析六识"意识"，认为它有五种不同形态：定中独头意识、散位独头意识、明了意识（同时意识）、梦中独头意识、乱意识。五者分别对应于不同的缘起关系，表现为不同功能。③ 又如他对诸识的现量、比量、非量的分判，指出前五识只有现量而无比量，但由于第七末那识影响六识而流注前五，前五识的现量也不一定能得到如实呈现。特别是船山在分析八识的前七识的能熏义时，指出："能熏者，能熏第八识也。前五熏八识相分，成未来一切相。七识熏八识见分，成未来一切见。第六，二分通熏"④。这就把前七识对于第八识的客观功能作了明确的区别。

船山认为外境百法的变现、虚妄认识的根源在于第七末那执八识见分为内自我。他绘有六位心所缘生图，解释法相唯识学的百法结构，指出，由于七识妄揽八识为内自我，立八识相分为境而影响到余六的认识发生谬误。"六识不经七识所染则善染则忘，仍是无覆本性，惟被七识所染，则别境转增，不定心起。"⑤

船山从而概述阿赖耶识体的变现为流转、还灭二门。"流转者……从八识顺其习气瀑流之机，起五遍行，不复回顾真如，一注七六二识，一注前五识，生诸心所，成随烦恼，谓之流。从七识违背真如，转变其圆

---

① 参见《成唯识论述记》卷2。
② 《相宗络索·八识三藏》。
③ 《相宗络索·六识五种》。
④ 《相宗络索·七识能熏四义》。
⑤ 《相宗络索·六位心所》。

实之性，染八识无覆为有覆，变六识别境，令生不定，而具根本六惑，乘前五之发即与和合，变成三惑重障，谓之转。且流且转，转而复流，现行种子互相生而不已，因果相仍而不舍，永无出离十二因缘之业海，皆由此门而出也。""还灭者，灭妄还真。……还者，逆八识顺流之波，穷前五之妄，归同时之意识，即还六识妙观，不转前五成妄，穷六识之妄归七识，即还七识本无之体，不染六识具诸惑障。穷八识之染因于七识，而本自无覆，即还本体，不受其染，渐渐舍彼异熟，即还真如。灭者，于七识命根一刀斩断，绝灭无余，六识枝蔓随之摧折，七识灭则六识灭，六识灭则七识后念灭，前五同时意识，八识见相二分皆灭此门。……"① 因此，要获得对事物的正确认识，关键在于截断阿赖耶识体的流转，而关键之关键，即"只有径灭七识，余七一齐俱转"②。

但是七识纯染，要灭此末那识，不可能直接从末那识本身施功，而要使阿赖耶识内藏的无漏种充分显示出来，转有漏为无漏，而阿赖耶识中的无漏种自身并不发生作用，只有通过有漏心善的激发后才发挥作用，因而唯识学强调前六识对佛说义理的闻见、实行，而留印象于第八根本意识，以激发无漏种。同时这一过程是相当长的，要经三大阿僧祇劫，修无量善行，才能办到。船山对唯识所强调的修证过程也进行了相当详细地概括，列"四加行""资粮三位""十地"对修证的不同层次和阶段的情形作了分别阐析。最后指出修证而达到转识成智，此时人之第八识转成大圆镜智，第七识转成平等性智，第六识转成妙观察智，前五转成为成所作智。此四智，就其能证其心识之实性真如而能所不二，更无分别而言，即根本智，自其同时能依此根本智，依无分别而分别，以正知遍知世间之众生心识与一切其他诸法之分别相，而又能依其缘无漏种而起无尽善行，以度众生，名后得智。

法相唯识学是印度佛教一大宗派，由无著、世亲开宗。他们对中道的缘起实质分析，并不背离龙树八不中道。但他们对中道的认识角度不同于大乘空宗。他们侧重从认识角度揭示诸法的本性。认为任何事物都可分别为三性：遍计所执性、依他起性、圆成实性。所谓遍计所执性，

---

① 《相宗络索·迷悟二门》。
② 《相宗络宗·八识转四智次第》。

"周遍计度，故名遍计"①，它是由第六识（安慧认为八识均能）把名言、概念所表示的一切现象，视为各有自性差别的客观实在。这是人们认识没有达到圆满阶段时，对自我和事物产生的错误判断。依他起性，"依他众缘而得起"②，即所有我法施设都是凭恃一定的条件而生起的。圆成实性，"二空所显，圆满成就，诸法实性"③，即在依他起性上，远离遍计所执性，去掉对一切现象的虚妄分别而获得对一切现象的最完备、最真实的知识。法相唯识学认为依他起之"他"，即阿赖耶识中的种子，而非其他现象。因而它强调在阿赖耶识种子的变现基础上进行修证，而断灭妄执。特别是由于阿赖耶识基于十二因缘的生命长河，由于人类社会和自然的普遍联系，虽然某人可能对佛理有所闻达，但阿赖耶识种子的净化或本质化，则需要在宇宙范围内对人类名言概念直至文化心理作彻底转化。

因而，法相唯识学较之大乘空宗有如下三大特点：第一，它充分显示了大乘空宗以及中国佛性论者如天台宗、华严宗、禅宗的认识论前提。无论大乘空宗对实相的提炼，抑或是中国佛性论者对佛性的概括，都不能离开中道的认识论基础。现象是真如，但离开了认识的中介，现象并不能直接等同为真如。禅宗后来鼓吹即心即佛，也有一些人对此作过反省。郁郁黄花，无非般若，青青翠竹，尽是法身，"若见性人，道是亦得，道不是亦得，随用而说，不滞是非；若不见性人，说翠竹，著翠竹，说黄花，著黄花，说法身，滞法身，说般若，不识般若，所以皆成诤论"④。而法相唯识学则并不否定现象的本质是真如，但它侧重从认识的中介以及"识"的内部结构转换来揭示真如的呈现历程。第二，它比大乘空宗以及中国佛性论者更加注重法相的假有。以名言形式出现的各种虚幻的宇宙现象，它都予以繁杂的分析，在其理论深处要比空宗正视染净二法的对立统一。即使在阿赖耶识内部的种子结构中，法相唯识学捍卫染净法的区别，有漏种与无漏种并非主从关系，正确和非正确的认识

---

① 《成唯识论》卷8。
② 《成唯识论》卷8。
③ 《成唯识论》卷8。
④ 《大珠禅师语录》卷下。

虽然都是阿赖耶识流转还灭中可能同时出现的，但它不像空宗那样把"无明"仅仅视为真如的附带。第三，它揭示空宗和中国佛性论者所提倡的真如实性，佛性仅仅只是一种权设，特别是后来佛性论者直接把心性与佛性等同起来，更加违背了真如实性的潜在性。形形色色的各种现象都有其不同的自相，由于阿赖耶识含藏有一切现象不同的名言种子，一切现象也就具有不同的差别。在未彻底改变种子的功能之前，各事物的呈现都是以各不同的识体为根据，因而潜在的真如实性需要一个长期的转变过程才能呈现。

法相唯识学的理论核心即在暴露终极本质的呈现需要一个以认识为前提的中介。终极本质只有在此中介的自我实现中才能逐渐体现。

纵观船山对法相唯识学的概述，我们可以看出船山对法相唯识学的这一特色是知之甚深的。他特别详细地分析了八识结构和功能，并不厌其烦地解析六位心所，同时颂赞法相唯识学的流转、还灭法。《相宗络索》在《迷悟二门》中曾叙说《八识规矩颂赞》："二门皆尽唯识宗旨。规矩颂前八句颂流转门，后四句颂还灭门……《规矩》说还灭法，立四颂，从粗入微，以前五始，以第八终，逆序也"，并详细分疏修证过程次第。船山所把握的乃是法相唯识学的主脉。

二　船山对法相唯识学的批评

佛教的传入及其中国化，对中国古典哲学思维的思辨化起了重要作用。但由于佛教在人生价值论、宇宙存在论的看法上与传统中国哲学迥不相侔，因而其思维成果不可能直接转化为传统哲学的相应内容，它必须经过整个体系的深刻转换，才能成为传统中国哲学的有机组成部分。宋明诸儒正是在转化的基础上，修正佛性的前提和内涵而构建儒家的心性本体的。船山对法相唯识学的态度也是如此。他是在批判中改造吸收法相唯识学的表现形式的。

第一，他批判唯识无境说，坚持宇宙客观真实性，并提出了正确的能所观。

船山综述佛教关于认识主体与客观对象的关系云："乃释氏以有为幻，以无为实，'惟心惟识'之说，抑矛盾自攻而不足以立。于是诡其词曰：'空我执而无能，空法执而无所。'然而以心合道，其有'能'有'所'也，则又固然而不容昧。是故其说又不足以立，则抑'能'其'所'，'所'其'能'，消'所'以入'能'，而谓'能'为'所'，以立其说，说斯立矣。故释氏凡三变，而以'能'为'所'之说成。"① 他认为佛教在认识主体与认识对象的关系论述中虽多次变化，但都不能正确说明二者的关系，最后导致法相唯识学消所入能、谓能为所，形成一套八识见相四分"荣华可玩"的复杂体系，而终竟不肯正视外界和认识对象的真实存在。船山在《张子正蒙注》中指出："浮屠谓真空常寂之圆成实性，止一光明藏，而地水火风根尘等皆由妄现，知见妄立，执为实相。"② 实则是以其闻见之小而诬世界乾坤为幻化。事实上，气化流行，"其一阴一阳，或动或静，相与摩荡，乘其时位以著其功能，五行万物之融结流止，飞潜动植，各自成其条理而不妄"③。因此，船山指出，只有在主客对待关系是完全真实的对待基础上，才可能有真正的能所关系："乃以俟用者为所，则必实有其体以用乎俟用，而以可有功能者为能，则实有其用。体俟用则固所以发能，用乎体则能必副其所。体用一依其实，不背其故，而名实相称矣。"④

船山进而指出，在这种真实的主客关系中，我们一方面可以发现客观存在对认识主体的前提性，即认识主体的认知结构和情感结构在某种含义上说都是宇宙气化流行的赋布和沉淀，"天以阴阳、五行为生人之撰，而以元、亨、利、贞为生人之资。元、亨、利、贞之理，人得之以为仁义礼智；元、亨、利、贞之用，则以使人口知味，目辨色，耳察声，鼻喻臭，四肢顺其所安，而后天之于人乃以成其元、亨、利、贞之德。非然，则不足以资始流行，保合而各正也。"⑤ 另一方面，认识主体对客观事物的认识总是相对的。船山于此处特别参照法相唯识学关于认识主体的主动性论述，指出以人类为价值中心的天道内涵实际上是依靠人的努力而加以显现："天地之化，与君子之德，原无异理。天地有川流之

---

① 《尚书引义》卷5。
② 《张子正蒙注》卷1。
③ 《张子正蒙注》卷1。
④ 《尚书引义》卷5。
⑤ 《读四书大全说》卷10。

德，有敦化之德，德一而大小殊，内外具别，则君子亦无不然。天地之化，天地之德，本无垠鄂，惟人显之。人知寒，乃以谓天地有寒化；人知暑，乃以谓天地有暑化；人贵生，乃以谓'天地之大德曰生'；人性仁义，乃以曰'立天之道，阴与阳，立地之道，柔与刚。'"① 客观事物之理在认识中总是不免被主观化。但船山同时也清醒地意识到"不可执理以限天"②。虽然客观事物之"理"的揭示不能离开认识主体的作用，但认识主体所揭示的事物之理并不能代替客观事物的客观之理，并不因为认识主体有别，揭示的事物本质有别，就不存在事物本质本身的客观性。船山认为事物的真正本质正是由不同认识主体分阶段逐渐揭示的。这一过程依附于宇宙无穷无尽的恒变恒化。"圣人只是圣人，天地只是天地。……无端将圣人体用，一并与天地合符，此佛、老放荡僭诬之词，不知而妄作。圣人立千古之人极，以赞天地，固不为此虚诞，而反丧其本也。"③

第二，船山批判唯识结构，坚持认识的理性功能，并提出了"仁义礼思"的性体观。

船山指出："人心者，人固有之。固有之，而人以为心，斯不得别之以非人，斯不得别之以非心也。就其精而察之，乃知其别，就其粗而言之，则无别，而概目之曰心。故天下之言心者，皆以人心为之宗。心，统性情者也。此人心者，既非非心，则非非性。故天下之言性者，亦人心为之宗。"④ 但人心是相当复杂的。就人心的认识功能而言，它可分别为知性和情感两个方面，船山别名之为"智"和"情"，前者包括"知觉""思"即由一般认知到抽象推理的总过程，后者包括喜怒、哀乐等诸种情态。就人心的社会价值而言，它又可分别为人心和道心，道心即人的认知和情感结构所赋有的恻隐、羞恶、恭敬、是非之端。船山认为人心与道心的关系，"互藏其宅而交发其用"⑤。因此，如果不能正视人心中有道心，就会忽视人心知性和情感结构的光明面，而无视人类理性地把

---

① 《读四书大全说》卷4。
② 《张子正蒙注》卷1。
③ 《读四书大全说》卷4。
④ 《尚书引义》卷1。
⑤ 《尚书引义》卷1。

握世界和发现生存的意义的能力，陷入绝情灭性的可悲境地，如果把道心游离于人心，则会造成在现有人类知性和情感结构之外虚悬另一境界，同样沦于对人类自身的知性情感结构的轻侮。船山认为法相唯识学以及整个佛教都是在此处发生了荒谬的认识。

他指出佛教最根本的谬误在于看不到"人心"中有"道心"，而直以人心为性。"金仁山谓释氏指人心为性，而不知道心为性，此千年暗室一灯也。于此决破，则释氏尽他说得玄妙，总属浅鄙。……凡人之有情有才，有好恶取舍，有知觉运动，都易分明见得，唯道心则不易见。……故曰：'道心惟微'。"① 由于佛教不能正视宇宙生化的真实存在，他们也就看不出宇宙生化对人的真实条件关系，从而也看不到宇宙生化赋布于人内心的价值面。船山说："在人微者，在天则显。故圣人知天以尽性。在天微者，在人则显，故君子知性以知天。孟子就四端言之，亦就人之显以征天之微耳。易传'一阴一阳之谓道'一章，则就天之显以征人之微也。要其显者，在天则因于变合，在人则因于情才。而欲知其诚然之实，则非存养省察功深候到者不知。"②

固然人的喜怒哀乐之情，"当其动，发不及持，而有垂堂奔马之势；当其静，如浮云之散，无有质也"③。如果任凭情感流逸而不加克制，人就不可避免地陷于痛苦而不可自拔。船山认为佛教正是看到了人情的险恶面，而企望泯灭一切情感，其实他们揣摩不到人情之中蕴含有"仁义礼智"，"且夫人之有人心者，何也？成之者性，成于一动一静者也。（自注云：老以为橐籥，释以为沤合。）一动一静，则必有同、异、攻、取之机。（自注云：动同动而异静，静同静而异动，同斯取，异斯攻。）同、异、攻、取，而喜、怒、哀、乐生矣。（自注云：同则喜，异则怒，攻则哀，取则乐。）一动一静者，交相感者也。故喜、怒、哀、乐者，当夫感而有，亦交相息者也，（当喜则怒息，当哀则乐息矣。）交相息，则可以寂矣，故喜、怒、哀、乐者，当夫寂而无。小人惑于感，故罹其危；异端乐其寂，故怙其虚。待一动一静以生，而其息也则无有焉。斯其寂也，

---

① 《读四书大全说》卷10。
② 《读四书大全说》卷10。
③ 《读四书大全说》卷10。

无有'自性';而其感也,一念'缘起无生'。以此为心而将见之,剖析纤尘,破相以观性,至于'缘起无生',则自谓已精矣。孰知夫其感也,所以为仁义礼智之宅,而无可久安之宅;其寂也,无自成之性,而仁义礼智自孤存焉。则斯心也,固非性之德,心之定体,明矣。故用则有,而不用则无也"[1]。

船山特别针对法相唯识学无视人的知性的道心面作了批判。他认为唯识学把人的知性结构由感觉到推理分为八个层面有一定道理,并以儒家原有认知概念作了一一对应,"释氏所谓六识者,虑也;七识者,志矣;八识者,量也;前五识者,小体之官也。"[2] 但他不同意佛教对知性的理性能力的否定。"呜呼,小体,人禽共者也;虑者,犹禽之所得分者也;人之所以异于禽者,惟志而已矣。不守其志,不充其量,则人何以异于禽哉?而诬之以名曰'染识',率兽食人,罪奚辞乎?"[3] 佛教看不到第七识的理性判断能力,因而把改造知性结构的重心放在前六,特别强调前六的直接体认,船山指出这是十分荒谬的:"耳目之官不思……心之官则思,思则得之,不思则不得。不思而亦得,故释氏谓之现量。心之官不思则不得,故释氏谓之非量。耳目不思而亦得,则其得色得声也,逸而不劳,此小人之所以乐从。心之官不思则不得,逸无所得,劳而后得焉,此小人之所以惮从。释氏乐奖现量,而取耳为圆通,(自注云:耳较目为尤逸)正小人怀土怀惠,唯逸乃谚之情,与征声逐色者末虽异而本固同,以成乎无忌惮之小人也。"[4] 因此,不管佛教如何说得巧妙,其所谓"识"、其所谓"智"都不过是摒弃了理性思维和判断能力的明觉了知:"以了以知,以作以用,善者恒于斯,恶者恒于斯,彼之所谓识也。了无不觉,知无不能;作不固作,用非固用;任了任知,任作任用;总持而无有自性,终不任善而任恶者,彼之所谓智也。"[5]

船山认为人的知性结构与情感结构一样蕴含理性地把握事物和认识客观世界的真实能力。在人的知性结构中,最重要的是心官之"思",

---

[1] 《读四书大全说》卷10。
[2] 《思问录·外篇》。
[3] 《思问录·外篇》。
[4] 《读四书大全说》卷10。
[5] 《尚书引义》卷1。

"思乃心官之特用,当其未睹未闻,不假立色立声以致其思,而迨及发用,则思抑行乎所睹所闻而以尽耳目之用。唯本乎思以役耳目,则或有所交,自其所当交,即有所蔽,亦不害乎其通"①。只有以"思"为指导,依凭道心而认识,"则当体无穷而不倚于物"②。

船山认为先儒言心,由于受到佛教影响,大多看不到人心之"思"的功能,以知觉灵明而替代,以致出现了单纯的"诚意说",其实只把握了知性结构的皮毛:"只缘后世佛、老之说充斥天下,人直不识得个心,将此知觉运动之灵明抵代了。其实者知觉运动之灵明,只唤作耳目之官。"③船山从而提出"仁义礼思"的性体结构。他认为:"孟子说此一'思'字,是千古未发之藏。与周书言'念',《论语》言'识',互明性体之大用。"④他说:"今竟说此'思'字便是仁义之心,则固不能。然仁义自是性,天事也;思则是心之官,人事也。天与人以仁义之心,只在心里面。惟其有仁义之心,是以心有其思之能。不然,则但解知觉运动而已。(自注云:犬牛有此四心,但不能思)此仁义为本而生乎思也。"⑤所谓思乃是"物引不动,经纬自全,方谓之思","只思义理便是思"。船山"仁义礼思"性体结构较之宋儒的性体结构更加深刻地规定知性的自我反思,而法相唯识学关于八识的分析无疑影响了船山对知性过程的概定。

第三,船山批判了法相唯识学的主观改造说,而强调切实地改造客观世界。

船山认为唯识宗及整个佛教都是一种向内缩的宗教,由于他们把所谓超脱单纯放在内心,他们就不免"终其身于人心以自牿"⑥。船山描述这种状况说:"将此心作猕猴相似,唯恐其拘桎之不密;而于气也,则尤以为害苗之草,摧残之而唯恐其不消。庄子木鸡,沩山水牯,皆此而

---

① 《读四书大全说》卷10。
② 《读四书大全说》卷10。
③ 《读四书大全说》卷10。
④ 《读四书大全说》卷10。
⑤ 《读四书大全说》卷10。
⑥ 《尚书引义》卷1。

已。"① 船山指出，人心并没有这种虚妄的超脱，哪怕是法相唯识学的"大圆镜智"，即第八识种子完全净化后观一切法平等、依无分别而别的洒脱境界，都是与儒家传统的实践理性格格不入的："佛氏有坐断两头，中间不立之说。……盖谓大圆镜智，本无一物。而心空及第，及以随缘赴感，无不同尔。迨其末流，不至于无父无君而不止。大学之正心以修齐治平者，岂其然哉？既知其虚实，又欲其不期不留而不柔矣，则其于心也，但还其如如不动者而止，而又何事于正！故释氏之谈心，但云明心、了心、安心、死心，而不言正。何也？以苟欲正之则已有期有留有系，实而不虚也。"② 船山说，儒家自古以来就强调依据人的情感认知结构，能动地、开放地、切实地作用于自然和人类社会："古之圣人，画卦序畴，于有生以后，显出许多显仁、藏用之妙。故云'穷理尽性以至于命'；云'存其心，养其性，所以事天'；云'莫非命也，顺受其正'；直是有一刻之生，便须谨一刻之始。……何尝吃紧将两头作主，而丢漾下中间一大段正位，作不生不死、非始非终之过脉乎？"③

但船山也受到了法相唯识学关于修证过程的长期性、艰巨性和复杂性的影响。此点特别明显地表现为船山对"性"的动态发展的看法。前已指出，法相唯识学认为个体的阿赖耶识体的转化是一个相当长的复杂过程，它需要有漏善行留印象于第八识以掩灭有漏种的现行功能而激发无漏种，因此，个别阿赖耶识体向真如的靠拢是逐渐的，对阿赖耶识体自身来说，它能修证到何种程度，也就表示为相应的形状。这就不同于空宗和中国佛性论者直接把心体等同于真如。船山认为儒家所言"性"也是一个相当复杂的过程："尽性以至于命。至于命而后知性之善也。天下之疑，皆允乎人心者也，天下之变，皆顺乎物则者也，何善如之哉？测性于一区，拟性于一时，所言者皆非性也，恶知善？"④ 人性的充实光辉，不但由于其从宇宙生化流行中得到了永恒的规定，同时需要后天的培植："后天之性，亦何得有不善？习与性成之谓也。先天之性，天成

---

① 《读四书大全说》卷8。
② 《读四书大全说》卷1。
③ 《读四书大全说》卷6。
④ 《思问录·内篇》。

之，后天之性，习成之也。"① 船山由此而突破了宋儒言"性"的缺陷，一方面，他不再把"性"视为与"天道"直接相等的概念，认为历史阶段的人性只有在一个长期的认识和实践过程中才能潜在地接近于道；另一方面，他把具体的人性放在具体的历史过程，从而更加深刻地看到了人心道心的对立和统一。船山从而确立了"性道"动态融合的统一哲学："太虚者，阴阳之藏，健顺之德存焉。气化者，一阴一阳，动静之几，品汇之节具焉。秉太虚和气健顺相涵之实，而合五行之秀以成乎人之秉彝，此人之所以有性也。原夫天而顺乎道，凝于形气，而五常百行之理，无不可知，无不可能，于此言之则谓之性。人之有性，函之于心，而感物以通，象著而数陈，名立而义起，习其故而心喻之。形也、神也、物也，三相遇而知觉乃发。由性生知，以知知性，交涵于聚而有间之中，统乎一心，由此言之则谓之心。顺而言之，则惟天有道，以道成性，性发知道；逆而推之，则以心尽性，以性合道，以道事天。"②

由上述分析可以看出，船山不但对佛学特别是法相唯识学素有研究，而且其研究成果在批判改造后消化为其哲学体系的有机组织形式。熊十力先生谓船山晚年乃于佛学有所窥的论断是不准确的。船山的整个哲学体系都交织着佛学特别是法相唯识学的影响。诚如侯外庐先生所指出的："他（指王夫之）的直接传统，在我看来，已经不是理学，虽然有张载理学的外貌。他所谓'先我而得者，已竭其思'，影响了他的学说的人，实在不完全是张载。在方法论上是老庄和法相宗……""船山学说中最明显地吸收了老庄、法相宗的知识论心理分析成分……"③

三 船山对宋明道学的佛学因素的反省

船山认为："盖自秦以后，所谓儒学者，止于记诵词章；所谓治谋者，不过权谋术数，而身心之学，反以付之释老。"④ 在这种对人性的超

---

① 《读四书大全说》卷8。
② 《张子正蒙注》卷1。
③ 侯外庐：《船山学案》，岳麓书社1982年版，第8页。
④ 《读四书大全说》卷4。

越性长期沉沦的历史条件下，宋儒高标人性的超越，对唤醒人的自我反省、培养飘逸的心灵境界是有功的。但是，由于释老之学长期影响人们的思想，宋明诸儒大多不自觉地陷于佛老之中而对儒学的宗旨产生了背离。这种背离表现为如下几个方面。

第一，把儒家生生不已的天道凝固化。

船山指出："（朱子）曰：'一体该摄乎万殊'，则固然矣。抑曰：'万殊还归乎一原'，则圣贤之道，从无此颠倒也。《周易》及《太极图说》《西铭》等篇，一件大界限，正在此分别，此语一倒，纵复尽心力而为之，愈陷异端。"① 程朱理一分殊、万理还归一理的观点，是受华严宗的理论影响而提出的。伊川就曾对弟子问《华严经》第一，真空绝相观、第二，事理无碍观、第三，事事无碍观而答曰："只为释氏要周遮。一言以蔽之，不过曰万理归于一理也。"并认为"亦未得道他不是。"② 朱熹也说："近而一身之中，远而八荒之外，微而一草一木之众，莫不各具此理。……虽各自有一个理，又却同出于一个理尔。……释氏云：'一月普现一切水，一切水月一月摄'，这是释氏也窥得见这道理。"③ 宋初周敦颐和张载为了重新概定"佛性"的含义以转化为儒家人性——"道心"，他们反省佛性的缘起分析，认为"物无孤立之理"④，事物固然处在"同异""屈伸""终始"的相互条件相互依赖的关联之网中，但这种关联不是单纯地局限在个体的有限关联，"释氏妄意天性，而不知范围天用，反以六根之微，因缘天地，明不能尽，则诬天地日月为幻妄，蔽其用于一身之小，溺其志于虚空之大，此所以语大语小，流遁失中"⑤。因而他们提出从宇宙气化流行的前提中看所谓自性，如船山所云，"宋自周子出而始发明圣道之所由，一出于太极阴阳人道生化之终始"⑥。但是应该看到，即使是周敦颐和张载也有把天道与"性"直接等同的倾向，周敦颐以

---

① 《读四书大全说》卷6。
② 《河南程氏遗书·伊川先生语四》。
③ 《朱子语类》卷18。
④ 《张载集·正蒙·诚明篇》。
⑤ 《张载集·正蒙·大心篇》。
⑥ 《张子正蒙注·序》。

"诚"概定天道,认为天道即"诚"①,而张载则直接提出"性即天道"②,程朱把阴阳之道概定为固态化的"理"。因此,尽管宋儒意图避免佛性的虚妄,但在理论改造的同时仍然不免堕于中国佛性论者对真如的固态化认识。

船山认为一方面天道不仅仅是人道;另一方面天道是运动的,非滞固的、僵死的天理。他说:"以物与人并言,则人行人道,而物亦行物道矣。"③ 同时由于气化是一个动态发展的过程,故任何一具体的人性都不可以概定天道,"天地之道,可以在人之诚配,而天地则无不诚,而不可以诚言也"④。

第二,把儒家灵明活泼的"性"玄虚化。

船山批驳朱子"一旦豁然贯通"之说,云:"'只下学处便有圣功在,到上达却用力不得'……乃朱子抑有'忽然上达'之语,则愚所未安。若立个时节因缘,作迷悟关头,则已入释氏窠臼。朱子于《大学补传》亦云:'一旦豁然贯通焉'。'一旦'二字亦下得骤。想朱子生平或有此一日,要未可以为据也。孟子曰:'是集义所生者',一'生'字较精切不妄。循循者日生而已。豁然贯通,固不可为期也。曰'一旦'则知其期矣。自知为贯通之一旦,恐此一旦者未即合辙。下学而上达,一'而'字说得顺易从容。云'一旦',云'忽然',则有极难极速之意,且如悬之解,而不谓之达矣。忽然上达,既与下学打作两片,上达以后便可一切无事,正释氏砖子敲门,门忽开而砖无用之旨。释氏以顿灭为悟,故其教有然者,圣人反己自修,而与天为一,步步是实,盈科而进,岂其然哉!故曰:'天积众阳以自刚',天之不已,圣人之纯也。'发愤忘食,乐以忘忧,不知老之将至';圣人之上达,不得'一旦''忽然'也,明矣。"⑤ 由于受佛性论的影响,程朱把人性抽象为一虚玄的境界,而无视人性永无止息的赋布和作用过程,船山认为这完全抛弃了儒家践履和夕惕夕乾的传统:"孟子吃紧处教人求仁,程朱却指个不求自得、空洞虚玄

---

① 《周敦颐集·通书》。
② 《张载集·横渠易说·系辞》。
③ 《读四书大全说》卷2。
④ 《读四书大全说》卷3。
⑤ 《读四书大全说》卷6。

底境界，异哉！非愚所敢知也。"① 他同时也认为陆王"良知"本体也有同样的毛病，特别由于陆王主要侧重于"意"，故他们的良知更与佛性有相通之处。他分析王阳明的事功不过是由于早年还有点格物致知之意，到后来"乃昧其所得力之本，而疾攻之，则为谖亦甚矣。……况乎为之徒者，无其学问之积，而早叛其规矩，天理无存，介然之觉不可恃，奚怪其疾趋于淫邪而莫之求与！"②

船山认为"人性"依赖于元气流行而存在，由于天命不息，故"人性"不是固定的："当有生之初，天以是命之为性；有生以后，时时处处，天命赫然以临于人，亦只是此。盖天无心成化，只是恁地去施其命令，总不知道。人之初生而壮、而老、而死，只妙合处遇可受者便成其化。在天既无或命、或命或不命之时，则在人固非初生受命而后无所受也。"③ 船山反对把人性当为一内缩的纽结，他说："命日降，性日受，性者生之理，未死以前皆生也，皆降命受性之日也。初生而受性之量，日生而受之真，为胎元之说者，其人如陶器乎！"④ 因而船山反对理学和心学的自我封闭和自我回归的人性系统，主张在切实地改造和把握客观世界中开放地培植人性。

第三，把儒家切实平易的知行观模糊化。

船山认为儒家原有的知行观是在领悟人生意义的基础上能动地为人类自身谋求幸福。宋明诸儒有见于佛学有体无用，规避人类当下的社会关系，蔑视对自然作深刻改造，从而提出"格物致知"，在船山看来是有贡献的。但是，"今辟异学之非，但奉格物以为宗，则中材以下，必溺焉以丧志，为异学所非，而不能不为之诎"⑤。即如果一味强调格物致知，而不反省格物的本旨在于证见人生的价值，则格物"无异于词章之玩物，而加陋焉"⑥。这样不但不如佛老之学讲究人性的超越体认，同时也容易

---

① 《读四书大全说》卷10。
② 《礼记章句》卷4。
③ 《读四书大全说》卷1。
④ 《思问录·内篇》。
⑤ 《尚书引义》卷3。
⑥ 《尚书引义》卷3。

导向"逐迹蹑影,沉溺于训诂"①。另外,"若奉致知以为入德之门,乃所以致其知者,非力行而自喻其惟艰,以求研几而精义,则凭虚以索惝恍之觉悟;虽求异于异学,而逮乎行之龃龉,不相应以适用,则亦与异学均矣"②。如果一味以致知为务,一味高谈天道性命,而不知道切实躬行,则"充其无善无恶,圆融理事之狂妄"③,并不见得真正把握住了生命的价值和意义,船山认为宋明诸儒的知行学说大体在上述两种状态之中,而都与佛学脱不开干系。

宋明道学与天台宗、华严宗、禅宗有比较紧密的联系,虽然其理论的内容有别,但在表达形式上,道学与中国佛性论有相似之处。船山反省宋明道学的缺失,而大多从道学与中国佛教的理论之相似之处入手,深入发掘道学缺失的思想背景和理论原因。他能如此中肯地进行评述,一方面由于他对中国传统哲学的辩证法有十分默切的体认和发展,另一方面也由于他消化吸收了佛学另一宗派——法相唯识学的思维成果。

船山哲学具有鲜明的突破性。他不但理清了天道与人性的区别联系,同时也肯定了人性的价值中心地位,并为传统天人合一观、由人性而体悟天道找到了"性"这一中介。此"性"不单纯是"人心",也不单纯是"道心",而是二者的辩证统一,它基于宇宙生化不息的前提,凭借自身"仁义礼思"的潜在结构,动态地、切实地揭示自然和人类社会之"理",并最后臻极于天道,赞天化地。

船山哲学代表着道学批评者们的理论发展趋向。明中叶以来,一大批思想家指出,天理、良知之类的抽象本体离不开气论基础,如王廷相就说:"理载于气,非能始气也。""世儒所谓理能生气,即老氏道生天地矣。谓理可离气而论,是形性不相待而立,即佛氏以山河大地为病,而别有所谓真性矣。可乎不可乎?由是,本然之性超乎形气之外,太极为理而生动静阴阳,谬幽诬怪之论作矣。"④刘宗周也说:"而求道者,辄求未始有气之先,以为道生气,则道亦何物也?而遂能生气乎?"⑤同时,

---

① 《张子正蒙注·序》。
② 《尚书引义》卷3。
③ 《张子正蒙注·序》。
④ 《慎言·道体》。
⑤ 《明儒学案·蕺山学案》。

道学批评者们认为道不离器，具体事物之理不能由一理以统括，特别不能言一而遗万："天地之间，一气生生，而常有变，万有不齐。故气一则理一，气万则理万；世儒言理一而遗理万，偏矣。"① 道学批评者强调实践躬履，如黄宗羲在其师刘宗周"慎独"说的基础上提出："功力所著，即本体。"② 人心的本来面目"良知"，主要依靠人的实践和体认，人们的认识和实践深入到什么样的程度，良知就表现为相应的形状。但是，由于道学批评者们理论思维的某些不足，都难以从整个体系突破道学的框架。船山通过参照法相唯识学结构和形式，深入发掘道学的佛学内涵，而完成了对道学的整体批评，并在批评中显露出近代哲学的某些萌芽。

船山哲学因而也预示着近代资产阶级哲学与法相唯识学的紧密联系；它标志着在唐代昙花一现的法相唯识宗，由于中国哲学自身发展的需要，开始成为中国哲学的有机组成部分。

（原载《孔子研究》1992 年第 1 期）

---

① 《雅述·上篇》。
② 《明儒学案·序》。

四 近代学术文化管窥

20世纪初年中国新史学思潮

20世纪初年，中国史学界兴起了一股史学革命的高潮。1901年，梁启超发表《中国史叙论》，提出要撰著一部新的中国通史，继梁启超而起的有章太炎、夏曾佑、刘师培、邓实、陈黻宸、曾鲲化等人，他们对旧史学的价值标准以及书法体例作了较全面的批评，对新史学的内容提出了一系列设想并作了初步实践，为旧史学向近代新史学的过渡做出了贡献。

20世纪初年新史学思潮，主要表现为四个方面。

一 对传统史学的价值标准进行了批评

梁启超认为，"夫所贵乎史者，贵其能叙一群人相交涉相竞争相团结之道，能述一群人所以休养生息同体进化之状，使后之读者，爱其群善其群之心油然生焉。"[①] 史学著作应该反映社会群体对自然和人类社会自身的改造过程以及社会群体智慧和道德的进步状况，令读者从中感受到一种蓬勃向上的精神力量。而传统中国史学，既"非国民之史"，又缺乏这种精神力量。1903年，曾鲲化在其编辑的《中国历史》之《中国历史出世辞》中也说，史学的天职是"记录过去、现在人群所表现于社会之生活运动，与其起原、发达、变迁之大势，而纪念国民之美德，指点评判帝王官吏之罪恶，使后人龟鉴之、圭臬之，而损益、而调剂、而破坏、而改造、而进化者"[②]，可是传统史学不能满足这种要求。

---

① 梁启超：《新史学》，商务印书馆2014年版，第87页。
② 曾鲲化：《中国历史出世辞》，见《中国历史》（上卷），东新译社1903年版。

新史学的倡导者们认为传统史学之所以不能满足时代要求，其主要原因在于它以正统论为核心的价值标准造成了传统史学的种种弊端。所谓正统，就是在中国历史过程中找出一个王朝作为某一历史阶段的核心，并以此来评判历史人物的是非功过，其实质是君权至上。梁启超在《新史学》中认为传统史家的最大缺点就是"以为天下者，君主一人之天下，故其为史也，不过叙某朝以何而得之，以何而治之，以何而失之而已。舍此则非所闻也"①。他反思历史上的所谓正统之争，将它概括为六点：一是以得地多寡定其正与不正；二是以据位久暂定其正与不正；三是以是否为前代血胤定其正与不正；四是以是否据前代旧都定其正与不正；五是以是否继承前代定其正与不正；六是以是否为汉族定其正与不正。他说，这六条正统根据，"通于此则窒于彼，通于彼则窒于此"。故所谓正统之争，"自为奴隶根性所束缚，而复以煽后人之奴隶根性而已"，实质上是缺乏对历史的价值标准的深刻思考。他说："无统则已，苟其有统，则创垂之而继续之者，舍斯民而奚属哉！""舍国而求诸君，舍众人而求诸一人，必无统之可言，更无正之可言。"② 当时邓实、陈黻宸还对如何转换旧史学的价值标准作了设想，邓实1904年10月在《政艺通报》发表《民史总叙》，对于什么是民史、民史的对象和意义、民史和民权的关系、民史专史的编修方法等，都做了阐述，主张以国民作为史学的价值核心。

二　对旧史学的叙事笼统进行了批评

梁启超在1901年《中国史叙论》中曾提出"前者史家"与"近世史家"的区别，说"前者史家，不过记载事实，近世史家，必说明其事实之关系，与其原因结果。前者史家不过记述人间一二有权力者兴亡隆替之事，虽名为史，实不过一人一家之谱牒；近世史家，必探察人间全体之运动进步，即国民全部之经历，及其相互之关系。"1902年他在《新史学》中又指出："善为史者，必研究人群进化之现象，而求其公理公例之所在，于是有所谓历史哲学者出焉。历史与历史哲学虽殊科，要之，苟

---

① 梁启超：《新史学·中国之旧史学》，第86页。
② 梁启超：《新史学·论正统》，第107、113页。

无哲学之理想者，必不能为良史，有断然也。"总之，新史学必须归纳出历史事实的演变规则，必须反映历史进化的规律。章太炎就曾把新史学的上述目标归纳为"镕冶哲理"[1]。新史学的倡导者们认为，旧史学在"镕冶哲理"这一点上也有严重不足。如章太炎说，"中国秦汉以降，史籍繁矣，纪传表志肇于史迁，编年建于荀悦，纪事本末作于袁枢，皆具体之记述，非抽象之原论。"纪传体史书虽有书志体例，但也"不能言物始，苟务编缀，无所于期赴。"[2] 即使像杜佑《通典》、郑樵《通志》、马端临《文献通考》这类专门典志体著作，虽"缀列典章，闓置方类"，对典章制度叙述较详，但也没有归纳出演变的原理，"然于演绎法，皆未详也"。而作史论颇有见地的王夫之，"造论最为雅训；其法亦近演绎，乃其文辩反复，而辞无组织，譬诸织女，终日七襄，不成报章也"[3]。因此，改革旧史学叙事笼统的弊病，突出历史研究的规则、规律，成为新史学的又一目标。

为了探究历史发展的规律，新史学的倡导者们还提出要"钩汲昝沉，以振墨守之惑"[4]。由于旧史著受正统观念制约，并未能完备地保存文明史的各种资料，这就需要新史家独具慧眼，善于发掘新史料，并从中找到历史演变的主要线索。如章太炎认为"今日治史，不专赖域中典籍"，对"皇古异闻、种界实迹"，以及"外人言支那事者"，均应参考。而中国典籍，也不能仅限于史类书目，对诸子百家乃至考古发现，都应引起足够重视。梁启超也提出，新史学应广泛吸取社会学、地质学、地理学、人类学、心理学、语言学、伦理学、逻辑学、天文学等学科的成就与方法，对历史进行专题研究，以全面揭示历史发展的根本大势。

三 提出改造旧史学著述体例的积极建议

1901 年，梁启超就"欲草具一中国通史，以助爱国主义之发达"。他

---

[1] 章太炎：《訄书·哀清史·附中国通史略例》，《章太炎全集》（第 3 册），上海人民出版社 1984 年版。下同。
[2] 章太炎：《訄书·尊史》，《章太炎全集》（第 3 册）。
[3] 章太炎：《訄书·哀清史·附中国通史略例》，《章太炎全集》（第 3 册）。
[4] 章太炎：《訄书·哀清史·附中国通史略例》，《章太炎全集》（第 3 册）。

的《中国史叙论》即该通史的序言，其中计划写成政治、文化、社会及生计三部。1902年，章太炎致书梁启超，说："今日作史，若专为一代，非独难发新理，而事实也无由详细调查。惟通史上下千古，不必以褒贬人物、胪叙事状为贵。……然所贵乎通史者，固有二方面：一方以发明社会政治进化衰微之原理为主，则于典志见之；一方以鼓舞民气、启导方来为主，则亦必于纪传见之。"① 据1904年重刻《訄书》中《哀清史·附中国通史略例》所拟目录，章太炎设想的中国通史分五表、十二典、十纪、二十五别录、九考纪，共一百卷。同年，陈黻宸也阐述他编写中国历史的大纲："自五帝纪，下迄于今，为之次第，作表八、录十、传十二。"② 其他就通史体例发表过意见的还有曾鲲化、夏曾佑、刘师培等。

综观这一时期新史家对理想史学著作体例的论述，可以看出，当时对新史著的设想大致有两种意见：一是以梁启超为代表，主张以典志体和纪事本末为新史著的主要方式；二是以章太炎为代表，主张新史著必结合典志体与纪传体的长处。当时对此还有讨论，1905年许之衡在《国粹学报》第6期撰文说，编写历史，"其体必当机仲（袁枢）、君卿（杜佑）一派"，而"列传万不能合于历史之内"。他认为，"余杭章氏（章太炎）拟著之《中国通史》，体亦仿史公，改列传为别录，所搜颇挂一漏万，书固未成，体例亦殊未精也。"并认为只有像曾鲲化《中国历史》那样撰写通史，才符合新史学著作的真谛。③

20世纪初年对于旧史学著作体例的反思酝酿着史学方法论的进步。当时不但提出了混合旧史学体例的长处的要求，而且还提出了把各种体例进行有机重构，消化于一种著作之中的要求。当时曾鲲化、夏曾佑、刘师培的中国历史著作，都以时代为序，仿照西方文明史例，分编章节，每编先叙宫廷要事以及政治、军事、经济状况，接述宗教、学术、风俗，关注同一类史实的渊源流变，形成了由传统叙事体向章节体史著的过渡。

---

① 章太炎：《章太炎来简》，《新民丛报》1902年第13号。
② 陈黻宸：《独史》，《新世界学报》1902年第2期。
③ 许之衡：《读〈国粹学报〉感言》，《国粹学报》1905年第6期。

四　对历史研究的因果关系提出更高的要求

曾鲲化在《中国历史·体裁之界说》中说，"凡史学者，仅着眼于时势之表面、事实之皮毛，而不究其无形界之原因如何，结果如何，则社会关系不能明晓；仅注意于帝王之仁暴智愚、将相之劲脆贤不肖，而不输热心以熟察全国人民之生活如何，运动如何，普通学识如何，则社会之进步发达与黑暗昏冥，均茫昧无据矣。"① 梁启超和章太炎也前后发表了大致相近的见解。可见，新史学既要避免旧史学偏重帝王将相的局限，对每一时期社会生活的重要内容，如政体、种族、制度、学术、民俗等进行系统地整理研究，而且还要发掘各类史实以及它们相互之间的因果关系，说明其递进的前因后果。

当时新史学的倡导者们把历史研究的因果关系放在非常重要的地位。如刘师培所著《中国历史教科书》，就注意"历代政体之异同，种族分合之始末，制度改革之大纲，社会进化之阶段，学术进退之大势"，同时，还参考西方史学关于"太古事迹"的分析，"兼及宗教、社会之书，庶人群进化之理可以稍明"②。当时的史家有的致力于整理上古文明演变的线索，有的致力于勾勒主要历史内容的渊源流变，先后出现了《论中国学术思想变迁之大势》（梁启超，1902年）、《论诸子学》（章太炎，1906年）、《官制索隐》（章太炎，1907年）等史学名篇以及夏曾佑《中国历史》和刘师培《中国历史教科书》等史学名著。

总之，20世纪初年的新史学思潮标志着近代史学理论正式进入其自觉的理论建设时期。新的史学主体意识和新的历史发展观以及新的史学方法论，成为20世纪初年史学的主流，带来了当时历史研究的新局面。

为什么在20世纪初年中国学术界能出现这种新史学思潮？这主要有如下三点原因。

一是鸦片战争至戊戌变法前后，经学史研究对古代史学的基础造成

---

① 曾鲲化：《中国历史·体裁之界说》（上卷），东新译社1903年版。
② 刘师培：《中国历史教科书·凡例》，《刘申叔先生遗书》（第69册），宁武南氏排印本，1936年。下同。

了一定程度的破坏。中国古代史学的前提是经学,《春秋》和《易传》是中国古代史学的基本标准。儒家关于历史本质以及理想社会的论述,都直接影响了中国史学的形成和发展。秦汉之际,儒学已奠定了从自然和社会相统一的角度思考人类社会规则的基本思路,而史学也把究天人之际、通古今之变当为两个并立的史学目标。但东汉后,儒家对古今之变的研究的重心已不在历史发展阶段的探究,邹衍的五德相胜说、董仲舒的三统说、何休的公羊三世说逐渐隐微,史学侧重于思索人类历史的伦理道德本质。这种现象与中国封建社会的长期稳定是一致的,史学不需要站在发展的角度来预计未来,只需为社会的稳定和谐提供经验教训。但中国近代社会则面临着文化选择的时代难题,这就需要学术研究能够体现出主体意识,瞻前顾后,为人们预计未来提供指导。鸦片战争前后,魏源、龚自珍等敏感的知识分子,就竭力标榜学术的经世精神,一改乾嘉朴学沉迷训诂的研究倾向,号召人们研究经学的义理。由于对经学义理的强调,今文经学随之兴起,最后导致廖平、康有为把儒家经学体系进行分解,认为孔子学术精神主要体现在《春秋》《公羊传》中,《公羊传》所阐发的"存三统、张三正、异内外"的三科九旨,典型地反映了孔子对历史过程的系统看法以及他对不同历史发展阶段的政治理想。晚清今文经学的上述研究倾向,既突出了学术的主体意识,孔子被装扮成托古改制才去整理古代学术的素王,又使古代学术关于古今之变的思考再一次转移到对历史发展规则的阶段性探索上来。故它表面上是西汉经学的复兴,实质上则是由于时代发展所引发的关于中国历史的分析和对未来的预测。

新史学的倡导者们有一部分人本身就是今文经学派,他们提出变革旧史学直接受今文经学观点的浸淫。如夏曾佑《中国历史》中说:"本编亦尊今文经学,惟其命意与清朝经师稍异。"并说戊戌变法之所以失败,不在于今文经学变法理论的过错,而在于当时没有对历史上的国民生计、风俗宗教、政体政制进行具体研究。只有"推本于历史",才能取得变法的成功。[①] 而梁启超对中国历史发展线索所提出的"三世六别说",则直接源于康有为阐发的公羊三世说。可见新史学思潮是晚清今文经学观点

---

① 夏曾佑:《论变法必以历史为根本》,《东方杂志》1905年第8期。

的实践和深入。

新史学的倡导者们有一部分人并不属今文经学派，但他们倡导史学革命，无疑也受了今文经学观点的影响。如刘师培为四代古文经学世家，但他投身史学革命，其立场观点都明显受今文经学的启发。1905年他写有《读左札记》，主观意图是为了论证《左传》的经学地位，但在申述《左传》时，也认为《左传》有社会进化思想，有民本思想，与《公羊传》无异。他所作《中国历史教科书》也凝聚了今文经学关于历史发展的看法。

二是鸦片战争到戊戌变法前后，西方历史和社会学理论的传播，对于当时史学观念的革新产生了重大影响。鸦片战争后，一些史家比较中外历史，试图从中得到某些启发。如王韬就根据当时西方政治情形，把政体分为三种：一曰君主之国；二曰民主之国；三曰君民共主之国，并据此对中国历史作了划分。稍后，黄遵宪也从西方历史和政治现状出发，把中国历史分为封建之世、郡县之世、共和之世三个时期：秦统一以前是封建之世，秦至清是郡县之世，共和之世尚未到来，是当时有待实现的政治理想。王韬、黄遵宪等人对历史发展阶段的论述以及对于当时社会发展特征的描述，使经学体系分解后，有可能产生一种超越前人的历史观。1898年，严复翻译出版了《天演论》，宣传赫胥黎关于社会演变"物竞天择，适者生存"的原则，并糅合斯宾塞"举天、地、人、形气、心性、动植之事而一贯之"的关于自然和社会相统一的观点，赞同斯宾塞的普遍进化论。《天演论》使酝酿已久的三世变易说与王韬、黄遵宪的历史三阶段论找到了可资统一的哲学基础，成为新的政治原理、新的历史观的重要思想武器。

新史学的倡导者们对于西方历史和社会学理论引起了强烈关注。如梁启超在1898年后，通过对西方政治、哲学诸著作的广泛涉猎，对于社会政治的组织原理、基本结构，都已基本上从对孔子经学微言大义的发挥过渡到廓然自求上来。20世纪初年，他连续发表《亚里士多德政治学说》《卢梭学案》《法理学家孟德斯鸠之学说》《政治学家伯伦知理之学说》《乐利主义泰斗边沁之学说》，相当广泛地宣传西方特别是近代西方关于国家、法权和伦理的学说，丰富了他对于历史哲学的认识。章太炎与刘师培也同样如此。他们对斯宾塞的社会学理论、卢梭的社会契约论都有较深入的研究。刘师培1903年所作《中国民约精义》就是根据卢梭的思想，对中国历史上的民主思想进行检索。正是由于这些史家突破了经学体系的局限，广泛摄取西方学术成果，并把它们运用到对社会政治和其他现实问题的思考，才使他们对自身所处时代的特点的认识逐渐深入，从而才提出史学的新要求。

三是鸦片战争后，学术方法自身的发展也酝酿着新史学研究方法的产生。鸦片战争后，史学方法表现出考据与义理相结合的特点。这一时期的考证性著作如王先谦的《汉书集解》、郝懿行的《晋宋书故》、丁谦的《元秘史地理志考证》、廖平的《今古学考》、康有为的《新学伪经考》等，一方面继承和发展了乾嘉考据学的某些具体方法，如洪钧的《元史译文证补》，就把史料对勘比较推广到中西史籍的异同比较，用西文元史资料对照中文有关记载，或以中文证西文之误，或以西文证中文之误，或中西互补；另一方面，这些考证著作还试图突破传统考据的局限，显露出历史中的哲理，如魏源的《诗古微》《书古微》，就试图在考证基础上揭示诗、书的本义，从而重新整理经学源流。考据与义理的结合，既强调学术研究的形式逻辑基础，又强调学术主体意识，反映出当时学术研究立足于乾嘉朴学而求自身发展的趋势。

19世纪末，严复传播英国经验和归纳法，批评传统道德性命之学的先验因素，号召人们反省学术研究的方法论，史学的科学化进一步提上议程。新史学的倡导者梁启超曾先后发表《培根学说》《笛卡尔学说》《近代文明初祖二大家之学说》《论学术势力左右世界》等文章，对西方学术方法进行积极宣传，并提出西方近代与上古、中古的主要差别是思维方法和世界观的差别，而培根的经验归纳法和笛卡尔的演绎推理法是西方近代文明的基础。他认为中国古代学术之所以未能发挥近代西方学术那样的影响，原因之一在于未曾对学术方法论进行思考。章太炎还根据西方的经验归纳和演绎推理对中国古代学术方法进行了批评。他认为荀子和墨子的逻辑学在中国学术界影响不大，这是中国学术的不幸。汉代古文家法虽然较为严谨，但不久就为玄虚之学取代，最后导致宋明学术的空疏，直到颜元格物说，才稍微扭转长期以来的主观学风。他指出，中国史学的发展只有在乾嘉朴学实事求是学风基础上，吸取经验归纳和演绎推理的长处，才有出路。可见，新史学思潮的出现也是当时人们认识世界的能力的进步的结果。

　　20世纪初年的新史学思潮是鸦片战争后经学研究、外国史地研究以及西方社会学、政治学、哲学、法学原理传播和研究所得出的历史哲学、史学方法论的初步尝试。通过这一实践，人们加深了对新史学特点的了解。但也是在这一实践过程中，暴露出新史学思潮的许多理论问题，其中既有如何全面评判古代史学哲学的价值的问题，也有如何把西方社会学、哲学诸原理与中国历史的具体实际相结合的问题。如何沟通新史学与传统史学的优良传统之联系，以及如何参照西方社会学原理揭示中国历史发展的独特规则，成为新史学倡导者们进一步探索的理论课题，并由此导致中国新史学的各种派别。

　　（原载《社会科学战线》1995年第2期，原题《试论二十世纪初年中国新史学思潮》）

戊戌变法与中国近现代学术

戊戌变法突出了学术的主体意识，有利于突破传统经学的局限，开启了学术理论创新的大门。同时它又促进了西方学术的进一步传播，导致西方学术与中国学术的初步结合。它奠定了中国近现代学术的三个主要特点：第一，学术主体意识是学术研究的灵魂；第二，它以国民为价值本位；第三，它重视西方学术理论和学术方法的吸收。今天在总结近现代百余年学术时，我们应对戊戌变法在中国近现代学术史上的地位给予充分认识。

一　戊戌变法与学术主体意识的确立

说到戊戌变法，不可不提到康有为的两本书——《新学伪经考》和《孔子改制考》。《新学伪经考》刊行于1891年，《孔子改制考》刊行于1898年春，这两部书不仅是戊戌变法的政治文献，同时也是中国近现代重要学术文献。它以中国传统学术的主体——经学为研究对象，对传统学术精神进行了深入反省，确立了近现代学术的主体意识和经世意识。

在中国古代，经学是其他一切学术的前提基础。按照清代学者的划分，历史上至少有四种经学研究形态，一是西汉的今文经学；二是东汉古文经学；三是宋学；四是朴学。今文经学比较重视微言大义，古文经学比较重视实事求是，宋学主张贵在自得，朴学主张无证不信，都是各个历史时期的学术研究的不同表现。但到了晚清，对经学学术史的评判却成为学术研究的首要问题。

在清朝初年，知识分子有感于宋学疏略，对宋学极为反感，人们学必以东汉为悬鹄，对古代经史文献进行认真整理和研究。但这种学风到鸦片战争前后，引起了一些人的反思。一些敏感的知识分子认为乾嘉朴学沉迷于训诂，缺乏对社会问题的关切，试图重新反省学术的经世精神。龚自珍就曾以学术经世意识为线索，粗线条地提出他对学术史的看法，说周代以前，学术和政治融为一体；周代以后，学术与政治开始分离，但学术仍不失经世之旨："及其衰也，在朝者自昧其祖宗之遗法，而在庠序者犹得据所肄习以为言，抱残守阙，纂一家之言，犹足以保一邦、善一国。"① 即使政治衰败，学术还能保存治国大法。待到晚近，学术研究迷失了其本来的目的，"重于其君，君所以使民者则不知也，重于其民，民所以事君者则不知也"②。魏源也提出了与龚自珍大致相同的看法。③ 魏源还指出，应该对乾嘉学者所崇信的汉学加以分析。他指出，乾嘉学者以汉学相标榜，自以为比宋学更加接近孔孟真传，其实他们只了解东汉许慎、郑玄之学，即古文经学，却并不了解西汉之学。而西汉之学乃是孔学真传："西汉经师承七十子微言大义，皆以自得之学，范阴阳，矩圣学，规皇极，斐然与三代同风，而东京亦未有闻焉。"④ 因而对西汉之学进行具体研究，就成为当时反省学术精神的一个重要课题。

在乾嘉朴学兴盛时期，本来只有个别学者研究西汉经学。与戴震大致同时期的庄存与（1719—1788），著有《春秋正辞》一书，就不讲汉学家所讲究的训诂名物，专讲所谓"微言大义"。他说："《春秋》以辞成象，以象垂法，示天下后世圣心之极，观其辞，心必以圣人之心存之。……是故善说《春秋》者，止诸至圣之法而已。"⑤ 他的弟子刘逢禄（1776—1829）作《春秋公羊经传何氏释例》《春秋公羊何氏解诂笺》《左氏春秋考证》等书，认为《春秋》垂法万世，是礼义之大宗，能"救万世之乱"。但这些观点在当时的影响都不是很大。到人们开始反思什么是学术的基本精神时，龚自珍、魏源开始利用这些资料进一步证明今文经学是孔门嫡传。同时，他们又利用历史上的一些疑古资料，怀疑古文经的真实性。龚自珍对《周礼》《左传》《古文尚书》都有微词。他

---

① 龚自珍：《乙丙之际著议第六》，《龚自珍全集》（第1册），上海人民出版社1975年版。
② 龚自珍：《乙丙之际著议第六》，《龚自珍全集》（第1册）。
③ 参见魏源《默觚·学篇》，《魏源集》（上册），中华书局1976年版。
④ 魏源：《两汉经师今古文家法考叙》，《古微堂外集》卷1，《魏源集》（上册）。
⑤ 庄存与：《春秋正辞·春秋要旨》，上海古籍出版社1996年版。

认为《周礼》晚出，不是孔子真传；《左传》经刘歆篡改，不是古本之旧；汉秘书所藏《古文尚书》也不足信。魏源也作《书古微》《诗古微》，怀疑《古文尚书》和《毛诗》的可靠性。

在这种背景下，廖平于1883年提出平分今古文的主张，1886年他著《今古学考》，提出今、古文的差别在于两者所说制度不同，今文经以《王制》为主，古文经以《周礼》为主。而孔子的六经则二者兼包。因为孔子一生学术有前后两期的变化，"孔子初年问礼，有从周之意"，"至于晚年，哀道不行，假手自行其意，以挽弊补偏"。他说："予谓'从周'为孔子少壮之学，'因革'为孔子晚年之意志者。"① 1887年，廖平思想又发生变化，1888年所作《知圣篇》《辟刘篇》，认为古文经范围较小，而且有作伪迹象，只有今文经才能代表孔学的真正思想。

康有为1889—1890年间与廖平在羊城相会，1891年刊行《新学伪经考》。此书内容，梁启超在《清代学术概论》中作了如下概括：

　　一、西汉经学，并无所谓古文者，凡古文皆刘歆伪作。二、秦焚书，并未厄及六经，汉十四博士所传，皆孔子足本，并无残缺。三、孔子时所用字，即秦汉间篆书，即以"文论"，亦绝无今古之目。四、刘歆欲弥缝其作伪之迹，故校中秘书时，于一切古书多所羼乱。五、刘歆所以作伪经之故，因欲佐莽篡汉，先谋湮乱孔子之微言大义。②

《新学伪经考》的核心思想就是把古文经一概视为刘歆伪造，鲜明提出，要认识传统学术的真正精神，就只有从今文经学上溯孔子。

1891年，康有为立例并选徒助纂《孔子改制考》，1898年春正式刊行。该书自《上古茫昧无稽考》到《汉武帝后儒教一统考》，共21卷，34万余字。其主要内容是：中国历史、秦汉前不可考信、孔子创立儒教、编撰六经，完全是他自己的创造。非但孔子如此，周末诸子百家莫不如此。经过诸子争教，历秦到汉，"无不咸归孔子"，到汉武帝，孔子成为

---

① 廖平：《今古学考》卷下，上海古籍出版社1996年版。
② 梁启超：《清代学术概论·康有为是今文学运动的中心》，上海古籍出版社1998年版。

万世教主。

《新学伪经考》和《孔子改制考》在中国近现代学术上最主要的贡献就是：它以什么是真正的孔子，什么是经学研究的真正精神为核心命题，通过对古文经学的彻底否定，釜底抽薪，动摇了乾嘉朴学的学术观念，又通过对孔子学术精神的具体阐释，确立了近现代学术的主体意识。既然六经为孔子创造，周秦诸子也都是以创教为己任，那么学术的真谛在于以学者的主体意识为根本，它不是烦琐考据，而是要反映出学者对于时代问题的认识。

梁启超曾说，《新学伪经考》一出版，学术界仿佛来了一阵飓风。证诸戊戌后中国学术的发展，我们可以看到，它确实产生了这种作用。梁启超本人后来提倡新史学，大力提倡学术研究的主体修养，说："善为史者，必研究人群进化之现象，而求其公理、公例之所在，于是有所谓历史哲学者出焉。历史与历史哲学虽殊科，要之，苟无哲学之理想者，必不能为良史，有断然也。"① 在20世纪初年，历史哲学成为当时人们普遍关注的问题，连古文学家章太炎、刘师培等人都要阐述关于未来社会的看法，并将"镕冶哲理"② 当作学术的首要目标。20世纪20—40年代，中国学术史上的几个重要学派，如以王国维、陈寅恪、陈垣、汤用彤、柳诒徵等为代表的史学守成派，以胡适、傅斯年等为代表的史学实证派，以及以郭沫若、范文澜、吕振羽、翦伯赞、侯外庐等为代表的马克思主义史学流派，都重视学术研究的主体意识、哲学修养。应该说这是戊戌后中国近现代学术的共同特点。③

二 戊戌变法与学术价值标准的探索

在确立今文经学是孔学嫡传、突出学术研究主体意识的基础上，康

---

① 梁启超：《新史学·史学之界说》，见《饮冰室文集之九》，《饮冰室合集》（第1册），中华书局1989年版。下同。

② 章太炎：《訄书·哀清史·附中国通史略例》，《章太炎全集》（第3册），上海人民出版社1984年版。

③ 参见张岂之主编，王宇信、方光华、李健超撰《中国近代史学学术史》，中国社会科学出版社1996年版。

有为、梁启超等人将注意力集中到《公羊春秋》的三世说和《礼记·礼运》的大同小康说。

所谓三世说，是何休在《公羊解诂》中提出的一种历史演进的看法：社会的发展按先后顺序分为"据乱世""升平世""太平世"。所谓大同、小康也是战国秦汉间儒家所提出的两种政治理想。无论是三世说还是小康、大同说，都没有超出儒家伦理政治观念的范畴，它的核心是礼。

但康有为却给三世说和大同说贯注了新的内容。康有为说，从政治制度上看，三世就是由君主专制到君主立宪制再到民主共和制。社会就是沿着这条轨道向前发展，越变越进步。他的《大同书》构造了一幅理想社会的蓝图：在这里实行社会化大生产，科学技术和生产力高度发展，工业、交通运输业、农业和商业实行机械化、电气化，人们的衣食住行和精神生活尽善尽美，而且人人享有绝对自由和独立，因为从根本上说，"凡人皆天生，不论男女，人人皆有天予之体，即有自主之权，上隶于天，人尽平等，无形体之异也"①。可见康有为在结合三世说与大同小康说的过程中，已经转换了这些学说的理论根基，将人类的理想诉诸人的天赋权利。

康有为的思想实际上已经大大突破了经学的樊篱。他提倡今文经学，不过是利用今文经学微言大义的特点，把西方历史进化论和资本主义文明的特点，推销出去。康有为自号长素，长素即长过素王，超过孔子。他超过孔子的地方就在于他意识到时代已经发生剧烈变化，人类公理就要从据乱世、向升平世再向太平世运行，而升平世、太平世已经非传统政治所能预想。要遵循人类公理，就不可不对传统有所超越。

事实上，康有为等人提倡学术的主体意识、经世意识契合救亡图存的时代精神，普遍为社会各阶层所接受，而他的关于社会发展的具体论述则引起了抱守传统礼制的知识分子的反感。翁同龢认为康有为是奇才，但同时也感到他是"说经家之一野狐"，并在见到《孔子改制考》后，认

---

① 康有为：《大同书》，北京古籍出版社1956年版。

为康有为"其人居心叵测"①。叶德辉则作了如下评价:"其貌则孔也,其心则夷也。"② 从这些言论中我们也不难看出康有为学说"革命性"的内涵。

天赋人权的观念引发了人们对于传统思想的批评,严复的《辟韩》、谭嗣同的《仁学》对三纲五常、三从四德和封建等级观念进行了猛烈抨击。这种抨击甚至集中到了孔子本身。章太炎先有《儒学真论》,1904年《訄书》重刻本中又有《订孔》,极力贬低孔子,认为孔子所鼓吹的伦理道德无益于独立人格的养成,只能培养屈服于专制政治的投机者。而与此同时,中国历史上的某些"异端"思想、民族思想、民本思想则引起了人们的高度重视。西方哲学、政治学、法律学原理也纷至沓来。

1901年,梁启超发表《新民说》,指出当前最关键的任务就是要培养新的国民。他说:"凡一国之能立于世界,必有其国民独具之特质,上自道德法律,下至风俗习惯,文学美术,皆有一种独立之精神。……斯实民族主义之根柢源泉也。"而要培养此根柢,"舍新民未由",办法是"一曰淬厉其所本有而新之,二曰采补其所本无而新之"。也就是说,要鉴别民族文化的精华,并加以发展,要移植其他优秀文化而增添新的血液。

由戊戌变法所导致的对传统的反思,在20世纪初年的新学术思潮中,被逐渐定位为国民价值标准的提倡。人们认识到学术研究再也不能以专制政权的等级观念、正统观念为标准,而应该以国民为核心,重新确立与时代发展相符合的学术标准。梁启超认为,就历史学而言,由于传统史学以帝王为价值核心,围绕帝王叙述历史,遗漏了大量关于国计民生、种族强弱的史料,这使得人们无法从历史学中汲取有益的东西,当务之急就是要变帝王通鉴为国民通鉴。帝王价值标准已经不适合时代需要,正统观念不可再有,如有也必以国民为核心,"无统则已,苟其有统,则创垂而继续之者,舍斯民而奚属哉!"③ 这就是说新的学术必须以

---

① 翁同龢:《翁文恭公日记》,《戊戌变法》(一),上海人民出版社1957年版。
② 叶德辉:《与刘先瑞、黄郁文两生书》,见《翼教丛编》卷6,北京出版社1998年版。
③ 梁启超:《新史学·论正统》,《饮冰室文集之九》,《饮冰室合集》(第1册)。

国民为价值本位，必须改变原有的学术信念。

以国民为价值本位的提倡，使得20世纪初年的学术界"民史"的创作和撰写呼声甚高。夏曾佑的《中学历史教科书》、刘师培的《中国历史教科书》都能摆脱正统史观的束缚，以国民为本位来撰写历史，开启了中国历史著述的新局面。这逐渐成为近现代学术有别于传统学术的一种典型风格。

三 戊戌变法与西方学术的吸收

在戊戌变法以前，西方传教士对西方科学文化有所传播，据戈公振《中国报学史》介绍，1815年，英教士马礼逊在马六甲出版《察世俗每日统纪传》。1833年，外籍教士在广州出版《东西洋考每月统纪传》。1858年，伍廷芳主持出版了最早的华文日报《中外新报》。到1886年，全国报纸增至78种。教会还创办了大批学校，从1842—1860年，教会学堂有50所左右，学生1000人；1875年前后，教会学堂达800所，学生2万人；1899年，教会学堂达2000所，学生4万人。[①] 这些报纸和学堂对于普及西方文化起了一定作用，容闳就是马礼逊学堂的学生。一些睁眼看世界的中国知识分子也对西方历史和政治有所介绍。

但戊戌以前，中国人对西方学术的了解程度并不是很深，尚不能将西方学术与中国学术结合起来。这种局面在戊戌以后却有很大改变，戊戌以后，西方学术理论和方法成为中国学术的一个必要补充。

戊戌变法掀起了一个译介西学的新高潮。其中产生影响最广泛的是《天演论》。1896年，严复开始翻译《天演论》，同年成稿，1898年春出版。严译《天演论》及其按语，大力宣传达尔文"物竞天择，适者生存"的学说，尤其推崇斯宾塞的庸俗社会进化论，尖锐批评封闭保守、麻木不仁的落后的社会心理。他与同道者认为要做到"与天争胜"，又"必究极乎天赋之能，使人治日即乎新，而后其国永存，而种族赖以不坠"[②]。因而他大力宣扬天赋人权理论。严复翻译的《天演论》不但极大地触动

---

① 顾长声：《传教士与近代中国》，上海人民出版社1980年版，第228、334页。
② 吴汝纶：《〈天演论〉序》，见严复译《天演论》，商务印书馆1933年版。

了当时社会，而且给人们正确认识西方学术提供了契机。同时，梁启超1896年写成《西学书目表》，强调西方"一切政皆出于学"，西学是"致治之本，富强之由"，高度推崇西方近代学术理论。① 1897年，他又编写《西政丛书辑成》，秋冬间又与康广仁办大同译书局，上海亦有董康、赵元益设译书分会，"采译泰西切用书籍"②。维新派报刊也经常翻译介绍西方论著，《时务报》专门聘请英、法、日、俄文的翻译，选择的内容从一般自然科学著作扩大到哲学、社会科学，并渐次以后者为重点。这些都推动了西方学术在中国的广泛传播。

戊戌变法失败后，宣传西方学术的思潮并未因变法失败而中止。1898年底，康、梁在日本创办《清议报》。到1900年该报内容就从总结变法教训、宣扬光绪圣德转向以学习宣传西方文化为主。到1902年《新民丛报》出版，这种主张更加明确，内容也更为丰富、充实。与此同时各种译书社和《译林》杂志纷纷问世，汇成一股强大的社会潮流。当时所译书籍如雨后春笋，卢梭的《民约论》、孟德斯鸠的《法意》、亚当·斯密的《原富》、约翰·穆勒的《自由原理》和《名学》、斯宾塞的《群学肄言》和《代议政治论》、伯伦知理的《政治学提纲》、甄克思的《社会通诠》、资产阶级革命的经典文献《独立宣言》《人权宣言》和英、美、法、德、日、意乃至波兰、土耳其、印度、波斯、菲律宾等国的历史书籍，在1902—1903年间被大量译成中文。

一些学者开始认识到西方学术的历史价值。梁启超在1903年后陆续发表《斯片挪莎学案》《培根学说》《笛卡尔学说》《近代文明初祖二大家之学说》《近世第一大哲康德之学说》《论学术势力左右世界》等文，比较系统地探讨了近代西方文明的方法论基础，他认为近代与上古、中古的主要区别是世界观和方法论的区别。培根的经验归纳法和笛卡尔的演绎推理法是西方近代文明的渊薮。③ 因此，中国要向西方看齐，就必须在学理上吸纳西方学术。20世纪初年，西方学术理论被用之于传统经学、

---

① 梁启超：《西学书目表》，见《戊戌变法》（一）。
② 张静庐辑注：《译书分会章程》，见《中国近代史出版史料二编》，群联出版社1954年版。
③ 梁启超：《近代文明初祖二大家之学说》，见《饮冰室文集之十三》，《饮冰室合集》（第2册）。

子学、史学乃至文学等。如王国维《红楼梦评论》就是运用叔本华人生理论分析贾宝玉、林黛玉等人的命运,从而开辟了红学研究的新局面。中国新史学的几大流派无不强调西方学术理论和学术方法的吸收和运用,这与戊戌维新有着密切的关系。

[原载《西北大学学报》(哲学社会科学版) 1998 年第 4 期]

五四运动与中国近现代学术的中西兼容

19世纪末20世纪初，中国学术提出了中西兼融的时代课题。但中西学术到底应该如何融合，当时尚不能作出明确回答。五四运动学术自由与民主、科学标准的提出，为解决中西兼融的时代课题提示了方向。它促进了中国近现代人文学术规范和体系的建立。

一 学术中西兼融的时代课题

19世纪末20世纪初，中国出现了学术革命的思潮。梁启超、章太炎等人都开始对传统学术展开批评，都提出了对新的学术形态的设想。例如梁启超指出原有的以帝王将相为中心的学术已经不符合时代的需要，只有摒弃帝王中心论的正统观念，形成以国民为核心的价值判断，才有可能使旧学术走出困境。同时，旧学术不注重对历史事实进行归纳，从中很难看出历史演变的规则，而"善为史者，必研究人群活动之现象，而求其公理、公例之所在"①。章太炎也认为新的学术必须重视对历史发展线索的把握，必须"镕冶哲理"②。而中国传统学术对于历史事实内在规则的归纳比较欠缺。即使在杜佑《通典》、马端临《文献通考》这样的典志著作，也没有明确揭示历史事实之间的因果关系。学术革命的倡导者们反思中国传统学术的种种不足，认为对学术发展的哲学思考不足以

---

① 梁启超：《新史学·史学之界说》，见《饮冰室文集之九》，《饮冰室合集》（第1册），中华书局1989年版。

② 章太炎：《訄书·哀清史·附中国通史略例》，《章太炎全集》（第3册），上海人民出版社1984年版。

及学术方法的自我意识的缺乏，是造成中国传统学术相对落后的主要因素。梁启超指出，"苟无哲学之理想者，必不能为良史"[1]。学术研究者如果没有对人类社会历史比较深刻的洞察，没有深厚的哲学修养，就不能成为优秀的学者，同时就不可能形成有创造性的学术。王国维也说，中国学问长于实践，而西方学术则"长于抽象而精于分类"，"对于世界一切有形无形之事物，无往而不用综括（Generalization）及分析（Specification）之二法"。按照他的看法，凡对事物能够运用抽象的思辨、采用综括与分析二法，"求其原因，定其理则"，"使事物必尽其真，而道理必求其是"，才取得了学术上的自觉地位。[2]

向西方学术理论和学术方法学习，是20世纪初年学术革命思潮的一个重要方面。梁启超译介了亚里士多德、卢梭、孟德斯鸠、边沁、霍布斯、斯宾诺莎、培根、笛卡儿、达尔文等人的思想学说，他甚至指出西方近世与上古、中古的区别主要是世界观和思维方法的变革。培根的经验归纳法和笛卡儿的推理演绎法是西方近代文明的两个基础，直到康德才"和合两派，成一纯全完备之学问"[3]。因此，中国学术要成为近现代意义上的真正的学术，就必须借鉴西方学术理论和学术方法。章太炎还举例说，研究中国上古历史，就必须学习西方关于远古社会的论断，参考西方学术观点，"亦有草昧初启，东西同状，文化既进，黄白殊形，必将比较同异，然后优劣自明，原委始见。是虽希腊、罗马、印度、西膜诸史，不得谓无与域中矣，若夫心理、社会、宗教各论，发明天则，悉人所同，于作史尤为要领"[4]。20世纪初年的中国学术研究，无论是历史学、哲学、文学等，都或多或少地受到西方学术理论与方法的影响，开始了吸收西方学术、改造传统学术的艰辛的历程。

---

[1] 梁启超：《新史学·史学之界说》，《饮冰室文集之九》，《饮冰室合集》（第1册）。
[2] 王国维：《静安文集·论新学语之输入》，《王国维遗书》（第3册），上海书店1983年版。
[3] 梁启超：《近代文明初祖二大家之学说》，《饮冰室文集之十三》，《饮冰室合集》（第2册）。
[4] 章太炎：《訄书·哀清史·附中国通史略例》，《章太炎全集》（第3册）。

二　五四运动时期对中西学术兼融的理论深化

20世纪初年的学术革命思潮，虽然提出了中西学术兼融的时代课题，但中西学术到底应该如何融汇，当时尚不能作出明确的解答。在学术革命的实践过程中，出现了一系列复杂的学术现象，促使人们进一步思考中国学术近现代化的理论课题。从学术的哲学反思来看，在19世纪末20世纪初年中国最有影响的西方学术理论是社会进化思想。"进化"一词充斥当时的学术研究著作。但社会进化论毕竟不是近现代西方学术的主流，而且随着人们对社会进化理论了解的深入，中国学术界开始意识到它的不足。章太炎在用进化理论创作新编中国通史的过程中，就发现进化理论不适合中国的具体历史。1908年他发表《四惑论》，其中就把进化视为主观幻象之一。他开始对中国学术如何吸收西方学术哲学进行反思。他认为任何哲学理论，都有一定的适应范围，不能把它们当作普遍适用的原理。他曾阐释"条例"（理论）与具体历史的关系说：

> 抑不悟所谓条例者，就彼所涉历见闻而归纳之耳。浸假而复谛见亚东之事，则其条例又将有所更易矣。……若夫心能流衍，人事万端，则不能据一方以为权概，断可知矣。[①]

这就是说应该反思西方学术理论对于中国学术的适应程度，应该更加关注中国学术研究的自身特点。

从学术方法的变革过程来看，尽管在当时的学术研究中人们开始尝试运用西方的学术方法，但这些尝试都是比较粗浅的。例如，地质年代学、考古学、古文字学、社会学的方法都被运用到中国古代史的研究。但这些方法的运用也产生了一些流弊，一是由于中国历史比欧洲历史的上限要长，受欧洲学术观念和方法的影响，在许多学者之间弥漫一种疑古思想；二是在运用西方学术方法时，有比较强烈的主观色彩。章太炎、刘师培等人先后认识到，在结合中西学术方法的时候，也需要有所甄别

[①]　章太炎：《太炎文录别录·社会通诠商兑》，《章太炎全集》（第4册）。

和选择。章太炎甚至对西方考古学、古文字学的科学性产生怀疑，认定这些方法比中国乾嘉时期的朴学，还有很大的距离。

在五四运动时期，对中国学术到底要不要向西方学术学习，到底应该如何学习，基本上形成了三种不同的态度。第一种主张继续学习西方学术理论与方法，进一步推动中国传统学术的近现代转换。例如胡适，他认为西方学术理论和方法最有代表性的是实用主义，而实用主义的学术精神绝对不可能从儒家的道德伦理和理性的枷锁中发展出来。这就需要大力提倡实用主义的理论与方法，并从中国传统学术主流以外的墨家、名家中去寻找"可以有机地联系现代欧美思想体系的合适的基础"[1]。第二种则主张向传统学术精神与方法回归。如章太炎与刘师培，他们认为传统学术有极其深厚的道德信仰，有以乾嘉朴学为代表的实证精神，如果能够把传统学术的道德理想加以继承发扬，能够完善传统学术的体例与方法，同样可能形成中国传统学术的新面貌。第三种则主张，要打破学术理论与方法的中西之别，把中国传统学术的优长与西方学术的优长，都视为学术进步的真理。王国维在1914年的《国学丛刊》上就提出了一个非常有价值的观点：

> 中西二学，盛则俱盛，衰则俱衰，风气既开，互相推助，且居今日之世，讲今日之学，未有西学不兴而中学能兴者，亦未有中学不兴而西学能兴者。[2]

如何对待学术革命过程中出现的上述现象，如何正确解决中国近现代学术的出路，这是摆在五四运动时期的一个重要问题，它也是决定中国学术前景的重大问题。

五四运动时期，民主与科学口号的提出，为正确解决中西学术的融汇，提示了方向。在这一时期，蔡元培提出了思想自由、兼容并包的学术原则。他主张："无论为何种学派，苟其言之成理，持之有故，尚不达

---

[1] 胡适：《中国哲学史大纲·序言》，商务印书馆1919年版。
[2] 王国维：《国学丛刊序》，《王国维遗书》（第4册）。

自然淘汰之命运者，虽彼此相反，而悉听其自由发展。"① 1917年1月4日，他正式莅任北京大学校长后，聘请了有不同学术倾向的学者，让他们自由地发表他们的学术观点。据郑天挺回忆：

> 过去中国学术上流派很多。经学有今、古文学派的不同，蔡先生同时聘请了今文学派的崔适，也聘请了古文学派的刘师培。在文字训诂方面，既有章炳麟的弟子朱希祖、黄侃、马裕藻，还有其他学派的陈黻宸、陈汉章、马叙伦。在旧诗方面，同时有主唐诗的沈尹默，尚宋诗的黄节，还有宗汉魏的黄侃。在政法方面，同时有英美法系的王宠惠，也有大陆法系的张耀曾。其他学科，同样都是不同学派兼容并包。这是蔡先生在北大兼容并包的较多的一面。②

思想自由与兼容并包为正确处理中国学术传统与西方学术的关系，提供了宽松的学术环境。

五四时期，"科学"也成为学术进步的标志。所谓科学，陈独秀的解释是：

> 科学者何？吾人对于事物之概念，综合客观之现象，诉之主观之理性而不矛盾之谓也。想象者何？既超脱客观之现象，复抛弃主观之理性，凭空构造，有假言而无实证，不可以人间已有之智灵，明其理由、道其法则者也。③

这就是说，尊重客观事物，尊重理性思维的就是科学；而主观想象、排斥理性的就不是科学。这就揭示：不管是一种什么样的学术观点，都必须放在理性的天平上，只有经得起理性的考验，才能在学术研究中有立足之地。

---

① 蔡元培：《致〈公言报〉函并答林琴南函》，《蔡元培选集》下卷，中华书局1959年版。
② 郑天挺：《蔡先生在北大的二三事》，《文史资料选辑》第83册，文史资料出版社1982年版。
③ 陈独秀：《敬告青年》，《青年杂志》（《新青年》）1915年第1卷第1号。

学术自由与学术理性标准的提出进一步推动了中国传统学术的近现代转化。在五四运动时期及稍后，中国学术界对于西方学术理论的了解更加全面，更加丰富多彩。除戊戌时期所流行的社会进化论之外，西方的实用主义、人文主义、马克思主义等种种理论纷至沓来。与此同时，对于中国学术遗产也开始了更加深入地重新评介和整理。甚至梁启超在退出政坛后，也开始了对国故的整理工作，他研究的重点在于中国古代政治思想史以及中国学术方法论。以至胡适在1919年12月评述五四新文化思潮的意义时，就曾这样说道：

> 新思潮的根本意义只是一种新态度。这种新态度可叫做"评判的态度"。评判的态度，简单说来，只是凡事要重新分别一个好与不好。①

他将五四新思潮概括为四点："研究问题，输入学理，整理国政，再造文明。"② 可见五四运动深化了中西兼融的学术目标与境界，确立了中西兼融的发展方向。

三　中西兼融的学术成果

五四运动时期是中国近现代学术形态建立的一个关键时期。经过这个时期，从中国学术整体来看，克服了它在学习西方、超越传统过程中的迷惑，并开始形成有较深理论水平的中国近现代学术观念。这种观念主要反映在三种近现代学术体系之中。

第一种即"自由主义"的西化论。如胡适，他在"五四"以后继续宣传用实用主义的学术方法来改造传统学术方法。他排斥任何先验的本质论，反对把抽象原理运用于学术研究，主张学术研究应该建立在学术主体自由独立的逻辑思考之上。尽管胡适对西方学术方法的了解可能存有片面，但他认为只有向西方学术学习，才能真正建立中国近现代学术

---

① 胡适：《新思潮的意义》，《新青年》1919年第7卷第1号。
② 胡适：《新思潮的意义》，《新青年》1919年第7卷第1号。

规范和理想。传统学术的某些合理因素，也只有在这个标准之下，才能估价它的意义。

第二种即"保守主义"的本土文化主体论。它在学术领域的主要代表有陈寅恪、汤用彤等人。他们并不反对学习西方学术理论和方法的长处。陈寅恪、汤用彤对白璧德的新人文主义都有较深的理解，陈寅恪还对德国兰克学派的学术方法有较深的洞见。这些都促使他们认识到传统的学术的局限，使他们看到新学术必须有新的理想与形式。陈寅恪1935年为陈垣《元西域人华化考》作序，就肯定了新型学术的成绩，认为"近二十年来，国人内感民族文化之衰颓，外受世界思潮之激荡，其论史之作，渐能脱除清代经师之旧染，有以合于今日史学之真谛"①。也就是说，20世纪初年以来的学术革命，成绩是主要的，它使学术越来越合乎学术的真理。但他们都认为中国学术要融汇西方学术，应该特别注意以中国学术精神与方法为基础。陈寅恪在20世纪40年代发表的《唐代政治史述论稿》，其前言就表达他在学术精神上与司马光《资治通鉴》相契，而他对文物制度乃至人物命运的深切关注，更多的是继承了中国传统学术的文化精神。因此，尽管他们广泛采用语言比较法、史料考异法以及其他种种新的方法，但这些方法的背后，则是他们继承传统、改造传统的使命感。

第三种即"马克思主义"的学术观。如郭沫若、侯外庐等。他们认为中国近现代学术应该吸收马克思主义历史唯物论与辩证法。他们更多地认识到传统学术理论与方法的局限，同时也认识到西方学术理论与方法并非完全适用于中国学术的具体实践，在种种西方学术理论和方法中，只有马克思主义理论与方法能够真正推动中国学术研究的深入。侯外庐还特别指出，即使马克思主义理论与方法，同样也有一个与中国学术研究的具体实践相结合的问题。在《近世中国启蒙思想史》中，他曾回顾章太炎关于西方学术原理与中国学术研究的关系的论述，认为章太炎看到西方学理的局限性，是了不起的见识，但章太炎没有深入了解除进化论以外的其他西方学理，他后退了，未能架起传统学术向近现代学术过

---

① 陈寅恪：《陈垣〈元西域人华化考〉序》，《金明馆丛稿二编》，上海古籍出版社1980年版，第239页。

渡的桥梁。而侯外庐则认为马克思主义理论与方法，既能够克服传统学术的局限，又能通过与中国学术研究的有机结合，克服其他西方学理不能有效适用中国学术研究的弊病。

以"自由主义""保守主义""马克思主义"为代表的中国近现代学术观念的提出和建立，标志着中国19世纪末20世纪初年的学术革命，终于形成了初步的理论成果，已经能够对中西兼融的时代课题作出有创见的回答，已经开始创造性地建设科学的、民主的、民族的中国人文学术体系。

（此文与张岂之先生合作，原载《中州学刊》1999年第6期，原题《五四运动与中国现代学术的中西兼融》）

章太炎史学思想演变的三个阶段

章太炎，名学乘，字枚叔，以慕顾炎武，易名绛，后又更名炳麟，字太炎，浙江余杭人。生于清同治八年（1869），卒于民国二十五年（1936）。他是中国近代学问大家，在其近五十年的学术生涯中，他的学术思想前后变化很大。其史学思想的嬗变可分为三个阶段。

一　对传统史学的批评与新史学的建设

章太炎幼年从其外祖父朱有虔课经，即有意于历史，"窃视蒋氏《东华录》""颇涉猎史传"[1]。23岁从朴学大师俞樾受学，在埋首于"稽古之学"的同时，"求《通典》读之，后循诵凡七八过"[2]，表现出对史书典章的浓厚兴趣。但这时他治史依附于治经，还没有形成他对史学的系统看法。1894年甲午战争中国战败，对章太炎触动很大，他走出书斋，赴上海参与《时务报》的编撰。在上海他结识了夏曾佑，夏氏常以公羊学影响他，而太炎自己也"略看东西各国的书籍"，"收拾学理"，开始对政治问题表述自己独立的主张，1897年到1899年间，太炎发表了《訄书》初刻本中的大部分政论文章，显示出他与康有为、梁启超相一致的政治改良思想。太炎的政论一个鲜明的特点是历史感强，大多是结合现实问题，从历史角度切陈改良方案。但此时期太炎依然没有对史学的系统思考。

---

[1]　章太炎：《太炎先生自订年谱·光绪九年》，见中国科学院历史研究所第三所编：《近代史资料》1957年第1期，科学出版社1957年版。下同。

[2]　章太炎：《太炎先生自订年谱·光绪十六年》，《近代史资料》1957年第1期。

《訄书》刻本印行前后，太炎着手翻译西方社会学著作，深入思索社会进化的道理，形成了他初步的自然和社会历史的演化观。[①] 依据历史进化论，太炎研究了中国历史上的种族、职官、语言文字、风俗习惯、学术流变。在深入研究过程中，太炎对传统史学的基本观念以及叙事方法均产生了不满。1902年，梁启超《新史学》发表，更加引发了太炎改革旧史学的决心。1904年《訄书》重刻本中从《尊史》到《别录乙》的7篇文章，集中地反映了这一时期他的史学思想的主要倾向。

第一，对传统史学展开了系统的批评。太炎认为，传统史学的最大毛病是缺乏对历史事实的归纳，从传统史学著作中找不到历史演变的原理："中国秦汉以降，史籍繁矣，纪传表志肇于史迁，编年建于荀悦，记事本末作于袁枢，皆具体之记述，非抽象之原论。"[②] 纪传体一味铺叙史事，而其"书志则不能言物始，苟务编缀，而无所于期赴"[③]。即使像杜佑《通典》、马端临《文献通考》一类的专门典志，虽"缀列典章，阖置方类"，记叙名物制度略有渊源流变，但同样没有归纳出演变的原理，"然于演绎法，皆未尽矣"[④]。对于王夫之的史论，太炎也有微词，"衡阳之圣，读《通鉴》《宋史》，而造论最为雅训，其法亦近演绎；乃其文辞反复，而辞无组织，譬诸织女，终日七襄，不成报章也"[⑤]。他认为王夫之的史论也没有摆脱就事论事的局限，没有总结出历史演变的公理。太炎还认为传统史学关于历史的记载也很不全面，早期史著《世本》全面叙述社会文明史的义法没有得到很好的发扬。如《世本》有帝系、姓氏篇，记载统系和种族，而"后之史独魏收能志《官氏》，顾专述录索虏而已。其他族史，未有能为中夏考迹者也"[⑥]。又如《世本》有作篇，专叙历史上的重要发明创造，"其后之史官乃不为工艺作志"[⑦]。像司马迁的《史记》对社会习俗描述较备，却相对缺少对庙堂制度的交代，班固的

[①] 参见章太炎《菌说》，见《清议报全编》卷5，横滨新民社辑印本。
[②] 章太炎：《訄书》重刻本《哀清史·附中国通史略例》，《章太炎全集》（第3册），上海人民出版社1984年版。下同。
[③] 章太炎：《訄书》重刻本《尊史》，《章太炎全集》（第3册）。
[④] 章太炎：《訄书》重刻本《哀清史·附中国通史略例》，《章太炎全集》（第3册）。
[⑤] 章太炎：《訄书》重刻本《哀清史·附中国通史略例》，《章太炎全集》（第3册）。
[⑥] 章太炎：《訄书》重刻本《尊史》，《章太炎全集》（第3册）。
[⑦] 章太炎：《訄书》重刻本《尊史》，《章太炎全集》（第3册）。

《汉书》、孔颖达参与编纂的《隋书》于庙堂制度较详，却又忽视了一般社会习俗的描述："太史知社会之文明，而于庙堂则疏；孟坚、冲远知庙堂之制度，而于社会则隔。"① 太炎还批评了传统史学中的曲笔，特别就清史资料的真实性提出怀疑。他认为由于清朝历代帝王的文化专制与独断，在实录中史官并非照实直书，而是曲为褒扬，甚至自相矛盾，而私人著述慑于文化专制与文字狱，也不敢甄别史实，故"国史诎于人主"，而"私著者复逐游尘以为褒贬，如之何其明枉直也"②。

第二，对新史学提出了积极的建设。太炎认为改造传统史学已提到日程上来，在1902年与梁启超及吴稚晖的通信中，太炎多次表示要撰著一部新的中国通史。他认为新史著应该克服旧史缺乏理论原理的弊病，应把社会文明的各个方面概括进来。他提出了撰写新史著的指导思想："镕冶哲理，以祛逐末之陋；钩汲眢沈，以振墨守之惑。"③ 所谓"镕冶哲理，以祛逐末之陋"，即是说要扭转琐屑的历史记述之风，侧重以"哲理"指导，对历史作提纲挈领的整体把握。而所谓"哲理"，即社会历史进化之理。在《訄书》重刻本中，他认为中国的民族史、典志史、地理史、学术文化史都可贯穿社会演变的进化之理。"所谓史学进化者，非谓其廓清尘翳而已，已既能破，亦将能立。后世经说古义，既失其真，凡百典常，莫知所始，徒欲屏绝神话，而无新理以敉彻之。"④ 他认为新史著非但要屏绝神话，更应使读者从中知"古今进化之轨"。所谓"钩汲眢沈，以振墨守之惑"，是指要重新发掘被旧史著所忽视的史料或赋予旧史料以新解释。太炎认为，在史料根据上，"今日治史，不专赖域中典籍"，对"皇古异闻、种界实迹"，以及"外人言支那事者"，均应收集。⑤ 在史实的诠释中，应该参照其他民族历史演变的路径，对史料予以新的阐发，"亦有草昧初启，东西同状，文化既进，黄白殊形，必将比较同异，然后优劣自明，原委始见。是虽希腊、罗马、印度、西膜诸史，不得谓

---

① 章太炎：《致吴君遂书》之八，参见汤志钧编：《章太炎年谱长编》，中华书局1979年版，第140—141页。
② 章太炎：《訄书》重刻本《哀清史》，《章太炎全集》（第3册）。
③ 章太炎：《訄书》重刻本《哀清史·附中国通史略例》，《章太炎全集》（第3册）。
④ 章太炎：《訄书》重刻本《哀清史·附中国通史略例》，《章太炎全集》（第3册）。
⑤ 章太炎：《訄书》重刻本《哀清史·附中国通史略例》，《章太炎全集》（第3册）。

无与域中矣。若夫心理、社会、宗教各论，发明天则，蒸人所同，于作史尤为要领"①。太炎认为中国旧史著丰富的史料，只要我们剔除其无益国计民生的烦琐部分，并用新的理论予以诠释，就可以整理出关于中国社会历史进化各个方面的资料，撰著有新观点的全面的文明史。

太炎认为，历史是"审端径隧，决导神思"的工具。历史研究一方面应讲究对历史事实的还原以及事实关系的疏理；另一方面还应启导对未来的思考，为当时的人们提供政治、文化等诸方面的借鉴。太炎本人的史学研究结合现实需要，在整理传统学术史、民族史、典章制度史、语言文字史等方面做了大量工作，并时时提示当时在上述诸问题上的精神取向，显示了他不以旧史学为樊篱的史学特色。

二 对传统史学批评的缓和与对新史学的反思

章太炎的上述史学思想在1906年前后发生了重大变化。在撰著《中国通史》的实践过程中，太炎对如何融汇进化之理与具体史实没有充分的信念。他对康有为所阐发的公羊三世进化说尤为反感，认为不符合历史发展的真相，"世儒或喜言三世，以明进化，察《公羊》所说，则据乱、升平、太平于一代而已矣"②。1906年，随着太炎对进化的独特见解的形成，他对用进化原理指导历史撰著产生了深刻的疑惑。1906年9月太炎在《民报》发表《俱分进化论》，认为"进化之所以为进化者，非由一方直进，而必由双方并进。专举一方，惟言智识进化可尔。若以道德言，则善亦进化，恶亦进化；若以生计言，则乐亦进化，苦亦进化。……进化之实不可非，而进化之用无所取"。1910年在《国故论衡》中他进而认为智与愚也是同时并进的。在太炎看来，社会竞争进化的原理只能说明社会生活的某些表面现象，而不能为人生的政治与道德理想提供有益的鉴戒和论证。在1908年发表的《四惑论》中，太炎甚至把进化视为主观迷妄和幻象，"所谓进化者，本由根识迷妄所成，而非实有此进"。在上述思想背景下，太炎的史学思想发生了较大转变。

---

① 章太炎：《訄书》重刻本《哀清史·附中国通史略例》，《章太炎全集》（第3册）。
② 章太炎：《訄书》重刻本《尊史》，《章太炎全集》（第3册）。

第一，对传统史学的批评大为缓和。虽然太炎依然坚持传统史学著作关于文明史记叙不详的观点，但他不再认为缺乏抽象原理是旧史著的缺陷。他对纪传体、编年体、纪事本末体的批评仅限于它们记叙典章制度不够完备，批评杜、马两通之失也仅指二者未能提炼一个系统。

第二，对新史学的哲理竭力回避。太炎把早期"镕冶哲理"的指导思想修改为"镕冶名理"，并排斥史学进化之词。① 太炎认为史学与其他科学不同，不需要有原理统括，"诸学莫不始于期验，转求其原，视听所不能至，以名理刻之。独治史志者为异，始卒不逾期验之域，而名理却焉"②。

太炎就如何研究中国历史提出了一些具体原则。他认为对中国历史发展阶段的划分不应硬套西方的某些论述。1907 年 3 月，太炎发表《社会通诠商兑》，对严复以图腾、宗法、军国的社会演化顺序凌驾中国历史进行驳斥，指出当时中国并非宗法社会；同时指出"条例"与具体历史关系说："抑不悟所谓条例者，就彼所涉历见闻而归纳之耳。浸假而复谛见亚东之事，则其条例又将有所更易矣。……若夫心能流衍，人事万端，则不能据一方以为权概，断可知矣。"③ 他认为任何社会学原理，都有一定的经验范围，用之于历史研究，应注意与不同历史特点的结合，应该从具体历史事实入手，而不是从已有原理入手。1910 年，太炎发表的《征信论》进一步指出，如果只从抽象的原理出发，以"类例"断"成事"，就无需对历史进行研究，"虽燔炊史志犹可"。对当时学者动辄以地质年代说远古史事，以金石碑刻补匡史传，太炎也提出了批评。他认为以地质推断代，有其主观和荒谬之处。而以地下文物证史，"苟无明识，只自罔耳！五帝以上，文字或不具，虽化肌骨为朐忍，日夜食息黄壤之间，且安所得？夫发地者，足以识山川故处，奇雀异兽之所生长，此为补地志，备博物，非能助人事记载也。往古或有械器遗物，其文字异形不可知，自管仲、孔子去古犹近，七十二家之书，犹弗能识什二，今人

---

① 参见章太炎《訄书》重订本附考，《章太炎全集》（第 3 册）。
② 章太炎：《太炎文录初编·征信论》，《章太炎全集》（第 4 册）。
③ 章太炎：《太炎文录别录·社会通诠商兑》，《章太炎全集》（第 4 册）。

既不遍知文、武、周公时书，横欲寻求鸟迹，以窥帝制，岂可得哉？"①他认为研究中国历史对文献史料应采取审慎的态度，不能轻易怀疑原有史料的真实性，他反对学者"信神教之款言，疑五史之实录，贵不定之琦辞，贱可征之文献，闻一远人之言，则顿颡敛衽以受大命"，唯日本史学风尚是从的态度，甚至认为，"主以六籍，参以诸子，得其辜校，而条品犹不彰者，是固不可知也，非学者之耻也"②。如果从文献资料中得不出事件的真相，那么这个真相本不可知，并不是学者引以为耻的事，而不必借助地质年代学、考古学等科学。论叙历史事实，太炎主张应该效法古史家因事见义的史论方法，既不能以抽象原理套勒历史事实，也不应作"微言大义"式的借题发挥。他说："近世鄙倍之说，谓史有平议者，合于科学，无平议者，不合科学。案史本错杂之书，事之因果，亦非尽随定则。纵多施平议，亦乌能合科学邪？若夫制度变迁，推其沿革，学术异化，求其本师；风俗殊尚，寻其作始。如班固、沈约、李淳风所志，亦可谓善于平议矣。而今世之平议者，其情异是。上者守社会学之说而不能变，下者犹近苏轼《志林》、吕祖谦《博议》之流，但词句有异尔。"③在《征信论》中太炎对如何论史作了一系列具体论叙。

太炎特别批评了当时史学界对中国历史典籍和史学科学的虚无主义态度。以今古文经学为例，太炎指出二者都有师承和流传过程，今文家康有为等以纬书说六籍，非议六籍的真实性，把六经视为孔子的主观创作，视古文经是刘歆的伪造，这类观点都是不能成立的。太炎认为"中国历史的发达，原是世界第一，岂是他国所能及的"，它同样是科学。④因此，"只佩服别国的学说，对于本国的学说，不论精粗美恶，一概不采，这是第一种偏心"⑤。

太炎史学思想的反思时期根据他自己的说法，从1906年出狱赴日本，"方事改革，负绁东海，独抱持《春秋》，窥识前圣作史本意"⑥。开始对

---

① 章太炎：《太炎文录初编·信史上》，《章太炎全集》（第4册）。
② 章太炎：《太炎文录初编·信史上》，《章太炎全集》（第4册）。
③ 章太炎：《太炎文录初编·征信论》，《章太炎全集》（第4册）。
④ 章太炎：《中国文化的根源和近代学术的发达》，《教育今语杂志》1909年第1册。
⑤ 章太炎：《论教育的根本要从自国自心发出来》，《教育今语杂志》1909年第3册。
⑥ 章太炎：《检论·订孔下》，《章太炎全集》（第3册）。

传统史学进行重新估价，直到1914年《检论》定稿前为止。

三 向传统史学思想回归

1914年，太炎在北京被袁世凯软禁，"始玩爻象，重籀《论语》诸书，夥然若有悟者"①。"复取《訄书》增删，更名《检论》"，"多所更张"②，其史学思想也趋于定型。

太炎晚年的史学思想体现出对传统史学体系的迷恋。通过对儒释道三家思想的深入研究以及对西方哲学的反省，太炎对中国文化越加自信。他一改中期所持孔不如佛老的看法，认为孔子忠恕之道，融归纳与演绎为一体，推己及人，"退藏于密，处虞机以制辞言"，"不以一型锢铸"，高于佛老。③虽然佛教关于人生境界的分析较儒学精微，但"居贤善俗，仍以儒术为佳，虽心与佛相应，而形式不可更张"④。至于西方哲学，虽然逻辑清楚，解析精微，但在个人体验上不如东方哲学，"大抵远西学者，思想精微，而证验绝少。康德、肖宾开尔之流，所论不为不精至。至于心之本体何如？我与物质之有无何如？须冥绝心行，默证而后可得。彼无其术，故不能决言也"⑤。在太炎看来，东方哲学，特别是儒家经学（包括宋明道学）是民族文化的精华。1933年10月他在《适宜于今日之理学》中说："今若讲论性天之学，更将有取于西洋；西洋哲学但究名理，不尚亲证，则其学与躬行无涉。科学者流，乃谓道德礼俗，皆须合于科学，此其流弊，使人玩物而丧志、纵欲以败度"，反对胡适等人以科学改造传统人生哲学的观点。随着太炎对民族精神传统的体验的深入，他对传统史学的本质的理解也愈加深入。太炎认为经史是一体相通的，"但究史学而不明经学，不能知其情理之所在，但究经学而不明史学，亦太流于空论，不能明其源流也"⑥。他还通过孔子《春秋》的渊源论析，

---

① 章太炎：《检论·订孔下》，《章太炎全集》（第3册）。
② 章太炎：《太炎先生自订年谱·民国三年》，《近代史资料》1957年第1期。
③ 章太炎：《检论·订孔下》，《章太炎全集》（第3册）。
④ 吴承仕藏：《章炳麟论学集》"1918年条"，北京师范大学出版社1982年版。
⑤ 章太炎：《与吴检斋书》，《国故月刊》1919年第2期。
⑥ 章太炎：《章太炎十次讲学记》，《申报》1922年6月18日。

证明《春秋》是孔子效法周史官的"义例"而作的,因此它首先是一部史书,"仲尼所以为《春秋》,徒为其足以留远耳"①。《春秋》与《左传》的关系也非尽如世人所云是孔子作而左丘明传之,"经有丘明所作者矣","传亦兼仲尼作也"②。《周易》也有"记人事迁化"的史著性质。③ 太炎晚年经史一体相通的思想实质上是试图以传统道德性命之学作为史学的价值标准,漠视对历史客观存在过程的具体规律的探索。

在太炎晚年的史学论叙中,既看不到他对社会进化的哲学分析,也看不到他对中国历史发展阶段的划分。他甚至抨击当时史学界运用西方各种学说对中国历史作出新的诠释的努力。以诸子学说的研究为例,当时有胡适等一批青年学者根据西方一些哲学思想对诸子思想的源流和要点进行梳理,试图探索诸子思想相互影响的客观过程,指明其演变的历史原因。太炎认为诸子的研究不但要有个人的哲学体验,要有对诸子的文化背景的深刻理解,还要有精湛的校勘功力。他认为当时研究诸子的学者,既无经学修养,又无训诂校勘功底,以一孔之见衡断诸子,不能理解诸子思想的真相。他说:"不悟真治诸子者,视治经史为尤难。其训诂恢奇,非深通小学者莫能理也;其言为救世而发,非深明史事者莫能喻也。而又渊源所渐,或相出入,非合六艺诸史以证之始终,不能明其流别。近代王怀祖、戴子高、孙仲容诸辈,皆勤求古训,卓然成家,而后敢治诸子。然犹通其文义、识其流变,才及泰半而止耳。其艰涩难晓之处,尚阙疑以待后之人也。若夫内指心体,旁明物曲,外推成败利钝之故者,此又可以易言之耶?……岂以学校程年之业,海外数家之书,而能施之平议者哉!"④ 他主张研治诸子不可简单用西方某一哲学流派或型态来诠评,既要注意中国学说不同于西方的整体特点,又要对传统经学背景有深入的研究。而研究诸子的目的并不在于发掘什么思想与时代的联系或思想演变的规律,而仅在揭示思想之间的相互联系。太炎晚年特别反感《史通》和《文史通义》之类的史学批评著作,他认为"《史

---

① 章太炎:《检论·春秋故言》,《章太炎全集》(第3册)。
② 章太炎:《检论·春秋故言》,《章太炎全集》(第3册)。
③ 章太炎:《检论·易论》,《章太炎全集》(第3册)。
④ 章太炎:《时学箴言》,《中华新报》增刊1922年10月10日。

通》《文史通义》之流，只以供人大言，而于历史知识书不具"①。1935年5月，他在《与章松龄论学书》中说，章学诚"疏于考索"，《文史通义》"夸大自高，引证多误"，"故近人颂之，诚为过誉"，对刘知几和章学诚的不满表明太炎由早年对新史学的积极建设转向对旧史学的全面回归。太炎既不深究历史发展的客观过程及其规律，也不再探讨史学自身在新的历史时期的体现形式。

太炎晚年继续批评史学研究者的疑古和考古倾向。1922年6月15日《致柳翼谋书》中太炎批评胡适以《周礼》为伪作、以《尚书》非信史的论点，"胡适所说《周礼》为伪作，本于汉世今文诸师；《尚书》非信史，取于日本人；六籍皆儒家托古，直窃康长素之余唾。此种议论，但可哗世，本无实证……长素之为是说，本以成立孔教，胡适之为是说，则在抹杀历史"。1934年2月9日《与邓之诚论史书》对当时疑古和唯古器物是尚的史学风气作了抨击，"今人之病，以经为基督之书，以史为虞初小说。名实既谬，攻击遂多，甚者谓考史必求物证以为持论之根。不悟唐、宋碑刻，今时存者正多，独于爵里世系小小之事，颇为得实。至其谋之臧否，行之枉直，不及史书审正远矣。若三代彝器，作伪者众，更有乍得奇物，不知年月名号者，其器既非可信，而欲持是以为考史之专，盖见其愚诬也"②。他认为研究历史不应轻视文献史料的价值，古器物并不能完整地反映历史事实的原貌。

对于史学著述的体例，太炎也越来越偏向传统史著方法。他从旧史著的完整化入手，对宋辽金元明五史作了具体分析，一反时人以《金史》《明史》为优、以《宋史》《辽史》《元史》为劣的观点，指出"以义法条贯言之，《宋史》有统而《明史》失通也；以典物辞语言之，《辽》《元》存朴而《金史》增华也"③。他认为清史的撰著，不能以《明史》为依归，应该效法辽元二史的朴质和《宋史》的义法。太炎还论述了清史拟目的疏漏和错误，主张史学撰著从体例到标目的历史继承性。

---

① 章太炎：《章太炎复李续川书》，厉鼎煃：《章太炎先生访问记》，《国风》（南京）1936年第4期。
② 汤志钧编：《章太炎年谱长编》，中华书局1979年版，第943页。
③ 章太炎：《检论·哀清史》所附《近史商略》，《章太炎全集》（第3册）。

四　太炎史学思想的特色及其形成原因

20世纪初年，中国史学界出现了一个新史学思潮。1901年梁启超在《清议报》发表《中国史叙论》，提出要编撰一部不同于旧史的中国通史。1902年他在《新民丛报》发表《新史学》呼吁"史界革命不起，则吾国不救"。继梁启超有邓实、马叙伦、汪荣宝、曾鲲化、夏曾佑等人鼓吹史学革命。他们认为传统史学的价值标准与叙事方法都不能适宜时代需要。传统史著的帝王中心论，"其大蔽在不知朝廷与国家之别"。而"所贵乎史者，贵其能叙一群人相交涉、相竞争、相团结之道，能叙一群人所以休养生息、同体进化之状，使后之读史者，爱其群、善其群之心油然生焉"①。他们认为应该改变史著以帝王为中心的角度，换之以国民为本位，撰写民史。邓实还以"民史氏"自命，作《民史总叙》与《民史分叙》，设计民史的体例目录。② 20世纪初年的新史学思潮的主流是要突破传统史著对于客观历史过程的忽视，把进化论用之于历史研究，也要以新的历史条件的价值观念替代旧史学的是非标准。

拿章太炎的史学思想与新史学思潮的其他代表相比较，太炎的史学主张与新史学思潮有同有不同。相同之处是他们共同感受到了以帝王将相为记叙核心的旧史著对于关系国民的种族史、人文地理史、典章制度史、各类文化史都失之于略，即使有些部分比较丰满，也难以究悉源流。因此他们都提出了全面整理旧史著史料以撰著文明史的主张。他们还共同感受到了旧史著的著作体例难以满足现实需要，共同提出了改造旧史著的叙事方法的主张，并尝试过如何以当代人最能接受的形式编著中国历史。但二者的差异是巨大的。虽然太炎与新史学的鼓吹者们都批评过传统史学，但太炎批评的方向和重点在传统史学的体例和内容，而不像梁启超等人把批评集中在旧史学的精神价值。在1902年前后，太炎一度提出过要以进化的哲理陶铸历史，但随着他对进化之理的摒弃，他很快

---

① 梁启超：《新史学·中国之旧史学》，见《饮冰室文集之九》，《饮冰室合集》（第1册），中华书局1989年版。下同。

② 参见《政艺通报》1904年第17、18、19号。

改变了史学著作必须"镕冶哲理"的观点；而当太炎晚年对传统经学的道德性命之理体认愈深，他进而认为史学的基准即经学的道德性命之学。对于史学研究的具体方法，太炎早年并不排斥对社会学、心理学原理和方法的借鉴，也不排斥对皇古异闻、种界实迹等传说资料与文物资料的运用。中经1906年到1914年对上述史学方法的反思，太炎晚年既轻视文物资料，也不信地质年代与考古年代，而崇信文献资料和传统考据方法以及传统史著的叙事方法。

形成太炎史学思想与新史学思潮的差异的原因，主要有三个方面。

第一，太炎对自身所处时代的时代使命与历史地位体验不深。20世纪初年的中国是推翻帝制、建立民主共和的时代，太炎对民主共和缺乏明确的立场。在太炎看来，当时主要任务是民族革命。太炎的民族主义思想极深。1899年5月，他在《清议报》发表《客帝论》，认为历史上既有"用异国之材为客卿"，则只要清统治者奋发图强，汉族尚可视之为"客帝"。1900年，他写《客帝匡谬》，提出"满州弗逐，欲士之爱国，民之敌忾，不可得也"。1901年作《正仇满论》，激烈主张反清，1903年《驳康有为论革命书》明确主张以暴力手段进行种族革命。太炎的种族革命论虽然包含着对帝制的反对，但并不排斥专制政体。1908年10月，他作《代议然否论》，对议会政治进行驳难，说"置大总统则公，举代议士则庚"，认为"代议政体，必不如专制为善。满洲行之非，汉人行之亦非；君主行之非，民主行之亦非"。故虽然太炎民族革命态度坚决，但他对当时民族革命的近代民主内容的认识相当混乱；至于如何结合二者，使民族革命近代化，太炎没有从理论上予以深入思考。相反，新史学思潮的其他一些鼓吹者对当时的历史使命感受较深。以梁启超为例，他受其师康有为影响，表面上反对革命派的排满主张，鼓吹君主立宪，但他对当时所需要的民主革命的根本问题如自由、平等却有极为激进的主张。他发表《亚里士多德之政治学说》《卢梭学案》《法理学家孟德斯鸠之学说》《政治学家伯伦知理之学说》《乐利主义泰斗边沁之学说》，相当广泛地宣传西方特别是近代西方关于国家、法权和伦理的学说。他认为卢梭的《社会契约论》是近代西方革命的理论武器，"自此说一行，欧洲学界，如旱地起一霹雳，如暗界放一光明，风驰云卷，仅十余年，遂有法国大革命之事。自兹以往，欧洲列国革命纷纷继起，卒成今日之民权世界。民约者，法国革命之原动力也；法国革命，十九世纪全世界之原动力也"①。避开梁启超政治态度的表面烟幕，可以发现他对于近代政治的理论基础与精神实质有极为敏锐的洞察。

史学是史家主体对于历史的创作，不同的历史时期有不同的史学主体，同一时期的史学主体也因人而异，史学主体的多样性决定了史学型态的多样性。史家对自身所处的历史时期的历史地位领悟越深，就越能发现其史学型态在价值标准与表现形式的特殊性。太炎对近代民族革命的民主内容认识不如新史学思潮的其他鼓吹者们深刻，而其民族革命的理论根据又集中在汉民族文化优越论，因此他难以审知新史学型态不同于旧史学的精神价值，特别是当清政权被推翻之后，太炎史学的民族主义精神进一步转向传统史学的经学体系，越来越与时代精神相隔膜。

第二，太炎关于人生问题的终极思考与新史学思潮的其他一些鼓吹者有异。自严复传播英国经验论和归纳法，批评传统道德性命之学的先验论以来，一大批学人思索人生的道德原则逐渐向西方知识论靠拢，当时梁启超曾先后发表《霍布斯学案》《斯片挪莎学案》《培根学说》《笛卡尔学说》《进化论革命者颉德之学说》《天演初祖达尔文之学说及其略传》《近代文明初祖二大家之学说》《论学术势力左右世界》等文章，较系统地探讨了近代西方各派哲学的观点，并指出近世与上古、中古的区别主要在思维方法和世界观的革新。他认为培根的经验归纳法和笛卡儿的推理演绎法是近代文明的两个基础，直到康德才"和合两派，成一纯全完备之学问"②。梁启超认为处于向近代过渡的中国国民尤应汲取西方归纳和推理的认识论方法，并相信二者可以为国民提供道德思考。太炎在1903年前后对西方的经验归纳和演绎推理方法也较为信从，当时他诠评前史，褒贬人物，"独于荀卿、韩非谓不可易"，倾向于认知色彩较浓的荀况和韩非，非议孔子的道德性命之学。1906年后，太炎通过对佛教大乘经的研究，悟出从经验角度无法解决人生存在的根本依据问题，从而转向佛教认识论，认为虽然康德等哲学家都把认识论当为哲学理论中

---

① 梁启超：《论学术势力左右世界》，《饮冰室文集之十三》，《饮冰室合集》（第2册）。
② 梁启超：《近代文明初祖二大家之学说》，《饮冰室文集之十三》，《饮冰室合集》（第2册）。

的重大问题，但康德等只分析了法相唯识学所谓"见分"和"相分"，而未能分析"自证分"与"证自证分"。实则认识过程不但是对认识对象的意向过程，而且是对认识能力的调整过程。认识的最高目的并不在分解认知对象，而是使认识过程交互主体化，培养认识主体的无是非、无彼此的齐物境界。基于上述哲学认识，太炎认为人生的根本依据不可能从对事物的认知过程中得来。太炎在中晚年一改对孔孟以及宋明道学家们的抨击态度，认为儒家道德性命之学是民族文化的精华。故太炎在史学上也排斥从经验角度贯彻进化论精神的主张，一方面反对史学的进化论名理，把史学局限在期验之域；另一方面又认为史学的根本在道德性命之学，以先验的道德信条代替经验的进化原理。

第三，新史学实践过程中的某些失误也容易导致有深厚古文基础的学术大师章太炎的不满和反感。20世纪初年，新史学思潮所开创的历史诠释方法带来了历史研究的兴盛局面。大批史家以进化观贯注于历史研究，大体明确了历史现象的内在逻辑关系，梳理了中国历史演变的基本线索。如刘师培根据卢梭《社会契约论》的观点以及严复有关图腾社会的论述，探讨中国上古史，指出中国上古文明史存在图腾社会，同样有从渔猎到农耕、由图腾到宗法的进化过程。[①] 有的还利用新观点对先秦诸子以及中国几千年的学术文化史做了研究，如梁启超《论中国学术思想变迁之大势》《中国法治学发达史论》等，但由于诠释型的史学研究还只是当时史学的初阶，对于如何科学地诠释历史，当时还缺乏普遍有效的结论，因此在新史学的实践过程中出现了一系列不足。如梁启超1908年作《王荆公》一文，在清代蔡上翔《王荆公年谱考略》的基础上，对王安石的变法事业、人格道德、学术文章进行全面评价，但他把王安石变法说成是个人意志活动的结果，把青苗法和市易法比附为"近代文明国家的银行"，说条例司是"社会主义"。至于在分析中国历史的发展阶段和解释中国历史的某些具体现象，一味以西方或日本的史学见解为归依，无视中国历史发展的具体事实的现象就更为普遍。太炎认为中国历史有其特殊性，早在1904年《訄书》重刻本的《中国通史略例》一文中，太

[①] 刘师培：《中国历史教科书》（第1册），《刘申叔先生遗书》（第69册），宁武南氏排印本，1936。

炎就明确表示叙述典章制度的演进，要注意其间的本质联系，不一定要按西方史著的时代分期。1910 年发表《征信论》更反对"绌于成型"，以西方关于历史演变的论述生硬比附中国历史。在《菿汉微言》中他批评严复用西方历史分期论套析中国历史是只知有总相，不知有别相。客观上太炎提出了开创独立自得的分析中国历史发展的特殊性的史学任务，但太炎本人对西方史学方法并没有加以深入研究，他没有意识到西方史学方法的发展趋向，虽然他批评了新史学诠释方法的局限，主张对传统考据方法和叙事方法加以更多的注意，但对如何发展传统史学的考据法与叙事方法，如何使之与西方史学方法相结合，太炎也并未具体建立一条清晰可循的线索。梁启超在《清代学术概论》中说，"应用正统派之研究法，而廓大其内容，延辟其新径，实炳麟一大成功也。……虽然，炳麟谨守家法之结习甚深，故门户之见，时不能免。如治小学，排斥钟鼎文龟甲文，治经学排斥今文派，其言常不免过当，而对于思想解放之勇决，炳麟或不逮今文家也"。

太炎史学思想由对传统的批评导向对传统的迷恋，由对新史学的积极参与转向对新史学原理和方法的怀疑，其前后三期变化充分反映了一个凝结着民族史学传统的史学家在向新史学形态过渡时的徘徊与迷惑。

（原载台湾《哲学与文化》1993 年第 4 期，原题《论章太炎史学思想演变的三个阶段》）

刘师培对《左传》的整理和研究

刘师培（1884—1919），江苏仪征人，字申叔，号左庵。出身于古文经学世家。他少承先业，服膺汉学，经史子集靡不贯通，是晚清至民国初年学术思想史的重镇。丁惟汾曾这样评价说："（晚）清儒后劲者惟余杭章太炎，蕲春黄季刚与申叔数人而已。而覃思冥悟，以申叔为最。"①《左传》研究刘师培经学研究的一个重要方面，从中可见刘师培学术思想的特色。

一 刘师培《左传》研究的背景与倾向

晚清经学研究的一个重要动向是今文经学的兴起。鸦片战争前后，一些敏感的学者有感于乾嘉考据学沉迷于训诂，丧失对现实社会问题的关心，试图通过反省经学的精神实质，而重新树立学术研究的经世精神。如魏源就曾指出，乾嘉学者虽然以汉学相标榜，自认为得孔学真传，但他们最多只涉及了东汉许（慎）郑（玄）之学，至于西汉之学，则没有引起足够重视。而"西汉经学师承七十子微言大义，皆以自得之学，范阴阳，矩圣学，规皇极，斐然与三代同风；而东京亦未有闻焉"②。所以乾嘉之学并不能代表孔学的精神实质。要弥补乾嘉学说的不足，就应该对西汉经学进行研究。

西汉经学的主流即董仲舒等人的今文经学，也就是古文经如《周官》

---

① 丁惟汾：《刘申叔先生遗书·序》，《刘申叔先生遗书》（第1册），宁武南氏排印本，1936年。下同。
② 魏源：《古微堂外集·两汉经师今古文家法考叙》。

《左氏春秋》等还没有产生重要影响、没有取得学术思想的主导地位时的学术思想。今文经学的一个鲜明特色，就是把孔子视为有独特政治目的和政治理想的大师，认为六经是孔子伦理、政治思想的集中体现。经过刘逢禄、龚自珍、魏源等人的提倡，到19世纪中叶，经学研究已经明确地意识到今文经学与古文经的一些区别。1886年廖平著《今古学考》，深入具体地分析了今古文的不同之处，揭示：今文经与古文经的最大不同在于二者所说制度的不同。今文经以《王制》为主，古文经以《周礼》为主。《周礼》是周公的法典，而《王制》则是孔子对新制度的设想。古文经代表孔子早年的思想，有"从周"之意；而今文经则代表孔子晚年的思想，有"因革"之意。1887年，他又把上述观点进一步表述为：古文经皆有作伪迹象，而今文经则各经完备，皆是孔子改制之作，典型地表述了孔子的政治与文化思想。与廖平相呼应，康有为于1884年写成《礼运注》，1891年印行《新学伪经考》，1892—1896年写成《孔子改制考》等，明确提出：古文经学皆刘歆伪造，自东汉以来的学术都是孔学的异端，孔学的真传在于自孔子到西汉末年的今文学，其最集中的体现即《春秋》，特别是《公羊传》中"存三统、张三正、异内外"的三科九旨，反映了孔子对历史过程的系统看法以及他对不同历史阶段不同的政治设想。

晚清今文经学的兴起，不是偶然的。面对着列强的入侵和清政府的腐朽，有思想的知识分子迫切感受到自己所肩负的历史使命。而为了抵御外侮和改良政治，又都需要从思想上找证据。而反观当时知识界的状况，大多数知识分子囿于积习，把大量精力花在某些无关紧要的问题的考证之上，无法从学术中看出经世致用的意图。因此，他们求助于今文经学。而对今文经学的提倡，又主要体现在两个重点：一是高扬学术思想的经世性和创造性，把孔子打扮成"改制"的素王，从而批评乾嘉汉学的学风；二是发掘今文经学的微言大义，即攘夷和改制，为现实政治问题谋求解决方法。这一点连康有为等人的政敌朱一清也看得很清楚，他曾说：晚清之所以有公羊为代表的今文经学复兴，"良由汉学家琐碎而鲜心得，高明者亦悟其非，而又炫于时尚，宋儒义理之学，深所讳言，于是求之汉儒，惟董生之言最精，求之六经，惟《春秋》改制之说最易附会。且西汉今文经学久绝，近儒虽多缀辑，而零篇坠简，无以自张其军。独公羊全书幸存。《繁露》《白虎通》诸书又多与何注相出入,其学派甚古,陈义甚高,足以压倒东汉以下儒者,遂幡然变计而为此"①。今文经学谈攘夷以御外侮,谈改制以拯救政治,谈学术的创造性以扭转学风,在当时确实起到了积极的作用。

但矫枉也有过正。从学术史本身的线索来看,并不见得古文经学毫无是处。以《周礼》和《左传》为核心的古文经学也并不是没有一点政治思想。它同样是孔门弟子乃至儒家后学的著作,它同样反映着儒家学派的人生理想和政治理想,反映着儒家学派的天道观和历史观。即使它在某些问题的看法上与今文经有一些区别,那也不是势不两立的矛盾。因此,廖平、康有为等把刘逢禄、龚自珍、魏源等人的观点发展到极端,完全否定古文经的学术价值,把古文经一概说成是刘歆的伪造,甚至说刘歆为了伪造古文经,还不惜篡改了《史记》诸书,认为那些可以印证古文经中的典制仪礼的古器物也是刘歆的伪作,显然有难以解释的矛盾之处,容易引起学者的反感。如陈澧(1810—1882)在今文经学潮流产生初期就曾指出:近儒尊汉学,不讲义理,不讲汉学的精神实质确实不对,但并不是说郑玄结合今、古文经所阐发的经学本身没有义理,从学术史角度看,郑玄诸经注"无偏无弊"②。相反,像刘申受(1776—1829)《春秋公羊经何氏释例》所阐发的义理,倒不能得学术史的真理。他说:何休《公羊解诂》"多本于《春秋繁露》",而"《春秋繁露》云王鲁、绌夏、新周、故宋","公羊无此说也"。③ 也就是说何休公羊说由于受董仲舒的影响,所阐发的义理与公羊本来面目不符。而刘逢禄又把何休的公羊义发挥得更不符合公羊的真实。

陈澧之后,有章太炎也对廖平、康有为等人的学术观点采取了批评态度。章太炎于1891—1896年间,曾集中精力对《春秋》和《左传》进行研究,写成《春秋左传读》一稿,后来也一直未中断对《春秋》《左传》的研究。在整理《左传》源流,比较秦、汉典籍的过程中,他意识

---

① 朱一清:《无邪堂答问·胡仕榜问董胶西明春秋》,光绪二十二年(1896)鸿宝斋石印本。
② 陈澧:《东塾读书记·政学七则》,商务印书馆1935年版。
③ 陈澧:《东塾读书记·春秋三传》,商务印书馆1935年版。

到从学术角度看,古文经学有其独到的价值。《左传》并非刘歆伪造。而廖平、康有为等人的观点既不符合经学的原貌,也不符合中国文化思想的实质,具有"以类例断成事"、生搬硬套,把具体历史现象简单化的毛病,也有学风不扎实、无证而信的毛病。

在上述学术背景下,刘师培这位经学世家子弟,受过古文经学熏陶和长期学术训练的学者,很快感受到晚清经学研究的焦点,很快洞知怎样找到问题根本解决的途径。他一生致力于古文经学的阐微和疏通,试图在今、古文经学所达成的共识的基础上,全面揭示古文经学的精神实质,从学术上还今、古文经学的真实。

二 《读左札记》与刘师培关于经学的基本思想

1905年,刘师培在《国粹》杂志上连续发表《读左札记》,以研究《左传》为核心,第一次鲜明地表述了他对当时今、古文之争的态度。

首先,他驳斥了今文经学家们对《左传》的诬蔑。

长期以来《左传》与《公羊传》《谷梁传》并称,作为解释《春秋》的著作,三书各有特色,《公羊》《谷梁》二传以解释《春秋》的义法为主,主要是依据《春秋》原文以发议论,属于史论一派。而《左传》则是一部历史著作,长于叙事,不仅叙述政治、军事,还涉及经济和文化,内容远比《公羊》《谷梁》丰富而翔实。由于《左传》在学术史上的重要地位,先后为之诠释的有贾逵的《左氏传解诂》、服虔的《春秋左氏传解义》、杜预的《春秋左氏传集解》和《春秋释例》等。但自汉末以来,关于《左传》与《春秋》的关系即有争议。到宋明时期,像孙复的《春秋尊王发微》、孙觉的《春秋经解》、胡安国的《春秋传》等书,大都认为《左传》叙事虽详,解经多背离儒家正统观念,主张依据己意,直解《春秋》。而晚清今文经学则认为《左传》是刘歆伪造,不是孔子的思想。

刘师培认为:《左传》并非刘歆的伪造。他的一个有力证据是,《左传》在刘歆以前就有传承。他说:

> 近儒多以《左氏春秋》为伪书,而刘氏申受则以《左氏春秋》与《晏子春秋》、《铎氏春秋》相同,别为一书,与《春秋》经文无

涉。然《史记·吴泰伯世家》云：予读古之《春秋》……即指《左氏传》言。……又《汉书·翟方进传》言：方进授《春秋左氏传》。若以《晏子春秋》《铎氏春秋》例之，岂《晏子春秋》亦可称《春秋晏子传》，而《铎氏春秋》亦可称《春秋铎氏传》乎？①

刘师培认为《左传》自成书以来，相传不绝如线，其中最重要的是荀子、贾谊、司马迁、翟方进等，怎么能说是远在他们之后的刘歆所伪造？

刘师培的另一个有力证据是，《左氏春秋》所载史实和解经的语句在刘歆以前的各种著作中曾不断为人所征引。他说：

> 自刘申受谓刘歆以前左氏之学不显于世，近儒附会其说，谓《史记》所引《左传》，皆刘、班所附益。此说不然。观《淮南子》一书，作于景、武之间，在史公之前，而书中多引《左传》之文，如华周却赂（襄二十三年）、子罕献玉（襄十五年）咸见于《精神训》篇……
>
> 《吕览》一书多成于荀卿门人之手。荀卿为《左氏春秋》之先师，故《吕览》一书多引左氏之文。足证秦火以前，左氏一书久行于世。……盖战国之时，虽去春秋之世未远，然所传之事岐异甚多，惟左氏一书，本于百二十国宝书，记载较实，故战国学士大夫莫不尊为信史。此《吕览》所以多引其文也。若谓周代之世，左氏之书流传未普，则诸子百家何以无不杂引其文哉？②

《左传》在史实记载中有许多独到的描述，而这些记述又不断地为荀子、韩非子、《吕氏春秋》《淮南子》《史记》所征引，如果《左传》是刘歆伪造，又怎么能够为上述诸书所征引？

刘师培的上述两个证据较为准确地批评了刘歆伪造说的要害。

至于《左传》与《春秋》的关系，刘师培也驳斥了左氏不传《春

---

① 刘师培：《读左札记》，《刘申叔先生遗书》（第7册）。
② 刘师培：《读左札记》，《刘申叔先生遗书》（第7册）。

秋》之说。他说：

> 自汉博士谓左氏不传《春秋》，范升谓左氏不祖孔子，而出丘明，师徒相传又无其人，晋王接遂谓左氏赡富，自是一家书，不主为经发，近儒武进刘氏，遂据此以疑《左传》。案：汉《严氏春秋》引《观周篇》云：孔子将修《春秋》，与左丘明乘如周，观书于周史，归而修《春秋》之经，丘明为之传，共为表里。《观周篇》者，《孔子家语》篇名（此真《家语》，非王肃所造之《家语》也）；而引于汉人，且引于公羊经师，则《左传》为释经之书，固公羊家所承认矣。刘向《别录》云：左丘明授曾申。刘向素以《谷梁》义难《左传》，而于《左传》之传授言之甚详，则《左传》为释经之书，又《谷梁》家所承认矣。①

也就是说，《左传》为解释《春秋》而作，曾经在非伪造的《孔子家语》中有明确记载，而且这种记载被西汉今文经学之公羊派所认可；而谷梁家还对《左传》学的流传脉络作过探索，可见在西汉时期，今文经学本身都承认了《左传》的解经地位。

刘师培还进一步分析《春秋》经与三传的关系，说：

> 《春秋》者，乃本国历史教科书也，其必托始于鲁隐者，则以察时势之变迁，当先今后古，略古昔而详晚近，则《春秋》又即本国近世史也。虽然，以史教民，课本所举，仅及大纲，而讲演之时，或旁征事实，以广见闻，或判断是非，以资尚论。时门人七十，弟子三千，各记所闻，以供参考。而所记之语，复各不同，或详故事，或举微言，故有左氏、谷梁、公羊之学。然溯厥源流，咸为仲尼所口述，惟所记各有所偏，亦所记互有详略耳。②

因此，《左传》与《公羊》《谷梁》传经方式的差别，直接导源于孔

---

① 刘师培：《读左札记》，《刘申叔先生遗书》（第7册）。
② 刘师培：《读左札记》，《刘申叔先生遗书》（第7册）。

子弟子们记录的差别,导源于孔门弟子学术兴趣的差异,并不是只有《公羊》《谷梁》才是解释《春秋》的作品,而《左传》同样是解经之作。

其次,刘师培挖掘了《左传》的政治、文化思想,证明它与孔子思想存在一致性。

晚清今文经学的一个重要观点就是古文经缺乏孔子素王改制的经世精神,没有历史发展的观点和政治理想。刘师培认为这不符合古文经学的面目。他说,就华夷之辨来看,"公、谷二传之旨,皆辨别内外,区析华戎。《左传》一书,亦首严华夷之界,僖二十三年传云:杞成公卒,书曰子,杞,夷也。二十七年传云:杞桓公来朝,用夷礼,故曰子。此左氏传之大义也,亦孔门之微言也"①。也就是说,《左传》一书也在解经过程中突出了夷夏之防,具有民族主义思想,可以用来推御外侮。

至于今文经学所诩为独发的君轻民贵之说,刘师培也认为《左传》中比比皆是:

> 晚近数年,皙种政法学术播入中土,卢氏民约之论,孟氏法意之编,咸为知言君子所乐道,复援引旧籍,互相发明,以证皙种所言君民之理,皆前儒所已发。由是治经学者,咸好引公、谷二传之书,以其所言民权,多足附会西籍,而《春秋左氏传》则引者阙如。予案隐公四年经云:冬,十有二月,卫人立晋。左氏传云:书曰卫人立晋,众也。以证君由民立,与公、谷二传相同。又宣四年经云:郑公子归生弑其君夷。左氏传云:凡弑君称君,君无道也;称臣,臣之罪也。以徵人君之虐民,与《公羊传》之释莒君被弑也,亦合若符节。②

因此,刘师培认为《左传》对孔子的微言大义也知之甚深。故所谓左氏不知《春秋》之义的观点,是"真不知《春秋》之义矣夫!"

最后,刘师培还反省了人们对于《左传》产生误解的缘由,并提出

---

① 刘师培:《读左札记》,《刘申叔先生遗书》(第7册)。
② 刘师培:《读左札记》,《刘申叔先生遗书》(第7册)。

了一些解决误解的方法。

既然《左传》本身并不违背《春秋》，那是什么原因导致人们的误解？刘师培认为这主要是由于三个原因：一因卷帙浩繁，一因汉儒无完全之注，一因后儒斥为伪书。《左传》比《公羊》《谷梁》内容赡富，而由于西汉时又未成为经学主流，一直没有人给它完整地作注解。东汉时，古文经地位的上升，《左传》也受到一定重视，但贾逵、郑众等虽有注，也未完整地保存下来，只有晋杜预《春秋左氏传集解》得以完整地留传下来。而杜预的《集解》，又受《公羊》《谷梁》的影响，并不遵循《左传》的特点，穿凿附会，反而把《左传》引向歧途，丧失了自身的特点。后儒之所以把《左传》斥为伪书，大多是因为受杜预《集解》的影响，刘逢禄、廖平、康有为对《左传》的理解，也大多以杜预《集解》为凭据。刘师培说《左传》之义厄于征南，杜预不是左传的功臣，而是《左传》之祸首。

那么，怎么才能扭转对《左传》研究的不利状况？刘师培说：

> 今观左氏一书，其待后儒之讨论者，约有三端：一曰礼，二曰例，三曰事。①

所谓"礼"，就是说要研究《左传》阐述的礼典礼制。晚清今文经学认为《左传》所阐述的礼制跟《周礼》有相合之处，而与《王制》相异，刘师培认为这需要进行深入研究，看看是否与《王制》相背，如果相背，它体现了什么特点？而且，左氏佚礼"若能疏通证明，亦考古礼者所必取也"。所谓"例"，即《左传》的书法。《左传》有独特的书法，只有实事求是地去理解，才能把握《左传》的思想。而不能依照《公羊》《谷梁》，照样画葫芦。所谓"事"，就是《左传》的史实。刘师培认为有必要理清《左传》所载史实的来源及其被引用的情况。他说，礼、例、事"三书若成，则左氏之学必可盛兴，若夫历谱地舆之学，治左氏者多详之，惟考证多疏，董而理之，殆后儒之责欤？"②

---

① 刘师培：《读左札记》，《刘申叔先生遗书》（第7册）。
② 刘师培：《读左札记》，《刘申叔先生遗书》（第7册）。

可以说，刘师培所提出的关于《左传》研究的进一步课题，也是极为准确地抓住了《左传》学自身的不足，很有学术价值。

通过上述分析，我们也可以看出刘师培对于当时经学研究的基本态度是，不蔑视、不偏袒任何一种学说，坚持以实事求是的态度对各种学说进行深入细致的研究。

三 《春秋左氏传例略》与刘师培经学思想的系统化

1908 年，刘师培因为与章太炎小有龃龉，脱离资产阶级革命知识分子群体而投靠清政府。他的学术研究也由 1908 年以前的无所不学转移到以《左传》为核心的古文经学上来。1910 年发表《春秋左氏传时月日古例考》，1912 年写成《春秋左传答问》《春秋左氏传古例诠微》，1913 年写成《春秋左氏传例解略》，1916 年写成《春秋左氏传例略》，上述著作都体现了刘师培对《左传》研究的深入。其中尤以《春秋左氏传例略》简明扼要，言约义丰。

刘师培这一时期的《左传》研究的一个最重要的特色，是在他详细地整理了两汉至东晋时期的左传学成果，实事求是地还原了杜预《春秋左传集解》以前的左传学概况，并对它作了高度评价。他说：

> 汉儒左氏说，其较二传为密者，厥有数端。凡经书典礼，恒据本传为说，一也。据本传所志事实，以明经文书法，二也。据传例以说他条之经，凡经字相同即为同恉，三也。引月冠事，经有系月不系月之分，四也。据三统术校经历朔闰分至，所推悉符，五也。日食以所食之月为主，据日躔以定分野，专以灾异系所分之域，与二传师说泛举时政者，疏密有殊，六也。[①]

如前所述，刘师培认为左氏学代有师承，自荀子、翟方进、刘歆到郑众、郑兴、贾逵、许慎等人，都以古文经学名家。刘师培通过爬梳上

---

① 刘师培：《春秋左氏传例略》，《刘申叔先生遗书》（第 8 册）。

述大师们的观点，进行比较后得出结论，说他们的注解由于受"家法"观念的影响，即使贯通其他经说，也不把其他经传的内容牵扯到《左传》上来。他们诠释《左传》的典礼，解释《左传》的书法都是依据《左传》的内容就事论事，因此也颇能得《左传》之真。而且，这些经师们在解释《左传》和《春秋》的灾异时，大都依据三统历，初步考虑了太阳和月亮运行的某些规律，比较准确地理解了春秋时期的天象，把日、月食都基本弄清了，排除了大量的非科学的比附因素。同时，他们还汲取和发展了战国以来的分野学说，把上天十二星宿与地上十二个区域相互对应，如果上天显示灾异，只从上天所对应的州郡地域去说明，也与《公羊》《谷梁》泛泛而谈大有不同。

刘师培对东汉以前的《左传》说的评价，比起1905年《读左札记》来，要具体得多，也确实符合当时《左传》学的特点。它进一步证明刘师培在《读左札记》所提出的撰著《左传》礼、例、事三书的原则是正确的。

以汉儒《左传》学的独立性和相对科学性这两个基本特征为标准，刘师培还把视野延伸到东汉到三国时的学术领域，对这一时期各家各派的《左传》学也作了估价和整理。他说：

> 东汉左氏古义有附著他籍者，舍先郑（郑众）《周官注》，后郑（郑兴）群经注，许君（许慎）《说文》外，若马融《尚书》《周官》注、卢植《礼记解诂》、蔡邕《月令章句》、赵岐《孟子章句》、宋忠《世本注》、王逸《楚辞章句》、应劭《汉仪》《汉书注》、高诱《吕氏春秋注》《淮南子注》，采用传说，均有可证。其以子书采用传说者，桓谭《新论》、王充《论衡》、王符《潜夫论》、荀悦《申鉴》、徐干《中论》、应劭《风俗通义》、仲长统《昌言》是也。又班彪、朱浮、杜林、冯衍、张衡、崔瑗、胡广之论，所撰文词，亦多传说，汇而集之，可以观其大概矣。
>
> 三国之时，若王朗、糜信、董遇、高堂隆、谯周之伦，均通传说，其遗说稍具者，魏则王肃、孔鼌，吴则韦昭，于经传之文均有攈摭，上与刘、贾义符，晋则皇甫谧、干宝、郭璞之俦，诠引经传，

犹多古谊。①

刘师培不但梳理了《左传》学的师承，而且还把这种师承延伸到杜预以前，这显然比起前期《左传》的研究来要显得丰满。并且，由于他泛考汉晋诸子百家之学，并善于从中发掘《左传》学的观点，使得《左传》学的阵营更加壮观。这一方面捍卫了《左传》在经学史上的地位；另一方面也有利于正确认识《左传》学的学术史真相。

这一时期，刘师培《左传》学研究的另一重要特色是，他对《周礼》进行了深入研究，试图使《左传》所阐发的礼典在礼制学术史上得到落实和确认。刘师培在1908年以后，曾经致力于"三礼"的研究，先后写成《西汉周官师说考》和《礼经旧说》《周礼古注集疏》，据陈钟凡回忆，刘师培十分看重这几部著作，曾说：

> 余平生述造，无虑数百卷，清末旅沪，为《国粹学报》撰稿，率意为文，说多未莹。民元以还，西入成都，北届北平，所至任教国学，纂辑讲稿外，精力所萃，寔在三礼，既广征两汉经师之说，成《礼经旧说考略》四卷，又援据《五经异谊》所引古《周礼》说、古《左氏春秋》说及先郑杜子春诸家之注，为《周礼古注集疏》四十卷，堪称信心之作……②

晚清今文经学反对古文经的一个证据，就是古文经以《周礼》为主，而《周礼》所阐述的典制不同于《王制》。刘师培认为，要解决这个问题只有深入研究古礼，从而比较《王制》与《周礼》的真伪，衡量它们的价值。他在对两汉《左传》学的发掘过程中，也同样认识到对于《周礼》本身，也有一个还原的问题。在《西汉周官师说考》一书的序中，刘师培说：

> ……荀准《周官》，与圣同契；孟符《王制》，谊肇后师。爰及

---

① 刘师培：《春秋左氏传例略》，《刘申叔先生遗书》（第8册）。
② 刘师培：《周礼古注集疏·陈钟凡跋》，《刘申叔先生遗书》（第6册）。

西汉，《王制》业昌，五经家言，靡弗准焉。《周官》之学，暗而不章。孝平季年，说始萌芽，发见《周礼》，以明殷鉴。新莽制法，楷模斯频，凡所阐绎，盖出子骏。斯时本纪无说，通以《王制》，二书并文，莽传数见。虽地有嬴绌，制弗揆齐，其它品数，推放并准。以近知远，以浅持博，说有详略，例得互补，析二孤于九卿之中，别四伯于二公之外，斯其证也。东汉初业，雅达聿兴，众师踵业于南山，景伯振条于虎观，比义会意，冀别莽说，櫽栝古学，立异今文，典无巨细，概主劈析。后郑作注，稽业扶风，参综今学，附比移并，同事相违，疑炫难壹，今古之枫，至斯亦抶。师培服习斯经，于兹五载，窃以六代暨唐，惟宗郑说，随文阐义，鲜关旨要，西京逸绪，缊奥难见，顾鲜寻绎，莫能原察。用是案省班书，比佽甄录贾马诸说，亦间采剌《春秋》内外传，旁隶《大戴记》《周书》之属，以证同制，成《西汉周官师说考》二卷。虽复节族久绝，法数滋更，然故典具存，师说未替，辨迹逆源，咸有籤验。庶圣王之文，具于簟席，太平之迹，布在方策。世之君子，或有取焉。

刘师培认为，复原《周礼》的真貌有很大的困难，由于《周礼》晚出，至刘歆时才出现于学术界，而且又由于当时《王制》关于古代典制的影响，经师们都不可避免地有以《王制》叙《周礼》的倾向。这就需要学者结合《左传》古学，进行甄辨，而在甄别时，更应该对《周礼》还未走向学术领域时的西汉经师们所阐述的那些不同于《王制》的礼制引起足够认识。

刘师培认为，只要我们对西汉经师的礼制说进行甄别的话，我们还是能看到自战国以来就有两种不同的礼制学，而《周礼》更得古礼的原貌。他说：

> 昔仲尼闵亡道之陵迟，忧礼乐之不正，周流应聘，还辕邹鲁，制作《春秋》，约以《周礼》，就是非之说，立动作之中，内而蒐狩烝尝，外而朝聘会遇，经有劝惩，金与礼应，故班爵必首上公，书名弗遗三命，至于名位不同，礼亦异数，丘明作传，言必宗典，计

数纤啬，概准六官，其所诠揭，尤在地域……①

因此，即使晚清今文经学指责古文经学所说礼制与《王制》有异，也并不违背历史事实，丝毫也不能损害古文经学的价值。古文经学的研究也没有必要强我从敌，以自身学术的独特性而自我贬抑。

刘师培对三礼特别是《周礼》的研究使古文经学的特色得到保存，稳定了古文经学的阵营，使《左传》学也有了坚实的学术背景。

在上述研究的基础之上，刘师培对经学提出了较为系统的看法。

首先是关于孔子素王改制的问题。刘师培认为，根据汉儒治《左传》的认识来看，孔子是有政治理想和政治改良愿望的思想家，特别是《春秋》反映了他对现实政治的批评和对理想政治的追求。但并不能因此就认为《春秋》就是改制之作，是为后王垂法的作品，《春秋》一书并没有为后王提供什么具体的政治制度，他说：

> 汉儒治左氏，以经有空王之法，不以经文有空王之称。以法即《周礼》故章，弗以属《春秋》新制。因素王而涉改制，是以今说淆古经也。因从周而斥素王，是以《春秋》非制作也。后说以有为无，于经为抑，前说无而谓有，于经为媒。媒经抑经，为失则均。②

他认为，孔子是对现实政治有独立主见的学术大师，有谋求社会政治理想化的志向。正因如此，不能把孔子所作的《春秋》当成一部没有主体思想的历史记叙，不能绌经从史。另一方面，也不能把《春秋》当成改制的法典。因为孔子不过是借历史事实来体现他的思想倾向，其中所记的历史事实和典章制度还是与《周礼》旧章相通的。

其次是经传关系问题。刘师培主要以《春秋》与三传的关系为例，论述了不同的传代表着解释经典的不同角度，都有某些合理因素。重要的是学者们应该深入厘清各传的源流和独到之处，不能相互混淆，反而看不出各自的特色。比如《春秋左氏传》，它主要是从史法角度对《春

---

① 刘师培：《周礼古注集疏·陈钟凡跋》，《刘申叔先生遗书》（第6册）。
② 刘师培：《春秋左氏传古例诠微·明作篇》，《刘申叔先生遗书》（第8册）。

秋》作了补充发挥，如果受公、谷二传影响，迷失了这一特点，把史例等同经例，则势必把史法也当成微言大义。刘师培曾以《左传》对《春秋》时月日古例的解释为例，对此作了生动说明，他说：

> 诸儒溺于公羊、谷梁之说，横为左氏造日月褒贬之例，经传久远，本有其异义者，犹尚难通，况以他书驱合左氏，引二条之例，以施诸日无例之月，妄以生义，此所以乖误而谬戾也。①

《春秋》经中有的事件书有年月日时，有的不书，有的仅书年月日时，不记事，历来引起经师们的种种猜测，《左传》在解释这一现象时有许多可取的观点，如贾逵认为春秋时十分重视天象，如果侯王不登台视朔，则不书时月，若登台而不视朔，则书时不书月，若视朔而不登台，则书月不书时，若虽无事视朔登台，则空书时月。这种说法有一定道理，但后来杜预却囿于公、谷二传，把日月时例简单化，反而不得《左传》的长处。

可见，刘师培通过对《左传》和《周礼》的深入研究，已经打破了家法的制约，比较客观地面对经学内部的流派及其传衍，他提出的经学观点，有助于后人超越晚清今古文经学的对立，对经学自身的演变历史作出实事求是的总结。

（原载《孔子研究》1995 年第 4 期，原题《试论刘师培对〈左传〉的整理和研究》）

---

① 刘师培：《春秋左氏传时月日古例考》，《刘申叔先生遗书》（第 7 册）。

王国维、陈寅恪的史学思想与近代新史学的理论建设

一 史学革命及其面临的问题

戊戌维新后，中国史学界出现了一个新史学思潮。1901年梁启超在《清议报》发表《中国史叙论》，同年章太炎手校本《訄书》中《哀清史》附《中国通史略例》，都提出要撰著不同于旧史著的中国通史。继梁启超、章太炎而起的，有夏曾佑、刘师培、邓实、马叙伦、陈黻宸、曾鲲化诸人。他们一致认为传统史学有如下两大主要缺陷，已经不能适合时代要求。一是传统史学缺乏对历史事实进行归纳，没有总结出历史演变的一般规则。如章太炎认为："中国秦汉以降，史籍繁矣，纪传表志肇于史迁，编年建于荀悦，纪事本末作于袁枢，皆具体之记述，非抽象之原论。"[①] 他认为新史学必须"镕冶哲理，以祛逐末之陋"[②]，应该以社会进化原理作指导。二是传统史学的记叙重心是帝王将相，坚持的是以帝王为本位的价值标准。而新史学应该以全民为本位。梁启超说："吾国史家，以为天下者君主一人之天下，故其为史也，不过叙某朝以何而得之，以何而治之，以何而失之而已，舍此则非所闻也。"[③] 与这种观念相应，传统史学形成的正统论和著述法，都是史家奴隶性的充分体现。他认为："所贵乎史者，贵其能叙一群人相交涉、相竞争、相团结之道，能述一群

---

① 章太炎：《訄书·哀清史·附中国通史略例》，《章太炎全集》（第3册），上海人民出版社1984年版。
② 章太炎：《訄书·哀清史·附中国通史略例》，《章太炎全集》（第3册）。
③ 梁启超：《新史学·中国之旧史学》，《饮冰室文集之九》，《饮冰室合集》（第1册），中华书局1989年版。

人所以休养生息、同体进化之状,使后之读者,爱其群、善其群之心油然生焉。"① 章太炎也认为传统史学没有充分重视许多关系民生的重要史料,新史学应该"钩汲智沈,以振墨守之惑"②。可以说,19世纪末20世纪初年的新史学思潮第一次鲜明地亮出了史学革命的旗帜,标志着传统史学正式向近代新史学转化。

但这种新史学思潮自身存在一些不足。首先是对于传统史学的精神实质未能作客观的分析和评价。传统史学的基础是儒家经学。儒家经学虽然相对缺乏对历史发展阶段性的分析,但有对历史发展本质的独特认识。它认为人伦道德是历史的根本本质。中国传统史学正是围绕这一根本观点而发展的。其次是对于新史学的设计也存在简单化的毛病。新史学的倡导者们主张历史研究应该贯彻哲理,但他们的哲理主要是公羊三世说或社会进化说,缺乏对历史环节的具体分析。新史学也未能形成与传统史学相抗衡的方法论体系。

新史学思潮很快趋于自我反思。1906年前后,新史学思潮的主将之一章太炎就不再认为传统史学缺乏抽象原理是它的缺陷。1907年3月,他发表《社会通诠商兑》,对严复以图腾、宗法、军国三种社会形态的历史演化论分析中国历史的做法作了批评,并且指出,任何抽象原理,都基于一定的经验范围,若是超越了这一经验范围,应该注意与具体对象的特点相结合,应该是以事实补充原理,而不是以原理切割事实。1910年他发表《征信论》,甚至认为史学不同于其他学科,不需要运用哲理:"诸学莫不始于期验,转求其原,视听所不能至,以名理刻之。独治史志者为异,始卒不逾期验之域,而名理却焉。"③ 章太炎还批评了新史学对于中国历史典籍的虚无主义态度,认为不能因为传统史学忽视了某些记叙,就否定其史料价值。

比章太炎稍晚,新史学的另一主将梁启超的史学思想也产生了一些变化,1922年他发表《中国历史研究法》,1926—1927年又发表《中国历史研究法补编》,虽然他一如既往地批评传统史学服务对象过于狭窄,

---

① 梁启超:《新史学·中国之旧史学》,《饮冰室文集之九》,《饮冰室合集》(第1册)。
② 章太炎:《訄书·哀清史·附中国通史略例》,《章太炎全集》(第3册)。
③ 章太炎:《太炎文录初编·征信论》,《章太炎全集》(第4册)。

主张把帝王资治通鉴转变为国民资治通鉴或人类资治通鉴，但对历史研究是否应该贯彻原理也产生了疑问。他认为历史充满曲折和异态，不能把进化原理套用到任何具体历史的分析。他虽然坚信传统史学方法应该有所变更，并且积极探索新史学的研究方法，但他对于运用归纳法的最大效用，乃至历史是否有因果律也产生了怀疑。他还认为，用西方所谓科学的历史方法，最多只能发掘中国历史文化中的某些内容，对于中国文化精神性的一面，则需要用躬行内省的德性方法去研究。① 如果用西方科学方法去评价中国的性命道德之学，不但不能发掘其精华，反而会造成对传统文化的歪曲。

以章太炎、梁启超为核心的新史学思潮的上述变化，既与新史学倡导者们对传统史学认识的深入相关，也与他们对新史学自身的反省相关，还与他们对于中国近代文化的出路的认识相关。章太炎早年积极主张向西方学习，认为传统的道德性命之学不能适合生存竞争的需要。但随着对西方学说的逐渐了解，他认为中国道德性命之学有其独到之处。这突出地表现在他对孔子的评价之上。早年他认为孔子不如老子，中年他认为孔、老都不及佛，而晚年则认为孔子超过佛、老。随着他对中国传统文化精神体验的加深，章太炎认识到中国传统史学的基础是儒家经学。而儒家经学所论证的历史本质论乃是中国传统史学的精华。梁启超早年亦是西方文化的积极宣传者，自 1918 年退出政坛后，他反省西方学说之所以不能在中国取得预期效果，主要是因为没有从中国传统文化精神出发。他说："启超确信欲创造新中国，非赋予国民以新元气不可。而新元气决非枝枝节节吸受外国物质文明所能养成，必须有内发的心力以为之主。"② 在这种思想的指导下，梁启超深入研究了中国古代的政治思想，认识到儒家哲学所提出的关于人生问题的解决方式确有比西方学说高明的地方。他由此对中国传统学术精神作了较准确的评价，指出道德实践理性是中国传统学术的精髓："中国学术，以研究人类现实生活之理法为中心。"它既不像希伯来、印度那样富于宗教意识，也不像西方近代学术那样对客观对象作纯粹科学化的认识；而是在强烈的入世精神指导下，

---

① 梁启超：《治国学的两条道路》，《饮冰室文集之四十》，《饮冰室合集》（第 5 册）。
② 丁文江、赵丰田编：《梁启超年谱长编》，上海人民出版社 1983 年版，第 983 页。

主要探讨人的安身立命问题。①

可见，传统史学向近代新史学的过渡，既需要对中国传统史学进行客观估价，又需要对新史学的发展前景作全面考察。而无论对传统史学的估价还是对新史学的考察，都与对中国传统文化的整体评价以及对中国近代文化的发展趋势的预测分不开。只有深入研究中国近代文化的发展趋势，理解了近代与古代的继承和发展的相互关系，才有可能理解新史学与传统史学的相互关系，才有可能积极消化传统史学的优秀成果，建立起新史学的理论体系。

二 王国维、陈寅恪的史学思想

王国维、陈寅恪对近代新史学所面临的问题提出了一些相近的看法。

其一，他们认为中国传统学术精神应该在新史学中得到继承和发扬。

王国维古史研究有一篇极有名的文章，叫作《殷周制度论》。此文考察殷周社会变更，认为古代社会变更之剧，莫甚于殷、周之际。他说："殷周间之大变革，自其表言之，不过一姓一家之兴亡与都邑之转移，自其里言之，则旧制度废而新制度兴，旧文化废而新文化兴。又自其表言之，则古圣人之所以取天下及所以守之者，若无以异于后世之帝王，而自其里言之，则其制度文物与其立制之本意，乃出于万世治安之大计，其心术与规摹，迥非后世帝王所能梦见也。"在王国维看来，殷、周代表着两种不同文化观念的交替，西周所确立的宗法制以及男女有别之制，是当时新文化的根本。他认为这种基本精神一直延续于西周至清末的历史过程之中，因而对之十分关注。

王国维多年研究尼采、叔本华的哲学，根据他本人对于中国历史特点的看法及其对于中西哲学的比较，他认为中国的学术精神在于道德理性主义。他说，每一种文化都是人们生活之欲发展的结果。人的本质就是意志，就是生活之欲。生活之欲促使人们了解自然、了解社会，推动人类社会政治、经济、文化、艺术的发展。但生活之欲本无定质，它既有对欲望的无穷无尽的追求，也有因追求得到暂时满足后所产生的厌倦

---

① 梁启超：《先秦政治思想史·序论》，《饮冰室专集之五十》，《饮冰室合集》（第9册）。

和空虚。如何处理人的这种生活之欲的矛盾状态,不同的文化有不同的解决办法。王国维说佛教采取的是断除生活之欲的解脱办法,而西方采取的是为生活之欲立法的方法,中国却向往以儒家"己欲立而立人,己欲达而达人"的道德主义来解决人的生存本质的矛盾。王国维在《红楼梦评论》中对佛教的解脱办法是否能真正达到目的深表怀疑,也认为中国与西方相比较,确实缺乏对非道德因素的制约。比如传统中国学术主张道德主义,但"己欲立而立人,己欲达而达人"毕竟不是每一个人都能做得到的。而西方正是因为严肃地考虑了这一问题,提出要为生活之欲立法,建立社会正义。反观中国,正义思想相当缺乏:"今转而观我国之社会,则正义之思想之缺乏,实有可惊者,岂独平民而已,即素号开明之士绅,竟恫然不知正义之为何物。"① 尽管传统学术有这样的缺点,但其基本命题和精神价值是应该充分肯定的。中国传统学术所展开的对于人的生存状态的分析以及对人生正道的探求,都有其合理的内核。

陈寅恪对中国传统学术精神的认识与王国维大致相同。1919 年他在美国与吴宓论中国古代文化,指出:"中国古人素擅长政治及实践之伦理学。"虽然有"乏精深远大之思"的缺点,但"至若天理人事之学,精深博奥者,亘万古、横九亥而不变,凡时凡地,均可用之,而救国经世,尤必以精神之学问(谓形而上学)为根基"②。1927 年王国维投水自杀,同年 10 月,陈寅恪作《吊王静安先生》(后改为《王观堂先生挽词》),对王国维之死的文化意义作了高度评价,同时指出:"吾中国文化之定义,具于《白虎通》三纲六纪之说,其意义为抽象理想最高之境,犹希腊柏拉图所谓 Idea 者,若以君臣之纲言之,君为李煜亦期之以刘秀;以朋友之纪言之,友为郦寄亦待之以鲍叔。"③ 同王国维一样,陈寅恪认为传统学术中的道德理想主义缺乏对于非道德因素的有效制约,有其不足之处,但他同样认为这种道德精神可以在新文化中得到保存。

王国维与陈寅恪都从传统学术演变历史的研究指出,传统学术的发

---

① 王国维:《静安文集·教育偶感四则》,《王国维遗书》(第 3 册),上海书店 1983 年版。下同。

② 吴学昭:《吴宓与陈寅恪》,清华大学出版社 1992 年版,第 9 页。

③ 吴学昭:《吴宓与陈寅恪》,清华大学出版社 1992 年版,第 53—54 页。

展自始至终都是坚持继承与发展相统一。王国维认为魏晋南北朝时期，佛学传入，曾经形成对于传统学术的猛烈冲击。但中国传统学术始终是"能动化合"佛学，即以我为主，吸取佛学思辨性的精华，使传统学术的基本命题得到进一步充实。而佛学也只有与中国固有学术思想相化合，成为传统学术的有机组成部分，才能得到生存发展。他说：外来思想，"即令一时输入，非与我中国固有之思想相化合，决不能保其势力。观夫三藏之书，已束于高阁，两宋之说，犹习于学宫，前事之不忘，来者可知矣"①。他认为佛教唯识学，由于其印度佛学色彩太浓，就没有产生多少影响，相反，那些结合中国特点的天台、华严、禅宗，却被消化于宋代理学，得到了传播和发展。可见今天要学习西方文化，建设新的学术体系，同样只能立足于传统学术精神。陈寅恪也利用了佛学与中国传统学术相互影响的例子，认为佛教与中国传统学术精神本不相合，但它的理论思辨可以弥补周秦诸子的不足。"宋儒若程若朱，皆深通佛教者，既喜其义理之高明详尽，足以救中国之缺失，而又忧其用夷变夏也。乃求得两全之法，避其名而居其实，取其珠而还其椟。采佛理之精粹，以之注解四书五经，名为阐明古学，实则吸收异教。……自得佛教之裨助，而中国之学问，立时增长元气，别开生面。"② 因而他认为新的学术体系应该像宋儒一样，"一方面吸收输入外来之学说，一方面不忘本来民族之地位"③。只有在传统学术的精神基础上，才能发展出新的学术体系。

值得特别指出，王国维和陈寅恪都不是极端复古主义者。他们都对西方学说有较深的素养，对于传统学术的不足有较为清醒的自我认识。陈寅恪就曾深刻地指出："夫纲纪本理想抽象之物，然不能不有所依托，以为具体表现之用；其所依托以表现者，实为有形之社会制度，而经济制度尤其重要者……"④ 每一种学术精神都依托于一定的社会制度。当社会制度发生变更，学术精神必定有所变化发展。王国维和陈寅恪都把清道光以来中国社会的变化视为西周以来的又一次重要变更，他们特别看

---

① 王国维：《静安文集·论近年之学术界》，《王国维遗书》（第3册）。
② 吴学昭：《吴宓与陈寅恪》，清华大学出版社1992年版，第11页。
③ 陈寅恪：《冯友兰〈中国哲学史〉下册审查报告》，《金明馆丛稿二编》，上海古籍出版社1980年版，第252页。
④ 吴学昭：《吴宓与陈寅恪》，清华大学出版社1992年版，第54页。

到了西方近代文明的法制意识和实证意识的长处,并且主张把这些内容补充到传统道德理性主义精神之中。王国维还曾就中国传统哲学的性、命、理等重要范畴的诠释作过探索性的评论。他们希望新的学术思想既保持传统特色,又有时代特点。

其二,在传统学术方法的基础上,积极汲取西方学术方法的长处,建立新史学的方法论体系。

王国维曾对中西学术方法做过比较,指出:"西洋人之特质,思辨的也,科学的也,长于抽象而精于分类,对世界一切有形无形之事物,无往而不用综括(Generalization)及分析(Specification)之二法。……吾国人之所长,宁在于实践方面,而于理论之方面,则以具体的知识为满足。至分类之事,则除迫于实际之需要外,殆不欲穷究也。……故我国有辩论而无名学,有文学而无文法,足以见抽象与分类二者皆我国人之所不长,而我国学术尚未达自觉(Self-consciousness)之地位也。"① 按照他的看法,凡对所研究的对象能够运用抽象的思辨,采用综括与分析二法,"求其原因,定其理法",核诸实际而无不合,使"事物必尽其真,而道理必求其是",才算是取得了学术自觉的地位。以此来衡量中国传统学术,虽然也有精微缜密的内容,但惟其不在抽象思辨的理论上着力,故往往不能上升为真正的科学。王国维批评中国传统学术缺乏对研究对象做规范化的实证研究,缺乏对研究对象内在规则的抽象,从而针砭了传统学术模糊笼统的毛病。

陈寅恪也认为传统学术研究有其不足之处。他曾就古今文化史研究状况进行对比性的评论,说:"旧派失之滞。旧派所作中国文化史,其材料采自廿二史中儒林文苑等传及诸志,以及《文献通考》《玉海》等类书。……新派失之诬。……所谓'以科学方法整理国故'者,新派书有解释,看上去似很有条理,然甚危险……有时不适用。"② 所谓"滞",就是艰涩,缺乏条理;所谓"诬",就是无中生有。陈寅恪认为这是中国学术方法的两个极端,都是由于缺乏对研究方法的严格训练所造成的。

---

① 王国维:《静安文集·论新学语之输入》,《王国维遗书》(第3册)。
② 蒋天枢:《陈寅恪先生传》,《纪念陈寅恪先生诞辰百年学术论文集》,北京大学出版社1989年版,第4页。

王国维、陈寅恪都主张借鉴西方学术方法。王国维说:"今日之时代,已入研究自由之时代,而非教权专制之时代。""异日发明光大我国之学术者,必在精通世界学术之人,而不在一孔之陋儒。"① 如果不对传统学术方法进行改造,固守"思想上之事,中国自中国、西洋自西洋"的顽固态度,就不可能使传统学术得到发展。② 陈寅恪曾经高度肯定20世纪初年以来中国学术在方法论上对于西方的借鉴。1935年,他为陈垣《元西域人华化考》作序,其中说:"近二十年来,国人内感民族文化之衰颓,外受世界思潮之激荡,其论史之作,渐能脱除清代经师之旧染,有以合于今日史学之真谛。而新会陈援庵先生之书,尤为中外学人所推服。盖先生之精思博识,吾国学者,自钱晓征以来未之有也。"他认为正是因为向西方学习,使得学术研究渐趋科学,从而使陈垣等史学家取得了超越钱大昕等乾嘉学者的学术成果。

但他们都认为,借鉴西方学术方法,并不是一概排斥传统学术方法,而是要立足于传统学术方法的民族特色。王国维有一个非常有价值的观点:"余谓中西二学,盛则俱盛,衰则俱衰,风气既开,互相推助,且居今日之世,讲今日之学,未有西学不兴而中学能兴者,亦未有中学不兴而西学能兴者。"③ 也就是说,中西学术可以互补,只有坚持学术研究的民族特色,才能真正成为世界学术的有机组成部分。王国维高度评价了中国传统学术方法分析问题的广泛的视野,认为传统学术方法讲求知人论世,由其人以逆其志,既注意历史事件和人物的地理、人文背景,又注意政治境遇乃至人物的个性特点,有其方法上的长处。他也特别推重乾嘉学者的考据方法,认为这与西方学术的分析方法有相似之处。陈寅恪对于传统学术方法从文化史角度研究历史的特点给予了高度评价,他也同样称赞乾嘉考据学的实证意识,认为从文化史角度研究历史的思路以及乾嘉考据意识都应该成为新史学向西方学习的基本出发点。

至于中西学术方法如何结合,王国维提出"能动化合"说。他早年

---

① 王国维:《静安文集·奏定经学科、大学文科、大学章程书后》,《王国维遗书》(第3册)。
② 王国维:《静安文集续编·去毒篇》,《王国维遗书》(第5册)。
③ 王国维:《国学丛刊序》,《王国维遗书》(第4册)。

研究《红楼梦》，一方面用尼采、叔本华的哲学思想弥补红学研究原理的不足；另一方面又吸取传统学术讲求知人论世和考证的长处。后来他研究古史，一方面吸取西方社会学原理，抓住古史演变的重要线索；另一方面又在乾嘉考据学基础上提出二重证据法，以文献资料与地下考古资料相互印证，不但使古史研究呈现出较强的逻辑感，同时还扩大了史料范围，使古史的真实面目更加得以显露。王国维把古史研究的方法论提到了一个自我认识的新阶段。

陈寅恪则充分继承和发展了文化史学的方法论观点。他特别注重从文化史角度研究历史，关注在文化冲突背景下社会各项制度的特色。同时，他也很关注个人或社会集团在特定文化状态下的境遇。他的研究重心在"不古不今"的隋唐史，著有《隋唐政治制度渊源略论稿》《唐代政治史述论稿》，也研究过陶渊明、王导，唐代李、武、韦、杨婚姻集团以及柳如是等。这些都表明陈寅恪从文化史角度分析历史事件与历史人物，以及从历史事件和历史人物反映文化关系的史学眼光。而这些正是以司马迁《史记》为代表的中国传统史学方法的显著特色。陈寅恪在运用这一方法时，把自己关于西方文化史学的素养贯注其中，比较清楚地显示出了各种文化要素的内在联系，较之传统学术研究要清新流畅。同时，他还把考据方法容纳在他的文化史学的大前提之下，并且把史料的范围由正史延伸到地下资料，乃至遗文别集。1947年他作《元白诗笺证稿》，就是用元稹、白居易的诗去研究唐玄宗到唐宪宗这段唐朝由盛转衰的历史。

总之，王国维、陈寅恪立足于传统学术精神的正面继承，试图把传统史学的人伦道德精神转化为近代人文精神，把伦理型的史学主体改造为道德与科学意识相统一的史学主体，从而对新史学的精神实质提出了独到见解。在方法论领域，他们立足于传统学术方法，同时吸纳西方学术方法，提出从文化史角度研究历史、史观与考据相结合、文献与实物相结合等观点，构成近代学术方法极有价值的组成部分。

三　王国维、陈寅恪的史学思想与新史学的理论体系

王国维、陈寅恪的史学主张及其方法论实践，在中国近代史学界产

生了巨大影响。当时在学术精神和方法上与王国维、陈寅恪较为相契的还有陈垣、汤用彤、柳诒徵等。他们分别从不同角度提出了与王国维、陈寅恪相近的史学主张，并且共同构成近代新史学的一个重要流派。

20世纪20年代前后，在新史学的理论建设中不但有以王国维、陈寅恪等为代表的一派，还有以胡适、傅斯年等为代表的一派，以及以李大钊、瞿秋白、郭沫若、侯外庐等为代表的一派。各派都团结有一大批学者。

今天，我们回过头来反省三派不同的史学主张，可以看到，王国维、陈寅恪等人坚持新史学必须从民族学术传统出发，并以此为基础吸收消化外来思想。胡适则主张各民族文化在本质上是相通的，世界民族文化的共同前途是西方近代文明，各民族的学术研究也只有顺应这一发展潮流才能得到保存发展，而要顺应这一发展潮流，就必须学习西方实证精神，彻底反省传统学术道德理想主义的迷误。李大钊、瞿秋白、郭沫若、侯外庐等则认为各民族文化的发展前途大致相同，但趋同于共产主义的理想社会，它是在批判近代西方文明基础之上的一种更高的文明。学术研究必须为迎接这一文明的到来做思想上的准备，也就是说，必须学习唯物史观，批判性地整理祖国文化遗产，并沟通与理想社会的精神联系。这三种学术流派都在对中国史学发展前景的设计上，有许多地方是相通的。王国维的学术方法和学术成果就曾直接为郭沫若、侯外庐所称誉和引用。郭沫若也对胡适的研究方法所产生的影响作过肯定。虽然三派在学术的基本精神上有分歧，但从学术角度而言，他们所提出的问题都很有价值。

马克思主义史学的进一步发展，面临着如何正面继承传统史学优秀遗产的问题，也面临着如何积极向西方学习的问题。今天我们思考史学理论与方法的进一步完善，乃至探索思想文化的现代价值问题，仍然需要从王国维、陈寅恪等人和郭沫若、侯外庐等人以及胡适等人所提出的理论命题中得到启发。

（原载《天津社会科学》1995年第6期）

中国近代新史学的守成派

20世纪20年代前后，围绕中国文化的出路问题，形成了多种不同的文化观点，其中梁漱溟、熊十力、冯友兰、金岳霖、贺麟等强调近代新文化与传统文化的继承关系，被称为文化保守主义或文化守成派。与这种文化观相对应，史学领域也出现了一种传统色彩较为浓厚的史学派别，即以王国维、陈寅恪、陈垣、汤用彤、柳诒徵为代表的新史学体系。他们既受西方学术思想的激荡，又有浓厚的传统学术功底，既认识到了西方学术方法的长处，又不丧失对传统学术精神和方法的信念，成为新史学哲学一个极为重要的派别。

一　守成派的历史哲学观点

所谓历史哲学，主要是对于历史过程及其本质的哲学思考，它是史家认识历史的结果和史学创作的前提。20世纪初年，中国史学界出现了一股革命思潮，其主要内容就是要建立一种新的史学标准。梁启超、章太炎共同提出的新史学特征是：以国民为价值中心，体现历史向前发展的必然趋势，探索历史的发展规则。为建立新的史学标准，梁启超等人对传统史学作了激烈的批评，并大力宣传社会进化论和天赋人权理论，提倡创作民史。

新史学的历史哲学是否完全与传统史学无关？王国维、陈寅恪、陈垣、汤用彤、柳诒徵等人在章太炎初步反思这一问题的基础上，指出新史学应正面继承和发展传统史学中的道德精神，把传统学术中对理性和道德的信念当为新史学的精神实质。

王国维对中国传统学术别具慧眼，他认为如果就形式逻辑而言，中国旧史学的前提和基础——儒家哲学，"其于思索未必悉皆精密，而其议论亦未必尽有界限"①。但儒家哲学却道出了消解人生困境的真理。在历数佛家的涅槃论、叔本华的自杀论以及儒家的道德化等解脱方法后，认为只有儒家的道德信念庶几有助于人生困惑的消解。故王国维对史学中道德理想十分重视。他的《殷周制度论》考察殷商与西周之际的社会变更，结论是："自其里言之，则旧制度废而新制度兴，旧文化废而新文化兴。……其制度文物与其立制之本意，乃出于万世治安之大计，其心术与规摹，迥非后世帝王所能梦见也。"实际上他表达了这样一种认识：西周所确立的尊尊、亲亲、贤贤和男女有别的宗法秩序及其精神，是新文化的基本前提，新史学必须贯注对道德的信念。

陈寅恪对传统学术的道德精神有强烈的信念。他认为，在中西文化相互冲突时期，只有立足于本土文化，通过吸收消化其他民族的文化，才能形成真正有生命力的新文化。在《冯友兰〈中国哲学史〉下册审查报告》一文中，他运用佛教与中国固有文化相互影响的例子说明，中国当时输入欧美思想，应该像宋代儒学一样，"一方面吸收输入外来之学说，一方面不忘本来民族之地位"②。新史学亦然，一方面有必要吸取西方学术体系的长处；而另一方面也不能忽视传统史学的道德精神。

陈垣对传统史学的人伦道德有深切的体验。他的《通鉴胡注表微》，表面上是对宋末元初胡三省、司马光《资治通鉴》注释的研究，实则通过对胡三省史学思想的阐发，表明他自己的史识。在其中，他分析了胡三省对当时民族文化问题的焦虑以及对人伦道德的信念，表彰胡三省史学的民族气节，畅述自己对传统史学所树立的人生观的信念。如他说，传统史学褒贬人物的是非标准，"能致身为第一义，抗节不仕者次之，保禄位而背宗国者，在所必摈"③。这种受儒学熏陶的价值观和生死观，是中国传统史学的价值所在。

汤用彤的史学思想与上述三人基本相近。他的《理学谵言》一文认

---

① 王国维：《静安文集续编·书辜氏汤生英译〈中庸〉之后》，《王国维遗书》（第5册），上海书店1983年版。下同。

② 陈寅恪：《冯友兰〈中国哲学史〉下册审查报告》，《金明馆丛稿二编》，上海古籍出版社1980年版，第252页。

③ 陈垣：《通鉴胡注表微·臣节篇》，中华书局1958年版。

为，评判一种文化的价值，关键在于看它对于人的道德品性的铸造方式和结果。他说，如果从这个角度去看东西文化，人们就不会"昧于西学之真谛，忽于国学之精神"，就会发现表面上落后于时代的传统性命道德之学，仍然有其现实价值。1918—1922年，他留学美国，师从新人文主义者白璧德，通过对西方文化的切身体验和研究，进一步认识到："世界宗教、哲学，各有真理，各有特质，不能强为撮合。"① 每一种文化各有其自身的价值，只能求同存异，而不能生搬硬套。汤用彤还通过对魏晋南北朝到唐宋间佛教发展历史的深入研究，指出任何外来文化，只有与本土文化相互化合，才能生长繁衍。汤用彤的这种文化观点应用于史学，其思想倾向是显而易见的。

与上述诸人不同，柳诒徵对于新史学与传统史学体系的相互关系，作了正面论述，对传统史学的精神价值给予了高度评价。他明确指出，传统史学的前提就是儒家经学，特别是《春秋》大义。"近人讲史学，不知推本《春秋》，漫曰《春秋》是经非史，而中国史学之根本不明。"②他认为，如果我们把视野伸展到传统史学的经学背景，就会发现传统史学有许多地方是十分深刻的。如正统观念，尽管历史上确实有为某一王朝争正统的现象，但也不能忽视正统观念中正义、爱国、保卫领土完整的含义。"前史之断断于一家传统者，非第今不必争，亦为昔所不取。而疆域之正、民族之正、道义之正，则治史者必先识前贤之论断，而后可以得治乱之总因。"③ 故柳诒徵认为，虽然中国旧无历史哲学之称，"而其推求原理，固已具于经子。……故吾人治中国之史，仍宜就中国圣哲推求人群之原理，以求史事之公律"④。

值得指出来的是，虽然王国维、陈寅恪、陈垣、汤用彤、柳诒徵等都强调新史学对传统史学道德理性的继承，但他们并非一味守旧，他们也认识到必须结合时代需要，吸取西方学术精神，使传统道德理性得到进一步发展。如王国维认为：传统儒家高扬道德信念，这是合理的，但

---

① 汤用彤：《评近人之文化所究》，《学衡》1922年第12期。
② 柳诒徵：《国史要义·史义》，上海书店1989年版。
③ 柳诒徵：《国史要义·史义》，上海书店1989年版。
④ 柳诒徵：《国史要义·史识》，上海书店1989年版。

这种道德理想主义也有一个弊病,就是对非道德现象缺乏像西方那样严格的法制制约。而"义之于社会也,犹如规矩之于方圆,绳墨之于曲直也"①。"今转而观我国之社会,则正义之思想之缺乏,实有可惊者。"②因此他主张应该在道德信念前提下加强社会立法。这种认识引申到史学领域,王国维在宣扬史学的道德精神之外,宣扬史学的近代民主精神。陈寅恪在王国维自杀之后,所作《王观堂先生挽词》中说:"夫纲纪本理想抽象之物,然不能不有所依托,以为具体表现之用;其所依托以表现者,实为有形之社会制度,而经济制度尤其重要者。故所依托者不变易,则依托者亦得因以保存。"他认识到道德理想虽然有"超越时间地域"的一面,但也不能不有时间地域的变化。所以陈寅恪研究历史,特别是隋唐文化史,既注意文化中心观念的继承发展,也注意文化中心观念的转化和移植。也就是说,认识一种文化现象,既要看到它的精神实质,也要看到它的新的表现方式。史学作为一种文化现象,也必然如此。陈垣也并不一味固守传统史学精神而无视外来文化的吸收。他在《通鉴胡注表微·释老篇》中说:"吾国民族不一,信仰各殊,教争虽微,牵涉民族,则足以动摇国本,谋国者岂可不顾虑及此。……故吾人当法孔子之问礼老聃,不当法孟子之距杨、墨也。"他认为只有通过相互了解、相互吸收,才能真正认识到其他学术的长处。汤用彤曾经总结出文化移植的这样一条规律:"一个地方的文化思想,往往有一种保守或顽固的性质,虽受外力压迫而不退让,所以文化移植的时候,不免发生冲撞;又因为外来文化必须适应新的环境,所以一方面,本地文化思想受外来影响而发生变化,另一方面,因外来文化思想须适应本地的环境,所以本地文化虽然发生变化,还不至于全部放弃其固有特性,完全消灭本来的精神。"③ 所以文化冲突调和的结果是:本地文化与外来文化都有所改变而又不至于彻底改变,它们在相互吸收的基础上,达到更高层次的融合。汤用彤的文化移植思想对于新史学与西方史学的结合,无疑也指明了发展方向。柳诒徵也认为新史学一方面应汲取传统史学的精神价值;另一

---

① 王国维:《静安文集·教育偶感四则》,《王国维遗书》(第3册)。
② 王国维:《静安文集·教育偶感四则》,《王国维遗书》(第3册)。
③ 汤用彤:《文化思想之冲突与调和》,《学术季刊》1943年第2期。

方面也不能忽视西方学术的长处，如西方史学对于历史发展线索的认识，"可以益人神智"，虽然它不一定完全符合中国历史的原貌，但新史学也有必要汲取其精髓，总结出中国历史的发展线索。

中国传统史学虽然有帝王中心论以及缺乏对历史规则的归纳等弊病，但它也有重视人文道德和实践理性的长处。儒家经学是传统史学的基础。在新史学思潮出现不久，就面临着如何对待传统史学的精神价值问题。当梁启超等人继续对旧史学体系进行批评，宣传新史学的进化原理时，章太炎于1906年前后开始反省进化与道德的关系，提出俱分进化论，认为进化论不能给人们的道德提供有益的借鉴，由此引起对新史学哲理的怀疑。后来，梁启超、章太炎都重新评价中国学术传统，提出传统学术精神是新史学的重要渊源之一。王国维、陈寅恪、陈垣、汤用彤、柳诒徵等从不同侧面丰富和发展了这一观点。它表明新史学与传统史学并非截然对立的两极。传统史学的道德精神和理性精神是新史学的出发点。

二 守成派的史学方法观点

20世纪初年的新史学思潮的另一基本特征是：新史学必须因果分明、对历史发展的规则有所归纳。"善为史者，必研究人群进化之现象，而求其公理、公例之所在。"[①] 新史家们反观传统史学，认为它知有事实而不知有理想，虽然记叙了纷繁的历史事实，从中却很难找到历史发展的线索和规则。所以他们认为有必要对传统学术方法进行改造和发展，以改变旧史学的"逐末之陋"。如何吸取西方学术方法，如何使西方学术方法与传统学术方法相结合，史家仍各自表述了不同的认识。

王国维对中西思维方式作过比较。他说："西洋人之特质，思辨的也，科学的也，长于抽象而精于分类，对世界一切有形无形之事物，无往而不用综括（Generalization）及分析（Specification）之二法。……吾国人之所长，宁在于实践方面，而于理论之方面，则以具体的知识为满

---

① 梁启超：《新史学·史学之界说》，《饮冰室文集》之九，《饮冰室合集》（第1册），中华书局1989年版。

足。"① 中国学术无论理论思辨和具体分析，较之于西方学术，确有其不足之处。所以，如果不向西方学习，学术就无法进一步发展。但运用、借鉴西方学术方法，并不是把传统学术方法的长处排斥不取。他认为传统学术研究重视历史的自然、人文环境以及个人情性因素，视野相当开阔。特别是乾嘉学术方法，朴实有征，是传统史学方法的瑰宝。此外，王国维还指出："余谓中西之学，盛则俱盛，衰则俱衰，风气既开，互相推助，且居今日之世，讲今日之学，未有西学不兴而中学能兴者，亦未有中学不兴而西学能兴者。"② 也就是说，只有坚持学术研究的民族特色，才能真正成为世界学术的一个组成部分。王国维在古史研究中提出二重证据法，就是在乾嘉史学方法基础上，把考古资料与文献相印证，使古史研究提高到一个新的阶段。

陈寅恪认为以往文化史研究有两大缺陷："旧派失之滞。旧派所作中国文化史，其材料采自廿二史中儒林文苑等传及诸志，以及《文献通考》《玉海》等类书。……新派失之诬。……所谓'以科学方法整理国故'者，新派书有解释，看上去似很有条理，然甚危险……有时不适用。"③ 所谓"滞"，就是没有明确的条理，这是传统史学的最大不足。但有些新史家用"条理"去凌驾历史事实，也不是正确的学术方法，它只会造成史学研究的"无中生有"。他认为正确的研究方法，首先需要研究者"必神游冥想，与立说之古人，处于同一境界，而对于其持论所以不得不如是之苦心孤诣，表一种之同情"④；其次也需要研究者在同情之态度外，深具考据学之功底，否则也容易陷入附会。

陈垣也认为，学术研究既要有严密的考证意识，也要有抽象思辨。但无论考证和思辨，陈垣都非常强调其民族学术传统，如中国历史文献中的书法、义例、避讳等，就是在中国文化背景下所形成的史法。研究中国历史必须对这些问题做出规则性的把握。陈垣先后作《史讳举例》

---

① 王国维：《静安文集·论新学语之输入》，《王国维遗书》（第3册）。
② 王国维：《国学丛刊序》，《王国维遗书》（第4册）。
③ 蒋天枢：《陈寅恪先生传》，《纪念陈寅恪先生诞辰百年学术论文集》，北京大学出版社1989年版，第4页。
④ 陈寅恪：《冯友兰〈中国哲学史〉上册审查报告》，《金明馆丛稿二编》，上海古籍出版社1980年版，第247页。

(1928年)、《校勘学释例》(1931年),对上述方法进行总结归纳,使人们对传统史学方法获得一些理性认识,并为如何运用这些方法指明了具体途径。陈垣的目标,就是要在传统学术方法基础上发展出新史学方法。

汤用彤很少正面论述史学方法,但他的史学实践表明,他既坚持传统学术方法的长处,又汲取西方学术方法的长处。他注意用近代西方哲学的某些范畴来分析传统学术思想,如他的魏晋玄学研究,通过运用西方哲学的范畴,使玄学的有无、本末、体用诸范畴得到了清晰的辨析。他强调学术研究的多种素养,说"越是研究中国哲学,越要了解欧洲的哲学"[①];另外,他也非常强调学术的基本功,其《汉魏两晋南北朝佛教史》《隋唐佛教史稿》,就是考据与义理相结合的典范。

柳诒徵对传统史学的方法论体系作了深入分析,认为传统正史的叙事体例,既分析历史事件时间、空间上的相互关联,又能用极简练的笔墨描写出极丰富的历史,有其合理之处。《国史要义·史联》提出,无论是新史学的著作方法抑或是具体研究方法,都应该与传统史学方法体系保持密切的联系。

所谓史学方法,既包括对历史的认识方法,也包括对历史认识结果的表述方法,前者属于历史认识论范围,后者属于历史编纂学范围。自新史学思潮批评传统史学缺乏对历史事实之规则的归纳以后,如何揭示历史发展的线索,如何找出历史事件的相互关系,乃至如何把历史认识更精练地表现出来,都成了当时史家所必待思考的问题。梁启超主张用西方学理来指导中国历史的研究,而章太炎则认为不能把西方的学理当作普遍性的规律,而应该注意历史发展的不同特点。但他由此导致对历史规律的否定,认为史学不需要"名理",不要讲"历史哲学",只需实证研究就够了。梁启超晚年也对历史进化论表示怀疑,并强调历史因果关系的复杂性。在这种形势下,王国维、陈寅恪、陈垣、汤用彤、柳诒徵等人一方面坚信新史学"求通"的理想,承认新史学必须克服传统史学的叙事笼统局面,显示历史事实的发展线索;另一方面,他们又摒弃对历史线索的肤浅理解,认为应该在实事求是的考证基础上,还历史的

---

① 任继愈:《汤用彤先生和他的治学方法》,《皓首学术随笔·任继愈卷》,中华书局2006年版,第262页。

真面目，然后求得每一类历史事实的具体规则。他们既坚持了新史学的基本特点，又调整了新史学的方法体系，并沟通了它与传统史学方法体系的联系，具有深远的学术价值。

三 守成派的史学成果体系

20世纪初年的新史学思潮带来了当时历史研究的繁荣局面。王国维、陈寅恪、陈垣、汤用彤、柳诒徵等人的史学研究在近代新史学成果体系中颇具特色。

王国维的史学研究在后来引起较大反响的是他的古史研究。他通过甲骨卜辞与地上文献的互证，来分析周公之德和西周之所以统一天下的原因，进而整理出上古制度的演变线索，对于认识上古历史具有极其重要的价值。后来郭沫若利用王国维的成果，运用马克思恩格斯的有关理论，提出殷周之际是中国氏族社会向奴隶社会过渡时期的观点，侯外庐又在郭沫若的基础上，指出西周奴隶社会的特殊性质。可以说王国维的古史研究为新史学总结上古社会的演变规则奠定了基础。

陈寅恪历史研究的重点在隋唐史。他认为要认识中国历史的演变法则，隋唐史无疑具有其独到的地位。围绕隋唐文化史这一课题，陈寅恪先后发表了三部重要著作，对唐代的各种制度、政治史、文学思想和文学形式的变化作了具体缜密的分析，并取得重大的研究成果，在新史学体系中有着不可磨灭的历史地位。他为复杂纷繁的隋唐文化提供了一套具体的研究方法，他指明，要研究隋唐文化，就必须研究种族和社会集团，就必须研究各种社会集团的政治属性与党派分野，就必须研究他们对于文物制度以及道德观念的不同态度，也就是说必须研究社会关系中的复杂的矛盾运动。后来，他的学生汪篯把陈寅恪的上述研究与当时的经济状况相联系，更加丰富和发展了陈寅恪的史学成果。这些都成为韩国磐、侯外庐等人研究隋唐历史的基本出发点。直到今天，研究隋唐文化的学者仍然得益于陈寅恪的成果。

陈垣的历史研究以宗教史和元史为主。他研究宗教史，一般不讨论宗教的教旨，而只是详细地研究各种宗教教会、僧侣、信徒的存在实况以及宗教典籍的境况。其元史研究也是利用繁复多样的资料，揭示元代社会生活的原貌。

汤用彤长于欧洲哲学史、佛教史、道教史的研究，尤以中国佛教史的研究影响深远。他的经典之作《汉魏两晋南北朝佛教史》和《隋唐佛教史稿》，通过对佛教的中国化的具体过程的深入研究，揭示了佛教文化在汉魏隋唐乃至宋元时期的盛衰消长的线索；总结了佛学之所以能成为隋唐思想界的主流以及在隋唐繁多佛教宗派中只有禅宗得以流传开来的原因。这为新史学研究中国佛教文化这一重要文化现象以及研究中国中古社会思想发展的历史线索，都提出了基本途径和基本观点，至今还受到人们的尊重。

柳诒徵的历史研究面也相当广泛，但他对今人最具影响的则是他对传统史学的反思。他的《国史要义》有史原、史权、史统、史联、史德、史识、史义、史例、史术等篇，对传统史学的起源、史官制度、史学的基本价值标准、史学的表叙方式、史家的品德和见识、史学的体例方法、史学的借鉴功能作了分析。他为人们进一步了解传统史学的体例和精神提供了帮助。

在20世纪的新史学思潮中，史家们为实现以国民为价值中心的、带有总结历史发展线索的新史学目标做出了积极努力。首先是一大批史家希望以进化史观为指导，系统地梳理出中国历史各发展阶段乃至每一类历史内容的前后渊源。如刘师培、章太炎等。但他们都未能从中国历史材料的内在线索去发掘符合中国历史的规则。因此，当章太炎等人在史学实践中逐渐意识到西方进化原理乃至其他学理不可能深入中国历史的具体面目时，如何解剖中国历史乃至中国史学，就成为新史学的重要目标。王国维、陈寅恪、陈垣、汤用彤、柳诒徵等的历史研究体现了这样一个共同特点，那就是他们在各自的领域，根据一切可能找到的历史材料，发现解开每一研究领域的钥匙，求得他们独立自得的、比较符合中国历史和中国史学原貌的认识。不难想象，新史学如果缺少这一环节，就不可能对中国历史作整体把握，也不可能准确地了解中国历史和史学的具体特点。

（原载《学术研究》1996年第3期，原题《试论中国近代新史学的守成派》）

侯外庐与章太炎的先秦学术史研究

侯外庐对章太炎的研究所达到的高度被人们评价为至今难以逾越。侯外庐《中国思想通史》多次引用章太炎的学术成果。本文从先秦学术史研究这个侧面，试解侯外庐与章太炎学术联系之谜。

一 侯外庐、章太炎学术史研究的方法

19世纪末20世纪初，中国学术界提出了建立新史学的课题。为实现为近代国民提供借鉴的、带有总结历史发展规律特色的新史学目标，新史学倡议者们积极运用新观点新方法研究中国历史。但新史学的实践也出现了两个问题：一是史学的目的性与史学科学性相统一的问题，梁启超等人主张微言大义，把史学研究的主体意识和目的性放在首位。二是史学原理与具体历史相结合的问题。有些新史家为了梳理中国历史的演变线索，生搬硬套地运用西方某些社会学原理。这都给新史学的健康发展带来了不良影响。

章太炎较早地意识到新史学的上述不足。1906年前后，他开始思索上述问题，并逐渐形成了他独特的认识。首先，他坚持史学的目的性和史学的科学性应该统一。他认为当时国民的使命主要是民族革命，而民族主义，"如稼穑然，要以史籍所载人物、制度、地理、风俗之类，为之灌溉，则蔚然以兴矣。不然，徒知主义之可贵，而不知民族之可爱，吾恐其渐就萎黄也"[①]。但史学服务于这一目的，不能搞微言大义，"若局于

---

① 章太炎：《太炎文录别录·答铁铮》，《章太炎全集》（第4册），上海人民出版社1984年版。下同。

公羊取义之说，徒以三世三统，大言相扇，而视一切历史为刍狗"①，则既不能了解历史真相，也不能科学地体现新史学的目的。在太炎看来，史学只有"研精覃思，钩发沉伏，字字征实，不蹈空言，语语心得，不因成说，斯乃形名相称"②。其次，章太炎对动辄用西方某些社会学原理来分析中国历史的做法也深表不满。1907 年他发表《社会通诠商兑》一文，对严复用图腾、宗法、军国的社会演化程序分析中国历史的做法作出批评，并说："抑不悟所谓条例者，就彼所涉历见闻而归纳之耳。浸假而复谛见亚东之事，则其条例又将有所更易矣。……若夫心能流衍，人事万端，则不能据一方以为权概，断可知矣。"③ 他认为任何原理都有一定的经验范围，用之于历史研究，必须与历史的不同特点相联系。1910 年他发表《征信论》，进一步指出如果只从原理出发，以"类例"断"成事"，势必忽视历史的多样性，取消历史。④ 章太炎的上述洞察使他在新史学阵营中独树一帜，而他的史学研究也表现出卓识。当梁启超在古代法制中寻求近代民主因素时，他却无厌于"甘辛黑白"⑤，写成《官制索隐》4 篇，提出古代天子居山说、古代官宰用奴说、官制起源于刑吏说等。这些观点表面上与时势潮流不合，但它近于历史真相，只要人们有历史的观点，就不难从中受到启发。

但章太炎对新史学的反思并没有使他更进一步。他晚年对儒家道德性命之学充满迷恋，怀疑新史学探索历史规则的目标，表现出向传统史学精神的回归。⑥ 他的《征信论》甚至认为史学与其他学科有别，不需要讲究"名理"："诸学莫不始于期验，转求其真，视听所不能至，以名理刻之。独治史志者为异，始卒不逾期验之域，而名理却焉。"⑦ 这实质上取消了新史学探索历史发展规则的目标，反映了章太炎在新史学如何进一步发展的问题上的迷惑。

---

① 章太炎：《太炎文录初编·信史上》，《章太炎全集》（第 4 册）。
② 章太炎：《太炎文录别录·再与人论国学书》，《章太炎全集》（第 4 册）。
③ 章太炎：《太炎文录别录·社会通诠商兑》，《章太炎全集》（第 4 册）。
④ 章太炎：《太炎文录初编·征信论》，《章太炎全集》（第 4 册）。
⑤ 章太炎：《太炎文录初编·官制索隐》，《章大炎全集》（第 4 册）。
⑥ 参见方光华《论章太炎史学思想演变的三个阶段》，《哲学与文化》1993 年第 4 期。
⑦ 章太炎：《太炎文录初编·征信论》，《章太炎全集》（第 4 册）。

侯外庐投身新史学洪流之中时，马克思主义新史学流别已经初步形成。但马克思主义新史学也存在新史学方法论所面临的一般问题。侯外庐后来回忆20世纪二三十年代关于中国社会史问题的论战，认为它有两大缺陷：一是参加论战的人对马克思主义理论并没有很好消化；二是参加论战的人对所持观点没有确实的证据，没有充分材料说明问题。① 这两个问题实质上也是史学的普遍原理与具体历史相结合、史学的革命性与史学科学性相统一的问题。侯外庐从章太炎的思想中得到了启示。

侯外庐高度肯定了章太炎学术研究实事求是的学风。他说："太炎有《征信论》上下、《信史》上下四篇文字，可谓他的经史之学的重要文录。在此四篇文字中，表现出太炎史学与科学的统一认识。"② 他分析了章太炎的经学研究，指出："太炎是以历史学与逻辑学而治经，颇无问题。基于这两条治学方针，他以历史是人类知识的宝库，治经在于'存古'，而'存古'则非谓旧章可永远遵循，乃谓据此文明制度流变之学而灌溉吾民。治经不能以历史为刍狗，而归结为某一人的唯心所造。"③ 他认为太炎的《官制索隐》是他史学与科学统一的范例。侯外庐还充分肯定了章太炎历史原理与具体历史相联系的见解。他说太炎"史学不能以一般名理去以此推彼"的观点是十分深刻的。

但侯外庐不同意章太炎晚年的史学倾向。他认为太炎晚年对新史学探索历史规则的怀疑，"在著者看来，他对于俗界在民国初元前后，没有信赖，冥察民主的前途实有暗礁横生。而且在中国新人类的发生过程中他迷惘起来"④。也就是说，章太炎的史学迷惑是由于他对中国近代文化的前途缺乏信念，而侯外庐则认为马克思主义已为中国近代文化的发展指明了方向，因此与章太炎反对史学名理相反，侯外庐坚持用马克思主义唯物史观，总结中国历史的发展规则，"要探讨中国历史发展的规律性"⑤。侯外庐长期研究马克思主义，但他并不教条化，而是"从经典著

---

① 侯外庐：《韧的追求》，生活·读书·新知三联书店1985年版，第224页。
② 侯外庐：《中国近代启蒙思想史》，人民出版社1993年版，第148页。
③ 侯外庐：《中国近代启蒙思想史》，第157页。
④ 侯外庐：《中国近代启蒙思想史》，第143页。
⑤ 侯外庐：《韧的追求》，第221页。

作的原著中掌握观察问题的理论和方法"①,并把它与中国社会史相结合,形成了他研究中国历史的独特方法。

侯外庐的研究方法,不但吸取了章太炎史学方法思想的精华,也解开了章太炎史学方法的迷惑,并且开创了一条把马克思主义史学原理与中国历史的具体实际相结合的马克思主义史学研究道路。根据这一方法,侯外庐将中国社会史、思想史研究提高到了更高的层次。

二 侯外庐、章太炎的先秦学术史研究

侯外庐认为学术史研究"是太炎遗书中最有价值的部分"②。通过研究,他对章太炎的先秦学术成果作出了如下估价:"太炎对于诸子学术的研究,堪称近代科学整理的导师,其文如《原儒》《原道》《原名》《原墨》《明见》《订孔》《原法》都是……义征严密地分析诸子思想的。他的解析思维力,独立而无援附,故能把一个中国古代的学库,第一步打开了被中古传袭所封闭着的神秘堡垒,第二步拆散了被中古偶像所崇拜着的奥堂,第三步根据他自己的判断力,重建了一个近代人眼光之下所看见的古代思维世界。"③ 他还认为:"太炎在第一二步打破传统、拆散偶像上,功绩至大,而在第三步建立系统上,只有偶得的天才洞见或断片的理性闪光。"④ 如果把思想史上的疑难,"从社会的历史发展里剔抉其秘密"⑤,就有可能在章太炎的基础上建立一个近代人关于古代思维的完整世界。侯外庐将从西周到春秋战国的学术史看作国民阶级思想的成熟和发展的历史,它经历了由官府畴官贵族之学到邹鲁缙绅之学(包括孔墨显学)、再到战国并鸣之学的过程,其中有一个严密的逻辑发展线索。⑥ 从这一线索去解剖先秦学术思想,既尊重了章太炎学术研究的成果,又弥补了章太炎学术研究的不足,将先秦学术思想研究水平提高到一个新

---

① 侯外庐:《韧的追求》,第 225 页。
② 侯外庐:《中国近代启蒙思想史》,第 181 页。
③ 侯外庐:《中国近代启蒙思想史》,第 186 页。
④ 侯外庐:《中国近代启蒙思想史》,第 186 页。
⑤ 侯外庐等:《中国思想通史》(第 1 卷),人民出版社 1957 年版,第 28 页。
⑥ 侯外庐等:《中国思想通史》(第 1 卷),第 18 页。

的阶段。

第一，章太炎、侯外庐论古代学术源流。章太炎认为春秋以前无学问，只有学术下私人然后乃有学问，并根据《汉书·艺文志》的说法，认为诸子皆出于畴官世业。① 侯外庐认为太炎的上述认识比起康有为、胡适的观点来要符合历史事实。他继续思考了"东周以前何以有畴人官学而无国民之私学"的问题②，联系西周和殷代历史，指出这是因为中国奴隶社会保留了大量氏族贵族，国民阶级晚出，"思想意识也只能是君子式的"③。古代学术对氏族传统思想的纽带关系，体现出中国古代文明起源之初，走的就是"维新"路径。

第二，章太炎、侯外庐论儒学。章太炎对孔子前后有三种不同评价，但自始至终他认为孔子是历史家、教育家，肯定他保存民族历史文化和"学术下私人"、实行平民教育的功绩。侯外庐通过具体分析，指出孔子对民族历史的态度是用仁"把道德律从氏族贵族的专有形式下拉下来，安置在一般人类的心理要素里，并给以体系的说明"。但仁"在具体制度方面又扣在传统制度上"④。孔子的教育观、天道观、认识论，都反映出这种解释传统与固守传统的矛盾。它是"国民道德在氏族贵族的道德桎梏里遭受歪曲"的反映⑤，代表着国民阶级的初步自觉。对儒家后学，章太炎非孟尊荀，侯外庐也认为无论以子张、子夏为代表的形式化之儒，还是以子思、孟子为代表的神秘主义之儒，均表现为"孔学积极精神的萎缩"⑥。只有荀子才站在国民阶级的立场，对儒学作了积极改造。

第三，章太炎、侯外庐论墨学。章太炎推崇墨子兼爱说、非命说，认为它是儒学的对立。至于墨子的逻辑学，章太炎尤为推赏。⑦ 侯外庐认为墨学是"国民阶级的自觉理论"⑧。其兼爱说"兼以易别"明确区分旧贵族和国民阶级，非攻、非乐、节葬、尚同的社会政治思想代表着国民

---

① 章太炎：《诸子学略说》，《国粹学报》1906年第8、9期。
② 侯外庐等：《中国思想通史》（第1卷），第27页。
③ 侯外庐等：《中国思想通史》（第1卷），第25页。
④ 侯外庐等：《中国思想通史》（第1卷），第156—157页。
⑤ 侯外庐等：《中国思想通史》（第1卷），第191—192页。
⑥ 侯外庐等：《中国思想通史》（第1卷），第197页。
⑦ 章太炎：《诸子学略说》，《国粹学报》1906年第8、9期。
⑧ 侯外庐等：《中国思想通史》（第1卷），第28页。

阶级的利益，非命说表现了国民阶级的自信，其天道观和认识论都与儒学形成对立，"明辨其故"和"察知其类"的逻辑方法也体现出要"问氏族遗制一个为什么"的特征。① 所以墨学是国民阶级的进一步觉醒，而"墨学衰微的原因在于他的学派性与中古封建制度不相容"。② 墨学的革命性导致其自身的悲剧。

第四，章太炎、侯外庐论道家、法家。章太炎认为道家理论的独到之处是它的自然天道观，"自然者，道家第一义谛"③。从天道推人事，道家也有认识论上"因循"而不虚妄冥想的长处。章太炎认为这都是法家思想的来源。他认为只有通过法家才能理解道家，"后有说《老子》者，宜据韩非为大传而疏通证明之，其贤于王辅嗣远矣"④。侯外庐把老学视为"孔墨显学的批判发展"⑤，把道家放在国民阶级理论成熟的一个环节中去认识，他对老学提出了与章太炎有别的看法。他认为老子自然天道观虽然洞察到自然界一些规律性，但老子认为这种规律性是无法把握的。老子不相信真理已包含在认识过程之中，取消认识活动，代表的是在社会转变过程中氏族农民对现实生活的无可奈何以及对前途的忧虑和迷惘。⑥ 至于庄子，他把老子的唯心主义发展到极端。虽然有助于孔墨思维形式的解放，但他不能诞生新型的社会理想，"处世的宿命观便成了他的道德律的基本理论"，最后只有导致宗教信仰主义。⑦ 法家被侯外庐视为奴隶社会向封建社会转化过程中最激进的代表。他肯定了太炎对法家的评价，认为法家与道家确有联系，但法家还有更广泛的理论来源。⑧ 而法家历史命运的悲剧是："因为他们一方面以法术之士的资格和贵族斗争，但他方面又以接近权势者的资格和贵族妥协。他们'术'的机会主义性质，不但减低了理论价值，而且限制了国民阶级的人格发展"⑨。

---

① 侯外庐等：《中国思想通史》（第1卷），第250—252页。
② 侯外庐等：《中国思想通史》（第1卷），第528页。
③ 章太炎：《诸子学略说》，《国粹学报》1906年第8、9期。
④ 章太炎：《国故论衡》之《原道》《原学》，章氏丛书本。
⑤ 侯外庐等：《中国思想通史》（第1卷），第257页。
⑥ 侯外庐等：《中国思想通史》（第1卷），第262页。
⑦ 侯外庐等：《中国思想通史》（第1卷），第327页。
⑧ 侯外庐等：《中国思想通史》（第1卷），第589—610页。
⑨ 侯外庐等：《中国思想通史》（第1卷），第625页。

第五，章太炎、侯外庐论先秦学术史特质。章太炎曾说："原来我国的诸子学，就是现在西洋的所谓哲学。中国哲学有特别的根本，外国哲学是从物质发生的……中国哲学是从人事发生的。"① 侯外庐也说："就历史的属性来看，中国的'贤人'与希腊的'智者'同为古代国民阶级的思想代表。……在希腊，思想史起点上的思想家，例如泰勒士，一开始便提起了（并且也解答了）宇宙根源的问题，与此一问题相平行，也从事于自然认识的活动。但是在中国，思想史起点上的思想家，不论孔子和墨子，其所论究的问题，大部分重视道德论、政治论与人生论；其所研究的对象也大都以人事为范围，其关于自然认识，显得分量不大，其关于宇宙观问题的理解，也在形式上仍遵循着西周的传统。"② 但侯外庐深入分析了古代学术重人事、轻天道的原因，认为这是由于国民阶级晚出，而又与氏族传统保持密切联系，故他们表述政治、人生理想，只有求助于对传统的重新诠释，而不能把一切都视为自然对象加以研究，对自然只有"用'譬如'的类比方法来证成思想家（贤人）的政治与道德的主张，从不为更进一步的自然认识而定立命题"③。侯外庐深入考察了诸子的先王观念，认为先秦诸子言必称先王，先王观念虽有儒、墨、道、法种种不同，但实质上都是"宗教先王向理想先王的转化"，它充分显示出国民阶级思想与古代氏族传统的深刻联系。

先秦思想学术史经过侯外庐的研究，初步达到了新史学的基本目的。一个现代人眼光下的历史与逻辑相统一的先秦思想学术体系已比较丰满地体现出来。它既不是某种原理的简单笼括，也不是朴学家的支离烦琐。应该说它符合章太炎的新史学理想。

三 侯外庐、章太炎学术联系的原因与启示

侯外庐继承和发展了章太炎的学术方法和学术成果。侯外庐为什么如此重视章太炎？主要有如下原因。

---

① 章太炎：《说新文化与旧文化》，《太炎学说》，辛酉春观鉴庐印本。
② 侯外庐等：《中国思想通史》（第1卷），第131页。
③ 侯外庐等：《中国思想通史》（第1卷），第133页。

其一，新史学目标的实现，新史学学术体系的建立，需要几代史家研究成果的积聚。正如侯外庐所说："思想史却亦在于继承前人之自得，而发抒自己时代的自得，此一点一点的自得之有价传统，便形成了人类意识的洪流，汇合于伟大的科学。哲学上'物自身'的占有，就是顺着这样的历史，从必然王国进入自由王国。"① 章太炎虽然受时代和个人认识的限制，没有探索出先秦学术的内在发展规则，但他在学术史上所表现出的独识，有助于马克思主义史学深入古代学术的神秘堡垒，他分析问题、解决问题的方法，也有助于马克思主义史学家正确运用马克思主义史学观点。

其二，新史学要实现总结历史规则的目标，不但要分析历史的真相，而且要发掘其深层的原因。这二者是不能割裂的。正如郭沫若所指出的：唯物史观的目的是不但要知其然，还要知其所以然，是"实事之中求其所以是"。但"实事求是"与"知其然"是"实事之中求其所以是"与"知其所以然""所必经的一步"，没有前面一步，也谈不上"求其是"和"知其所以然"②。章太炎晚年虽然不重视深究历史现象背后的原因，但他在朴学基础上吸纳西方近代学术方法，所取得的研究成果，无疑属于"实事求是"和"知其然"的工作。这自然成为侯外庐挖掘历史现象深层原因的基础。

其三，侯外庐与章太炎在治学性格上有相似之处。章太炎治学，重在独立自得，他褒贬学术思想，关键在看是否有自得："世之言学，有仪刑他国者，有因仍旧贯得之者……亡自得者，足以为师保，不与之显学之名。"③ 虽然章太炎一生学术有转俗成真、回真向俗诸多变化，但他独立耿介的史学风貌却一直延续其整个学术生命。侯外庐在学术问题上敢于坚持真理，坚信依据理性所获得的学术结论，其学风与人格的统一引起他对前辈榜样章太炎的偏爱是自然而然的。

侯外庐推崇章太炎的学术方法和学术观点，却并没有沉迷其中，而

---

① 侯外庐：《韧的追求》，第245—248页。
② 郭沫若：《中国古代社会研究·自序》，《郭沫若全集·历史编》（第1卷），人民出版社1982年版，第7页。
③ 章太炎：《国故论衡》之《原道》《原学》，章氏丛书本。

是运用马克思主义史学观点，从社会史与学术思想史相结合的角度使章太炎的学术方法得到进一步发展，使他的学术观点得到更加完美的说明。

从五四运动以来的中国学术史来看，为了实现新史学的目标，各种史学观点和史学方法相继出现。在新史学阵营中，既有以王国维、陈寅恪、陈垣、汤用彤、钱穆、柳诒徵等为代表的文化守成主义史学，也有以胡适、傅斯年等为代表的实证主义史学，还有以李大钊、郭沫若、侯外庐等为代表的马克思主义史学。回顾近代学术发展的历程，不能否认上述种种史学观点和史学方法的相互影响。从章太炎与侯外庐学术思想和学术成果的继承和发展的关系，我们可以认识到，否认马克思主义史学的科学性、严肃性，否认史学阵营的对立和冲突是不正确的，但否认新史学阵营的统一和融合也是不正确的。唯物史观确实与其他史学观点有分歧，但不能由此无视它们的联系和影响。如果用机械论和庸俗社会学来代替唯物史观，又排斥其他史学流派的优秀的学术方法和研究成果，就不可能使新史学得到进一步发展。

［原载《西北大学学报》（哲学社会科学版）1995年第4期，原题《试论侯外庐与章太炎的先秦学术史研究》］

"自由"观念与20世纪中国思想史的中西会通

"自由"观念是中西思想关注的一个主题。20世纪，关于中国传统思想是否有"自由"观念以及传统"自由"观念有何特点的讨论不绝如缕。通过反复辩论，人们逐渐认识到，中国传统思想有关于"自由"的丰富论述，但传统思想的"自由"主要是"道德自由"，它对于自由与个人权利、政治制度以及物质生产生活方式的关系有自己独特的理解。传统思想中关于自由必须建基于个体的内在自由、自由具有历史与文化属性、自由是一个不断实现的过程的论断，在今天依然有其现实意义。

一 传统是否有"自由"思想

1895年，严复在《论世变之亟》一文中指出，与西方文化相比较，中国文化缺少"自由"因素。他认为中西文化的差异，"苟扼要而谈，不外于学术则黜伪而崇真，于刑政则屈私以为公而已。斯二者，与中国理道初无异也。顾彼行之而常通，吾行之而常病者，则自由不自由异耳"[1]。学术追求真理，政治追求公益，本是中西文化的共同宗旨，中国却达不到这样的效果，关键在于西方文化以自由为精髓，而中国文化没有。西方文化"自由为体，民主为用"，有保护人的天赋权利的各种民主制度，而自由为中国"圣贤之所深畏"。但在1905年撰写的《老子道德经评点》中，他认为老子思想中包含自由和民主因素："往而不害，安平太。""安，自由也；平，平等也；太，合群也。""不尚贤，使民不争。不贵难

---

[1] 严复：《论世变之亟》，《严复集》（第1册），中华书局1986年版。

得之货,使民不为盗。不见可欲,使民心不乱。""此不佞所以云,黄老为民主治道也。"① 他还认为儒家忠恕之道即"己所不欲,勿施于人""己欲立而立人,己欲达而达人",与自由观念要求尊重主体间权利界限有相通性。

之后,关于中国传统思想中是否有"自由"观念,学者们的争论不绝如缕。而重视发掘传统中的自由思想是文化保守主义者的共识。梁漱溟认为,中国人的人生态度和精神条件与西方不同,因此中国不可能照搬西方的自由民主道路,必须从儒家传统中寻找走向现代自由民主的道路。② 徐复观认为,孔子不仅奠定了儒学基础,而且也"创发了中国的自由社会",使得个体可以通过自身努力改进社会地位。这比多数人为奴隶的古希腊罗马要进步得多,因此"真正向往民主政治的人",应该发掘孔子的自由民主精神,使现代社会奠基于"伟大的传统之中"③。唐君毅阐述了现代自由价值高低不同的八个层次,第八层次的自由(最高的自由)是"能涵盖一切现实的与可能的人生文化之价值,而加以肯定,赞叹,生发,成就"之仁心呈露的自由,这也就是孔子"为仁由己"的自由,由己就是由自,这是一种能够包容一切好的自由精神的最广大自由。由此他高度肯定孔子"中国自由之父"的历史地位。④ 文化保守主义者梁漱溟、贺麟、钱穆、徐复观、冯友兰、牟宗三、唐君毅等均指出,传统思想中并不缺少自由观念。如孔子、孟子都追求情感和理性的自由。孟子说人皆有恻隐之心、羞恶之心、恭敬之心、是非之心,说明人有"仁爱""尊严""秩序"和"理性"的诉求与潜力,有这样的内在力量,待人接物一定要使自己内心最真实的情感得到表达,只有这样,才会获得真正的自由。庄子认为若打消生死之限、时命之囿、哀乐之情,就能达到完全不受万物拘束的逍遥境界。禅宗六祖慧能说他的禅法是"无念为宗,无相为体,无住为本"。"无念"即对任何事物都不产生贪取或舍弃的念

---

① 严复:《老子道德经评点》,《严复集》(第4册)。
② 参见梁漱溟《东西文化及其哲学》,商务印书馆1999年版。
③ 徐复观:《中国自由社会的创发》,载《学术与政治之间》,华东师范大学出版社2009年版,第121页。
④ 唐君毅:《自由之种类与文化价值》,载《人文精神之重建》(下册),广西师范大学出版社2005年版,第275—276页。

头;"无相"即"于相而离相","即见闻觉知,不染万境",在接触诸法时也不执着法相;"无住"即《金刚经》所谓"菩萨摩诃萨应如是生清净心,不应住色生心,不应住声香味触法生心,应无所住而生其心",即在对心法、心所法都无执着取舍的前提下,保持一种自由的人生情态。像这类关于"自由"的论述,在中国思想中比比皆是,可见,自由始终是中国传统思想的主题。

面对文化保守主义的论调,自由主义者胡适指出:"中国古人太看重'自由''自然'的'自'字,所以往往看轻外面的拘束力量……故意回向内心去求安慰,求自由。"他说,《庄子》中的列子御风而行、道教的神仙、佛教的西天净土,都有由自己的内心去寻求自由的意义,但这并不是真正的自由。真正的自由首先是政治自由,即人在政治生活中的自由,"东方自由主义运动始终没有抓住政治自由的特殊重要性,所以始终没有走上建设民主政治的路子"。而"西方的自由主义绝大贡献正在这一点,他们觉悟到只有民主的政治方才能够保障人民的基本自由,所以自由主义的政治意义是强调拥护民主"。他还总结说:"自由主义的第一个意义是自由,第二个意义是民主,第三个意义是容忍——容忍反对党,第四个意义是和平的渐进的改革。"[①] 殷海光也认为:"在中国文化里,跟自由主义能发生亲和作用的是佛老思想。可是,佛老思想只是一种人生境界和一种生活态度。……佛老思想所造成的境界和态度,可导致人采取退避不争的方式来缓和暴政的迫害,藉此'全生保真',但不能鼓起人争自由的热情。"[②] 林毓生指出,中国传统文化中并不是没有"自由"这个词汇,但主要是"一种自由自在、心中觉得舒服畅快的感觉","这种感受当然是自由主义所赞许的,但这不是西方自由主义的政治哲学与道德哲学讲的那种自由"。[③]

马克思主义者对于传统思想中的"自由"也多有评说。侯外庐指出,子思和孟子通过唯我论的比附,将外在的客观宇宙世界统一于主观的内

[①] 胡适:《自由主义》,欧阳哲生编:《胡适文集》(第12册),北京大学出版社1998年版,第805—810页。
[②] 殷海光:《中国文化的展望》,生活·读书·新知三联书店2009年版,第176页。
[③] 林毓生:《民主自由与中国的创造转化》,《中国传统的创造性转化》,生活·读书·新知三联书店2011年版,第324页。

心,又从这一唯心主义的比附出发,推导出"天人合一"的神秘宗教宇宙观①,它成为儒学宗教化的理论根源。在评述隋唐佛学时,他认为,隋唐佛学甚至整个中国佛学的本质,就是自我意识的循环。"从自我意识到独立的主体,从独立的主体到绝对的主体,这是隋唐佛学的一般的思辨结构。"② 佛学中主体与本体的联结,实质是"主体和本体原来是一体,因此,主体对本体的证悟,并且与本体冥合,乃是主体对于自己的本源的复归"③。"人的自我意识由于'正观'而与本体相结合,在人生的苦海中获得了解救。"④ 这既是一种"自我淘空",又是一种"自我充实",这不仅是佛学的本质所在,甚至在后起的理学思潮中,在以朱熹与王阳明为代表的哲学观中,都有集中的体现。总之,传统心性论及其关于"自由"的论述,实质是自我意识的循环,它放弃了对客观世界的有效改造,从而也放弃了对自身的真正改造,不可能有精神生活真正意义的升华。

对于自由主义者和马克思主义者关于传统思想中"自由"观念的批评,文化保守主义者曾经给予反驳。

首先,文化保守主义者认为,传统思想中的"自由"并不神秘。儒、道、佛都对各自所主张的"自由"观念提出了理论依据。孔孟指出心性的基本内容源自天道。《易传》载:"一阴一阳之谓道,继之者善也。"阴阳变化赋予人以善的品性,《易传·乾文言》把善解释为仁、义、礼、智、信,而《系辞》又说乾卦本身具备简易的智慧,"乾以易知",证明天道内化于人的品性即包括了仁、义、礼、智、信各个要素,也就是孔孟对人的品性的基本估价。⑤ 老子提出人的本心是"婴儿之心""愚人之心""赤子之心",庄子进一步明确,这种纯真之心是以自然之道为依归的超越情怀。老子观察天道,发现天道具有从"无"中产生"有"的玄

---

① 侯外庐指出:"以自己的内心为中心,而视宇宙事物一如吾心,这就是唯我论的比附逻辑,以神秘主义的宇宙观作依据。……由唯我论的比附逻辑,到神秘主义的天人合一的宇宙观,再到神人同形说的宗教思想,其间实有紧密的逻辑关联。"参见侯外庐等《中国思想通史》(第1卷),人民出版社1957年版,第401页。

② 侯外庐主编:《中国思想通史》(第4卷上册),人民出版社1959年版,第162页。

③ 侯外庐主编:《中国思想通史》(第4卷下册),人民出版社1960年版,第893页。

④ 侯外庐主编:《中国思想通史》(第4卷上册),人民出版社1959年版,第173页。

⑤ 参见徐复观《儒家精神的基本性格及其限定与新生》,载《徐复观新儒学论著辑要》,中国广播电视出版社1996年版,第196—228页。

妙，而且"反者道之动"，天道总是朝相反的方向运动。"道者，德之钦"，真正的人性源于"道"所昭示的"玄德"，它是对现实的批判性反思，是对"道法自然"的理想状态的求索。慧能指出，佛性空灵，本无一物，但它具有自然智慧，有洞彻一切皆空的超越性情怀，"外善能分别诸法相，内于第一意而不动"。它根源于诸法缘起关系所呈现的实相。唐君毅曾指出，"真要讲求胸襟局度之开阔的自由，杜威、罗素之境界，皆远不如庄子，及佛家之空宗、禅宗与华严。庄子之《逍遥游》《齐物论》，乃真表现最开阔之胸襟，而自一切偏执的价值观念解脱之自由者"，追求自由自在也是佛家的基本观念。[①]

其次，对于传统思想中的"自由"是以主观吞并客观世界的说法，文化保守主义者也不同意。他们指出，传统心性论并不认为客观世界都是由心性生成的。如孟子曾说"万物皆备于我"，庄子亦说"发乎天光者，人见其人，物见其物"，佛教主张"心生则种种法生，心灭则种种法灭"。《坛经》论"摩诃般若波罗蜜法"云："何名摩诃？摩诃者是大，心量广大，犹如虚空。……虚空能含日月星辰，大地山河，一切草木，恶人善人，恶法善法，天堂地狱，尽在空中，世人性空，亦复如是。性含万法是大，万法尽是自性见。"[②] 但传统心性论并没有将客观外在的自然世界和社会存在看作心性的衍生物，不是说由心性生成了世界万事万物，而是说外在的自然世界和社会存在的意义要由心性这个主体所展开，心性能使客观事物的意义在人类生活中呈现出来。牟宗三强调西方哲学的特征是"外在的形上学"，这种思考路数"不能知性尽性，即不能开价值之源，树立价值之主体"。而价值主体是人类一切文化活动的根源，心性体现的是价值主体的创造活动，使主客体统一于人的生命之中。[③]

最后，文化保守主义者对关于传统思想中的"自由"只是对自我的无穷反思和忏悔，没有对客观世界的实际改造的批评，亦做出了积极回应。他们指出，传统心性论的现实改造作用是十分明显的。孔子、孟子

---

① 参见唐君毅《略说庄子与佛家之自由精神》，载《人文精神之重建》（下册），广西师范大学出版社 2005 年版，第 294—295 页。

② 杨曾文校释：《敦煌新本六祖坛经》，上海古籍出版社 1993 年版，第 27 页。

③ 参见牟宗三《生命的学问》，广西师范大学出版社 2005 年版，第 25—26 页。

都没有把人性视为圆满具足的存在，人性之善仅仅是仁义道德的萌芽，它需要自我锤炼，但自我锤炼的过程并不是孤立的，而是与个体的社会生活联系在一起，需要在君臣父子夫妇朋友等的关系中逐渐养成。如孟子说："凡有四端于我者，知皆扩而充之矣。若火之始然，泉之始达，苟能充之，足以保四海，苟不充之，不足以事父母。"① 老子指出，要达到清静状态，一要"载营魄抱一"，神形合一；二要"少私寡欲"，"知足不辱，知止不殆，可以长久"，而"甚爱必大费，多藏必厚亡"；三要"浊以静之，徐清"，就像河里流动的浑水只有静下来才可以变清新，养成一种不同于常态的生活方式。庄子也认为"虚无恬淡，乃合天德"②，而要做到虚无恬淡，就要对"成心""机心""适人之心"甚至"德心"引起警惕，通过"心斋""见独""坐忘"等途径，认识到"万物一齐""道通为一"的道理。老庄这种"上德不德，是以有德"的思想指向开阔了人们的视野，起到了社会改造的实际效果。慧能主张定慧等学，行住坐卧，无非是禅，实质上即是将禅修当作与现实生活并无矛盾的生活方式。所有的修行方式如果与现实生活脱节，就不会产生任何有益的效果，反而会制约心性的自由舒展。如果禅不是人们日常生活自然而然的行为，即人不能与禅合一，不能在禅里面实现个人行为方式的自由，那么它绝不是真正的禅。禅只有成为人们的生存方式，像穿衣吃饭那样自然，才是真正求证真理的方式。可见，佛教表面上不对社会现实政治问题发表直接的见解，不去探讨所谓客观世界的规则，但它对人们心目中的各种世界观念不容置疑的预设的质疑，指出生活是如何由之走向荒诞的，不仅使人认识到常识的荒诞性，而且使人思考某种真正合乎伦理的生活的可能，并没有脱离现实人生。唐君毅认为，孔子思想中的"空空如也""毋意、毋必、毋固、毋我"，体现了宽大的度量和廓然虚旷的心灵境界，这和"佛家与庄子之空的智慧与无的智慧"是完全相同的，儒、释、道都展现了丰富宽广的心灵。③ 徐复观认为，以孔子为代表的儒家所开创的

---

① 《孟子·公孙丑上》。
② 《庄子·刻意》。
③ 参见唐君毅《略说庄子与佛家之自由精神》，载《人文精神之重建》（下册），广西师范大学出版社 2005 年版，第 296 页。

自由社会，使"一个人能凭借自己的努力而可改进自己的地位"，通过学与教的精神和方法将个人从自然中解放出来，确立人的地位，使人由"无德而进为有德，可以由无能而进为有能"。因此中国传统的心性论非常重视通过个体对现实世界的改造，从而提升自由的境界和水平。①

此外，文化保守主义者甚至认为，传统思想中的"自由"与现代政治民主并无本质冲突。中国传统社会确实存在专制统治，但这不是因为传统思想导致专制统治，传统思想与民主观念并不冲突。牟宗三认为"儒家与现代化并不冲突"，从儒家内部可以生长出现代民主政治。② 徐复观力图从政治制度和政治理念两个层面来理解传统文化，他说从制度上讲，传统确实是专制制度，但是从政治理念上讲，儒学中早已孕育了民主观念，"由德治思想，而否定了政治是一种权力的观点，更否定了国家纯是压迫工具的谰言。由民本思想，而否定了统治者自身有何特殊权益的观点，更否定了统治与被统治乃严格的阶级对立的谰言"③。儒家虽然没有提出民主制度，但是提出了民主政治的原则。徐复观甚至认为，儒家的自由思想比西方的民主具有更大的合理性，因为西方民主是由外面逼出来的，基础并不稳固，而儒家民主转进到了精神层面，有坚实的内在依据。他说，民主政治作为一种政治形式，还必须发展精神层面的德性活动，"只有进一步接受儒家的思想，民主政治才能生稳根，才能发挥其最高的价值"④。

二 传统"自由"思想的性质

对于文化保守主义者关于传统思想中"自由"的辩护，自由主义者和马克思主义者并不完全赞同。

---

① 参见徐复观《中国自由社会的创发》，载《学术与政治之间》，华东师范大学出版社2009年版，第121—124页。
② 牟宗三：《从儒家的当前使命说中国文化的现代意义》，载《时代与感受》，台湾鹅湖出版社1984年版，第300页。
③ 徐复观：《儒家政治思想的构造及其转进》，载《学术与政治之间》，华东师范大学出版社2009年版，第52页。
④ 徐复观：《儒家政治思想的构造及其转进》，载《学术与政治之间》，华东师范大学出版社2009年版，第53页。

第一，自由主义者和马克思主义者都认为传统思想中的"自由"极具神秘性，缺乏确切的内涵。胡适指出，"自由"这个词确实"是中国古代就有的"①，其含义是"自己做主"，但在传统思想中读不出人的权利等现代内容。他说："我们现在所讲的'自由'，不是那种内心境界……是不受外力拘束压迫的权利，是在某一方面的生活不受外力限制束缚的权利。"② 殷海光认为："民主制度底基础是诸基本人权。基本人权，不是甚么神秘的东西，而是可以一件一件地计量的。例如，思想、言论、出版、教育、组织、经营、宗教……等等自由都是。……这些基本人权，是民主制度底生命线。这些基本人权，如果受到损害，民主制度便发生动摇。"③ 自由主义者认为自由与权利是不可分的，而传统思想中很少有这类内容。

马克思主义者也认为，传统主流思想中的"自由"很少看到对人的生存和发展权利的要求，只有在非主流思想和农民运动中才能发现现代自由的因子；而且自由是有条件的，是历史的，如号称保障自由平等权利的民主，就有奴隶社会的民主、封建社会的民主、资本主义社会的民主，以及社会主义社会的民主等多种实践方式。④ 侯外庐指出，当前我们迫切需要的自由是民族自由和民主自由，在国际上实现国家、民族之间的平等，在国家内部实现各民族之间、人与人之间的平等。他将实现民族解放、民族独立的民主运动称为"对外的民主"，将中华民族内部各民族之间、人与人之间的平等称为"对内的民主"，指出在抵抗日本侵略的危急时刻，"对内的民主服从民族解放独立的对外民主"，只有实现中华民族的独立解放，才能真正最终解决"国内诸部分汉蒙回藏等民族问题"⑤。对外的民主与对内的民主并不冲突，对内的民主是实现对外的民

---

① 胡适：《中国文化里的自由传统》，《胡适文集》（第12册），北京大学出版社1998年版，第682页。

② 胡适：《自由主义》，《胡适文集》（第12册），北京大学出版社1998年版，第805—806页。

③ 殷海光：《民主底试金石》，《殷海光文集》（第1卷），湖北人民出版社2009年版，第53页。

④ 侯外庐：《中山先生的民权论与民主建国》，《抗战建国论》，重庆生活书店1938年版，第22页。

⑤ 侯外庐：《抗战建国与民主问题》，《抗战建国论》，重庆生活书店1938年版，第9页。

主的基础和条件，如果没有国内各民族的团结奋斗和牺牲，要实现对外民主、民族解放是不可能的。他认为，抗日民族统一战线是对内民主的一种形式，抗战胜利后，这种低级的民主形式还会向更高层次发展。由抗战民主发展到建国民主，继续发展到有更高实质内容的社会主义民主。而在传统思想中，很难看到"自由"这类切实的内容。

第二，文化保守主义者认为传统"自由"没有忽视客观世界的改造的观点，始终没有得到自由主义者和马克思主义者的认同。自由主义者和马克思主义者都指出，是否能对客观世界做出切实的改造，关键是能不能培育出科学精神。自由主义者殷海光认为，良好发展的社会把追求真理当作基本价值，而中国传统存在泛道德主义的倾向，常常为了道德或利害关系，牺牲了"是什么就说什么"的科学原则，"自孔氏以降，中国文化走的是泛道德主义的路。道德是一定要的，但泛道德一定有害，至少，泛道德主义迷住了我们的视线，使我们看不清现实世界，因而发展不出现代科学"[1]。汉武帝"罢黜百家，独尊儒术"，儒学思想成为正统思想，成为人的行为和思想的规范，知识分子"没有正式而且大规模地被教导着主动又独自地运用自己的智能来认知这个大家置身其中的经验世界。他们又从来没有在一个制度的培养和鼓励之下离开'先王之法'来自动创造方法以解决人生和社会的实际问题"，这就造成"中国没有认知经验世界的真正科学传统。中国知识分子主要地被导向情绪的思想与作价值判断的规范思想，而绝少作逻辑思考"[2]。也就是说，中国传统缺乏科学精神，知识分子习惯于在没有做客观的认识和逻辑的思考之前先做价值判断。

马克思主义者侯外庐指出，中国传统思想虽有对于自然世界的思索，但整体来说，中国哲人研究自然世界，并没有走上科学分析之路。他们探讨自然世界的运动规则，着重点是为人类社会政治和伦理生活立法，是为了建立政治、伦理生活的理想方式，是为人类精神生活寻找支柱。因此，与西方面对自然而认识人类自身的传统不同，中国思想的主流不是因为对自然认识的深化而升华对人类自身的认识水平，相反，它主要

---

[1] 殷海光：《中国文化的展望》，生活·读书·新知三联书店2009年版，第288页。
[2] 殷海光：《中国文化的展望》，生活·读书·新知三联书店2009年版，第110—111页。

是通过对人类自身的认识的升华，进而促进对自然形成新的认识。天人之际的问题与社会政治伦理紧密相连。人们是因为出于对人事的关怀，而去探求天人关系，探求天道。如果不能满足人事的需要，对天道的探求就失去了意义。侯外庐曾这样评价诸子思想的共同特点："在中国，思想史起点上的思想家，不论孔子和墨子，其所论定的问题，大部分重视道德论、政治论与人生论；其所研究的对象也大都以人事为范围；其关于自然的认识，显得份量不大，其关于宇宙观问题的理解，也在形式上遵循着西周的传统。"① 在社会转型的关键时刻，中国思想家往往能准确预见新的发展可能性，体现出强烈的现实批判性。但随着社会变革的加剧，社会矛盾与冲突的尖锐化，中国思想家往往倾向于在自己的内心实现自由。如战国时期，庄子通过对政治的本质的深刻反思，认为绝对不存在理想的政治，因而对社会变革的前景充满忧虑，主张最要紧的是保持自己心灵的自由。不能正面社会矛盾并寻求矛盾的有效解决，是传统思想严重的不足。

　　第三，文化保守主义者认为传统"自由"可以开启现代民主的说法，也不为自由主义者和马克思主义者所认可。胡适在20世纪40年代曾经撰文发掘中国的自由传统和民主的历史基础②，但直到晚年仍不认为传统思想中有真正的民主。他指出，中国几千年来没有解决如何限制一个大一统帝国君主专制的问题，而与西方民主国家接触几十年就能够提出解决的方法："赶掉皇帝，废除帝制。"③ 这说明传统自由思想中民主的成分确实不多。殷海光也否认传统社会有现代制度性的民主，传统中国是以"一个家族作中心统治着所有的家族"④，核心是"孔制"和"礼教"，根本不同于现代的民主制度。

　　侯外庐对中国传统社会的特性做了深入研究，指出民主思想难以产

---

① 侯外庐等：《中国思想通史》（第1卷），人民出版社1957年版，第131页。

② 如《民主中国的历史基础》（1941年3月12日在美国伊利诺伊大学发表的演讲），载周质平编《胡适英文文存》（第2册），外语教学与研究出版社2012年版；《中国文化里的自由传统》，《新生报》（台湾）1949年3月28日等。

③ 胡适：《中国传统与将来》，《胡适文集》（第12册），北京大学出版社1998年版，第207页。

④ 殷海光：《中国文化的展望》，生活·读书·新知三联书店2009年版，第68页。

生的历史原因。他认为,中国文明社会的起源走的是一条特殊的路径,它"采取了土地为国家所有的路径,一开始便是大土地所有制,这不能不说是'早熟'","氏族公社的保留以及转化成为土地所有者氏族王侯,是它的'维新'的路径"。[1] 他总结出中国文明起源的基本标志是家族而不是家庭,是氏族公有制而不是私有制,是国野之分而不是国民意义上的国家。恩格斯所揭示的古代希腊文明社会的建立路径是:家族的消灭、私有制的起源、城邦国家的产生。而中国进入文明社会的路径则是:家族和氏族制度与奴隶制度结合,土地财产为土地国有或氏族贵族专有,"宗子维城"的城市国家出现。中国文明形成之际,土地所有形态走的是从氏族公社公有到氏族贵族的土地国有的路径,中间未经过土地的氏族成员私有化阶段,个体私有财产权不发达。他还指出,中国封建社会土地为皇族地主(国家)所有,其他阶层仅有占有权或使用权,其对于土地的所有权不过是"法律的虚构"[2]。封建土地国有制作为"一条红线贯串着明清以前全部封建史"。中国封建社会分为前后两个时期,前期表现为对土地的直接干预,后期表现为通过赋税方式的变化实现对土地所有。皇族垄断的土地所有制形式,是理解中国封建社会政治史、思想史的关键所在。"自由的土地私有权的法律观念之缺乏,土地私有权的缺乏,甚至可以作为了解'全东方'世界的真正的关键。"[3] 私有权观念的不发达,以国有土地为核心的所有制造就了它的政治形态,导致民主政治思想难以产生。

三 传统"自由"思想的现代价值

尽管如此,文化保守主义者关于传统思想中"自由"的辩护还是深深地影响了自由主义者和马克思主义者。

第一,外在自由需要有内在自由的坚实基础。文化保守主义者认为,

---

[1] 侯外庐等:《中国思想通史》(第1卷),人民出版社1957年版,第7—9页。
[2] 侯外庐:《封建主义生产关系的普遍原理与中国封建主义》,《侯外庐史学论文选集》,人民出版社1987年版,第186页。
[3] 侯外庐:《韧的追求》,生活·读书·新知三联书店1985年版,第253页。

中国文化的总体特征是内圣而外王，以儒学为代表的传统虽然缺少权利观念，也无制度保障，但是依然有丰富的个人自由。而且，与民主自由相比较，内在自由可能更为根本。贺麟指出："最令我感觉奇怪的，何以竟寂焉无人在那里谈现代化的思想、现代化的道德？何以很少人倡导道德思想应力求现代化？我并且进一步追问，假如思想道德不现代化——单求实业、军事、政治的现代化是否可能？"① 他怀疑若没有人的心灵自由，现代化是否可能真正实现。牟宗三还设计了良知"坎陷"而开辟现代民主的途径，认为良知是内在自由的根本，也是人们的认知和知识领域的根基与支撑，由内在自由达到外在自由，通过良心本源的自我"坎陷"就能完成。"吾心之良知决定此行为之当否，在实现此行为中，固需一面致此良知，但即在致字上，吾心之良知亦须决定自己转而为了别。此种转化是良知自己决定坎陷其自己，此亦是其天理中之一环。坎陷其自己而为了别以从物。从物始能知物，知物始能宰物。及其可以宰也，它复自坎陷中涌出其自己而复会物以归己，成为自己之所统与所摄。"②

英文中的自由有 freedom 和 liberty 两个词语，前者偏哲学，强调不受因果律及其他因素之限制的自主、自决，自身负责，后者偏政治学，强调个人的自由权利。19 世纪末，严复指出自由是西方文明的精髓，他所谓的自由就是"天赋权利"，即古典自由主义者洛克等强调的个人自由权、私有财产权等基本权利。③ 他认为，自由最根本的是个人行使权利的自由，并强调这种自由需要有制度作为保障。严复对专制制度及其为之论证的思想体系如韩愈的君主理论进行了深入批判，希望通过建立君主立宪制度来实现政治自由，保障个人的自由权利。可见在中国自由主义的萌芽期，建设保障自由的社会制度就被置于自由主义的首要地位，对自由多注重其"liberty"意义的一面。

受文化保守主义影响，一度以为政治自由最为重要的殷海光，在晚年对自由的认识有了变化。在《中国文化的展望》中，他专门讨论了自

---

① 贺麟：《文化与人生》，商务印书馆 1988 年版，第 37 页。
② 牟宗三：《从陆象山到刘蕺山》，《牟宗三全集》卷 8，台北：联经出版事业股份有限公司，2003 年，第 206—207 页。
③ 参见洛克《政府论》，瞿菊农、叶启芳译，商务印书馆 1982 年版。

由的含义，强调"自由有始原的完整性"，"完整性属于而且只属于个人"。① 1965年，在《自由的伦理基础》一文中，他引用伯林（Isaiah Berlin）、弗洛姆（Erich Fromm）的观点，指出自由的意义不仅包括消极自由，即低度的自由，还包括积极自由，即高度的自由。自由既有民主制度保障下的自由权利，也有个人的精神自由。他对张佛泉"诸人权即诸自由"的论调进行反驳，认为如果把自由权利作为自由的唯一维度，可能会导致对内在自由和外在自由的分割。他认为，"'内心自由'是一切自由的起点"②。强调内心自由具有两种意义：一是道德意义，能够使道德主体克服欲念，即康德的道德自主性；二是开放心灵的自由，心灵不做囚徒。他指出，有了心灵自由也并不一定就有外部自由，但没有心灵的内在自由就不会有真正的外部自由。他的学生林毓生进一步指出，儒家"仁的哲学"蕴含了自由主义中一个主要的理念："人的道德自主性。""仁的哲学"强调人的自觉，是儒家传统中最有生命力的一部分。要发展中国自由主义，就应努力推进儒家"仁的哲学"的"文化传统创造的转化"，借以与康德哲学的"道德自主性"观念衔接，甚至在理论上发展出一套比康德哲学更完美的中国的自由主义。③

中国马克思主义者认为，自由绝不是抽象的，对20世纪的中国来说，民族的独立和人民平等比个人自由更加重要，实现自由要关注促成自由的经济基础以及促进自由的社会力量。20世纪80年代逐渐形成了关于人道主义和异化问题的大讨论。马克思主义者也认识到，人在马克思主义中处于核心地位，人不仅是社会主义生产的目的，而且是一切工作的目的。在20世纪90年代以来的"文化自觉"思潮中，人们更加清醒地认识到，人是文化的创造者，也是文化的承载者，"人"的自我意识与觉醒是"文化自觉"的根基。

第二，自由具有文化传承的特性。文化保守主义者认为，自由有历史文化特性，对于这样的特性，不能因为它与西方不同就轻易唾弃，只

---

① 殷海光：《中国文化的展望》，生活·读书·新知三联书店2009年版，第327—328页。
② 殷海光：《自由的伦理基础》，《殷海光文集》（第1卷），湖北人民出版社2009年版，第259页。
③ 林毓生：《中国传统的创造性转化》，生活·读书·新知三联书店2011年版，第324页。

有给予更多的同情方能了解。徐复观认为，西方文化虽然有希腊和希伯来两大来源，但是以科学为特征的西方近代文化却直接源于希腊。希腊人在商业城邦的基础上发展文化，他们没有什么压力，完全出于对宇宙自然的好奇之心，而冥想自然与宇宙的起源，以至在近代综合其他因素形成以观察和实验研究自然的传统；而中国思想家们对于自然虽然并非全无兴趣，但他们不同于西方学者的冷静客观地对待自然的态度，而是"把自然演化于人之中"，即用人的感情、道德来衡量自然。由于动机不同，内容有别，导致两种文化在治学方法上的差别："中国哲学是以行为实践为主，而西方的哲学则是以思辨为主，中国也重视思辨，但只占次要的地位。中国的思辨是为实践而思辨的，西方的哲学则是为思辨而思辨的。"[①] 中国文化中出现重体认、重实用等特征不是偶然的。对这样的义化特征所造就的"自由"观念，同情的了解特别重要，而且现代自由不可能脱离传统。贺麟指出："在思想和文化的范围里，现代决不可与古代脱节。任何一个现代的新思想，如果与过去的文化完全没有关系，便如无源之水、无本之木，绝不能源远流长、根深蒂固。"[②] 牟宗三也说，科学与民主对中华文化发展十分重要，但是发展科学与民主绝对不是将传统推倒重来。唐君毅亦指出："吾人真欲接受西方文化中之科学、民主、自由之精神，亦须自整个西方文化所表现向上精神上着眼。故吾人今日必须一反此数十年以卑屈羡慕心与功利动机鼓吹西方科学与民主自由之态度，而直下返至中国文化精神本原上，立定脚跟，然后反省今日中国文化根本缺点在何处，西方文化之精神异于中国者，毕竟有何本身之价值，而自一超功利之观点，对其价值加以肯定尊重，最后再看，中国文化精神自身之发展，是否能自补其不足，而兼具西方文化精神之长。而吾人亦将唯由此道，可以言真自动的接受西方文化之一切向上的科学、民主、自由等精神于中国文化精神未来之发展中也。"[③]

自由主义者胡适和殷海光对于现代化都表达了基本相同的观念，如对科学、民主、自由的追求。胡适虽提出了西化、现代化等问题，但他

[①] 徐复观：《徐复观先生谈中国文化》，《徐复观集》，群言出版社1993年版，第601页。
[②] 贺麟：《文化与人生》，商务印书馆1988年版，第4页。
[③] 唐君毅：《中国文化之精神价值》，江苏教育出版社2006年版，第355—356页。

没有细究现代化与西化的差异。而殷海光则明确指出:"现代化是以西方近代文化为中心而向全球扩张的,可是西化却不一定即是现代化。"现代化虽然发源于西方,已经逐渐演变成一种世界普遍性的文化,但"时至今日,任何一个外来文化,只要得到科学思想与技术的要领,都可能有所贡献于现代化。这样一来,现代化已经不是西方近代文化的专利独占品了"[1]。也就是说,中国的现代化有可能采取不同于现代西方的发展方式。殷海光认为,中国文化的现代化是必然趋势,但他隐约地意识到当时西方现代文化的不足,故主张在民主科学的基础上,兼采基督博爱、佛教慈悲、孔孟仁义,进而整合东西方道德。他力图为自由主义寻找稳固的人文基础。他说:"许多人拿近代西方的自由思想去衡量古代的中国而后施以抨击,不想想看:在思想上,老子和庄子的世界是多么的自由自在,特别是庄子,心灵何等的开放。再从社会层面看,中国在强大的帝制下,人民却有很大的社会自由。拿犹太教和回教来说,比孔教要专断多了。历史的社会应与历史的社会比较,拿历史的社会与近代西方的社会比较,是一个根本的错误。"[2] "空谈自由主义乃自由主义致败之由。我们要实践自由主义,必须顾到它所在的社会文化情境。"[3] 林毓生也认为,"自由、理性、法治与民主不能经由打倒传统而获得,只能在传统经由创造的转化而逐渐建立起一个新的、有生机的传统的时候才能逐渐获得"[4]。这表明,20世纪五六十年代的自由主义者已经意识到现代自由需要与传统文化相结合。

马克思主义者侯外庐也主张"从掘发自己民族文化的传统中,走出一条中国化的道路"[5],既需注意从世界史的普遍性角度看待中国历史和思想的发生发展,又要注意从中国社会历史的特殊性出发审查中国历史的个性特点,在"世界性"和"民族性"相统一的基础上,发掘中国传统社会与思想中自身所孕育的诸如自由、平等、民主、科学、理性等近

---

[1] 殷海光:《中国文化的展望》,生活·读书·新知三联书店2009年版,第293页。
[2] 殷海光:《病中语录》,《殷海光文集》(第4卷),湖北人民出版社2009年版,第306页。
[3] 殷海光:《中国文化的展望》,生活·读书·新知三联书店2009年版,第332页。
[4] 林毓生:《中国传统的创造性转化》,生活·读书·新知三联书店2011年版,第6页。
[5] 侯外庐:《侯外庐自传》,《晋阳学刊》1981年第5期。

现代文化因子，以嫁接起"传统"与"现代"的内在性桥梁。他通过对唯心主义神学的批判和对唯物主义、无神论的发掘与肯定，揭示了当代中国思想的发展路向应该是唯物主义和无神论思想的继续发展。通过对近代思想家民主自由思想的发掘和肯定，侯外庐表达了实现新时代自由民主的理想，要求实现人人平等、思想解放、建立民主社会。侯外庐是反对封建土地国有制和资产阶级自由的土地私有制的，从他的批判性分析中，我们看到，侯外庐对法律的不平等性、专制主义制度、唯心主义神学世界观等是持坚决的批判态度的。但中国思想中反对专制统治的主张、朴素的唯物主义、无神论以及对自由、经济和个性解放的要求等内容是可以发掘利用的优良传统。他的历史研究启示我们：只有对自己的文化和思想有"自知之明"，并能将自己的民族文化和思想融入世界文化体系中，在世界文化体系中找到自己文化和思想的位置与坐标，对自身文化进行创造与建设，才能更好地与世界沟通，最终自立于世界民族文化之林。

第三，自由是一个不断实现的过程。文化保守主义者认为，传统自由思想有着宏大的理论框架，它强调从自然中汲取人生智慧，对自然真理有所体察，即主张天人合一；强调尊重人内心最真实的情感，听从人内心最真实的呼唤，即要求顺乎人性；强调尊重不同观点和不同文化的多样性表达，即力倡和而不同。只有在这些方面有了深切的体悟并能躬自实践，才会有人的真正自由。而这样的自由是永无止境的，它是一个不断实现的过程。冯友兰曾在中国传统思想的基础上提出人生"四境界"说，认为人生有四个境界：自然境界、功利境界、道德境界和天地境界。天地境界是每个人可以也应该达到的最高境界，在达到这一境界之前，因为人的天赋、悟性、勤惰等差异，会经过不同的阶段。"这四种人生境界之中，自然境界、功利境界的人，是人现在就是的人；道德境界、天地境界的人，是人应该成为的人。前两者是自然的产物，后两者是精神的创造。自然境界最低，往上是功利境界，再往上是道德境界，最后是天地境界。"[①] 按照冯友兰的理论，人的自由将是一个不断实现的过程。

受文化保守主义者所影响，自由主义者也逐渐意识到，现代自由的

---

① 冯友兰：《三松堂全集》（第4卷），河南人民出版社2001年版，第569页。

实现，不仅要依靠现代民主政治制度和个体的理性思维，还会有更加复杂的因素影响自由的实现。例如早期自由主义者并不十分重视的宗教与自由的关系，在殷海光晚年却引起其极大的关注。殷海光曾经将思想分为"有颜色的思想"和"无颜色的思想"，认为"有颜色的思想"带有鲜明的感性色彩，它包括宗教教条、传统说法，等等①，而"无颜色的思想"即科学知识与科学思想，"它没有情绪、意欲、个人成分、地域特点……搀杂其间"②。他原以为"无颜色的思想"高于"有颜色的思想"，但他后来意识到这两种知识其实互为补偿："有人说，科学与宗教不相容，科学态度与宗教态度不相容。假若所谓宗教，意指对宇宙之解释，并且从宗教的前提推衍出道德伦范，那么宗教所产生的结果、方法，以及看法，与科学确乎有逻辑上的不相容之处。但是，如果所谓宗教意指对人生价值之虔诚献身的态度，例如，正义，和平，解除痛苦，那么宗教与科学之间不仅无何冲突，而且是需要互相补偿的。"③ 林毓生曾指出，殷海光由强调宗教与科学的冲突到晚年重视研究宗教，与他整个的思想转变有关系，由重视知识问题到重视关切人生或心灵的问题。"他眼看这个世界技术化愈来愈强，而人的道德理想愈来愈败坏，人的心灵愈来愈萎缩，人的生活愈来愈繁忙，四周的空气愈来愈污染。这种情境，使他焦虑，逼他反省，令他寻求解答。以此，他扩大了思想的角度和范畴，而伸入人的切身的问题，而透入生命的层域中"④。从殷海光对于宗教的态度的转变，不难看出中国自由主义者关于自由的含义和自由的实现确实有需要不断拓展的思想空间。

中国马克思主义者认为，实现以经济制度变革为核心的社会变革是实现人的自由发展的前提条件，经济制度变革必然带来政治制度变革，并影响人们的社会思想。但现实是，当社会经济制度和政治制度变革实

---

① 殷海光：《正确思想的评准》，《殷海光文集》（第3卷），湖北人民出版社2009年版，第314页。

② 殷海光：《正确思想的评准》，《殷海光文集》（第3卷），湖北人民出版社2009年版，第315页。

③ 殷海光：《自然思想与人文思想》，《殷海光文集》（第4卷），湖北人民出版社2009年版，第107页。

④ 殷海光：《最后的话语》，《殷海光文集》（第4卷），湖北人民出版社2009年版，第298页。

现之后，人们发现，人们的社会思维并没有自然而然地变化。直到今天，社会主义政治、经济、社会、文化、生态建设的任务依然艰巨，人们精神支柱的核心价值还需要逐渐树立，人与自然的关系、人与人自身的关系、人类不同文化的关系这些古老的话题，在人们的生活中不断凸显出来。

（原载《天津社会科学》2015年第1期）

五　文化自觉与中国思想史研究

侯外庐与中国思想史研究

侯外庐（1903—1987）是中国思想史学科的奠基人，他对中国思想史研究的对象和方法做了明确的解答，并对中国思想发展的历史做了开创性的研究。他对中国思想史研究对象是哲学思想、逻辑思想和社会思想的综合统一的独特理解，是在继承中国思想学术史研究传统、运用马克思主义基本理论、参考西方学术理论方法基础上，对中国思想史研究对象的科学定位。他提出的"横通"和"纵通"相结合、社会史与思想史相结合的研究方法，推进了中国思想史研究的科学化。他所勾勒的历史与逻辑相统一的中国思想发展史，揭示了中国社会与思想的主要特点，富有深刻的理论魅力。

一　侯外庐对于中国思想史研究对象的独特理解

19世纪末，西方的进化论、天赋人权理论以及自然与社会研究理论方法大量传播到中国，中国的学术观念开始发生变化。20世纪初期，关于什么是学术，梁启超和刘师培等都曾发表意见。梁启超说："学也者，观察事物而发明其真理者也；术也者，取所发明之真理而显诸用者也。"[①]刘师培也曾指出："学也者，指事物之原理言也；术也者，指事物之作用言也。学为术之体，术为学之用。"[②] 这就是说，真正的学术必须有明确的理论体系与方法体系。

[①]　梁启超：《学与术》，《饮冰室文集之二十五》，《饮冰室合集》（第3册），中华书局1989年版。

[②]　刘师培：《国学发微》，《刘申叔先生遗书》（第13册），宁武南氏排印本，1936年。

人们反观中国传统学术体系,认为中国传统学术虽然不乏幽玄高妙的体系,同时也有较为严密的实证方法,但与西方近代学术相比较,尚没有达到"自觉"地位。王国维认为,"中国人之所长,宁在于实践方面,而于理论之方面,则以具体的知识为满足。至分类之事,则除迫于实际之需要外,殆不欲穷究也"①,这就使得中国学术没有西方那样严密的综括和分析水平,抽象思辨的能力和精密分析的能力都有欠缺。

思想学术的研究在中国有悠久的传统,先后出现了《庄子·天下篇》《荀子·非十二子》《韩非子·显学》《吕氏春秋·不二》《论六家要旨》《伊洛渊源录》《宋元学案》《明儒学案》《理学宗传》《清儒学案》和《近思录》《性理大全》等论著与资料汇编,也产生了庄子、荀子、韩非、司马迁、朱熹、黄宗羲、全祖望等许多著名思想学术史研究家,但是中国思想学术史研究的对象、范围和方法等问题,却并没有得到明确的解答。

中国传统学术并非没有核心对象,"道"就是中国传统学术研究的共同对象。《庄子·天下篇》就从"道"的分裂来看待学术的发展。它认为远古时期,并无百家之学,只是到了天下大乱,贤圣不明,道德不一,才有"天下多得一察焉以自好""道术将为天下裂"的现象出现。西汉时期,司马迁也明确指出:"天下一致而百虑,同归而殊途",阴阳、儒、墨、名、法、道德诸种学术,都有共同的目标,只不过出发点不同,理论的深浅有别。明末清初,黄宗羲著《明儒学案》,也是将明代各种儒家学说视为对"道"的不同阐发。他认为,"学术之不同,正以见道体之无尽",并举大海与江淮河汉以及泾渭诸水的关系加以说明:"夫道犹海也,江淮河汉以至泾渭蹄涔,莫不昼夜曲折以趋之,其各自为水者,至于海而为一水矣。"② 江淮河汉各支水流虽然各有曲折,但都归趋于海,是海水的组成部分,学术也是如此,虽然各家各派有所不同,但都是道的体现。

尽管中国传统学术把"道"当作研究的主要对象,却没有对"道"

---

① 王国维:《静安文集·论新学语之输入》,《王国维遗书》(第3册),上海书店1983年版。

② 《明儒学案·序》。

的具体内涵做出科学说明。在中国古代,儒、佛、道各家有各家的"道统"。即使那些对各家观点有比较超越理解的学者,在内心深处也难免保留着学派有高低之分的偏见。例如北宋初期佛教学者契嵩,认识到儒、道、佛"心则一,其迹则异"①,但还是认为"诸教也,亦犹同水以涉,而厉揭有深浅,儒者圣人之治世者也,佛者圣人之治出世者也"②。而清代编修《四库全书》,就视六经为总纲,认为"自六经以外立说者,皆子书也",其中"儒家本六经之支流",佛教、道家为六经之"别教"。③"道不同不相为谋"的局面制约了思想学术史家对"道"进行综合性的概括。

20世纪初年,中国的学者们试图对中国传统学术的"道"这一核心范畴做出解说。他们认为,要明确中国思想学术的研究内容,首先应该抛弃传统的道统观念,用平等的眼光看待诸子百家之学,只要是在学术史上确有创见的思想学术,都应在学术发展史上占有一定的地位。其次应参考西方社会学、政治学、哲学原理来分析传统学术,对中国思想学术史的创见做出有条理的解释。

在尝试中人们逐渐发现,用西方"哲学"理论去分析传统思想学术,有助于明确中国思想学术史研究的主要内容。1918年,胡适出版的《中国哲学史大纲》就认为如果要对中国学术史的史料做贯通性的整理,就"不可不借别系的哲学,作一种解释演述的工具"④。他参照西方哲学观念,将哲学学问分为六个部分:讨论天地万物怎样来的宇宙论,讨论知识、思想的范围、作用及方法的名学与知识论,讨论人生在世如何行为的人生哲学(又叫伦理学),讨论怎样才能使人有知识、有思想、行善去恶的教育哲学,讨论社会国家应如何组织、如何管理的政治哲学,讨论人生究竟有何归宿的宗教哲学。20世纪30年代,冯友兰出版的《中国哲学史》上下册(上册1931年,下册1934年)同样认为,要研究中国思想学术,对它做贯通性的理解,就不可不参照西洋哲学:"今欲讲哲学

---

① 《辅教篇·广原教》。
② 《辅教篇·原教》。
③ 《四库全书总目提要·子部总叙》。
④ 胡适:《中国哲学史大纲·导言》,《胡适学术文集·中国哲学史》(上册),中华书局1991年版,第28页。

史，其主要工作之一，即就中国历史上各种学问中，将其可以西洋所谓哲学名之者，选出而叙述之。"① 他把哲学分为三大部分，即宇宙论、人生论和知识论。

但也有一些学人意识到西方"哲学"似乎不能完全涵盖中国思想学术史的全部内容。章太炎就曾经指出，中国传统学术的"道"与西方哲学似乎不能完全吻合。他说："九流皆言'道'……白萝门（婆罗门）书谓之'陀尔索那'，此则言'见'。自宋始言'道学'（'理学'、'心学'皆分别之名），今又通言'哲学'矣。'道学'者，局于一家，'哲学'者，名不雅故，缙绅之士难言之。……故予之名曰'见'者，是葱岭以南之典言也。"② 他认为九流所谓"道"、宋儒所谓"道学""理学""心学"以及今日所谓"哲学"等名，在本质上是同义语。"道"既然是传统学术的核心范畴，那么它也应是新的思想学术史研究的主要对象。不过他认为用"哲学"这个名词去概括传统学术"道"这一核心范畴似乎并不恰当，不如用"见"字准确。

侯外庐认为章太炎的这一观点是"颇多独创的天才见解"③。章太炎在中国思想学术史研究中，打破了唯有经学才是学问的谬见，有助于扫清"中国一向只有理学而无哲学"的误解，另外章太炎又看到了用"哲学"来概括传统学术之"道"并不十分相符，扬弃了用某种西方哲学来比附中国思想学术观念的做法，他开创了独立地、合乎实际地确定中国思想学术史研究对象的思路。

对章太炎为代表的先驱们用平等的眼光去研究经学以外的诸子学说，侯外庐曾作了充分的肯定。他说："太炎对于诸子学术的研究，堪称近代科学整理的导师……他的解析思维力，独立而无援附，故能把一个中国古代的学库，第一步打开了被中古传袭所封闭着的神秘保垒，第二步拆散了被中古偶像所崇拜着的奥堂，第三步根据他自己的判断力，重建了一个近代人眼光之下所看见的古代思维世界。"④ 他还认为，"太炎在第

---

① 冯友兰：《中国哲学史》（上册），中华书局1984年版，第1页。
② 章太炎：《国故论衡·明见》，章氏丛书本。
③ 侯外庐：《中国近代启蒙思想史》，人民出版社1993年版，第222页。
④ 侯外庐：《中国近代启蒙思想史》，人民出版社1993年版，第186页。

一、二步打破了传统、拆散偶像上，功绩至大，而在第三步建立系统，只有偶得的天才洞见或断片的理性闪光"，没能建立起一个近代人关于中国古代思维的完整世界，这是因为他们对古代思维的完整世界的系统性理解方面还有欠缺。

侯外庐认为中国传统学术的"道"，从现代人的眼光来看，它至少应该包含三个主要层面。

第一个层面是世界观。即人对世界总体的看法，包括人对自身在世界整体中的地位和作用的看法，亦称宇宙观。哲学是它的理论表现形式。

侯外庐认为，用进化论、实在论来解说中国思想学说，确实并不完全符合中国思想学说的实际，但这并不是说，哲学就不是中国思想学术史的研究对象。因为哲学问题是任何思想都不可能逃避的问题。无论何种从经验世界得来的思想观念，都有哲学的基本认识作为最后依据，而处理经验世界各种具体问题的思想，也通常有待于哲学的反思才能得到超越和提升。

中国思想学术一般来说不像西方学说那样有严密的条理，但这并不是说它没有明确的观点。中国思想或学说的表现形式虽然是零散的，但它实质上是统一的整体。孔子曾说："吾道一以贯之。"[①] 明末清初，黄宗羲研究明代儒学，也明确指出，任何思想都会有它的宗旨，只有把握了这个宗旨，才能准确领会其他内容："大凡学有宗旨，是其人之得力处，亦是学者之入门处。天下之义理无穷，苟非定以一二字，如何约之使其在我？故讲学而无宗旨，即有嘉言，是无头绪之乱丝也。学者而不能得其人之宗旨，即读其书，亦犹张骞初至大厦，不能得月氏要领也。"[②] 这个宗旨就是思想家们世界观最后的依据，是哲学思想的核心内容。

侯外庐认为哲学思想确实是思想学术史研究不可缺少的内容。他曾以章太炎的思想和学术为例加以说明，指出："在我们看来，经学上的家法，小学上的论断，文章上的作风与气派，政论及革命上的主张与斗争，分析到最后，都有哲学观点作最高的原理，作立论的根据

---

① 《论语·里仁》。
② 《明儒学案·发凡》。

和判断的基准。"① 这是研究章太炎思想的主要原则,也是思想学术史研究的一般原则。研究传统的思想学术,就是要清理出思想学术史上思想家们的世界观,要追问他们对思维与存在关系问题的回答。只有这样,"才能在五光十色的人类认识史上清理出不同的哲学党派和不同的认识路线,而哲学史研究也才能成为科学"②。

第二个层面是逻辑思想,即思想学术家们阐发思想观点的方法。

对方法论的重视,是19世纪末20世纪初人们对比中西学术之后所形成的共同认识。严复早就指出:西方学术之进步,主要因为有严格的方法程序。梁启超甚至指出,西方近世与上古、中古的主要差别就是世界观和方法论的差别。培根的经验归纳法与笛卡尔的演绎推理法是西方近代文明的两个基础,直到康德,才"和合两派,成一纯全完备之学问"③。

较早地意识到逻辑的重要,并力图对中国传统学术的逻辑思想加以分析的是章太炎。他曾经从逻辑角度对孔子的"忠恕"思想加以阐发,明确指出"忠恕"思想与演绎、归纳法完全相符。④ 胡适的《中国哲学史大纲》也把逻辑方法放在十分显要的位置。1958年,胡适在此书台北版"自记"中还指出:"我这本书的特别立场是要抓住每一位哲人或每一个学派的'名学方法'(逻辑方法,即是知识思考的方法),认为这是哲学史的中心问题。"他用了很大气力来挖掘中国古代逻辑思想,对孔子的正名思想以及《易经》的物象观念,作了专门讨论。胡适晚年没有改变他这种认识,甚至认为程朱陆王的争论,都是名学方法的争论,都只是方法上的不同而引起的争执。他还不无遗憾地说:他那本哲学史在重方法这个基本立场上,"颇有开山的作用,可惜后来写中国哲学史的人,很少能充分了解这个看法"⑤。

事实上,继胡适以后的中国思想学术史研究的学者,并没有遗忘对

---

① 侯外庐:《中国近代启蒙思想史》,人民出版社1993年版,第214页。
② 侯外庐:《侯外庐史学论文选集·自序》,人民出版社1987年版,第15页。
③ 梁启超:《近代文明初祖二大家之学说》,《饮冰室文集之十三》,《饮冰室合集》(第2册),中华书局1989年版。
④ 章太炎:《检论·订孔下》,《章太炎全集》(第3册),上海人民出版社1984年版。
⑤ 胡适:《中国哲学史大纲》台北版"自记",《胡适学术文集·中国哲学史》(上册),中华书局1991年版,第6页。

于逻辑思想的探索。他们所要探索的话题比胡适更深一步：到底如何才能准确地反映中国思维方法的特征？侯外庐认为对中国传统思想学术的逻辑思想的分析，是准确把握中国思想特质的主要依据。1947年，他与赵纪彬、杜国庠合著，在上海新知书店出版的《中国思想通史》第一卷《古代思想编》，就非常注重"各时代学人的逻辑方法之研究"①。其中讨论孔墨显学，就分别讨论了"前期儒家的知识起源论和知识方法论""墨子的逻辑思想"，讨论战国百家争鸣的学术，就讨论了"老子的知识论""思孟学派的无类逻辑""公孙龙学派诡辩的概念论和推理论""后期墨家的认识论和逻辑学""荀子的逻辑思想""韩非子的知识论和逻辑学"等。《中国思想通史》关于秦汉以后中国认识思想和逻辑思想的研究，其中主要有"董仲舒的知识论及逻辑思想""王充的唯物主义知识论以及与自然科学相结合的逻辑学""嵇康的辩论术""范缜的逻辑思想""吕才的认识论、逻辑思想及其逻辑著述的推测""王安石的唯物主义认识论""朱熹的唯心主义的格物致知说""陆象山的直觉主义的方法论""方以智的唯物主义认识论""天主教输入中国的自然哲学和思想方法""王夫之的知识论""顾炎武的方法论""颜元的知识论"等。可见，侯外庐研究中国思想学术史，把逻辑思想的探究置于至关重要的地位。

侯外庐研究中国逻辑思想，侧重于分析逻辑作为思想方法的反思。他认为我们研究古人的逻辑思想，主要目的并不在于从古人的思想材料中提出某一个逻辑命题，也不在于说明或讨论古人具有西方的某种逻辑思想，而是要揭示历史上的思想家一以贯之的思想方法。例如关于孔子的研究，侯外庐指出，章太炎意识到应从逻辑方面把握孔子的思想方法，这确实比单纯看到孔子的伦理、政治思想特征要高明，值得特别加以推崇②，但侯外庐并不同意孔子的思想方法就是归纳与演绎，也不同意胡适把孔子的正名思想仅仅作为哲学和逻辑学上的概念。他认为孔子的方法论或逻辑思想主要表现在"叩其两端"上面。在孔子看来，矛盾的暴露即是事物存在危机，而包含着矛盾的概念或命题是错误的，他主张调和矛盾，这种调和矛盾的思想就是孔子思想方法的核心，贯穿于他的中庸

---

① 侯外庐等：《中国思想通史》（第1卷），《卷首》，新知书店1947年版。
② 侯外庐：《中国近代启蒙思想史》，人民出版社1993年版，第297页。

思想的各个方面。

侯外庐认为，如果我们有对思想家一以贯之的思想方法的准确把握，我们就有可能真正了解思想家们的思维水平，从而真正理解中国思想的演进历史。

第三个层面是社会意识。所谓社会意识，是指人们关于社会生活、社会问题、社会模式的意识、观念或理论，它既包括各种比较自觉的、定型化的社会意识形式，也包括直接与日常社会生活相联系的、不自觉的、非定型化的社会心理。

中国传统学术的核心内容就是社会意识。中国古代社会意识既包括对个体生命存在的体验，也包括个体与社会的关系的思考，更包括对于伦理道德、政治建构、历史文化实质的反思。自20世纪初叶以来，就不断有学者指出，与西方学术相比较，中国古代的社会思想与意识都相当丰富，中国思想学术的起点在于社会思想与社会意识，落脚点也是在社会思想与意识。

侯外庐曾说：哲学思想与逻辑思想确实是中国思想学术史研究的重点，但真正能够反映中国思想学术史研究的核心范围却不是哲学思想或逻辑思想，而是社会意识。1947年他在上海新知书店出版的《中国思想通史》第一卷《古代思想编》卷首，就曾指出："斯书特重各时代学人的逻辑方法之研究，以期追踪他们的理性运行的轨迹，发现他们的学术具体的道路，更由他们剪裁或修补所依据的思想方法，寻求他们的社会意识及世界认识。"①

在侯外庐看来，思想史主要研究每一历史时期人们的社会意识是怎样由当时的社会经济状况及相应的政治法律制度形成的，社会的变动如何决定着思想内容的变化，而思想体系、观点的出现又如何直接、间接地起着推动与阻碍社会发展的作用等。也就是说，思想史就是从历史上社会的政治、经济方面去探索思想发生、发展及其规律，并通过思想的研究反过来看社会的面貌，来看思想的作用。张岂之先生曾经对思想史的研究对象这样加以概括，说："思想史就是人类社会思想意识的发展史……确切地说，思想史就是理论化的人类社会思想意识的发展史，思

---

① 侯外庐等：《中国思想通史》（第1卷），卷首，新知书店1947年版。

想史就是研究人类历史上社会思想意识发展、演变及其规律的学科。"①

侯外庐研究社会意识，主要研究的是理论化的社会思维，但这不是说他没有意识到社会心理在中国思想史的研究中也应占有一席之地。侯外庐曾经对农民阶层的社会心理进行过专题研究，撰写了《中国封建社会前后期的农民战争及其纲领口号的发展》，指出：以唐中叶为界，前一时期，农民起义主要表现在反徭役并争取人身权方面，因而其口号所包容的思想主要是一种狂暴式的"财产共有"或"共同劳动"的教义；后一时期的农民起义主要表现在分产均产方面，因而其口号所包含的思想主要是一种更现实的财产平均的教义。②

侯外庐正面回答了什么是中国思想学术史研究的对象的问题。他认为哲学思想、逻辑思想和社会意识就是中国思想史研究的主题。1957年，修订本《中国思想通史》出版。侯外庐另外写有"自序"，再一次明确他所关注的核心内容，就是以上三者的综合。他说："这部《中国思想通史》是综合了哲学思想、逻辑思想和社会思想在一起编着的，所涉及的范围比较广泛。"③ 1987年出版的《侯外庐史学论文选集》，侯外庐也曾以"自序"形式回顾、总结研究中国思想学术史的历史，其中提道："对中国思想史的研究，我以社会史研究为前提，着重于综合哲学思想、逻辑思想和社会思想（包括政治、经济、道德、法律等方面的思想）。应该指出，哲学史不能代替思想史，但是思想史也并不是政治思想、经济思想、哲学思想的简单总和，而是要研究整个社会意识的历史特点及其变化规律。"④

侯外庐关于中国思想学术史研究对象的上述理解，是在中国传统学术研究向现代学术研究过渡过程中，对思想学术史作为一门学科的重新定位，它有对中国思想学术研究传统的继承和发扬，有对中国传统思想学术特点的深刻了解，也有对马克思主义理论观点和西方学术思想的吸

---

① 张岂之：《论思想史与哲学史的相互关系》，《儒学·理学·实学·新学》，陕西人民教育出版社1994年版，第296页。
② 侯外庐：《中国封建社会前后期的农民战争及其纲领口号的发展》，《侯外庐史学论文选集》，人民出版社1987年版，第255页。
③ 侯外庐等：《中国思想通史》（第1卷），人民出版社1957年版，序。
④ 侯外庐：《侯外庐史学论文选集·自序》，人民出版社1987年版，第11页。

收与借鉴，具有丰富的理论意义。

二 侯外庐关于中国思想史研究方法的探索

19世纪末20世纪初，中国传统思想学术开始正面接触西方学术研究，两相对照，中国传统学术的不足显得十分明显，那就是，中国的思想学术几乎都不注意知识的形式系统。正如冯友兰所指出的那样："中国哲学家多未竭全力以立言，故除一起即灭之所谓名家者外，亦少有人有意识的将思想辩论的程序及方法之自身，提出研究……故在中国哲学史中，精心结撰，首尾贯穿之哲学书，比较少数。往往哲学家本人或其门人后学，杂凑平日书札语录，便以成书。成书既随便，故其道理虽足自立，而所以扶持此道理之讨论，往往失于简单零碎，此亦不必讳言也。"[①]

如何才能找出古代思想学说的推理过程，并使之条理化？1918年，胡适发表《中国哲学史大纲》，其导言对中国哲学史的研究方法做了比较系统的讨论，他提出"述学""明变""求因""评判"四个步骤，其中述学"是用正确的手段、科学的方法、精密的心思，从所有的史料里面，求出各位哲学家的一生行事、思想渊源沿革和学说的真面目"，这是中国哲学史研究的"根本功夫"。这个根本功夫不外两条：一是对材料校勘；二是参照其他哲学资料，把每一部书的内容要旨融会贯通，寻出一个脉络条理，演成一家有头绪有条理的学说。也就是说，要找出中国思想学术的条理，首先要在资料的搜集审定和整理上下一番功夫，同时也必须重视西方学术思想的参照作用。

冯友兰认为，要对中国思想学术史进行贯通，确实需要参考西方的学术，但首先要明确，"前人对于古代事物之传统的说法，亦不能尽谓为完全错误"[②]。应首先肯定前人的说法"事出有因"，并努力做出合理的解释，切不可把古代已有的结论都置于脑后，应该注意西方学说理论框架与中国传统学说的某些说法结合。他把中国学术中关于"性与天道""名学"及"为学之方"的讨论，挑选出来，与西洋哲学中的宇宙论、知

---

① 冯友兰：《中国哲学史》（上册），中华书局1984年版，第8—9页。
② 冯友兰：《中国哲学史·自序》，中华书局1984年版，第1页。

识论、人生论相对照，试图在重视中国学术传统思想观念的一贯性基础上，找出中国哲学实质的系统。

侯外庐认为材料问题是研究中国思想学术史的首要问题，史料的考证辨伪确实是研究中国思想学术史最基础的工作。他说："中国史料汗牛充栋，真伪相杂。无论研究社会史、思想史，要想得出科学论断，均需勤恳虚心地吸取前人考据学方面的成果，整理出确实可靠的史料。考据学本身算不上是历史科学，但它却是历史科学不可缺少的学问。"① 侯外庐把史料的考据作为研究思想学术史最基本的步骤，他特别重视学者生平考证、学术师承考证以及学派传衍考证。侯外庐的某些考证今天看来或许有这样或那样的不足，例如《中国思想通史》第一卷对老子思想发生的时代的考证以及第三卷关于《庄子注》的作者的考辨，还有商榷的余地，但他这种明确的考证意识，反映了他对中国思想史史料科学性的高度重视。

搞清了史料的真实性，然后才是对思想学术的贯通性诠释。侯外庐认为贯通的途径确实需要参考西方思想学术，同时也确实需要尊重中国思想学术自身的特点，但中国思想学术史的研究，却不是为了论证中国思想学术史同样存在西方哲学的某种框架，也不是为中国思想学术传统的观点提供新的合理性证明，而是要从哲学思想、逻辑思想与社会意识的高度统一，去剖析思想家们思想观念的内部结构和本质特征，为科学解释中国思想的发展历史提供依据。

侯外庐指出，对于有体系的思想家思想的分析，需要准确把握它的思想内容、世界观与方法论风格。例如他研究老子的思想，就列有这样的标题："老子思想的产生年代及其社会根源""老子的自然哲学""老子的知识论""老子的经济思想""老子的国家学说""老子的人性论和社会思想""评黑格尔论老子"。② 其中老子思想的产生年代考证老子思想材料的时代特征、老子的自然科学分析老子的自然观、老子的知识论分析老子的逻辑思想、老子的经济思想和国家学说研究老子的经济学与国家学说、老子的人性论和社会思想研究老子的自然人性论与社会法则

---

① 侯外庐：《侯外庐史学论文选集·自序》，人民出版社1987年版，第17页。
② 侯外庐等：《中国思想通史》（第1卷），人民出版社1957年版，第257—302页。

论、黑格尔论老子讨论黑格尔关于老子思想只有实体性的自由而没有主体的自由的论点。侯外庐通过上述分析,揭示出老子的思想体系是:他洞察到自然界的一些大的规律性,把自然史视为社会思想意识的根源,否定了孔、墨言必称先王的观点;他认识到自然与社会现象到处都存在矛盾,认识到对立面的互相转化是绝对的,只有完全按照自然规律"道"去运动,才有可能消解矛盾;老子对人自身的认识以及他的经济思想、国家学说、社会法则学说,都与他的上述认识密切相关;老子认识到氏族自然经济与私有商品经济的区别,他向往没有在经济上发生矛盾对立关系、没有代表经济利益的阶级制度的原始民主社会。老子思想是春秋战国之交新的社会理想的集中体现,它暴露了新旧社会秩序在理论基础上与具体内容上的矛盾,但老子却缺乏独立的创造勇气,最后以道法自然的形式,取消了对于社会理想的积极思考。

侯外庐认为,对思想家体系化的思想的分析,构成条理化思想演变史的网络的节点,离开了这些节点,就不可能形成中国思想发展的总体网络,也就难以理解人类认识活动不断深化的过程。这些节点怎样才能构成一个整体的网络?侯外庐指出,这就需要从"横通"和"纵通"两个方面加以考察和分析。他说,他研究整个社会意识的历史特点及其变化规律,就既注意每种思想学说的"横通",又注意它的"纵通"[1]。

所谓"横通",依据侯外庐的理解,就是要考察思想家个人的思想体系与历史时代的关系,主要解决"人类思想自身的过程与一时代学说的个别形成,环链何系?学派同化与学派批判相反相成,其间吸收排斥,脉络何分"等问题。[2]

侯外庐认为,任何一个时代都会有一个时代的问题,从而也会有那个时代的思想。对时代问题的把握是思想家们思想的出发点,立场观点相近的思想家往往构成某种学派,不同的学派共同展现一个时代的社会思潮,因此,"研究思想史不能不研究学派"。他说:"思想史上各种学派的产生及其融合和批判、吸收和排斥的复杂过程,一方面展现出人类思想在其自身矛盾运动中的丰富多样性,另一方面又反映出一定历史时代

---

[1] 侯外庐:《侯外庐史学论文选集·自序》,人民出版社1987年版,第11页。
[2] 侯外庐:《中国古代思想学说史·自序》,重庆文风书店1944年版,第1—2页。

的社会矛盾和社会思潮的某些特点。因此，研究思想史不能不研究学派。我们不仅需要了解不同学派的形成过程及其赖以产生的社会历史条件和思想凭藉，进而了解它们在思想内容、观点、方法乃至风格方面的不同特点，而且更加需要深入了解不同学派之间错综复杂的关系，对于那些彼此对立的学派尤其需要进行具体分析，分清其脉络。"①

侯外庐善于从思想家所运用的范畴、命题和思想方法来揭示思想的学派特征。例如他对战国时期思想派别的分析，认为班固《汉书·艺文志》把诸子分为儒、道、阴阳、法、名、墨、纵横、杂、农、小说等"十家九流"，有一定历史根据，他概括出先秦诸子的特征，认为儒家学派最大的特点是形式上认同礼制，而精神上则倾向于"仁"，他们把礼、乐观念化，并从道德心理和道德情操出发，批判了礼、乐的形式，强调其中思维的内容。而道家学派最大的特点则是发现了自然天道的某些规律，把这种规律视为社会思想意识的依据。他也非常重视学派之间的矛盾斗争，认为对立与斗争正是社会思想意识复杂运动的表现。在先秦思想史的研究中，他突出了孔、墨的对立，老庄与孔、墨的对立，法家思想与儒、墨、道家思想的对立。在两汉思想史的研究中，他突出正统与异端的对立，在正统思想的分析中，他又强调今文经学与古文经学的差异，如此等等。侯外庐总是把各个时代的思想学术置于相应的时代条件之下，认为各种学派都是对时代课题的不同回答。它们之间的相近或相同，反映出这一时代社会意识的整体框架和相近的思维水平，而它们之间的相异折射出思想家们不同的思想倾向和价值追求。

侯外庐早就注意到所谓"公共的论题"对于提示思想之间联系的重要性。在先秦诸子思想的分析中，他曾对诸子的"先王观念"进行剖析。他发现："先秦诸子自孔子以来，多言先王，这是中国古代思想的特别的地方。"②但称道先王的诸子思想并非没有区别，正如韩非子所说："孔墨俱道尧舜，而取舍不同，皆自谓真尧舜。"据侯外庐研究，儒家称道先王，是企图在先王的形式中，贯注改良的新内容。墨子称道先王是用革命的方式，把先王打扮成为理想的化身。道家也称道先王，其内容是和

---

① 侯外庐：《侯外庐史学论文选集·自序》，人民出版社1987年版，第13页。
② 侯外庐等：《中国思想通史》（第1卷），人民出版社1957年版，第49页。

先王游戏。法家彻底反对先王观，他们抛弃了先王传统。对先王的不同态度构成了先秦思想意识的重要环节。

所谓"纵通"，就是要考察思想源流的演变，主要解决"人类的新旧范畴与思想的具体变革结合何存"的问题。

侯外庐认为："任何一个时代的任何一种思想学说的形成，都不可能离开前人所提供的思想资料。应当说，思想的继承性是思想发展自身必不可少的一个环链，至于对前人思想遗产继承什么和怎样继承，则是由思想家所处的时代条件、阶级地位及其思想性格、学术渊源等诸种因素决定的。当然，继承并不意味着对前人思想的简单重复，而是包含着不同程度的，甚至是不同性质的改造，历史上有建树的思想家总是在大量吸取并改造前人思想资料的基础上，形成自己的思想学说。"[1] 如果说横通主要在于揭示一个时代思想的不同侧面，而纵通则主要在于揭示思想发展的阶段性。

侯外庐把中国思想史的发展，分为殷末西周、春秋战国、秦汉到清中叶、清中叶到"五四"等阶段来加以论述。无论是西周的官学、春秋时代的缙绅之学、战国时代的诸子并鸣之学、两汉的经学、魏晋的玄学、隋唐的佛学、宋明的理学、明清之际的早期启蒙思潮以及近代的各种社会思潮，都有思想上的继承关系，都有对前人的思想命题的继承和发展。

侯外庐认为中国思想学术史的继承性表现得特别明显，中国思想学术喜欢托古，喜欢用疏解或笺注的方式来表述自己的思想见解，这为深入理解中国思想学术史的继承关系提供了帮助。但侯外庐同时指出，一定要透过形式看到本质的内容，他说："一般说来，思想史（包括哲学史）上的范畴、概念之新旧交替，反映了人类思想本身的变革的过程，亦即反映了人类认识活动不断深化的过程。但是，正像历史向前发展中总会出现曲折反复一样，人类认识的长河也不会是直线前进的。因此，在思想史上并非所有新的范畴、概念都是接近客观真理的思想变革，有的甚至还可能是它的反面。"他举了天道观的发展这个例子加以说明，说战国时代以荀子为代表的唯物主义天道观，无疑是对殷周以来的神学天命观的一次深刻变革，然而，汉代"神人大巫"董仲舒的天谴论则是对

---

[1] 侯外庐：《侯外庐史学论文选集·自序》，人民出版社1987年版，第13页。

先秦唯物主义天道观的反动。侯外庐还指出,"即便是同一个范畴或概念,在不同时代、不同派别,特别是政治上和哲学上的不同派别的思想家头脑中,是有不同思想内容的"。所以,"考察人类新旧范畴更替与思想具体变革的结合,关键在于依据不同历史条件,具体分析各种范畴在不同思想家的头脑中所反映的实际内容"①。

侯外庐并没有对思想历史的分门别类疏通,但他十分重视各种思想的历史源流的追溯。《中国思想通史》关于社会意识的论述,分割开来,就可以看到中国政治思想史、中国经济思想史、中国法律思想史、中国伦理思想史、中国历史思想的主要脉络,其关于逻辑思想的论述,抽出来就是中国逻辑思想史的纲领,至于其中关于哲学思想的论述,更是一部相当完整的中国哲学思想史,侯外庐并不反对用现代学科分类法重新整理编撰中国思想史的主张,但他始终强调,分类整理只是研究中国思想史的手段,而不是目的。分类整理是为了更准确地把握哲学、逻辑与社会思想的统一。

由上可见,侯外庐关于中国思想研究方法的论述,涉及材料的考证、代表人物思想系统的勾勒、学派特征的把握与学派矛盾的分析、思想范畴与概念的纵通理解、思想渊源的分析等种种具体问题,他为中国思想学术史的研究提供了一条具体可行的道路。

但侯外庐对中国思想史研究方法的论述,并没有局限在思想自身的解释之中,他用相当多的时间和精力探索社会史如何与思想史贯通,并取得了巨大成绩。

单纯从思想的角度解释思想,容易使思想主观化。胡适的《中国哲学史大纲》出版后,人们在惊叹该书对中国先秦思想史明确的条理性分析之余,不免对这种主要用进化论和逻辑学勾勒出来的中国思想史产生疑惑,孔子果真是一位有独立见解的逻辑学家吗?庄子难道很早就发现了生物进化的规律?正如金岳霖所指出的那样,"所谓中国哲学史,是中国哲学的史呢?还是在中国的哲学史呢?……胡适之先生的《中国哲学史大纲》就是根据了一种哲学上的主张而写出来的。我们看那本书的时候,难免一种奇怪的印象,有的时候简直觉得那本书的作者是一个研究

---

① 侯外庐:《侯外庐史学论文选集·自序》,人民出版社 1987 年版,第 12 页。

中国思想的美国人"①。陈寅恪也曾指出：所谓以科学方法整理国故者，有解释，看上去很有条理，然而往往不够真实。②他说："著者有意无意之间，往往依自身所遭际之时代，所居处之环境，所薰染之学说，以推测解释古人之意志"，所论中国古代哲学"大抵即谈其今日自身之哲学"，"其言论愈有条理统系，则去古人学说之真相愈远"。③

如何才能避免这种解释上的随意性？金岳霖指出，最好的办法是"把中国哲学当作中国国学中之一种特别的学问"，根据中国哲学自身的特点来理解和诠释，而不必计较中国哲学与西方哲学的异同。陈寅恪也认为，如果要真正使中国思想学术的研究契合实际，就必须努力做到"神游冥想，与立说之古人，处于同一境界，而对于其持论所以不得不如是之苦心孤诣，表一种之同情"④。侯外庐认为：高屋建瓴的哲学洞察力和同情地了解的态度，对于中国思想学术史的研究的科学性确实有所帮助，但如果要使中国思想学术史的研究真正成为一门科学，就必须把思想史置于中国社会史的具体背景，把二者贯通起来。他说："思想史系以社会史为基础而递变其形态。因此，思想史上的疑难就不能由思想的本身运动里求得解决，而只有从社会的历史发展里来剔抉其秘密。"⑤思想学说史只有置于中国社会历史的大背景之中，才有可能得到科学的解释。否则，对于中国思想学术史的研究，"必流于附会臆度"⑥。

注意社会史与思想学术的关系，这并非侯外庐的创造。战国时期的孟子就曾指出，知其人必论其世，胡适的《中国哲学史大纲》和冯友兰的《中国哲学史》，都对思想产生的时代背景有所讨论，但都比较表面。1919—1920年间，李大钊在《新青年》等刊物上相继发表《我的马克思

---

① 金岳霖：《冯友兰〈中国哲学史〉上册审查报告》，冯友兰：《中国哲学史》（下册）《附录》，中华书局1984年版。
② 蒋天枢：《陈寅恪先生传》，《纪念陈寅恪先生诞辰百年学术论文集》，北京大学出版社1989年版，第4页。
③ 陈寅恪：《冯友兰〈中国哲学史〉上册审查报告》，冯友兰：《中国哲学史》（下册）《附录》，中华书局1984年版。
④ 陈寅恪：《冯友兰〈中国哲学史〉上册审查报告》，冯友兰：《中国哲学史》（下册）《附录》，中华书局1984年版。
⑤ 侯外庐等：《中国思想通史》（第1卷），人民出版社1957年版，第28页。
⑥ 侯外庐：《中国近世思想学说史·自序》，人民出版社1993年版，第1页。

主义观》《唯物史观的现代史学上的价值》《物质变动与道德变动》《由经济上解释中国近代思想变动的原因》等论文，开始用唯物史观来研究社会精神的变化。其中《由经济上解释中国近代思想变动的原因》一文，对儒家道德之所以能支配中国人心长达两千多年之久的原因作了剖析，认为两千余年来未曾变动的农业经济组织——大家族制度是一切政治法度、伦理道德、学术思想、风俗习惯的基础。[①] 在李大钊之后，郭沫若于1928—1929年间，先后发表了《周易的时代背景与精神生产》《诗、书时代的社会变革与其思想上之反映》《中国社会之历史的发展阶段》等论文，1930年他把上述论文与尚未发表的《卜辞中之古代社会》《周金中的社会史观》汇集在一起，出版了《中国古代社会研究》，他用历史唯物论为指导，较系统地对殷周社会的历史和思想进行研究，认为这是氏族社会向奴隶社会过渡的时期，并在《易》《诗》《书》中找到了两种社会关系思想观念过渡的线索。郭沫若深切地指出"批判"与"整理"的根本区别，说："'整理'的究极目标是在'实事求是'，我们的批判精神是要在'实事求是中求其所以是'。'整理'的方法所能做到的是知其然，我们的批判精神是要知其所以然。'整理'自是批判过程所必经的一步，然而它不能成为我们所应该局限的一步。"[②] 如果我们要知道历史和思想的"所以是""所以然"，就必须对中国社会史进行深入研究。

侯外庐认为研究思想学术史，首先应对中国社会历史的特点有科学的理解。而要准确理解中国社会历史的特点，就必须"以自然史的精确性"对中国社会历史进行研究，这就需要对中国社会经济形态的发展历史有深入的探讨。他说："研究历史，首先要知道生产方式，根据生产方式来区别某一社会的经济构成，因为生产方式决定着社会性质。反之，如果不应用政治经济学的理论和方法，研究特定历史时代生产力和生产关系的变化，以及由此引起的生产方式的变化，就难以自然史的精确性去判明这一时代的社会性质，揭示历史的规律性，历史研究也就失去了

[①] 李大钊：《由经济上解释中国近代思想变动的原因》，《李大钊文集》（下册），人民出版社1984年版，第178—184页。

[②] 郭沫若：《中国古代社会研究·自序》，第7页，《郭沫若全集·历史编》（第1卷），人民出版社1982年版。

最基本的科学依据。"①

侯外庐通过翻译《资本论》，"从经典著作的原著掌握观察问题的理论和方法"②，确立了他研究中国古代社会发展最基本的理论依据。他认为研究社会经济形态，关键要研究特定历史时代生产力和生产关系的变化以及由此引起的生产方式的变化，简言之，即特殊的生产资料与生产力相结合的特殊方式。根据这一原理，他剖析了中国古代社会的特征。

侯外庐指出从商周直到秦统一六国是中国古代奴隶制社会的形成、发展与衰落时期，中国古代奴隶制社会的形成与"古典的古代"（如希腊）有明显的不同，古希腊是由家族而私有财产而国家，国家代替了家族，而中国古代则是由家族而国家，国家混合于家族。前者是新陈代谢，新的冲破旧的，是扫除以血缘关系为纽带的氏族制度的革命的途径；后者则是新旧纠葛，旧的拖住新的，即保留氏族制度的维新的路径。

侯外庐把法典化当作判断奴隶社会向封建社会过渡的主要标准。所谓法典化标准，就是以体系化制度形式作为判断社会形态的标准。对于中国何时进入封建社会，应当以制度体系转变为标准，即法典化为标准来衡量。他认为，在古代社会解体过程中，"个别国家或个别区域的封建因素的成长，必须和全国范围内封建关系的法典化过程严格地区别开来，因为由前者而言，它是在没有法典化以前的某些现象，甚至多数是尚难实现的理想；由后者而言，它是通过统治阶级的一系列法律手续固定起来的形式"③。他把封建社会的诞生定在秦汉初期。

侯外庐认为，从秦统一六国到晚清是中国古代封建社会的形成、发展与衰落时期。对中国封建社会的研究，侯外庐通过考察最基本的生产资料——土地与生产力的结合方式，来把握它的特质。他提出中国封建社会"土地国有"的鲜明论点，认为这是把握中国封建社会特点的钥匙。为此，侯外庐分析了中国封建社会各主要阶层与土地的结合关系。他对地主与土地的关系论述最多。他把封建社会的地主分为两类：一类是豪族地主（品级性、身份性地主）；一类是庶族地主（非品级性、非身份

---

① 侯外庐：《侯外庐史学论文选集·自序》，人民出版社1987年版，第9页。
② 侯外庐：《中国近代启蒙思想史》，人民出版社1993年版，第157页。
③ 侯外庐：《中国古代社会史论》，河北教育出版社2000年版，第57页。

地主)。豪族地主表面上对土地及人民拥有特权,但实际上他们对土地和人民只有"占有权",并无所有权。他们的所有权不过是"法律的虚构"①。庶族地主不但没有基于名分上的土地占有的全部合法性,而且"又被封建社会规定的赋役法在纳供形态上剥夺了地租的一部分以至于大部分。这样,土地占有者常常被特权者所排斥,被繁重的职役所困扰"②,也没有土地所有权。农民由于"处于封建的依赖性或隶属性的政治条件之下",是"直接的生产者不是所有者",更没有土地所有权,只有占有权和使用权。农民典卖自己的土地是通过放弃占有权来获得使用权,并非行使自己的所有权。③ 皇帝有无限的权力,他可以随时夺取臣民的土地,皇权中隐藏着对土地的无上支配权。中国封建社会的所谓土地国有,本质上也就是君有、皇族所有。与西方中世纪,尤其是近代相比,中国封建社会的特点是"自由的土地私有的法律观念的缺乏"④。

白寿彝先生曾经指出:"40年代,马克思主义史学著作出版了很多,史学界的几大家都已出来,并有不同的著作,不同的贡献,但有一点外老(即侯外庐)是突出的,这就是,他研究中国历史是想把马克思主义史学理论中国化,也可以说把马克思主义史学理论民族化。这一点很重要。别的马克思主义史学著作宣传了马克思主义的理论,也试图把马克思主义理论同中国历史结合起来,但是把中国历史特点指出来,这在外庐同志是最突出的。"⑤ 侯外庐对中国社会史的研究,不但对马克思主义理论的中国化做了尝试,而且指出了中国社会历史的特点。这是他贯通社会史与思想史关系的最牢固的基础。

侯外庐对于社会史如何与思想史相贯通,作了系统的论述,提出了许多富有启发的思路。他特别重视社会思潮的研究,认为社会思潮是联

---

① 侯外庐:《封建主义生产关系的普遍原理与中国封建主义》,《侯外庐史学论文选集》,人民出版社1987年版,第186页。
② 侯外庐:《封建主义生产关系的普遍原理与中国封建主义》,《侯外庐史学论文选集》,人民出版社1987年版,第189页。
③ 侯外庐:《封建社会生产关系的普遍原理与中国封建主义》,《侯外庐史学论文选集》,人民出版社1987年版,第193页。
④ 侯外庐:《韧的追求》,生活·读书·新知三联书店1985年版,第253页。
⑤ 白寿彝:《外庐同志的学术成就》,《纪念侯外庐文集》,陕西人民教育出版社1991年版,第21页。

系历史与思想的关键。社会思潮是反映特定环境中人们的某种利益或要求,并对社会生活有广泛影响的思想趋势和倾向,它有时表现为由一定理论形态的思想作主导,有时又表现为特定环境中人们的社会心理,是社会意识的综合表现形式。社会思潮的根源在于社会的经济生活,它是当时经济发展所引起的社会生活中突出矛盾的反映,同时它又是一种能动的、起着巨大冲击作用的精神力量。

"社会历史的演进与社会思潮的发展,关系何在?"这是侯外庐《中国古代思想学说史·自序》提出的研究中国思想学术史的首要问题,他说,"从历史唯物主义的观点来看,思想是存在的反映。历史从哪里开始,思想进程也应从哪里开始。因此,社会历史的演进与社会思潮的发展是相一致的。例如,西周的官学、春秋时代的缙绅之学、战国时代的诸子并鸣之学、两汉的经学、魏晋的玄学、隋唐的佛学、宋明的理学、明清之际的启蒙思潮以及近代的各种社会思潮,都是和中国历史自身的演进相联系的。因此,我的具体方法是,在研究社会史的基础上,注重对社会思潮作比较全面的考察,力图把握社会思潮与社会历史的联系及其所反映的时代特点,进而研究不同学派及其代表人物的思想特色和历史地位"[1]。

侯外庐曾说:"学说理想与思想术语,表面恒常隐蔽着内容,其间主观客观,背向何定?方法论犹剪尺,世界观犹灯塔,现实的裁成与远景的仰慕恒常相为矛盾,其间何者从属而何者主导,何以为断?"[2] 侯外庐认为,如果将复杂的思想术语置于社会经济生活中加以分析,这些问题就相对容易解决。任何思想都有一定的阶级倾向,都代表一定的利益。挖掘思想背后的阶级根源,有助于正确把握思想的主要倾向,同时也能给思想家哲学性质的定位提供帮助。但侯外庐同时认为,思想的阶级根源和思想的哲学性质的关系非常复杂,"要防止把马克思主义基本原理教条化和庸俗化"[3]。绝不能简单地给每一种哲学体系贴上"唯物论"或"唯心论"的标签。因为旧唯物论者,在自然哲学上的唯物主义观点,一到社会区域,没有不陷于唯心论的,另外,几乎没有一个唯心论者,不

---

[1] 侯外庐:《侯外庐史学论文选集·自序》,人民出版社1987年版,第12页。
[2] 侯外庐:《中国古代思想学说史·自序》,重庆文风书店1944年版,第1—2页。
[3] 侯外庐:《侯外庐史学论文选集·自序》,人民出版社1987年版,第15页。

在他的体系中漏一点唯物论的成分。而且，也不能简单地看待唯物或唯心的作用。他说："一般说来，唯物主义和辩证法思想能够引导人们的认识趋向客观真理，因而在思想史上起了进步作用，甚至可以成为某一时期社会政治变革的理论先导，唯心主义和形而上学思想则妨碍了人们对于客观世界的正确认识，在思想史上起了消极作用。但是我们对于历史上唯心主义和形而上学思想，也不能采取简单的否定态度，而要阐明它们是怎样把人类认识过程中的某一个侧面加以片面地夸大，以至得出了和客观世界的真相不相符合的错误结论。在分析唯心主义和形而上学的阶级根源方面，更要具体细致，不能一概而论地说，凡是唯心主义和形而上学都是反动阶级的世界观，因为思想家的阶级立场、政治观点同他们的哲学观点有时可能是不一致的，在思想史上就出现过这样的现象：某个时代有些政治上的先进人物在哲学上却采取了唯心主义的路线。"①侯外庐一再指出，思想史本身有其相对的对立性，研究社会史与思想史的贯通，不能把所有的思想都归结于经济发展的支配作用。

把社会史与思想史加以贯通，是 20 世纪中国思想学术史研究最重要的创见，它不但为符合真实的现代中国思想学术史的建立提供了基础，而且为科学地解剖中国思想学术史，挖掘思想背后的社会原因提供了依据，侯外庐在这方面的探索是中国思想史研究事业的宝贵财富。

三　侯外庐对中国思想史的研究

侯外庐不仅对中国思想史的研究对象与研究方法做了明确的定位，而且对中国思想发展的历史进行了全面、系统的研究。

侯外庐对中国思想史的研究是从中国古代思想史的研究开始的。1934 年 6 月由山西国际学社出版的《中国古代社会与老子》一书，是他研究中国古代思想史的"处女作"，虽然不足 3 万字，但它展示了侯外庐研究思想学说史的某些特点。1941 年上半年，他完成《中国古典社会史论》后，把研究工作的重点转到对先秦诸子思想学说的研究，1942 年完成并于 1944 年由重庆文风书店出版了研究先秦思想史的专著《中国古代思想学说史》。该

---

① 侯外庐：《侯外庐史学论文选集·自序》，人民出版社 1987 年版，第 16 页。

书共计25万言，无论在研究方法上，还是对先秦思想的具体分析上，都独树一帜，对西周学官以及诸子出于王官的问题、老子思想的时代性问题、孔子的人类认识与墨子的国民自觉问题，诸子思想所反映的各自的阶级性问题等，都一一进行了研究，提出了自己独立的见解。

在完成《中国古代思想学说史》的研究之后，侯外庐调整了他最初拟定的按顺序撰写秦汉以后的中国封建社会思想史的研究计划，开始了"近世思想学说史"的研究。在短短两年之内，他以惊人的努力完成了上、下两卷合计78万言的《中国近世思想学说史》，并于1944年至1945年由重庆三友书店出版（1947年上海生活书店再版时，更名为《近代中国思想学说史》），对上自明清之际的王夫之、顾炎武，下迄清末民初的王国维的思想发展历程进行研究。

1946年，侯外庐开始组织杜国庠、赵纪彬、邱汉生等学者，实施撰写《中国思想通史》的宏大工程，截至1949年底，完成了《中国思想通史》的第1—3卷。其中第1卷1947年由上海新知书店出版，第2、3卷最后完稿于1949年上海解放前夕，初版于1950年6月。《中国思想通史》第1—3卷是对先秦、秦汉和魏晋南北朝思想的研究。其中第1卷是在《中国古代思想学说史》基础上进行修改充实而成的，内容上融合了杜国庠的《先秦诸子思想概要》、赵纪彬的《古代儒家哲学批判》的观点和材料，结构较《中国古代思想学说史》更为完整，论证也更为深入严密，篇幅增至48万言。第2、3卷是关于中国封建社会前期思想学说的研究，全部手稿共计80万言，对儒学神学化的过程，玄学的命题及其实质，异端思想家王充、王符、仲长统、范缜等的思想，佛教在中国的初期传播等进行了研究。

新中国成立后，侯外庐除约请原有的合作者之外，又约请白寿彝、杨荣国、杨向奎、韩国磐以及青年学者杨超、张岂之、李学勤、林英、何兆武等，用一年多时间完成了《中国思想通史》第4卷的撰写，内容上起隋初、下至明末，共95万余言，于1960年分上、下两册由人民出版社出版。与此同时，侯外庐还将前3卷进行修订，又将旧作《中国近世思想学说史》上卷修改为《中国早期启蒙思想史》，作为《中国思想通史》第5卷，于1956年出版。《中国思想通史》5卷6册，共260万字，论述了上起殷代，下迄19世纪中叶共3300年的思想发展史。

1978年，侯外庐又在张岂之、李学勤、何兆武、卢钟锋等同志的协助下，出版了《中国近代哲学史》。他本来想把他的《中国近代思想学说史》下卷连同《中国近代哲学史》一起修订，改名《中国近代思想史》，编为《中国思想通史》第6卷，同时还计划编著一本从"五四"到中华人民共和国成立前夕的《中国现代思想史》，作为《中国思想通史》最后一卷，可惜没有完成。

　　侯外庐对中国思想史研究做出了不可磨灭的贡献，他揭示出了中国思想发展的整体线索，建立了一个现代人视野下的、历史与逻辑的高度统一的中国古代思想世界。

　　例如先秦思想学术的研究，侯外庐将从西周到春秋战国的学术史看作中国奴隶社会国民阶级思想的形成和发展的历史，认为它经历了由官府畴官贵族之学到邹鲁缙绅之学（包括孔墨显学）、再到战国并鸣之学的过程，其中有严密的逻辑发展线索。[①] 东周以前，之所以只有畴人官学而无国民私学，乃是因为中国奴隶社会保留了大量氏族贵族，国民阶级晚出。春秋时期，国民阶级开始登上舞台，表现自己的主张。侯外庐分析了儒、墨、道、法等各种学说的特质，认为它们都是国民阶级思想自觉的不同表现，其中儒家孔子试图"把道德律从氏族贵族的专有形式下拉下来，安置在一般人类的心理要素里，并给以体系的说明"[②]，走的是维新的途径。而墨家则表现得比较激进，它的兼爱说"兼以易别"，明确区分旧贵族和国民阶级，其非命说体现出他们对国民阶级前途的自信，其"明辨其故"和"察知其类"的逻辑方法也体现出要问氏族遗制一个为什么的特征[③]，它代表国民阶级的进一步觉醒。道家也被侯外庐放在国民阶级理论成熟的一个环节中加以认识。他认为老子自然天道观虽然洞察到自然界的一些规律性，但老子认为这种规律性无法把握，它反映的是社会转变过程中氏族农民对现实生活的无可奈何以及对前途的忧虑和迷惘。[④] 至于庄子，他把老子的唯心主义发展到极端，虽然有助于

[①] 侯外庐等：《中国思想通史》（第1卷），人民出版社1957年版，第18页。
[②] 侯外庐等：《中国思想通史》（第1卷），人民出版社1957年版，第156—157页。
[③] 侯外庐等：《中国思想通史》（第1卷），人民出版社1957年版，第250—252页。
[④] 侯外庐等：《中国思想通史》（第1卷），人民出版社1957年版，第262页。

孔墨思维形式的解放，但不能诞生新型的社会理想，最后只能导致宗教信仰主义。① 法家被侯外庐视为国民阶级最激进的代表，法家历史命运的悲剧是"因为他们一方面以法术之士的资格和贵族斗争；但另一方面又以接近权势者的资格和贵族妥协。他们'术'的机会主义性质，不但减低了理论价值，而且限制了国民阶级的人格发展。"②

侯外庐曾这样评价诸子思想的共同特点："就历史的属性来看，中国的'贤人'与希腊的'智者'同为古代国民阶级的思想代表……在希腊，思想史起点上的思想家，例如泰勒士，一开始就提起了（并且也解答了）宇宙根源的问题，与此一问题相平行，也从事于自然认识的活动。但是在中国，思想史起点上的思想家，不论孔子和墨子，其所论定的问题，大部分重视道德论、政治论与人生论；其所研究的对象也大都以人事为范围；其关于自然的认识，显得份量不大，其关于宇宙观问题的理解，也在形式上遵循着西周的传统。"③ 他认为先秦诸子之所以形成思想上的上述特点，是由于国民阶级受到氏族血缘关系的制约。他们在表述新的政治理想时，只有求助于对传统的重新解释，他们对自然只有用"譬喻"的类比方法，不能为进一步的自然认识定立命题。所以先王观念是诸子所普遍关注的问题，它集中体现了诸子与传统思想的联系。④

魏晋时期的玄学思想和宗教思潮是中国思想学术史不可回避的重要问题。关于魏晋时期玄学思想的产生和性质，章太炎、梁启超、冯友兰等都做过初步研究。1938年到1947年间，汤用彤发表了有关魏晋玄学研究的系列文章⑤，对魏晋玄学思想的渊源、天道与人道、有无、本末等理论命题的含义做了深入分析。魏晋隋唐时期的宗教，特别是佛教思潮，

---

① 侯外庐等：《中国思想通史》（第1卷），人民出版社1957年版，第336页。
② 侯外庐等：《中国思想通史》（第1卷），人民出版社1957年版，第625页。
③ 侯外庐等：《中国思想通史》（第1卷），人民出版社1957年版，第131页。
④ 侯外庐等：《中国思想通史》（第1卷），人民出版社1957年版，第49页。
⑤ 这些文章包括：《读〈人物志〉》《魏晋玄学流别略论》《向郭义之庄周与孔子》《王弼大衍义略释》《王弼圣人有情义释》《王弼之〈周易〉〈论语〉新义》《谢灵运〈辨宗论〉书后》等。这些文章分别发表于当时的报章杂志，如《图书季刊》《学术季刊》《哲学评论》《清华学报》《北京大学四十周年纪念论文集》《学原》《大公报·史地周刊》等。这些文章后来连同没有正式发表的《言意之辨》和关于魏晋思想的讲演稿，一起收入《魏晋玄学论稿》一书，1957年由人民出版社出版。

也是20世纪初中国思想学术史研究的重要问题。20世纪20年代，梁启超对中国佛教进行了专题研究，勾勒了中国佛教的发展线索。1938年，汤用彤在长沙出版《汉魏两晋南北朝佛教史》，对中国佛教历史做了进一步研究。20世纪30年代，汤用彤还写有《隋唐佛教史稿》讲义，对隋唐佛教宗派乃至五代宋元明佛教事略都有论述。①

陈寅恪也特别关注魏晋隋唐时期的历史文化。20世纪40年代，陈寅恪先后发表三部重要著作，即1940年《隋唐制度渊源略论稿》、1942年《唐代政治史述论稿》、1947年《元白诗笺证稿》，这些著作虽然重心并不在于分析道教、佛教等宗教文化现象，但他指出要解剖中古历史与文化，需要从氏族升降和种族冲突入手，也就是说，要研究统治阶层的变动、民族冲突的历史。他认为门阀士族对于隋唐文化制度的形成产生了重要作用，它们是隋唐历史的中坚。武则天以后门阀世族逐渐式微。安史之乱后，唐代政治格局进一步发生变化，一大批由科举入仕的进士进入政治的核心地位，他们开始成为文化的主导者。安史之乱后，古文运动以及唐代贞元、元和间的小说，实质上是进士出身的士大夫们人生观和社会思想在文学领域内的反映，元稹、韩愈、柳宗元、刘禹锡对于天人关系所展开的讨论反映了当时思想领域内的重大变更。②

侯外庐认为，要正确理解魏晋隋唐时期的玄学和佛教思想，既要像汤用彤那样对玄学、佛教自身的演变历史进行深入研究，又要像陈寅恪那样，把文化现象与当时的社会变动联系起来。根据他的研究，秦汉时期中国完成了由奴隶社会向封建社会的过渡，确立了封建土地国有制的基本形式。中国封建社会虽然以土地国有贯穿始终，但它并非一潭死水。在体现土地国有的主要特征时，它有各种复杂的表现形式。他认为大体上以杨炎两税法为标志，可以将中国封建社会分为前后两个时期。"前一阶段从秦汉起到唐代开元、天宝之间"，"它以军事的、政治的统治形式为主"，"后一阶段从唐代安史之乱后到清初"，"它是以经济的所有形式

---

① 这部讲义后由汤一介整理，1982年由中华书局出版。
② 陈寅恪：《元白诗笺证稿》，上海古籍出版社1978年版，第303—306页。

为主"。① 这两种不同形式的土地国有制是皇族地主、豪族地主、庶族地主矛盾运动的结果。前一阶段皇族地主和豪族地主是决定土地国有形式的主要力量,而后一阶段,庶族地主成为决定土地国有形式的主体。

魏晋至隋唐时期的思想学术被侯外庐置于土地国有形式的调整背景下加以理解。侯外庐、杜国庠、赵纪彬、邱汉生1949年完成的《中国思想通史》第3卷,分析了玄学思想的历史背景、阶级根源,明确指出汉末三国之际,由于农民暴动,秦汉时期所确立的封建秩序遭到破坏,阶级关系特别是地主阶级内部的等级制度面临调整和重新编制,玄学是封建生产关系重新编制在思想意识领域中的反映,它的主要目的仍然是为封建秩序提供合理的解释。玄学的命题只有与当时的社会历史相联系,才能真正理解清楚。玄学并不是"本格意义的思想自由",而是对汉代师法的"特定的一种思想权变"②。顾炎武鄙视玄学,认为玄学造成"国亡于上,教沦于下,羌戎互僭,君臣屡易"③,固然有失片面,但章太炎、刘师培等过分高估玄学的思想解放意义,也未免武断。至于后来有的人把玄学说成是"几百年间精神上的大解放、人格上思想上的大自由",更不是科学的论断。1949年后开始编撰、1959年才正式出版的《中国思想通史》第4卷上册,侯外庐详细地论述了中国封建社会关系与等级制在魏晋隋唐时期的再编制,他认为士族的衰落与庶族的上升是封建国有土地所有制度实践的必然。佛教表面上高深玄远,透过它们烦琐的哲学,不难看出它们也是对这一时期社会关系的曲折反映。侯外庐以武则天为界,将佛教分为前后两个阶段,认为武则天时代以前出现的三论宗、天台宗、唯识宗反映的是门阀士族的精神追求,而武则天时代开始,佛教高僧在身份与地域分布上有所变化,新出现的华严宗、禅宗,曲折地反映了庶族地主的精神追求。晚唐时期关于天人关系的讨论进一步反映了庶族地主对于新型的社会关系的求索精神,它是宋明思想学术的前奏。

又如对明清之际到辛亥革命时期的思想学术的研究。1920年,梁启

---

① 侯外庐:《中国封建社会土地所有制形式的问题——中国封建社会发展规律商兑之一》,《侯外庐史学论文选集》,人民出版社1987年版,第245—246页。
② 侯外庐等:《中国思想通史》(第3卷),人民出版社1957年版,第42页。
③ 《日知录·正始》。

超发表《清代学术概论》，1923年又发表《中国近三百年学术史》，他较为系统地阐述了清代学术思想史的演变，把清代学术分为三期：第一期是明清易鼎之际，王夫之、顾炎武、黄宗羲等受历史巨变的刺激，深感明心见性的空谈无益于世，专讲经世致用的实务，即所谓理学的"反动"时期。第二期是康雍乾嘉时期，学者民族对立情绪减轻，加之又有文字狱的恐怖，学术经世致用的气势锐减，但研究方法则"日趋健实而有条理"，是所谓"科学研究"时期。第三期是嘉庆道光以后，内忧外患，惨目伤心，专门汉学产生分裂，经学中的今文经学兴起，即所谓"衰落蜕变"时期。梁启超所整理出的清代三百年学术史并未得到学人们的公认。1937年，钱穆在1931—1936年北京大学授课讲义的基础上写成《中国近三百年学术史》，由商务印书馆出版。他认为清代学术并非完全与理学相矛盾，并非理学的绝对对立，相反，明末清初诸家治学为理学遗绪，理学是清代学术最重要的精神动力。

侯外庐把明清之际到辛亥革命时期的思想学术置于中国封建社会的衰落和资本主义社会的萌芽过程去加以研究。1945年6月由重庆三友书店出版的《中国近世思想学说史》，分上、下两册，共三编：第一编，17世纪中国学术之新气象，论述了王夫之、黄宗羲、顾炎武、颜元、傅山、李颙、朱之瑜、唐甄的思想；第二编，18世纪学术——专门汉学及其批判，论述了戴震、章学诚、汪中、焦循、阮元的学术思想；第三编，19世纪思想活动之巨变，论述了龚自珍、康有为、谭嗣同、章太炎、王国维的学术思想。表面上，侯外庐关于清代思想学术史的分期与前此的学者没有太大的区别，但实质上，他对清代学术的性质做出了与前此的学者完全不同的评价。他认为从16世纪晚期开始，中国封建土地国有制开始解体。资本主义在封建社会的母胎里萌芽，但它并没有能够走进近代的资本主义世界。"资本主义要排斥身份性的人格依附，然而封建主义的顽强传统又要维持这样的人格依附。"[①] 这是了解清代学术思想史的关键。早期的启蒙者如泰州学派的何心隐、李贽以及明清之际的王夫之、黄宗羲、顾炎武和颜元等人，他们反对国有土地制和大地产的占有制，反对一切政治法律上的束缚，反对特权和等级制度，反对科举制度，提出自

[①] 侯外庐：《中国思想通史》（第5卷），人民出版社1956年版，第16页。

由私产的主张，传播土地平均的思想，鼓吹地方自治、教育自由，"他们在哲学、历史、政治、经学和文学诸方面的'别开生面'，就不仅是反理学运动的量变，而是按他们自己的方式表现出对资本主义世界的绝对要求"①。但正如先秦诸子思想的发展受氏族血缘纽带的制约一样，早期的启蒙学者也受到了封建传统思想的束缚。"十七世纪的中国启蒙学者，还写出了将来社会全面图景的理想著作，如《天下郡国利病书》《明夷待访录》《潜书》等。然而，另一方面，在他们真挚的理想背后，也包含着叛变的不彻底性"。"在他们的理论中常保留着旧的内容，而且常显出矛盾的体系"②。18世纪的"专门汉学"的出现，就是中国资本主义发展不足，封建势力依然强大在思想上的歪曲表现。侯外庐并不认为专门汉学的考据与"近代的科学方法"相近："大部分汉学家因为没有将来社会的信仰，在结论上还是被古道所桎梏；换言之，在古籍的狭小天地中并没有科学态度的扩充。"③ 他认为18世纪的启蒙思想在戴震、汪中、章学诚等人的哲学思想中得到了延续，在这一时期的文学作品中得到延续。④ 18世纪末19世纪初，中国学术思潮发生激剧的变化。从阮元的汇刻乾嘉文献到江藩的《汉学师承记》以及龚自珍对汉学的批判，对于18世纪的学术思潮作了总结。今文学家在复古的外衣之下，揭开了思潮的新的一页。在寻找西方"真理"方法也出现了一系列新的著作。所有这些，都预示着，中国资本主义的意识形态开始冲破封建主义的外壳，独立表述对于理想社会的见解。

　　侯外庐在中国现代史上，第一次对中国思想学术史提出了熔社会史与思想史于一炉的系统的解释。他所勾勒的中国思想发展史，既有思想的演变，又有历史感，富有深刻的理论魅力。

四　侯外庐论中国思想史研究的现实作用

　　中国历史学有一个鲜明特色，就是它的经世功能。《易传》说，"君

---

① 侯外庐：《中国思想通史》（第5卷），人民出版社1956年版，第30页。
② 侯外庐：《中国思想通史》（第5卷），人民出版社1956年版，第30页。
③ 侯外庐：《中国思想通史》（第5卷），人民出版社1956年版，第417页。
④ 侯外庐：《中国思想通史》（第5卷），人民出版社1956年版，第403页。

子以多识前言往行,以畜其德",又说"彰往而察来"。即是说学术研究不仅是对"前言往行"的认识,不仅是对过去历史的指述,还要在多识前言往行的基础上提高研究者认识事物的能力,以预察未来。清代王夫之将史学的功能描述得更加明确、深入。他说:"所贵乎史者,述往以为来者师也。为史者记载徒繁,而经世之大略不著,后人欲得其得失之枢机以效法之,无由也,则恶用史为?"① 可见中国古代史学的优良传统之一,就是把历史研究的学术活动当作与研究者自身和时代紧密相关的整体。

19世纪末20世纪初年,中国传统学术向现代学术过渡,学术经世的功能不但没有削弱,反而得到了发扬。当时的学术研究,没有一种不是围绕民族的前途和命运。梁启超认为,理想的历史学著作应该反映社会群体对自然和人类社会自身的改造过程,以及社会群体智慧和道德的进步状况,令读者从中感染到一种蓬勃向上的精神力量。他说:"所贵乎史者,贵其能叙一群人相交涉、相竞争、相团结之道,能述一群人所以休养生息、同体进化之状,使后之读者,爱其群、善其群之心油然生焉。"② 章太炎认为历史研究能够"审端径隧,决导神思",它既是对历史事实的还原和历史事实相互关系的梳理,又能为人们思考未来提供借鉴。

马克思主义史学十分重视史学的社会功能,中国马克思主义史学就是在无产阶级的革命的现实需要中诞生的。郭沫若在《中国古代社会研究》中即指出:"对于未来社会的展望,逼迫着我们不能不生出清算过往社会的要求。古人说:前事不忘,后来之师。认清楚过往的来程正好决定我们未来的去向。"③ 翦伯赞对马克思主义史学的治史旨趣,作了精练和准确的概括:"我们研究历史,不是为了宣扬我们的祖先,而是为了启示我们正在被压抑中的活的人类,不是为了说明历史而研究历史,反之是为了改变历史而研究历史。"④

---

① 《读通鉴论》卷6。

② 梁启超:《新史学·中国之旧史学》,《饮冰室文集》之九,《饮冰室合集》第1册,中华书局1989年版。

③ 郭沫若:《中国古代社会研究·自序》,《郭沫若全集·历史编》(第1卷),人民出版社1982年版,第7页。

④ 翦伯赞:《历史哲学教程》,北京大学出版社1990年版,第3页。

侯外庐从不讳言他的学术研究是为了民族的独立和自由,他常说:研究历史,既不是如冬烘先生们之读书,以为古人一切言行都是今人的宝筏,也不是把古人当作今人和他争辩;主要的工作是要实事求是地分析思想家的遗产在其时代的意义,批判其腐朽的糟粕,发掘其优良的传统。

侯外庐反对对历史的粉饰,他主张历史研究要在清理历史、还历史真相的基础上,超越历史事实本身,从而引领现实的向前发展。

对于当时的中国文化本位思潮,他曾进行深刻的反思,认为过分标榜新理学、鼓吹王阳明,都是没有对正统思想的实质内容深入分析的不恰当判断。① 他关注思想家对于皇权观念、神权观念、土地私有观念的态度,对于正统思想的腐朽内容,他做了深入批驳。例如,董仲舒的思想,它确实反映了大一统的需要,但它是一种神学思想。他把阴阳五行说唯理化,把秦汉王朝更替归结为奉天承运的天道之必然,把专制制度神化为官制象天的、永恒不变的神圣法则,由于他的思想被钦定为封建正宗思想,他对两千年中国文化传统的危害,是非常大的。又如朱熹的天理思想,侯外庐认为它的特质是"无人身的理性"。朱熹哲学的自然观和社会观是对称的,他先把自然秩序伦理化,然后再以神化了的自然秩序反过来证实现实社会秩序的合理性,他借天命为媒介,把无人身的"理"化为"性",演出"道心"主宰"人心"、"天理"克服"人欲"、精神控制肉体的僧侣主义命题,他的"格物致知"论,形式上是为了"穷理",而实质上并不是要人们去研究和发现客观事物的内在规律,而只不过是要人们去领悟决定等级品类的"天命",去领悟一切存在着的事物的主宰——"理"②。可见"天理"是脱离了个体的纯粹精神。

对于中国历史上的非主流思想和异端思想,侯外庐特别注重其中民主思想的萌芽。例如他对近三百年思想的分析,就特别注重对民主思想的发掘。王夫之政治思想中近代法权观念,黄宗羲《明夷待访录》的民主观念,顾炎武关于言论自由与个性解放、关于虚君与寓封建于郡县的

---

① 侯外庐:《韧的追求》,生活·读书·新知三联书店 1985 年版,第 266 页。
② 侯外庐主编:《中国思想通史》(第 4 卷下册),人民出版社 1960 年版,第 595—608 页;《韧的追求》,生活·读书·新知三联书店 1985 年版,第 307—308 页。

民主思想,颜元关于平均土地的民主倡仪,李颙的"平均与自由"的思想,唐甄关于"人权平等的启蒙憧憬",都被视为我国近代民主启蒙思想的宝贵遗产。

不可否认,史学的经世功能会因为史学家的观点立场的不同而有不同。20世纪初年的学术同样遇到了如何科学发扬经世功能的问题。章太炎就认识到学术研究只有在求真的基础上才能致用。他对"微言大义"式的研究方法进行批评,认为"若局于公羊取义之说,徒以三世三统,大言相扇,而视历史为刍狗"①,既不能了解历史的真相,也不能科学地体现新史学的目的。王国维在《论近年之学术界》一文中提出:"欲学术之发达,必视学术为目的,而不视为手段而后可。"他批评康有为、谭嗣同等人对学术并没有"固定的兴味",不是真正的学术研究。②在《国学丛刊序》中他说:"凡事物必求其真,而道理必求其是,此科学之事也。"③如果失去了求真,则谈不上有用。

侯外庐高度肯定了章太炎求真是学术研究的最高品格的学风,他说:"太炎有《征信论》上下、《信史》上下四篇文字,可谓他的经史之学的重要文录。在此四篇文字中,表现出太炎史学与科学的统一认识。"④他认为章太炎"治经不能以历史为刍狗"以及"史学不能以一般条理去以此推彼"的观点,都是十分深刻的。他认为只有在弄清历史"怎么样"和"为什么"的基础上,才能为现实服务。史学求真意识是中国史学现代化、科学化的标志。

但侯外庐反对唯考据而考据,他对胡适为代表的所谓为真理而求真理的研究态度进行批评。胡适说:"做学问的人,当看自己性之所近,拣选所要做的学问,拣完之后,当存一个为真理而求真理的态度。研究学术史的人,更当用'为真理而求真理'的标准去批评各家的学术。"如果先存一个"有用无用"的成见,必"生出许多无谓的意见",既然学问目的只是"求真理",所以"学问是平等的","发现一个字的古义,与发

---

① 章太炎:《太炎文录初编·信史上》,《章太炎全集》(第4册),上海人民出版社1984年版。
② 王国维:《论近年之学术界》,《王国维遗书》(第5册),上海书店1983年版。
③ 王国维:《国学丛刊序》,《王国维遗书》(第4册),上海书店1983年版。
④ 侯外庐:《中国近代启蒙思想史》,人民出版社1993年版,第148页。

现一颗恒星，都是一大功绩"①。侯外庐认为，作为史学家，超乎一般实用之上的相对冷静的理智的探讨精神确实需要，但对于民族命运的关注，对于时代的关注不可或缺。他的学术研究具有崇高的历史使命感和社会责任感，但他的使命感、责任感并不是发思古之悲情，也不是以历史为刍狗，而是奠定在马克思主义世界观与实事求是的科学态度之上。

（原载《中国现代思想学术史论集》，陕西人民出版社2003年版）

---

① 胡适：《论国故学——答毛子水》，《胡适文存》卷2，上海亚东图书馆1921年版，第285—287页。

侯外庐论中国历史的特殊道路

侯外庐（1903—1987）是中国现代著名的马克思主义史学家，自 20 世纪 30 年代开始，他相继出版了《中国古代思想学说史》（1942 年）、《中国近世思想学说史》（1945 年）、《中国早期启蒙思想史》（1956 年）等著作，40—60 年代主持完成了五卷本的《中国思想通史》。他通过这些著作对中国思想史及中国社会史进行了系统性的研究，取得了众多的理论成果，建立了马克思主义的中国思想史学科，系统论述了中国历史与思想发展有其特殊性。

一 侯外庐的中国历史观念

今天我们看历史，一般认为它包括三个方面：人与自然的关系史、人类社会的历史、人类思想的历史。人与自然的关系史主要以人类生活的环境与物质生产方式为基本研究对象，关注历史上的自然环境与物质生产方式变迁。社会史以人类的社会组织和社会生活方式为研究对象，研究人类社会的社会结构、社会组织、社会生活方式及其变动。思想史以人们的理论化的社会思维为研究对象，主要研究思想结构、思想内容、表现形式及其发展变化。

侯外庐认为，研究历史的本质内容，应当从以下两个方面入手：一个是物质生产方式以及相关的经济制度；一个是人们理论化的社会思维。他说："自（20 世纪）三十年代开始，我对于中国历史的研究，主要做了两方面的工作，一是社会史研究，二是思想史研究，我向来认为，社会史与思想史相互一贯，不可或缺，而'研究中国思想史，当要以中国社会史为基础'。当然，我研究社会史，并非仅仅为了研究思想史，更重要的，还是为了探讨中国历史发展的规律性。"①

在研究人与自然的关系史方面，侯外庐通过翻译《资本论》，"从经典著作的原著掌握观察问题的理论和方法"，确立了他研究中国社会发展最基本的理论依据。他认为研究社会经济形态是把握人与自然的关系最核心的内容，而研究社会经济形态，关键要研究特定历史时代生产力和生产关系的变化以及由此引起的生产方式的变化。简言之，即生产资料与生产力相结合的特殊方式。对于物质生产方式的观察，则既不能简单看生产力发展水平，也不能简单看社会生产关系，而是要看它们结合的特殊方式。根据这一原理，他系统研究了中国古代社会历史，并剖析了其主要特征。

侯外庐认为观察理论化的社会思维，既要看其世界观（哲学思想）和逻辑思想，更要看它对于政治、经济、道德、法律等方面的思考，并需要揭示出哲学思想、逻辑思想和社会思想的内在联系。他指出，要把握好社会历史和思想历史的互动，判断历史上的思想命题，如果要避免以思想解释思想的随意性，只有把思想置于中国社会历史的具体背景之中。他说："思想史系以社会史为基础而递变其形态。因此，思想史上的疑难就不能由思想的本身运动里求得解决，而只有从社会的历史发展里来剔抉其秘密。"② 否则，对于中国思想史的解释，不仅容易犯主观化的错误，而且容易使古人的思想被曲解，即"流于附会臆度"。需要指出的是，侯外庐并不是经济决定论者，他虽然认为"经济发展对思想史的各个领域起着最终的支配作用"，但同时意识到"思想意识的产生又属于社会分工的特殊部门，因而思想史本身有其相对的独立性"③。

在中国历史的研究中，侯外庐特别注意将马克思主义理论与中国历史实际相结合，以此发现中国历史的特点。他说："我们提倡马克思主义理论与中国历史实际相结合的创造性科学研究，同时也反对这样的态度：或者孤立地用一句封建主义的定义来代替各个角度的全面分析，或者动

---

① 侯外庐：《我对中国社会史的研究》，《历史研究》1984年第3期；并参见侯外庐《韧的追求》，生活·读书·新知三联书店1985年版。
② 侯外庐等：《中国思想通史》（第1卷），人民出版社1957年版，第28页。
③ 侯外庐：《侯外庐史学论文选集·自序》，人民出版社1987年版，第13页。

不动就武断地说马克思主义的普遍性的理论不适用于中国。这种态度妨碍人们对科学理论进行虚心而认真的研究。"① 在中国现代的马克思主义史学家代表中,侯外庐与郭沫若有很大的不同。20 世纪 20 年代,郭沫若运用恩格斯《家庭、私有制和国家的起源》的理论分析中国古代社会及其思想,运用历史唯物主义的观点和方法第一次提出并且论证了中国古代同样存在奴隶制社会,从而证明了马克思主义关于人类社会史一般规律的普遍意义,揭示的是中国古代历史和思想与西方社会的相似性。侯外庐同样运用马克思主义的理论研究中国古代社会和思想,但得出的结论却与郭沫若的《中国古代社会研究》有巨大的差异,除观察人类文明发展的总体的一般规律外,侯外庐发现了中国历史和思想发展的独特路径。

二 侯外庐论中国社会历史发展的独特路径

侯外庐的中国社会史研究,以纵向的历史发展脉络为坐标,力图从中探寻中国社会历史的独特道路。这主要体现在他的中国文明起源研究、中国封建社会研究和资本主义萌芽研究等方面。

第一,关于中国文明起源的独特路径与中国传统社会的"维新道路"。

侯外庐认为,中国文明社会的起源遵循的是一条特殊的路径,它"采取了土地为国家所有的路径,一开始便是大土地所有制,这不能不说是'早熟'","氏族公社的保留以及转化成为土地所有者氏族王族,是它的'维新'的路径"②。因此,中国古代社会保留了大量的氏族遗制,氏族贵族所有的生产资料和家族奴隶的劳动力二者紧密结合,土地地域化的私有制及国民阶级具有巨大难产性,形成了古代东方国家的"维新路径"或"亚细亚道路"。他总结出中国文明起源的基本标志是家族而不是家庭,是氏族公有制而不是私有制,是国野之分而不是国民意义上的国

---

① 侯外庐:《〈中国思想通史〉第二、三、四卷序论补》,侯外庐主编:《中国思想通史》(第 4 卷上册),人民出版社 1959 年版,第 3 页。

② 侯外庐等:《中国思想通史》(第 1 卷),人民出版社 1957 年版,第 7、9 页。

家。与恩格斯所揭示的古典的古代不同，古代希腊文明社会的建立路径是：家族的消灭、私有制的起源、城邦国家的产生；而中国进入文明社会的路径是：家族和氏族制度与奴隶制度结合，土地财产为土地国有或氏族贵族专有，"宗子维城"的城市国家出现。中国文明社会形成之际，土地所有形态的发展过程走的是从氏族公社公有到氏族贵族的土地国有的路径，中间未经过土地的氏族成员私有化阶段，个体私有财产权不发达。侯外庐以氏族、公有制、城市国家作为研究古代文明和国家起源的路径，以及力图探讨中国古代国家形成的独特途径的科学精神，对后来者探索文明起源有很大的启示。

最重要的是，侯外庐通过对中国文明起源独特路径的研究，揭示了中国传统社会发展中的"维新道路"，即在社会变革的关键时刻，中国古代的政治家与思想家往往采取与旧制度和思想妥协的改良路径，而非实行彻底变革的"革命"路径。他说："'古典的古代'是从家族到私产再到国家，国家代替了家族；而'亚细亚生产方式'的古代是家族到国家，国家混合在家族里面，叫做'社稷'。因此，前者是新陈代谢，新的冲破了旧的，这是革命的路线；后者却是新陈纠葛，旧的拖住了新的，这是维新的路线。前者是人惟求新，器亦求新；后者却是'人惟求旧，器惟求新'。"① 在他看来，这正是中国社会历史独特路径的重要表现，并在历史上产生了深远的影响。

第二，关于封建社会的所有制形态与中国古代的集权政治道路。

对于中国封建社会史的研究，侯外庐涉及的问题主要包括判断封建社会确立的依据、封建社会的主要特征、封建土地国有制等。他认为法典（体系化的制度形式）是判断封建制度最终确立的主要依据。他说："真正作为分界线以区别古代和中世纪的标志，应该从固定形式的法典来着手分析。"② 对于中国进入封建社会的时间，不能因为古代社会有封建因素的萌芽就断定其为封建社会，而应当以制度体系转变为标准，即法典化为标准来衡量。所谓法典化标准，就是以体系化制度形式作为判断社会形态的标准。侯外庐据此把中国封建化的过程划在战国末以至秦汉

---

① 侯外庐：《韧的追求》，生活·读书·新知三联书店1985年版，第235页。
② 侯外庐等：《中国思想通史》（第2卷），人民出版社1957年版，第1页。

之际，他认为战国时期虽有封建因素的萌芽，但只是一种局部现象，没有取得全国的支配性质，经过汉初一系列法律形式的确定，至汉武帝法律化过程的完成，中国的封建制才最终确立。

此外，侯外庐通过考察土地与生产力的结合方式以及封建社会的主要矛盾等，探讨了封建社会的主要特征，并明确提出了封建社会"土地国有制"的论点，即土地为皇族地主（国家）所有，其他阶层仅有占有权或使用权，其对于土地的所有权不过是"法律的虚构"。因此，中国封建社会的土地国有，就是君有、皇族地主所有，封建土地国有制作为"一条红线贯串着明清以前全部封建史"[1]。但这不等于整个封建社会土地的基本形式都没有变化，他以两税法为标志把中国封建社会分为前后两个时期。前一阶段从秦汉起到唐代开元、天宝之间，以军事的、政治的统治形式为主，表现为对土地的直接干预；后一阶段从唐代安史之乱后到清初，以经济的所有形式为主，表现为通过赋税方式的变化实现对土地所有，经营方式虽有改变，但土地所有制形式的本质并没有改变。侯外庐指出，与西方中世纪相比，中国封建社会的显著特点就是"自由的土地私有的法律观念的缺乏"[2]。封建思想定于一尊，根源就是统治阶级掌握着土地所有权。皇族垄断的土地所有制形式，是秦汉以来中央专制的经济基础，伴随着土地国有制的所有形式，在主要的手工业生产方面也实行国家管制。这种以土地为主而以其他产业为副的国有的财产形态，从秦汉社会发源，一直是中国封建所有制主要的形式，也是理解中国封建社会政治史、思想史的关键所在。侯外庐通过对封建土地国有制的研究，揭示了中国封建社会的独特发展路径，以及专制集权政治长期存在的深刻历史原因。

第三，关于资本主义萌芽出现与中国社会近代化的曲折道路。

侯外庐从土地关系的变化、手工业以及海外贸易的发展三个方面考察了明代嘉靖、万历时期的资本主义萌芽情况，力图证明明清之际中国封建社会内部已经有资本主义的萌芽形态。他说："十七世纪的中国社

---

[1] 侯外庐：《中国封建社会史论》，人民出版社1979年版，第10页。
[2] 侯外庐：《韧的追求》，生活·读书·新知三联书店1985年版，第253页。

会,已存在着资本主义的幼芽,这是在十六世纪中叶开始的。"① 随着社会经济的进步和商品经济的发展,明中叶以后私有土地所有制和经营地主的势力获得了空前的发展,"一条鞭法"的施行是对土地商业化和私有化的法典式总结;虽然土地商品化的程度还很低,还不足以改变整个封建土地所有制,但已经反映出资本主义萌芽的发展。此外,明中期以来城市手工业及海外贸易的发展、商业资本的活跃也逐渐将封建生产方式解体,成为资本主义萌芽的重要内容。但侯外庐同时指出,中国的资本主义萌芽发展有其独特性,与西欧是不同的。他说:"从十六世纪以来,中国的历史没有如欧洲那样走向资本主义社会……既在封建社会的母胎内产生了资本主义的萌芽形态,又在发展过程中未能走进近代的资本主义世界。"② 而原因就在于农业和手工业结合的自然经济方式严重阻碍了商品经济和资本主义萌芽的发展。他说:"农业和家庭手工业的结合形式,既然是东方封建制的生产方式的条件,又是巩固东方专制政制的基础。"③ 虽然明代的一条鞭法和清代的更名田,使旧制度发生了一定的变化,而清朝的封建专制主义的政策也并未能长久的阻碍历史进程,但是中国的资本主义萌芽依然很难突破封建自然经济的束缚。鸦片战争后随着外国资本主义的入侵,中国有了一点自己的民族工业,但资本主义萌芽仍然没有获得充分的发展。这种"近代社会的难产"正是中国社会的独特发展路径的又一重要表现。

侯外庐通过对中国历史的通贯性阐述,揭示了中国社会的独特发展路径。他说:"从古代文明的难产到近代文明的难产,说明旧的传统是阻碍历史前进的巨大惰力,这是中国社会的特点。"④ 出现这些独特路径的根本原因就是"旧的传统"———作为中国文明和社会基础的家族血缘关系,以及相应的维新道路,文明起源的独特道路、封建土地国有制、资本主义萌芽发展的曲折都与此有关。

---

① 侯外庐:《中国思想通史》(第5卷),人民出版社1956年版,第3页。
② 侯外庐:《中国思想通史》(第5卷),人民出版社1956年版,第16页。
③ 侯外庐等:《中国思想通史》(第2卷),人民出版社1957年版,第10页。
④ 侯外庐:《韧的追求》,生活·读书·新知三联书店1985年版,第259页。

三 侯外庐论中国思想历史发展的独特性

侯外庐将中国社会思想的发展史划分为先秦社会思想史、封建社会思想史和启蒙时期的社会思想史三个阶段进行研究，并从中揭示出了中国思想历史发展的独特路径。

第一，维新道路下的中国思想史。

侯外庐认为，中国思想史整体上存在着保守与改革的矛盾，旧有的社会制度或思想传习往往束缚新哲学思想的产生，反映新社会要求的思想中往往保留着旧的思想形式，即"新的拖住旧的"或"死的拖住活的"，这在先秦诸子思想、封建社会思想和近代启蒙思想中有着集中的体现。他将先秦思想史看作国民阶级思想的形成和发展的历史，在他看来，先秦诸子思想的一个重要特征就是受到商周尤其是西周先王观及礼乐思想的严重束缚。他曾这样评价诸子思想的共同特点："在中国，思想史起点上的思想家，不论孔子和墨子，其所论定的问题，大部分重视道德论、政治论与人生论；其所研究的对象也大都以人事为范围；其关于自然的认识，显得份量不大，其关于宇宙观问题的理解，也在形式上遵循着西周的传统。"① 各派思想实际上就是围绕对先王观和礼乐观的批判而展开的，其中，儒家学派的特点是形式上认同礼制，而精神上则倾向于"仁"，他们把礼、乐观念化，并从道德心理和道德情操出发，批判了礼、乐的形式，并强调了其中思维的内容；道家学派的特点是发现了自然天道的某些规律，并把这种自然史的规律视为社会思想意识的依据，从而否定了孔、墨言必称先王的观点。先秦诸子"穿着古衣裳，说着古语言，而企图说明未来世界的自己的憧憬"②，即他们在表述政治、人生理想时，只有求助于对传统的重新诠释，而对自然"只有用'譬如'的类比方法来证成思想家（贤人）的政治与道德的主张，从不为更进一步的自然认识而定立命题"③。侯外庐认为近代资产阶级的反封建运动依然受到"维

---

① 侯外庐等：《中国思想通史》（第1卷），人民出版社1957年版，第131页。
② 侯外庐等：《中国思想通史》（第1卷），人民出版社1957年版，第48页。
③ 侯外庐等：《中国思想通史》（第1卷），人民出版社1957年版，第133页。

新道路"的影响，采用了变法改良而非革命的方式。例如早期启蒙思想代表人物王夫之、黄宗羲、顾炎武等人的进步思想，一方面在自然观、政治观、伦理观上提出了反封建神学和道学、反君主专制、要求个性自由解放等新要求，体现出自由、平等、民主、科学、理性等近代启蒙的思想属性；但另一方面，正如先秦诸子思想的发展受氏族血缘纽带的制约一样，早期的启蒙学者也受到了封建传统思想的束缚，"在他们的理论中常保留着旧的内容，而且常显出矛盾的体系"①，如对宋明理学旧形式的保留等。鸦片战争以后的启蒙思想家如改良派的康有为、谭嗣同、梁启超，民主革命派的孙中山、章太炎等人，虽然其进步思潮受到中国早期启蒙思想的影响，也从西洋民权、法治思想中汲取了近代的思维方法，但他们依然摆脱不了儒学、佛学等传统思想及思维方式的影响，如康有为的"托古改制"和孔教论、章太炎的"建立宗教论"等正是这种束缚的表现。

从根本上说，出现这种新旧纠葛的原因在于中国传统社会的维新道路。在中国古代，国民思想的晚出与先秦诸子对"先王观"的保留，古代思想的"贤人"类型与人们对伦理道德的偏重，"是'亚细亚的'或'维新的'中国古代图景的思想史面貌"②。而中国虽然从16世纪晚期就开始了封建社会解体和资本主义萌芽的发展，但中国并没有能够走进近代的资本主义世界，其原因就在于中国封建社会"旧的生产方式以及旧的思想影响太深"③，这些都是"人惟求旧，器惟求新"这一特殊路径的具体表现。在他看来，这种"维新传统"正是理解中国社会思想史的关键之一。

第二，正统思想中的宗教因素与中国传统思想的浓厚宗教性。

侯外庐在研究中国思想史的过程中，提出"东方史更好像宗教史"④，即中国传统思想中具有浓厚的宗教性。他是在研究商周时期思想的时候提出这个观点的，这一观点实际上贯穿于他研究中国思想历史的整个过

---

① 侯外庐：《中国思想通史》（第5卷），人民出版社1956年版，第30页。
② 侯外庐等：《中国思想通史》（第1卷），人民出版社1957年版，第136页。
③ 侯外庐：《韧的追求》，生活·读书·新知三联书店1985年版，第259页。
④ 侯外庐等：《中国思想通史》（第1卷），人民出版社1957年版，第53页。

程，是他对中国思想史以及中国社会史发展的独特路径的一个整体判断。

侯外庐认为中国思想的宗教性很浓厚，主要理由是：第一，中国的思想具备西方宗教的一般特征，如有神论的"神灵崇拜"，中国式的《圣经》、教主、神职人员、教团组织和寺院等。第二，中国思想中具有相当于西方宗教哲学或神学的理论。侯外庐认为宗教思想主要包含两个方面，一方面是哲学的，另一方面是神学的。哲学主要以世界观作为核心，中国的哲学大多表现为自我意识的循环。神学则探讨神性、神意、神启及神迹等内容，以感性的心灵直观和想象的形式出现。中国古代"天人感应"的神启说、"天人合一"的神迹说、"天命"的神意说，天"寂然不动，感应万端"的神性说，都相当于宗教神学。与西方中世纪的政治服从于宗教、政治是宗教的婢女不同，中国古代和中世纪是宗教服从于政治，宗教成为意识形态的一个内在组成部分，并深入社会生活的各个部分。第三，中国传统主流思想的儒学发挥了宗教的功能。侯外庐比较早的指出儒家思想具有宗教化倾向，具备宗教性质，发挥了宗教作用。他认为思孟学派就已经开始对孔子进行神圣化，孟子"天人合一"的神秘宇宙观使儒学的宗教色彩更浓厚，是后世儒教的起源。汉代的儒学是国家化的宗教，"到了汉代，谶纬之学大盛，儒学即附带了儒教的职能"[①]，汉代的官方哲学"在两汉是'经学'的正宗神学"[②]。宋明理学是比汉代儒学更加高明的宗教，"中国的道学是一种特别形式的中古宗教"[③]，宋明理学的天理论及方法论便具有宗教神学的特征，以朱熹为例，在维护封建统治方面，"朱熹的哲学也尽了它作为神学奴婢的作用"[④]，即发挥了神化专制君权并巩固封建统治的国教作用，道教和佛教的宗教性及其在中国思想史上的重要影响自不待言。侯外庐认为中国的启蒙思想也有非常浓厚的宗教色彩，进步思想家往往利用宗教"旧形式及材料"表达新思想，比如王夫之、傅山等人都是利用佛学的概念或思维方式表达自己的思想。鸦片战争以后，康有为的孔教论实际上是宗教改革的中国式的再

---

① 侯外庐主编：《中国思想通史》（第4卷下册），人民出版社1960年版，第783页。
② 侯外庐：《侯外庐史学论文选集》，人民出版社1987年版，第371页。
③ 侯外庐：《中国思想通史》（第5卷），人民出版社1956年版，第199页。
④ 侯外庐主编：《中国思想通史》（第4卷下册），人民出版社1960年版，第609页。

版，谭嗣同思想的实质则是泛神论的孔教观，章太炎是一面反孔教的迷信，一面又用佛学的思维来表达新思想。因此，侯外庐指出中国思想的历史更好像是宗教史，这是中国思想史的又一重要特点。

第三，中国思想发展史上存在的正统与异端思想的矛盾斗争。

在侯外庐看来，中国思想史并不是自三代开始的"道统思想"的传承与延续，也不是西方学术语境下的"哲学思想"自身发展与逻辑展开的历史，而是不同思想体系之间矛盾斗争的发展过程，通过这一过程，思想与社会之间的互动、历史与逻辑之间的统一得以揭示。他说："（中国）思想史以'正宗'与'异端'、唯心与唯物的对立或斗争为其发展规律。"① 侯外庐在中国思想史及哲学史的研究中，就注意探讨唯心思想与唯物思想之间的辩证矛盾发展的历史过程。在先秦思想史的研究中，他突出了孔、墨的对立，老庄与孔、墨的对立，法家思想与儒、墨、道家思想的对立；在两汉思想史的研究中，他突出了正统经学与异端思想的对立，"唯心主义和唯物主义，有神论和无神论的斗争，通过汉代是有一条线贯穿的"②；汉代异端思想的代表司马迁、桓谭、王充、王符、仲长统等人，他们表现出对社会弊端的揭示和神学世界观的怀疑。封建社会后期思想主要是理学思潮，作为哲学化的儒学，"道学成为维护和承认封建统治的精神力量"③。侯外庐认为，理学唯心主义和反理学唯物主义哲学的斗争则是贯穿封建社会后期思想史的主线。他说："我们一致认为，中世纪思想史，必须着重研究异端思想和正统儒学的斗争，无神论和有神论的斗争，唯物主义和唯心主义的斗争，表彰中国思想史上唯物论的光辉传统。"④ 他在探讨程朱理学、陆王心学等理学思想的同时，还发掘了杨万里、罗钦顺、王廷相、吕坤、李贽、方以智等反理学思想家，以此显示思想史内部的矛盾发展过程。需要指出的是，侯外庐并非机械地将"正宗"与"唯心"、"异端"与"唯物"等同起来，两者属于不同的范畴。他认为："有的利用思想资料进行改编工作，为统治阶级说教，

---

① 侯外庐等：《中国思想通史》（第2卷），人民出版社1957年版，第254页。
② 侯外庐等：《中国思想通史》（第2卷），人民出版社1957年版，第55页。
③ 侯外庐主编：《中国思想通史》（第4卷下册），人民出版社1960年版，第1060页。
④ 侯外庐：《韧的追求》，生活·读书·新知三联书店1985年版，第281页。

这就是'正宗';有的利用思想材料,进行改造工作,反抗统治阶级,这就是所谓'异端'。他们所利用的材料都可能是经学形式,然而他们的立场观点却又可能完全相反。"①

四 侯外庐中国历史观的现代启示

第一,在对中国历史作出整体判断整理的基础上,侯外庐指出了中国思想和文化的不足及其未来发展方向。

首先,中国历史和思想文化需要进行批判性的整理。侯外庐认为,中国传统思想文化的主要缺陷在于:一是缺乏私有权和独立的法权观念。在中国古代最能够体现私有权的是土地,而国家土地所有制是中国历史上主要的土地制度,"自由的土地私有权的法律观念之缺乏,土地私有权的缺乏,甚至可以作为了解'全东方'世界的真正的关键"②。私有权观念的不发达,以国有土地为核心的所有制以及它的政治形态,影响了中国思想家的生活空间和思想的范围。二是受维新道路影响,中国古代的思想家在分析人类社会的时候,缺乏深刻的批判精神,思想的自我循环色彩十分明显。三是中国的自然观念不发达,先王观念特别发达。中国的思想中关于自然的研究,没有成为人类生活真正的科学依据。从侯外庐对中国社会史和思想史的批判性分析中,可以看到他对神学世界观、法律的不平等性、私有权的缺乏、专制主义制度等持坚决的批判态度。与此同时,他也高度重视中国传统思想中的反专制思想、朴素唯物主义、无神论、自由私有权观念等可资发掘利用的优良传统,并提出了相应的解决方案,即通过辩证唯物主义世界观以及科学观念、法权观念、自由民主思想的启蒙,实现中国现代化的时代课题。

其次,中国社会和历史的发展需要引入外来的动力。在侯外庐看来,中国社会和历史虽然有其特殊性,但从世界历史的总体发展趋势来看,统一性和普遍性将是世界各国未来发展的基本走向。也就是说,未来的中国社会将是人类大同的共产主义。不过,与许多马克思主义学者不同

---

① 侯外庐等:《中国思想通史》(第2卷),人民出版社1957年版,第2页。
② 侯外庐:《韧的追求》,生活·读书·新知三联书店1985年版,第253页。

的是，他认为中国社会实现自我进化的内在动力是不足的，这一点已经为文明起源、封建社会国有制、资本主义萌芽发展等历史事实所证明。因此，要实现中国社会的现代化，必须从思想文化、政治制度等各方面引入外部动力，即马克思主义。侯外庐研究中国历史和思想的目的是为扫清中国现代化的思想障碍，他将当时学术研究的时代课题视为"民主潮流在中国的现实解决"①，他从不讳言其学术研究的目的是民族的独立和自由，希望以学术研究的手段促进社会和思想的解放，并为时代课题的解决寻找答案。侯外庐认为：研究历史，主要的工作是要实事求是地分析思想家的遗产在其时代的意义，批判其腐朽的糟粕，发掘其优良的传统。他说："从新事物里剔除腐烂渣滓，从旧事物里提取新生契机，发扬它。这是当前哲学上的首要任务。"② 他站在马克思主义唯物史观的立场上，将当时的自由主义西化派和文化保守主义派视为资产阶级史学和封建史学的余绪，并通过对其理论弊端与缺陷的深刻揭露，阐明了马克思主义史学研究的原则和科学性。他认为马克思唯物史观具备真正的科学性。他说：马克思主义的治史要求，"在乎详细地占有史料，从客观的史实出发，应用历史唯物主义的基本原理和方法，认真地分析研究史料，解决疑难问题，从而得出正确的结论，还历史以本来面目"③，可以借此解决清算封建糟粕的思想任务。侯外庐对实现中国现代化问题的思考与探索，为中国当前及未来的现代化建设提供了理论上的重要参考和启示。

第二，侯外庐对中国历史学研究进行了理论思考，并提出了关于中国历史学研究内容及研究视野的独特见解。

首先，中国历史研究应当是社会史、哲学史、社会思潮史研究的结合。侯外庐的中国思想史研究注意思想史与社会史研究的结合，并以社会史研究为基础，侧重于探讨社会思潮的发展与演变，这一点已经为学者熟知。他说："对中国思想史的研究，我以社会史研究为前提，着重于综合哲学思想、逻辑思想和社会思想（包括政治、经济、道德、法律等

---

① 侯外庐：《中国近代启蒙思想史》，人民出版社1993年版，第1页。
② 侯外庐：《中国近代启蒙思想史》，人民出版社1993年版，第307页。
③ 侯外庐：《韧的追求》，生活·读书·新知三联书店1985年版，第292页。

方面的思想）。……要研究整个社会意识的历史特点及其变化规律。"① 此外，侯外庐对哲学史也给予了特别的关注，并以唯物史观和辩证法为研究手段，初步建立了马克思主义中国哲学史的研究范式，其研究方法在中华人民共和国成立后的相当长时间里成为中国哲学史研究的主流方法和范式。他认为哲学史与思想史两者为有机的统一体，哲学史是思想史的核心部分。哲学思想是思想家的世界观，即思想家对世界总体的认识，具体内容包括宇宙论（本体论）、认识论（知识论）、历史观三个主题。他的哲学思想史研究主要有三个特点：一是重视宇宙论（本体论）、认识论（知识论）和历史观的内在逻辑，重视利用"矛盾律"来发现某一哲学体系中固有的矛盾。二是重视对世界观性质的考察。他说："世界观是一种更高的、即更远离经济基础的意识形态，属于哲学的范畴。"② 在他看来，世界观的首要问题是思维和存在的关系问题，存在决定思维的是唯物主义，反之是唯心主义。三是关注哲学思想所反映的经济意图。他特别注重探讨哲学思想与经济运动的关系。在他看来，哲学思想在上层建筑中处于较高的位置，它通过政治和法律等制度反映出经济基础的情况，哲学思想、制度与生产方式三者是一个有机的整体。因此，研究中国思想史必须对社会史、哲学史和社会思潮史进行整体性的把握。

其次，在中国历史研究中必须坚持"世界视野与中国问题结合"的研究视野。侯外庐对中国历史和思想的上述考察，并不是就中国而论中国，而是围绕中国的现实问题与时代课题，将中国历史放在世界历史的宏观范围内加以考量，力图对中国历史的特点、价值与不足作出全面的考察。他说："我常注意从世界史的总范围去考察以及从各个时期中外历史的比较中去探索中国社会发展的特点，自信不是削足适履。"③ 例如，他研究中国的文明起源道路，就把"古典的古代"的希腊城市国家作为主要参照；在先秦思想的研究中，则以古希腊哲学思想为参照，认为古希腊思想起源在于对自然界本原的思考，而中国古代文明起源之际的思想则萌芽于对人类社会历史的思考，对应于希腊古代探究宇宙根源的智

---

① 侯外庐：《侯外庐史学论文选集·自序》，人民出版社1987年版，第11页。
② 侯外庐：《侯外庐史学论文选集·自序》，人民出版社1987年版，第15页。
③ 侯外庐：《韧的追求》，生活·读书·新知三联书店1985年版，第263页。

者气象，在中国则为偏重伦理道德的贤人作风。在中国资本主义萌芽和启蒙思想的研究中，则以欧洲历史上16世纪初的德国宗教改革运动与文艺复兴为参照，在考察明末以来"三百年"的社会变动和学术思想时，既注意从世界史的普遍性角度看待中国启蒙思想的发生发展，又注重从中国社会历史的特殊性出发审查中国启蒙思想的个性特点。这种辽阔的世界历史视角，使侯外庐的中国历史研究摆脱了自我中心的局限，突破了中国传统史学中的"中国即天下，天下即中国"的狭隘眼光，进入了世界史学的领域。只有立足于中国历史问题，同时以世界历史的视野进行中西比较，才得以发现中国历史发展的独特性及其症结所在，正是近代以来中国学术发展及侯外庐中国历史研究给我们的启示，这在今天依然具有重要的学术和现实意义。

第三，侯外庐对中国历史特殊路径问题的理论探索，为今天的文化自觉指出了方向。

侯外庐所揭示的中国文明早熟论、私有观念缺乏等是中国古代社会最突出的特点，实践方式的变化不能改变封建土地国有制的实质、中国思想有很浓厚的宗教色彩、中国早期启蒙思想具有与西方启蒙思想的不同特点等种种论点，是中国社会史和思想史研究的重要创见。白寿彝曾经指出："别的马克思主义史学著作宣传了马克思主义的理论，也试图把马克思主义理论同中国历史结合起来，但是把中国历史特点指出来，这在外庐同志是最突出的。"[①] 就其现实意义来说，侯外庐的中国史观为今天的文化自觉指出了方向，他将历史研究视为"从掘发自己民族文化的传统中，走出一条中国化的道路"[②]，既注意从世界史的普遍性角度看待中国历史和思想的发生发展，又注重从中国社会历史的特殊性出发审查中国历史的个性特点，在"世界性"和"民族性"相统一的基础上，发掘中国传统社会与思想中自身所孕育出的诸如自由、平等、民主、科学、理性等近现代文化因子，以嫁接起"传统"与"现代"的内在性桥梁。他的中国历史研究正体现出"文化自觉"的文化视野，并给予我们这样

[①] 白寿彝：《外庐同志的学术成就》，《纪念侯外庐文集》，陕西人民教育出版社1991年版，第21页。

[②] 侯外庐：《侯外庐自传》，《晋阳学刊》1981年第5期。

的启示：只有对自己的文化和思想有"自知之明"，并能将自己的民族文化和思想融入世界文化体系中，在世界文化体系中找到自己文化和思想的位置与坐标，对自身文化进行创造与建设，才能较好地做到中国与世界的沟通，最终自立于世界民族文化之林。

（原载《西部学刊》2013年第1期）

侯外庐的中国宗教思想史研究

侯外庐（1903—1987）建立了马克思唯物主义的中国思想史学科。在他的中国思想史研究中，对佛教、道教与儒教思想在内的宗教思想史研究占了重要部分。自20世纪30年代开始，侯外庐相继出版了《中国古代思想学说史》（1942年）、《中国近世思想学说史》（1945年）、《中国早期启蒙思想史》（1956年）等著作，40—60年代主持完成了五卷本的《中国思想通史》。在这些著作中，侯外庐在对中国思想史进行整体把握与研究的同时，也完成了中国宗教思想史的系统研究，并取得了重要的理论成果。

一 侯外庐的宗教思想史观

第一，宗教的根本性质。侯外庐认为，宗教从本质上说是一种唯心主义。宗教是人类对于支配自身的外部力量（包括自然和社会力量）的异化，是通过主观综合而产生的幻想。他指出："自然物在主观观念之中，附加了超自然物的神秘，逐渐离开自然物本身，而发生了一种支配人类的权威，因而在形式上，人类观念生产上反而好像发现了一种支配自然的权威。……当他不能把握事物的实在联结点时，他却容易以全能的姿态自居，而囫囵地去把自然吞下去，要求一贯的解答。人类这时要求对自然生存的根源的了解，要求对自身运命的究竟的了解，同时经过自己反省，便拿宗教的观念解决一切"[①]。他在探讨宗教性质时，特别引用了恩格斯在《反杜林论》中的论断："一切宗教，不是别的，正是在人

[①] 侯外庐等：《中国思想通史》（第1卷），人民出版社1957年版，第69页。

们日常生活中支配着人们的那种外界力量在人们头脑中的幻想的反映。在这反映中,人间的力量,采用了非人间力量的形式"①,对比两者的宗教观,不难发现他对马克思唯物主义宗教观的继承。除了宗教的唯心主义本质之外,他在此还注意到了宗教信仰"超人间力量"这一重要特征,反映出他对宗教本质的深刻理解②。

第二,宗教的外在特征。在宗教根本性质判断的基础上,侯外庐进一步探讨了宗教的外在特征。首先,他认为有神论的"神灵崇拜"是宗教的基本要素之一。他强调"天"及祖先神崇拜是商周宗教思想的重要特征,又指出中世纪的"天"及"天理"思想具有超人间力量的神灵性质,这些观点正是在这一判断上的基础上提出的。其次,圣经、教主、神职人员、教团组织和寺院是宗教的重要特征。侯外庐从这些特征出发,在中国古代儒学宗教化的研究中,指出思孟学派将孔子神化为"教主"③;汉代经学的宗教性在外在特征上则表现为将"天"作为主神,以儒书(五经)为圣经,以皇帝为教主(教皇),以经师为僧侣(神父)④;再次,中国宗教具有外在的世俗化特征。他不仅揭示了宗教的一般外在特征,而且发现了中国宗教的独特性,即中国宗教具有"政权教权合一",与政治制度、思想、习俗结合的世俗化特点,这是其"中国化"马克思主义宗教观的重要论断。

第三,宗教思想的内涵。侯外庐将宗教思想视为宗教的核心和内在特征。他认为宗教思想包含理论和信仰两个层面,并以此分为哲学和神学两部分,而宗教哲学在两者中最为重要,不具备宗教哲学的"宗教"则不能称为宗教。首先,从理论层面讲,宗教思想表现为理论化的思维,即宗教哲学。侯外庐认为哲学思想主要指思想家的世界观,即对世界的总体认识及理论化的思考和概念组织体系⑤。理论化的宗教思想就属于哲

---

① 侯外庐等:《中国思想通史》(第1卷),人民出版社1957年版,第70页。
② 对此,西方著名宗教学家弗雷泽认为,宗教的定义包括两方面内容:一是对超人间力量的信仰,二是对这种力量的迎合和奉承的行为。参见[英]弗雷泽《金枝》,徐育新、汪培基、张泽石译,中国民间文艺出版社1987年版,第77页。
③ 侯外庐等:《中国思想通史》(第1卷),人民出版社1957年版,第382页。
④ 例如,侯外庐指出两汉经学"是经师神父化,皇帝教皇化而已",侯外庐等:《中国思想通史》(第2卷),人民出版社1957年版,第314页。
⑤ 参见方光华、袁志伟《侯外庐的中国哲学史研究》,《中国哲学史》2010年第1期。

学的范畴,它以本体论、认识论、历史观等为世界观的具体对象,在思想性质上则属于唯心主义哲学的阵营,但其中也包含有唯物主义的成分①。其次,从信仰层面来说,宗教思想包括神学的神灵观与神性观。神学与宗教哲学的区别在于:宗教哲学虽属于唯心主义思想,但以探讨本体论(如终极真理、心性论等)、认识论(修行论、心物关系等)及历史观等哲学命题为主,以理性的逻辑思辨和理论分析的形式出现;而神学则探讨神性、神意、神启及神迹等内容,以感性的心灵直观和想象的形式出现。前者包含有唯物主义和科学的成分,后者则包含浓厚的迷信成分,因此神学属于信仰的层面。在侯外庐看来,中国古代"天人感应"的神启说、"天人合一"的神迹说、"天命"的神意说,天"寂然不动,感应万端"的神性说都是宗教神学思想而非哲学。

宗教哲学与神学在形式上往往紧密结合在一起,两者共同构成宗教思想而为宗教服务。侯外庐之所以对两者进行区分研究,正是要从哲学(理论)的角度发掘宗教思想中积极的哲学内涵;从神学(信仰)的角度审视儒学等传统思想,清算其中的迷信与落后成分,这正是其"中国化"马克思宗教史观的特色所在。

第四,宗教思想史的内涵。侯外庐认为,宗教思想史即宗教世界观及信仰等思想发展演变的历史,由宗教哲学、宗教信仰、宗教历史三部分有机组成,宗教哲学是宗教思想史研究的核心所在。宗教哲学以本体论(天道观及心性论)、认识论(知识论及逻辑思维)及历史观的探讨为主;宗教信仰则侧重论述神学迷信(天命论、神灵论、神性论等);宗教历史则侧重阐述宗教思想的社会根源、政治作用和历史意义。

侯外庐以社会史(经济基础、阶级属性分析)和中西对比的研究视野,通过对中国宗教思想根本性质、外在特征、内部思想特征(宗教哲学与神学)及宗教思想史等内涵的探讨,建立了系统而完整的"中国化"马克思主义宗教史观。

---

① 侯外庐说:"从原则上讲来,一切的哲学体系,都必须包含或多或少或明或暗的唯物论要素,然后才能成立,才能发展。凡是根本上不包含唯物论的要素的理论则它只能是单纯的宗教神话,而不能成为哲学"(侯外庐著,黄宣民校订:《中国近代启蒙思想史》,人民出版社1993年版,第303页),正指出了作为哲学的宗教思想与宗教神学的本质区别。

二　侯外庐对中国宗教思想史的具体研究

侯外庐对上起商周、下至民国初年的中国宗教思想进行了系统的通贯研究，对各历史时期的代表性宗教思想做了较为详尽的阐述。其主要侧重点及理论命题集中于商周宗教思想史、儒教思想史、南北朝隋唐佛道教思想史、近代启蒙思想与宗教思想史等四个方面。

第一，商周宗教思想史研究（古代宗教思想史）。侯外庐将商周宗教思想史称为中国"古代"（奴隶制时代）宗教史，他的理论侧重点在于探讨商周宗教思想与氏族制度残余、维新宗法政治等的密切关系，以及先秦诸子对宗教思想的批判与改造，以此展示中国古代宗教起源、思想特点及其与先秦诸子思想的关系。

侯外庐提出的重要命题有：首先，商周宗教以"祖"和"天"为主要崇拜对象，经历了由一元神向二元神宗教的转变。商代宗教是以祖先崇拜为核心的"一元神宗教"，是氏族社会残余的产物；周代宗教则将商代宗教改良为祖先、天帝并立的二元神宗教，并与宗法政治结合，出现了"政治宗教化"的现象[①]；其次，先秦诸子思想史在某种程度上就是清算占统治地位的西周宗教思想的历史。除了礼乐诗书等形式外，诸子思想的发展主要围绕批判和改造"先王"和"天命"等西周宗教思想的核心观念而展开，孔子在祭祀问题、天道观等方面对原有的宗教思想进行了道德化和人事化的改造，"具有改良古代宗教的精神"[②]；墨子借用天鬼等旧宗教形式，表达了否定天命的进步思想；老子义理性的"道"论具有自然规律性和唯物主义成分，是对西周宗教天道观的超越；荀子将天作为客观存在进行把握，是对人格神的宗教天道观的彻底否定。

第二，儒教思想史研究（中世纪宗教思想史研究）。侯外庐认为儒学具有宗教化倾向（具备宗教性质及发挥了神学的作用），他系统研究了儒教的产生、发展过程及其思想特点。其理论侧重点在于探讨先秦儒学的宗教化、两汉经学的国教化、宋明理学的宗教性质等问题，以此揭示作

---

① 侯外庐等：《中国思想通史》（第1卷），人民出版社1957年版，第78页。
② 侯外庐等：《中国思想通史》（第1卷），人民出版社1957年版，第41页。

为中国封建社会正统思想的儒学的宗教作用,以及中国传统思想中的浓厚宗教成分。

侯外庐提出的重要命题有:首先,儒教开始于战国时期思孟学派对孔子思想的宗教化。子思以"孔子配天"的形式将孔子思想改造为"天人合一"的宗教思想[1],成为后世儒教的起源[2];子思和孟子通过唯我论的比附逻辑将儒学宗教化,既通过将外在客观宇宙统一于主观内心,然后从唯心主义的比附出发,推导出"天人合一"的神秘宗教宇宙观[3]。

其次,汉代儒学具有国家宗教的特征。两汉经学以神学化和谶纬化的经学为形式,核心内容是宗教神学的"天命目的论"和谶纬迷信,实质则是国教化的宗教[4]。董仲舒所建立的春秋公羊学是一种以"天"为至上神的一元神学系统,在内容上则是宣扬"天人感应"的神学目的论[5]。东汉经学是谶纬化的宗教神学,《白虎通义》则是"谶纬国教化的法典"[6];从政治作用及产生根源上说,两汉儒学的宗教化是封建专制集权的产物[7],并与中国古代氏族制的残余关系密切[8]。

最后,宋明理学(道学)是具备宗教性质的儒教新形式。"道学或玄学不是别的,正是一种高明的宗教"[9]。宋明理学中渗透了佛教和道教的思辨方法和认识方法,其天理论及方法论具有宗教神学的特征,是"三

---

[1] 侯外庐等:《中国思想通史》(第1卷),人民出版社1957年版,第380页。
[2] 侯外庐等:《中国思想通史》(第1卷),人民出版社1957年版,第382页。
[3] 侯外庐等:《中国思想通史》(第1卷),人民出版社1957年版,第401页。
[4] 侯外庐等:《中国思想通史》(第2卷),人民出版社1957年版,第252页。
[5] 侯外庐对董仲舒的研究受到章太炎的重要影响,章太炎曾指出:"中国儒术,经董仲舒而成教","孔子、老子之学,迁为汉儒,则哲学复成宗教"(见章太炎《建立宗教论》,《章太炎全集》第四卷,上海人民出版社1985年版,第418页),侯外庐在此基础上进一步论证了董学的神学特质,他曾说"对董仲舒的研究,我个人受到章太炎学说的影响"(见侯外庐《韧的追求》,生活·读书·新知三联书店1985年版,第283页)。
[6] 侯外庐等:《中国思想通史》(第2卷),人民出版社1957年版,第235页。
[7] 侯外庐等:《中国思想通史》(第2卷),人民出版社1957年版,第197页。
[8] 侯外庐认为,汉代经学宗教化的思想根源则在于古代氏族制的残余,即祖先与天神崇拜以及"天""祖"合一的宗教思维,前者演变为汉代的神化先王与"尊天",后者则演变为"天人合一"的宗教思想。侯外庐等:《中国思想通史》(第2卷),人民出版社1957年版,第84页。
[9] 侯外庐等:《中国思想通史》(第3卷),人民出版社1957年版,第71页。

教合一"潮流下的新宗教[1]；理学对魏晋玄学及隋唐佛道教的认识论及逻辑学（如华严宗的"理事"学说、禅宗的顿悟修行思路、道教的太极学说等思想）多有吸收，其"天理"说具有"神"的意义，而方法论则具有僧侣主义的色彩。它是在玄学与佛道思想基础上的综合创造[2]；

第三，佛道教思想史研究。侯外庐的佛教研究以魏晋南北朝及隋唐佛学为理论侧重点，这是其中世纪（封建社会）宗教思想史研究的重要组成部分。他将魏晋玄学、隋唐佛学及宋明理学作为一个思想连贯的整体进行考察，注意探讨隋唐佛学对玄学的继承与发展、以及对宋明理学的重要影响，深入探讨了佛学各派的产生原因及思想特点。

他提出的重要理论命题有：首先，佛教般若学思想是魏晋玄学思维形式的延长[3]，隋唐佛学则是魏晋玄学与宋明理学间的思想中介。魏晋玄学与佛学的合流促进了佛学的繁荣，并成为隋唐佛教各派哲学的理论基础[4]；通过本体论及修行论等哲学观念的传承，隋唐佛学成为玄学与宋明理学的衔接点，"佛学在开始时是与玄学合流，而最后则通向道学"[5]。

其次，隋唐佛学属于唯心主义的本体论，其思想本质是"自我意识的循环"。依据本体与自我意识的关系，隋唐佛教各派哲学可以分为客观唯心主义（绝对独立的精神存在）和主观唯心主义（自我意识与本体冥合）两派[6]，其认识主体和本体，心、性与理，本质上都是自我意识的唯心产物；而修行主体对本体真理的解脱证悟，实际上只是自我意识的主观活动[7]，因此，隋唐佛学中的本体论和修行论，"本质上是一种思辨的循环，是一种自我意识的哲学"[8]。

最后，佛学继承了两汉经学及魏晋玄学稳定社会的政治作用，隋唐

---

[1] 侯外庐主编：《中国思想通史》（第4卷上册），人民出版社1959年版，第571页。
[2] 侯外庐等：《中国思想通史》（第3卷），人民出版社1957年版，第465页。
[3] 侯外庐等：《中国思想通史》（第3卷），人民出版社1957年版，第428页。
[4] 侯外庐指出，玄佛思想的合流"凝成了中国思想与佛教哲学融合的各种宗教哲学的派别，宗教的教义发展成为中土的禅宗、天台宗、华严宗等'诸宗'"。（侯外庐：《中国思想通史》（第3卷），人民出版社1957年版，第465页）
[5] 侯外庐：《中国思想通史》第4卷（上），人民出版社1959年版，第231页。
[6] 侯外庐：《中国思想通史》第4卷（上），人民出版社1959年版，第162页。
[7] 侯外庐：《中国思想通史》第4卷（上），人民出版社1959年版，第162页。
[8] 侯外庐：《中国思想通史》第4卷（上），人民出版社1959年版，第156页。

佛教及各宗派的势力消长本质上是地主阶级"品级结构重编"的反映。佛教经过南北朝时期中国玄学的"格义"而具备了"新国教"的政治性与精神麻醉作用，成为封建统治者控制社会的工具①；初唐佛道两教的地位之争及禅宗、华严宗等佛教宗派的兴起则是地主阶级"品级制度重编"的表现②。

  侯外庐认为道教宗教思想（以神仙道教为代表的正统道教思想）主要以神学迷信为主③，其主要理论命题有：原始道教在起源上是汉代神学神秘气氛的产物，并分化为"农民道教"和"贵族道教"二种：前者以太平道和五斗米道为代表，一定程度上代表了依附农民（农奴）的利益要求；后者以金丹道教为代表，是豪族地主利益的代表④；葛洪"内神仙外儒术"的神仙思想反映了南北朝封建割据时代名门豪族的精神要求，其根本目的是企图去除原始道教中的反抗精神（为农民道教所利用的部分），以此消灭农民战争以巩固封建统治⑤。隋唐道教思想适应封建制社会的发展和"品级结构的再编制"而做了适当调整，表现在神仙谱系及品阶的创立以及与儒佛思想的合流等方面。

  第四，启蒙时代宗教思想史研究（近代宗教思想史研究）。侯外庐在近代宗教思想史的研究中，侧重于探讨启蒙思想家对宗教思想的改造与利用，以此展现进步启蒙思想对落后封建统治思想的批判与超越，揭示近代先进思想的发展历程与思想特点。

---

  ① 侯外庐等：《中国思想通史》（第3卷），人民出版社1957年版，第352页。
  ② 所谓"品级结构重编"，是指隋唐时代庶族地主（非品级性地主）势力上升，并与豪族地主（品级地主）斗争与联合的情况。在侯外庐看来，佛教代表品级地主（传统门阀豪族），道教代表非品级地主（李唐皇室支持下的庶族地主），而隋唐佛教各宗派的思想都可以从这一"品级结构重编"中找到原型。例如，早期的禅宗南宗思想反映了庶族地主力量的上升；而作为华严宗核心学说之一的"理事无碍"与"分位差别"（事物差别无定性与整体性的统一）其实暗示了当时封建等级制度的再编制。见侯外庐《中国思想通史》（第4卷上册），人民出版社1959年版，第238页。
  ③ 侯外庐在早期道教的研究中曾说："伪冒了'道'的招牌，集中了所有原始的，封建的，愚诬荒谬的理论与作法，而以宗教形式出现，对中国广大人民进行欺骗，麻醉，恐吓，毒害至两千年之久，其流毒远较道家更为深刻广泛的，却是正宗的神仙道教。因此，对道教思想的彻底检查与批判，是治思想史者不可卸却的责任。"侯外庐：《中国思想通史》第3卷，人民出版社1957年版，第263页。
  ④ 侯外庐等：《中国思想通史》（第3卷），人民出版社1957年版，第269页。
  ⑤ 侯外庐等：《中国思想通史》（第3卷），人民出版社1957年版，第324页。

侯外庐提出的重要理论命题有：首先，早期启蒙思想家通过对宗教思想"旧形式及材料"的利用与改造来表达进步思想要求。启蒙时代的正宗思想是宗教性质的道学（宋明理学），早期启蒙思想家如王夫之、傅山等人往往利用佛学等思想形式表达反道学、批判封建制度的进步启蒙思想①；其次，近代启蒙思想家利用宗教思想构建唯心哲学，并以此表达资本主义的时代要求。例如，鸦片战争以后的启蒙学者如康有为、谭嗣同、章太炎等人虽是近代思想的代表，但他们依然利用宗教思想表达进步要求②。康有为的孔教论是宗教改革的中国式再版③，企图用宗教观念解决中国社会的现实问题；谭嗣同的泛神论及孔教观则具有平等主义和民主主义的精神④；章太炎一方面批判公羊学建立孔教的迷信，力图"把思想史从中古的宗教意识中解放出来"⑤；另一方面又借用佛学思维方法来表达新思想，其宗教思想是一种理性主义的宗教观⑥。章氏的实证研究方法与唯心哲学体系的矛盾则是当时"拆散时代"的产物，反映了旧思想传统的束缚、市民阶级的软弱性，以及近代农民登上历史舞台却无先进理论武器用以改良社会的时代背景。⑦

三 侯外庐中国宗教思想史研究的特色

第一，中国传统思想整体上具有浓厚的宗教成分。

首先，东方古代史在某种程度上就是宗教史。侯外庐指出，在旧宗教思想传统的束缚下，不仅商周时代思想界具有浓厚的宗教气氛，先秦诸子思想也往往带有宗教思想的痕迹，由此来看，中国古代（商周时代）的"东方史更好像宗教史"⑧。西周宗法制度与维新宗教结合的"政治宗

---

① 侯外庐：《中国思想通史》（第5卷），人民出版社1956年版，第143页。
② 侯外庐：《中国思想通史》（第5卷），人民出版社1956年版，第628页。
③ 侯外庐著，黄宣民校订：《中国近代启蒙思想史》，人民出版社1993年版，第58页。
④ 侯外庐著，黄宣民校订：《中国近代启蒙思想史》，人民出版社1993年版，第109页。
⑤ 侯外庐著，黄宣民校订：《中国近代启蒙思想史》，人民出版社1993年版，第182页。
⑥ 侯外庐著，黄宣民校订：《中国近代启蒙思想史》，人民出版社1993年版，第134页。
⑦ 侯外庐著，黄宣民校订：《中国近代启蒙思想史》，人民出版社1993年版，第289页。
⑧ 侯外庐等：《中国思想通史》（第1卷），第53页。

教化"①,诸子思想中的"先王观""天命论"等思想,正是这种思想状况的具体反映。其次,中世纪的正宗思想是宗教神学。他指出宗教思想在中世纪占据统治地位,"宗教是统治阶级的思想,也是当时的统治的思想"②,中世纪"正宗"的历史观,伦理学,人性论及政治主张都以神学世界观为根据③。例如,两汉经学"是经师神父化,皇帝教皇化"④ 的国教神学,玄学和宋明理学则是唯理化的新宗教形式;南北朝隋唐佛教在当时取得了国教的地位⑤并笼罩了整个思想界;再次,维新路线是唯物思想晚出、宗教思想盛行的重要原因。侯外庐认为"维新路线"的束缚是造成这种浓厚宗教氛围的重要原因:即传统社会采取改良而非革命的方式推进社会进步,从而与旧有的宗教思想和制度妥协。"维新路线"一方面抑制了中国古代无神论(如神灭思想)等唯物主义思想及自然科学的产生和发展⑥,另一方面对中世纪及近代的唯物思想产生了巨人的束缚力,他称之为"旧的拖住新的""死的拖住活的"⑦。他进一步指出,这种"维新路线"使中国古代思想家在分析人类社会时缺乏深刻的批判精神。虽然在社会转型的关键时刻(如春秋战国),中国思想往往体现出一定的现实批判性,但随着社会变革的加剧与社会矛盾的尖锐化,中国思想家往往倾向于在自己的内心实现自由,思想的自我循环色彩十分明显,这在很大程度上导致了宗教思想的盛行。

第二,宗教思想是经济基础在上层建筑领域的抽象反映。

从经济基础及社会史的角度探讨思想及历史的发展演变,这是侯外庐马克思主义唯物史观的基本视野。在他看来,作为上层建筑之一的宗教思想,是现实政治、法律制度的比拟,并借此间接反映出经济基础的

---

① 侯外庐等:《中国思想通史》(第1卷),第81页。
② 侯外庐等:《中国思想通史》(第4卷下册),人民出版社1960年版,第783页。
③ 侯外庐等:《中国思想通史》(第2卷),人民出版社1957年版,第115页。
④ 侯外庐等:《中国思想通史》(第2卷),人民出版社1957年版,第314页。
⑤ 侯外庐等:《中国思想通史》(第4卷上册),人民出版社1959年版,第265页。
⑥ 侯外庐:《中国思想通史》(第3卷),人民出版社1957年版,第329页。
⑦ 侯外庐说:"惟我们所注意的是中国的具体历史,天国这一基督教的教义,在中国就成为'三代'教义。……一直到近代的启蒙期,西洋宗教改革所走的路径是上帝的平等理性化,而中国所走的路径是三代的托古改制化",侯外庐:《中国思想通史》(第3卷),人民出版社1957年版,第252页。

情况，宗教思想、制度与生产方式三者是一个有机的整体，这在中国宗教思想发展的各个阶段都有具体的反映：首先，商周的宗教形态实质上是当时氏族制度残余、土地国有制度的"亚细亚生存方式"的思想反映，商代一元神与西周二元神的宗教思想正适应了土地的国有与氏族贵族的专政①；诸子对西周宗教思想的改造与清算，反映出思想家及各个阶级对于土地制度变迁的态度，本质上则是国民阶级思想兴起与土地私有发展的反映②；其次，汉代天命神学是封建中央集权及土地国有法典化的折射。中世纪宗教思想的社会根源在于封建专制皇权和土地国有制度结合的经济基础，以及皇族与豪族、豪族与庶族地主之间的矛盾斗争。汉代天命神学宗教的产生，就在于它适应了封建土地国有制的需要③，董仲舒的神学目的论作为宗教意识形态，适应了"神权、皇权和土地占有权是一体的"④ 封建专制集权需要；再次，近代思想中的宗教成分是资本主义萌芽未充分发展的表现。启蒙思想本质上反映了市民阶级的崛起，而根源则在于土地私有化的加剧和商品流通的发展。与经济领域反对封建土地制度相应，进步的启蒙思想家也反对道学等封建正统神学；与中国资本主义萌芽发展缓慢及对封建土地制度清算的不彻底相应，进步思想家如王夫之、康有为、章太炎等人不得不利用旧的宗教思想材料和形式表达启蒙要求。在此基础上，侯外庐进一步指出，正是由于以土地国有为核心的所有制以及它的政治形态，导致中国古代私有权观念不发达，进而影响了中国思想家的生活空间和思想的范围，为宗教思想提供了长期存在和发展的土壤。

第三，宗教与反宗教思想的矛盾斗争是推动中国思想发展的主要动力。

侯外庐说："思想史以'正宗'与'异端'，唯心与唯物的对立或斗

---

① 侯外庐等：《中国思想通史》（第 1 卷），人民出版社 1957 年版，第 76 页。
② 例如，墨子的"非命"和"天志"思想具有反西周宗法宗教的进步意义，但从经济基础的角度来说，这可以解释为国民阶级反抗氏族旧贵族的"土地国有"及专制统治的反映。侯外庐等：《中国思想通史》（第 1 卷），人民出版社 1957 年版，第 216 页。
③ 侯外庐等：《中国思想通史》（第 2 卷），人民出版社 1957 年版，第 88 页。
④ 侯外庐等：《中国思想通史》（第 2 卷），人民出版社 1957 年版，第 102 页。

争为其发展规律"①,他在中国宗教思想史的研究中运用"正反合题"的辩证逻辑形式,将宗教思想与正统神学作为"正宗"(正题);将唯物思想、无神论思想、反封建专制思想等作为"异端思想"(反题),认为两者的矛盾斗争产生出新的进步思想(合题),成为中国思想发展的主要动力,并构成中国思想发展史上的辩证螺旋运动。侯外庐理解的中国宗教思想史也就是宗教与反宗教、唯物与唯心主义思想矛盾斗争的历史②,这也是其中国宗教思想史研究的主要逻辑线索。首先,他围绕神学化经学与反正统异端思想的对立来阐释汉代的宗教思想史,将两汉思想史分为西汉董仲舒为代表的神学目的论与司马迁为代表的唯物世界观,《白虎通义》为代表的东汉谶纬神学与王充《论衡》为代表的唯物和无神论思想,鸿都门学士唯心思想与王符、仲长统唯物思想的对立三大阶段;其次,他将"神灭"与"神不灭"之争作为魏晋南北朝宗教思想史的研究重点,探讨了范缜等反佛思想家的道家自然哲学及唯物主义自然观;再次,他从反佛及反理学思潮角度探讨了佛学与理学的宗教性质,探讨了以禅宗和华严宗思想为代表的"正宗"思想与柳宗元、刘禹锡(以唯物主义色彩的无神论思想为代表)等人的"异端"思想;以程朱理学与陆王心学为代表的理学"正宗",与陈亮、叶适的事功学派及邓牧、王廷相、方以智等"异端"思想家的唯物主义及反封建思想。通过这一系列思想"正反合题"的阐释,侯外庐完成了他对中国宗教思想史的辩证分析与研究。

四 侯外庐中国宗教思想史研究的影响

第一,第一次系统提出对中国宗教思想史的马克思唯物主义解释。

侯外庐提出了马克思主义中国宗教思想史研究的三大基本观点:一是经济基础变动是宗教思想发展演变的根本原因。他以社会史和思想史结合为主要研究视野,开创了马克思主要宗教思想史的研究范式;二是

---

① 侯外庐等:《中国思想通史》(第2卷),人民出版社1957年版,第254页。
② 侯外庐说:"我们一致认为,中世纪思想史,必须着重研究异端思想和正统儒学的斗争,无神论和有神论的斗争,唯物主义和唯心主义的斗争,表彰中国思想史上唯物论的光辉传统",侯外庐:《韧的追求》,生活·读书·新知三联书店1985年版,第281页。

古代、中世纪、近代宗教思想的时段划分。他将中国宗教思想史划分为古代（原始宗教时期，商、西周和春秋战国的奴隶制时代）、中世纪（宗教神学统治时期，从秦汉至明中叶的封建时代）、近代（清算宗教思想的启蒙时期，从明中叶至辛亥革命时期）三个阶段，为以后的马克思主义学者提供了研究的时间坐标；三是中西宗教思想的发展存在一致性和独特性。他以西欧为参照物，将中西的横向比较与古今的纵向对比交叉结合，以世界眼光考察了中西宗教思想的一致性及中国宗教思想的独特性（如中国皇权教权统一的独特"东方宗教形式"①）。

其次，侯外庐确立了中国宗教思想史的基本研究方法。一是尊重客观事实。他认为研究中国宗教思想史必须谨守"考证辨伪的方法"，将传统考据学与马克思主义科学研究方法相结合。他说："马克思主义的治史要求，在乎详细地占有史料从客观的史实出发，应用历史唯物主义的基本原理和方法，认真地分析研究史料，解决疑难问题，从而得出正确的结论，还历史以本来面目"②；二是挖掘历史背景。侯外庐指出："研究历史则要求透过现象，找寻本质"③，要研究整个社会意识的历史特点及其变化规律，他称此为"横通"和"纵通"④，"横通"指探讨宗教思想与其所处社会的联系的社会史考察，"纵通"则指探讨宗教思想自身源流演变的学术史考察，这也就是社会史与学术史结合的方法；三是注重时代反思。在他看来，中国宗教思想史研究绝非单纯的文字阐释或学术考证，学者还应当注意宗教史研究的时代价值与现实意义，对宗教思想本身进行时代反思，做"承前启后"的思想工作⑤。

最后，侯外庐对中国宗教思想史研究的时代课题给予了马克思唯物主义的解答。中国宗教思想史研究的时代课题是如何对传统宗教思想"取其精华、弃其糟粕"，在融会西学的基础上实现其近代转型，并从中

---

① 侯外庐等：《中国思想通史》（第2卷），人民出版社1957年版，第161页。
② 侯外庐：《韧的追求》，生活·读书·新知三联书店1985年版，第292页。
③ 侯外庐：《韧的追求》，生活·读书·新知三联书店1985年版，第292页。
④ 侯外庐：《侯外庐史学论文选集·自序》，人民出版社1987年版，第11页。
⑤ 侯外庐将中国历史上重要的思想史著作视为"承前启后"的思想工作，他说："这些总结性的著作，说明了在新旧社会交替之际，本着一定时代条件之下的有限的认识，企图综合前人思想的源流变化，而做一些承前启后的工作"（侯外庐：《中国思想通史》（第1卷），人民出版社1957年版，第18页），他将此视为中国思想史及宗教思想史的重要研究方法。

找到解决中国社会近代化问题的答案。在他看来，这一课题又可以称为"民主潮流在中国的现实解决"①。侯外庐以其研究成果对宗教思想史的时代做出了解答：他在研究中既展示了中国宗教思想及传统文化的丰富内涵及优秀遗产，也揭示了其中包含的大量迷信和封建专制思想。因此，他认为必须以马克思唯物主义的科学手段，从学术上对中国传统思想及宗教思想做批判性的系统整理，并提倡科学和理性精神。

侯外庐一方面深入批判了宗教迷信和为封建专制服务的"奴婢神学"，借此清理出传统文化中的"糟粕"；另一方面肯定了宗教哲学中的合理成分，并注意发掘和表彰古代的唯物主义及无神论思想，以此彰显传统文化中的"精华"。侯外庐通过对马克思主义科学方法的具体运用，论证了马克思主义的"科学"和"民主"可以用来改造中国社会、发展中国文化。在他看来，这既是"民主潮流的现实解决"的出路，也是包括宗教思想在内的中国传统文化实现"近代转型"的出路所在。也就是说，通过对唯心主义神学的批判和对唯物主义和无神论的发掘和肯定，他向我们揭示了当代中国思想的发展路向应该是唯物主义和无神论思想的继续发展，也就是树立以马克思主义的辩证唯物主义和历史唯物主义为核心的科学世界观和方法论。

第二，为后来的马克思主义学者提供了理论和方法的借鉴。

首先，侯外庐对儒学宗教化的研究对任继愈的儒教史研究产生了重要影响。侯外庐对儒学及儒教思想的研究，揭示了中世纪儒学的宗教性质，并系统地阐述了儒教产生、发展、演变的历史。新中国成立以后，任继愈在其研究的基础上，系统提出了"儒教"说②，指出儒教的特点"是高度的政教合一，政教不分，政教一体。皇帝兼任教皇，或称教皇兼皇帝，神权、政权融为一体"③，并且整理了儒教发展的脉络，提出孔子创立的儒学已经包含宗教化的可能，此后儒学在经历汉代"经学"和宋代"理学"和的两次改造，在朱熹时最终完善成为"不具宗教之名，而

---

① 侯外庐著，黄宣民校订：《中国近代启蒙思想史》，人民出版社1993年版，第1页。
② 参见任继愈《论儒教的形成》（《中国社会科学》1980年第1期）、《朱熹与宗教》（《中国社会科学》1982年第2期）、《儒教的再评价》（吉林《社会科学战线》1982年第2期）等文。
③ 任继愈：《天人之际》，上海文艺出版社1998年版，第174页。

具宗教之实"的儒教。侯外庐认为儒教思想是具有世俗化特点的"东方宗教",任继愈据此进一步阐述了儒教的"个性":即儒教是一种"无神论"的宗教和人伦日用中的神学①,具有很强的世俗性。此外,任继愈也继承了侯外庐宗教思想史的研究范式,他同样运用"正反合题"的辩证逻辑形式进行宗教思想史的分析阐释;对玄学、佛教、道教的政治和思想作用的定位,也继承了侯外庐的研究框架和基本观点。②

其次,侯外庐的理论创见对刘泽华"弥散性宗教"研究的影响。侯外庐认为中国传统宗教思想中存在一种神化与人格化"天"的宗教思想,如商周宗教对"天"的崇拜、董仲舒以"天"为至上神的一元神学系统都是这种宗教思想的反映。在此基础上,刘泽华进一步提出,中国古代社会存在着一种崇拜"天"的宗教,但这种宗教并无特定的组织,而是充塞社会、全民信仰,以制度、思想和习俗规定了的"弥散性宗教"③。此外,侯外庐揭示了"天人合一"的宗教思想发挥了巩固封建专制统治的政治作用,刘泽华也继承了这一观点,认为封建帝王具有"教主"的地位,他们作为"弥散性宗教"的教主,被赋予"天人的神性合一"④,成为沟通天人的枢纽,并借此增强其统治的合理性。任继愈对"儒教是宗教"的判断,刘泽华对王权政治与宗教密切关系的关注,都出于对中国传统思想中浓厚宗教成分的洞见⑤。从这些观点中也可以发现他们对侯外庐宗教思想研究创见的继承与发展。

---

① 任继愈:《天人之际》,上海文艺出版社1998年版,第188页。
② 参见任继愈《中国哲学史》,人民出版社1963年版。
③ 刘泽华指出:"天在传统思想中始终具有神秘性和宗教性……对天的崇拜却有着宗教意义。其宗教性靠社会意识,礼俗和思想来维持","这种宗教不像有组织的宗教形成一个有组织的群体,而是充塞于整个社会,是一种弥散性的宗教。……几乎每个人都是天然的信徒"。刘泽华:《中国政治思想史集》第三卷《王权主义与思想和社会》,人民出版社2008年版,第52页。
④ 刘泽华:《中国政治思想史集》第三卷《王权主义与思想和社会》,人民出版社2008年版,第51页。
⑤ 例如,"儒教是教"观点的提出,源自任继愈对"文化大革命"以及整个中国传统文化的反思,他提出儒教说的目的是从学术上批判儒教,清理"中国哲学的封建主义的深层次的问题",进而为中国社会走向现代化扫除思想上的障碍。参见任继愈《二十一世纪的中国哲学》及《具有中国民族形式的宗教——儒教》,收入《皓首学术随笔·任继愈卷》,中华书局2006年版。

此外，石峻在中华人民共和国成立后采用马克思唯物史观研究中国宗教思想史，对侯外庐的相关研究成果有许多借鉴。例如，在范缜思想的研究中，他继承了侯外庐的研究思路，从唯物与唯心主义斗争、庶族与门阀地主斗争的角度理解当时的"神灭论"之争，表彰范缜无神论及唯物主义思想的重要地位①；此外，对朱熹、陆王唯心主义哲学的批判，理学思想体系形成的历史根源，宗教与皇权是关系等问题的探讨上，他也借鉴了侯外庐宗教思想史的相关研究成果②。

第三，对当前中国传统文化探讨的意义及理论反思。

首先，在中国当代马克思主义思想史研究者中，侯外庐比较清醒地认识到中国传统文化中带有很强的宗教性，宗教性因素渗透到中国传统文化的各个领域和方面，他提醒我们要高度重视这个客观事实。与此同时，侯外庐又认识到宗教文化存在的现实性及其在历史上的合理性，指出在中国文化的未来发展建设中不能无视这一传统，这些理论观点是他的重大贡献，对于中国当前及未来的文化建设具有重要的指导意义。

其次，虽然今天的宗教思想史研究者大多扬弃了对宗教思想的阶级分析及哲学党性评判，更多从学术史及文化史的角度研究中国宗教思想的价值，但不可否认的是，侯外庐的宗教思想史研究本身就是对马克思主义中国化的一种学术探索，他将学术史与文化史结合、社会史与思想史结合的研究视野，将宗教思想作为文化形态和学术内容进行客观分析，以及透过经济和社会属性探寻宗教的思想特质，这些理论创见对今天的宗教思想史研究依然具有参考意义，不能一概抹杀。

此外，任继愈"儒教是宗教"的观点提出后，儒教问题成为20世纪末哲学和宗教思想研究领域最受关注的理论话题。这一争论很大程度上是对儒学及中国传统文化根本性质的争论，与重建民族特色新文化的历史任务有关。但从任继愈儒教说的内涵及思想背景来看，这场影响巨大的论辩实质上发轫于侯外庐的宗教思想史研究，他对宗教定义、儒学宗教化、儒教思想发展过程、中国传统宗教思想的特征及演变规律的研究成果，对于今天探讨儒教及中国传统文化的地位，仍然具有重要的启示

---

① 参见石峻《范缜评传》，收入石峻《石峻文存》，华夏出版社2006年版，第94—15页。
② 参见石峻《石峻文存》，华夏出版社2006年版，第167，169页。

意义。

今天应该如何估价中国历史和传统文化的宗教性？我们是按照侯外庐的道路继续深入，还是进行进一步的反思？这值得我们认真思考。侯外庐较早地认识到中国历史发展道路的独特性，即中国与古代希腊罗马及中世纪西欧的历史发展道路并不完全相同，但他的中国宗教思想史研究的逻辑前提是：世界文化存在普遍性及相同的规律，并且各种文化的最终出路是殊途同归。今天我们已逐渐意识到，文化的发展有多种选择，文化的多样性可能是文化的本质。此外，"思想的自我循环"是否完全就是中国心性论思想的实质？在政治宗教化的传统中，是否只有政治对宗教的利用，抑或也有人性自身的灵性需要？高度的科学理性与民主精神是否可以完全满足人的超越性需求？这既是侯外庐先生留下的待解问题，也是我们深入探究其理论创见的重要契机。

（原载《世界宗教研究》2012年1期，与袁志伟合作）

中国思想史研究的三个向度

当前的中国思想史研究，要深化对中国思想史学科范畴的理解，要加强对中国思想史多样性研究方法的探索，要提高中国思想史研究的文化自觉反思境界。

一　深化对中国思想史学科范畴的理解

思想学术的研究在中国有着悠久的传统。在长期的发展过程中，古人对中国思想学术史研究的对象、范围和方法等问题不是没有考虑，但与西方近代学术的理论化程度相比较，他们的论述显得还不够明晰。19世纪末，西方的进化论、天赋人权理论以及自然与社会研究理论方法大量传播到中国，中国的学术观念开始发生变化。人们反观中国传统学术体系，认为中国传统学术虽然不乏幽玄高妙的体系，同时也有较为严密的实证方法，但与西方近代学术相比较，尚没有达到"自觉"地位。王国维认为，"中国人之所长，宁在于实践方面，而于理论之方面，则以具体的知识为满足。至分类之事，则除迫于实际之需要外，殆不欲穷究也"[①]，这使得中国学术没有西方那样严密的综括和分析水平，抽象思辨的能力和精密分析的能力都有欠缺。

20世纪初年，中国的学者们试图对中国思想学术研究的内容和方法做出解说。在各种解说的基础上，侯外庐通过对中国思想史的系统研究，对该学科进行了明确定位。他认为，从现代人的眼光来看，中国思想史

[①] 王国维：《静安文集·论新学语之输入》，《王国维遗书》（第3册），上海书店1983年版。

研究应该包含三个主要层面:一是世界观。世界观亦称宇宙观,即人对世界总体的看法,包括人对自身在世界整体中的地位和作用的看法,哲学是它的理论表现形式。侯外庐认为,哲学问题是任何思想都不可能逃避的问题。无论何种从经验世界得来的思想观念,都有哲学的基本认识作为最后依据,而处理经验世界各种具体问题的思想,也通常有待于哲学的反思才能得到超越和提升。研究传统的思想学术,首先要清理出思想家们的世界观。①

二是逻辑思想。逻辑思想即思想学术家们阐发思想观点的方法。较早地意识到逻辑的重要,并力图对中国传统学术的逻辑思想加以分析的是章太炎。他曾经从逻辑角度对孔子的"忠恕"思想加以阐发,明确指出"忠恕"思想与演绎、归纳法完全相符。② 胡适的《中国哲学史大纲》也把逻辑方法放在十分显要的位置。侯外庐认为,逻辑思想反映出思想家的思想水平,是准确把握中国思想发展层次的主要依据。1947年,他与赵纪彬、杜国庠合著,在上海新知书店出版的《中国思想通史》第1卷《古代思想编》,就非常注重"各时代学人的逻辑方法之研究",认为研究古人的逻辑思想,主要目的不是从古人的思想材料中提出某一个逻辑命题,也不在于说明或讨论古人具有西方的某种逻辑思想,而是要揭示历史上的思想家的思维水平,从而真正理解中国思想方法的演进历史。

三是社会意识。所谓社会意识,是指人们关于社会生活、社会问题、社会模式的意识、观念或理论,它既包括社会意识形式,也包括社会心理。侯外庐认为,真正能够反映中国思想学术史研究的实质内涵的是社会意识。1947年,他在《中国思想通史》第1卷《古代思想编》卷首指出:"斯书特重各时代学人的逻辑方法之研究,以期追踪他们的理性运行的轨迹,发现他们的学术具体的道路,更由他们剪裁或修补所依据的思想方法,寻求他们的社会意识及世界认识。"③

1957年,修订本《中国思想通史》出版,侯外庐另外写有"自序",再一次明确他所关注的中国思想史的核心内容就是哲学思想、逻辑思想、

---

① 侯外庐:《侯外庐史学论文选集·自序》,人民出版社1987年版,第15页。
② 章太炎:《检论·订孔下》,《章太炎全集》(第3册),上海人民出版社1984年版。
③ 侯外庐等:《中国思想通史》(第1卷),卷首,新知书店1947年版。

社会意识三者的综合。1987 年，侯外庐在《侯外庐史学论文选集》"自序"中又提到，"对中国思想史的研究，我以社会史研究为前提，着重于综合哲学思想、逻辑思想和社会思想（包括政治、经济、道德、法律等方面的思想）。应该指出，哲学史不能代替思想史，但是思想史也并不是政治思想、经济思想、哲学思想的简单总和，而是要研究整个社会意识的历史特点及其变化规律"①。

侯外庐关于中国思想史就是研究中国思想历史的学科，是研究中国思想结构、思想内容、表现形式及其发展变化历史的学科之认识，是在中国传统学术研究向现代学术研究过渡过程中对思想学术史作为一门学科的重新定位。它既有对中国思想学术研究传统的继承和发扬，也有对马克思主义理论观点和西方学术思想的吸收与借鉴，需要后来者在充分理解的同时不断予以深化。

二 加强对中国思想史多样性研究方法的探索

在中国思想史学科体系约百年的发展过程中，形成了不同特色的中国思想史研究方法，其中运用得比较成功的主要有：哲学诠释的研究方法、社会史的研究方法和学术史的研究方法。

第一，哲学诠释的研究方法。1918 年，胡适发表《中国哲学史大纲》，其"导言"提出，中国哲学史研究的"根本功夫"不外两条：一是要在资料的搜集审定和整理上下一番功夫；二是要重视西方学术思想的参照作用。他主要依据进化论和詹姆士的实验主义对先秦的思想学术做了整理，凸显了用西方哲学来诠释中国思想学术史的主题。

胡适的《中国哲学史大纲》出版后，人们惊叹该书对中国先秦思想史所做的明确的条理性分析的同时，不免对这种主要用进化论和实验主义勾勒出来的中国思想史产生疑惑。金岳霖指出："所谓中国哲学史，是中国哲学的史呢？还是在中国的哲学史呢？"② 陈寅恪也指出，所谓以科

---

① 侯外庐：《侯外庐史学论文选集·自序》，人民出版社 1987 年版，第 11 页。
② 金岳霖：《冯友兰〈中国哲学史〉上册审查报告》，冯友兰：《中国哲学史》（下册），附录，中华书局 1984 年版。

学方法整理国故者，看上去很有条理，然而往往不真实，"著者有意无意之间，往往依自身所遭际之时代，所居处之环境，所薰染之学说，以推测解释古人之意志"，所论中国古代哲学"大抵即谈其今日自身之哲学"，"其言论愈有条理统系，则去古人学说之真相愈远"①。他们的怀疑，突出了在用西方哲学来诠释中国思想学术史时的另外一个主题：如何使这样的诠释避免主观随意性、使之符合中国思想学术史的原貌？

金岳霖指出，最好的办法是"把中国哲学当作中国国学中之一种特别的学问"，根据中国哲学自身的特点来理解和诠释，而不必计较中国哲学与西方哲学的异同。陈寅恪也认为，如果要真正使中国思想学术的研究契合实际，就必须努力做到"神游冥想，与立说之古人，处于同一境界，而对于其持论所以不得不如是之苦心孤诣，表一种之同情"。冯友兰提出，要对中国思想学术史进行贯通，确实需要参考西方的学术，但同时要注意西方学说理论框架与中国传统学说的某些说法结合。他试图在重视中国学术传统思想观念的一贯性基础上，找出中国哲学实质的系统。

在冯友兰之后，对于如何才能找出中国哲学实质的系统，侯外庐、张岱年、任继愈、李泽厚等都做过有益的探索，他们的解释已构成对中国思想发展史的重要一环。此后，又有一些青年学者尝试用现象学、分析哲学等现代西方哲学对中国思想史进行研究，初步形成新一代哲学解析中国思想史的新特点。用哲学诠释的方法研究中国思想史，已经成为一条具体可行的道路。

第二，社会史的研究方法。在人们努力确立一套符合中国思想自身特性的诠释系统的同时，侯外庐还提出，"思想史系以社会史为基础而递变其形态。因此，思想史上的疑难就不能由思想的本身运动里求得解决，而只有从社会的历史发展里来剔抉其秘密"②。他认为，研究思想史，首先应对中国社会历史的特点有科学的理解。而要准确理解中国社会历史的特点，就必须"以自然史的精确性"对中国社会历史进行研究，这就需要对中国社会经济形态的发展历史有深入的探讨。他通过翻译《资本

---

① 陈寅恪：《冯友兰〈中国哲学史〉上册审查报告》，冯友兰：《中国哲学史》（下册）《附录》，中华书局1984年版。

② 侯外庐等：《中国思想通史》（第1卷），人民出版社1957年版，第28页。

论》,"从经典著作的原著掌握观察问题的理论和方法",确立了他研究中国古代社会发展最基本的理论依据。对于社会史如何与思想史相贯通,侯外庐作了系统的论述,提出了许多富有启发的思路。他找到的思想史与社会史相结合的第一个结合点是社会思潮。他注重对社会思潮的考察,力图把握社会思潮与社会历史的联系及其所反映的时代特点,进而研究不同学派及其代表人物的思想特色和历史地位。他找到的思想史与社会史相结合的另外一个结合点是法典。法典即体系化、制度化的思想形式。从法典中能看到社会史的内涵,而且能看到社会存在和社会意识相统一的程度。

把社会史与思想史加以贯通,是20世纪中国思想学术史研究的重要创见,它不但为符合真实的现代中国思想学术史的建立提供了基础,而且为科学地解剖中国思想学术史,挖掘思想背后的社会原因提供了依据。

第三,学术史的研究方法。任何思想都离不开一定的学术土壤。许多思想命题都是从当时的学术研究中酝酿出来的。例如,要了解孔子的思想,就需要研究西周鼎盛时期的"六艺"教育传统。孔子做了不少文化典籍的整理工作,古代文献既是他的思想得以产生的源泉,同时又是他发挥其思想的材料。又如,董仲舒"天人合一"的哲学思想就是在诠释《公羊春秋》过程中,为了使《公羊春秋》得到更完整、更合理的解释才提出来的。如果我们对《春秋》公羊学的发展历程有深入研究,能够理清不同时代、不同学人对《春秋》公羊学所提出的创新,当然就可以比较准确地理解董仲舒所作的贡献。

学术史的研究方法是中国古代特别是清代中国思想学术史研究非常传统的方法。如今对这一传统有比较到位的理解的是日本京都大学池田秀三等一些学者。20世纪80年代末90年代初,学者们反思中国思想史的研究历史,深感过于政治化、主观化的诠释与中国思想史的真实存在一定距离,从而提倡学术史的研究,学术史研究得到了空前重视。人们相信,只要学术史基本事实真实,就一定能够建立更加契合历史事实的原理,摆脱过分主观的弊端。

当前的中国思想史研究需要对上述三种主要方法加以发展。中国思想史的研究不能离开对范畴、观念和思想体系的哲学剖析,思想史研究的突破最终要依靠对中国思想史的一系列核心概念及其演变历程的深入研究。中国思想史的研究需要将范畴、观念和思想体系与社会历史的联系揭示得更加清楚,将思想还置于社会历史,会使我们更加深刻地领会思想的真实含义。中国思想史研究也需要对范畴、观念和思想体系的学术背景进行挖掘。学术史的眼光能使我们看到思想背后深沉浑厚的学术土壤,帮助我们纠正许多习以为常的误解。

三 提高中国思想史研究的文化自觉反思境界

中国历史学有一个鲜明特色,就是它的文化反思功能。《易传》说,"君子以多识前言往行,以畜其德",又说"彰往而察来"。也就是说,学术研究不仅是对"前言往行"的认识,不仅是对过去历史的描述,还要在多识前言往行的基础上提高研究者认识自身、认识世界的能力。

19世纪末20世纪初,中国传统学术向现代学术过渡,学术研究的文化反思功能不但没有削弱,反而得到了发扬。当时的学术研究,没有一种不是围绕民族的前途和命运来进行的。当然,对国家和民族的前途和命运的思考不可能千篇一律。从20世纪的学术研究来看,有的比较保守,有的比较激进。例如,胡适认为,中国文化最缺乏的是个人独立的自由意志,要培育国民的独立人格,就必须学会理智的思考。他感到,中国传统文化比较缺少西方的理性精神,需要我们加以深刻反省。而陈寅恪等则通过对中国历史的研究,对中国传统文化精神实质有了更加真切的体认,并在传统文化之中找到了自己的归宿。陈寅恪在《隋唐制度渊源略论稿》《唐代政治史述论稿》《元白诗笺证稿》三部书中,以魏晋隋唐数百年历史为背景,通过一系列重大历史事实的梳理,勾勒出在民族冲突与文化冲突背景下中国传统文化的不竭的生命力,以及不同社会集团和个人在文化发展过程中与政治生活、与个人人格的联系。这说明,只有积极利用自身的优势,形成精神和制度上的高度凝聚力,才能在文化冲突中得到保存和发展;只有富有独立人格和道德力量的社会集团和个人,才是文化发展的中坚。至于马克思主义史学,也从不讳言自己的学术研究是为了民族的独立和自由。侯外庐常说,研究历史,既不是如冬烘先生们之读书,以为古人一切言行都是今人的宝筏,也不是把古人当作今人和他争辩,而是要实事求是地分析思想家的遗产在其时代的意义，批判其腐朽的糟粕，发掘其优良的传统，在清理历史、还历史真相的基础上超越历史事实本身，引领现实向前发展。今天来看，我们或许不能完全同意他们文化反思所得出的所有结论，但却无法不被他们学术生命中关于文化的独特感悟所震撼。

中国思想史的任何一家、任何一派，最后都要归结到对文化的反思上。思想家的思想往往以对文化问题的深入反思为最基本的特征，文化理念成为他们思想最根本的出发点。不同的文化理念构成他们思想范畴的不同向度，中国文化即由这些思想范畴的不同向度展现出它的绚丽多姿。同时，中国文化的历史性和阶段性，在很大程度上取决于每一时期所出现的关于文化问题的各种不同认识的调和与整合。思想家的思想会有一定的学术史取向，会有一定的社会属性，甚至会有个人的价值倾向，但所有这些，只有落实到对他们的文化认识的分析基础上，才有可能得到更加全面的认识。对文化的自我觉醒和自觉设计，是统一哲学诠释、社会史研究、学术史研究的基础。当前的中国思想史研究，尤其需要在认真思索前辈学者的文化洞察思路的基础上，提高文化自觉的反思能力。

（原载《学术月刊》2007年第4期）

文化自觉与中国思想史研究

所谓文化自觉，简而言之，就是将人们关于自然及社会的认识提高到文化的自我觉醒和自觉设计的高度来加以思考。文化自觉是目前中国社会的一种主要思潮。虽然20世纪初年就有类似的观点提出，但真正引起人们普遍关注是在20世纪90年代以后的最近二十几年。[①] 这种思潮对中国学术研究产生了一定的影响，对中国思想史研究提供了一些启示。

一

文化自觉将深化我们对思想史研究对象的理解。

思想史研究在中国有比较悠久的传统。战国时期的《庄子》一书，有一篇文章叫作《天下》，就从"道"的统一性来评述当时思想学术的发展，认为诸子百家之学都是对"道"的不同体现。汉代前期，司马谈曾撰有《论六家要旨》，对阴阳、儒、墨、名、法、道诸种思想学说进行评价。这种思想研究的传统在中国历史发展的各个阶段都有延续，明清时期发展到高峰，出现了黄宗羲（1610—1695）《明儒学案》《宋元学案》、江藩（1761—1830）《国朝汉学师承记》《国朝宋学渊源记》等代表性的思想学术史著作。

尽管中国思想学术史研究有两千余年的历史，中国思想学术史研究的对象与方法，只有到20世纪初，才引起学人们的自觉深入探讨。随着西方学术理论与方法传播到中国，人们开始认识到，中国学术与西方学

---

① 方光华、曹振明：《20世纪90年代以来的"文化自觉"思潮论析》，《人文杂志》2011年第1期。

术相比较，缺少西方学术那种明确的理论体系与方法论。思想学术史到底应该研究哪些内容，它的研究方法主要有哪几种，这些问题开始引起人们的关注。

侯外庐（1903—1987）对中国思想学术的对象与方法问题曾做出明确回答。他认为哲学思想、逻辑思想和社会思想是中国思想学术史研究的主题。1987年，在他的史学论文选集中，他归纳总结研究中国思想学术史的历史，指出："对中国思想史的研究，我以社会史研究为前提，着重于综合哲学思想、逻辑思想和社会思想（包括政治、经济、道德、法律等方面的思想）。"①

所谓"哲学思想"，即思想家对世界总体的认识，包括人对自身的认识、人对社会的认识、对自然的认识以及人在世界整体中的地位和作用的认识。研究中国思想发展史，虽然不能简单搬用西方的某种哲学体系来加以诠释，但"哲学思想"是中国思想史不可或缺的内容。侯外庐对胡适以及冯友兰都有批评，认为胡适用实用主义、冯友兰用实在论思想来研究中国哲学史，并不能完全反映中国哲学史的实际情形。中国哲学思想主要通过"天道""人道"及其如何统一等命题显示出来。

所谓"逻辑思想"，即思想家阐发思想观点的方法。这种方法渗透在思想家表达思想的整个过程，反映出思想家的思维模式。中国逻辑思想研究虽然离不开对逻辑命题的深入研究，但逻辑思想研究的主要目的，是揭示思想家一以贯之的思想方法。例如孔子的逻辑思想，章太炎（1869—1936）曾从演绎、归纳角度对孔子"忠恕"思想加以诠释，认为"忠"与演绎相符，"恕"与归纳法相符。② 胡适（1891—1962）认为孔子相信有一个和谐稳定的名分世界，他主张"正名"，实质是要把现实中混乱的名分秩序扭转到理念的名分秩序。③ 而侯外庐则认为孔子的方法论主要表现在他的中庸思维方面。孔子认为矛盾影响和谐，主张"叩其两端"，通过揭发事物内部矛盾，显示出事物存在的危机，最终用"中庸"的方式求得矛盾的消解。对孔子的思想方法把握不同，就会对孔子思想

---

① 侯外庐：《侯外庐史学论文选集·自序》，人民出版社1987年版，第11页。
② 章太炎：《检论·订孔下》，《章太炎全集》（第3册），上海人民出版社1984年版。
③ 胡适：《中国哲学史大纲》，商务印书馆1919年版，第104—105页。

方法的理解各有千秋。

所谓"社会思想",即思想家关于社会生活、社会问题、社会模式的观念和理论。侯外庐认为社会思想是中国思想学术的核心。中国古代社会思想非常成熟,它主要通过伦理思想、政治思想、社会理想等方面的内涵显示出来,同时也反映在对法律、经济、军事、民族等具体社会问题的思索之中,甚至体现在社会心理之中。

侯外庐特别指出,中国思想史虽然要研究哲学思想、逻辑思想、社会思想,"但是思想史也并不是政治思想、经济思想、哲学思想的简单总和,而是要研究整个社会意识的历史特点及其变化规律"[①]。1947年,他在《中国思想通史》第1卷就指出,"斯书特重各时代学人的逻辑方法之研究,以期追踪他们的理性运行的轨迹,发现他们的学术具体的道路,更由他们剪裁或修补所依据的思想方法,寻求他们的社会意识及世界认识"[②]。可见侯外庐所理解的中国思想史,是以哲学思想、逻辑思想为支撑,以社会思想为核心,所构成的有机整体发展演变的历史。简单说,按照侯外庐的理解,中国思想史就是研究中国思想历史的学科,是研究中国思想结构、思想内容、表现形式及其发展变化历史的学科。

而从文化自觉的角度来看,中国思想史研究对象除了哲学思想、逻辑思想、社会思想外,更应该研究它的文化思想,由哲学思想、逻辑思想所支撑的主要思想内涵是包括社会思想在内的文化思想,文化思想成为思想有机整体核心,即以思想的文化意义为基点来整合世界观、认识论与社会思想,中国思想史并非哲学、宗教、政治、伦理、教育等方面思想形式的总汇,而是由它们构成的具有文化特质的整体。

从文化自觉的角度来看,中国思想史研究不但要研究中国思想结构、内容、表现形式及其发展变化的历史,还应该研究它的文化功能和文化作用。思想的文化作用的产生,总是要与人们的生活实践发生内在联系,它一般有三个层次。一是改变形而上的信仰。无论中国思想还是西方思想,在建立解释自然、社会、人生的知识系统时,总会有一个逻辑起点,有一个不必论证和思考的终极依据。这个依据往往成为思想最牢固的文

---

① 侯外庐:《侯外庐史学论文选集·自序》,人民出版社1987年版,第11页。
② 侯外庐等:《中国思想通史》(第1卷),卷首,上海新知书店1947年版。

化特色，它左右人们的文化信念。只有当这种信念被新的信念所取代或补充之后，文化才会发生变化。二是渗透人们的知识体系。一定的知识系统总与当时人们的思想水平相联系。思想通过一系列相应的概念、命题转化为理性化的知识形式，并建构与思想信念相统一的价值趋向。思想的基本内涵不变，则知识体系不会变化。思想的基本内涵变化，知识体系也将随之变化。三是通过人们的社会生活，它既包括人们的政治生活，也包括人们的日常生活，甚至包括某些特殊仪式和禁忌。

总之，文化自觉使我们对中国思想史研究的对象的认识更加深入，它对研究者的综合创新能力提出了更高的要求。

二

文化自觉给中国思想史研究带来了新的思路。

例如，对老子思想的研究，过去的主要方法如下：

哲学诠释的方法。这种方法把诠释者的哲学认识当作评判老子思想的根据。例如胡适对进化论思想和逻辑学比较有兴趣，他的《中国哲学史大纲》就用自然哲学的观点来解释老子的天道观，认为春秋晚期，老子理想的政治是极端的放任无为。老子观察政治社会的状态，要求一个根本的解决，提出了天道观念，为后来的自然哲学奠定了基础。[1] 冯友兰（1895—1990）对实在论哲学有体会，他研究老子，就认为，老子把"道"当为天地万物之所以生的总原理，把"德"视为具体事物之所以生的原理[2]，老子认为"德"的世界必然要回归"道"的理念世界。任继愈（1916—2009）对思维与存在的关系问题比较关注，他认为老子视"道"为事物的根本，"道"的根本属性是"无"，"无"在中国哲学史上第一次提出作为万物之本的负概念，是人类认识史上的重要里程碑。[3]

社会史的研究方法。这种方法把历史上的任何思想都视为是对社会历史的反映，认为思想的演进与历史的演进是相互统一的整体。例如，

---

[1] 胡适：《中国哲学史大纲》，商务印书馆1919年版，第50—65页。
[2] 冯友兰：《中国哲学史》（上册），商务印书馆1932年版，第222页。
[3] 任继愈：《中国哲学发展史》（先秦卷），人民出版社1983年版，第265页。

侯外庐就认为老子思想反映了当时国民阶级思想的怀疑精神。老子揭示了当时社会中存在的阶级矛盾，他对儒家的"仁义"、墨家的"尚贤"都表示反对，但他看不到历史的前景，怀着对远古政治的向往，留恋以至美化过去简朴的生活方式。①

学术史的研究方法。这种方法把历史上的所有思想都视为是具体学术背景下的产物，任何思想命题都是从当时的学术研究中酝酿出来。据《史记》记载，老子掌管当时东周王朝的图书，他对历史文化典籍有很深入的研究，因此，老子思想中的许多观点与当时的历史文化典籍有密切联系。例如，金景芳（1902—2001）就曾对老子思想与《周易》的关系进行研究，认为《周易》对天道的研究，以及《周易》"谦"卦主张谦逊的思想对老子有启发。

而从文化自觉的角度来看，老子思想与当时中国文化发展问题密切相连，只有抓住了老子思想的文化特征，才可以得到关于老子思想的明确认识。例如老子思想中有一个命题，叫作"天下万物生于有，有生于无"②，他认为"有"从"无"中产生，"有"以"无"为支撑，"有"因为"无"才产生作用，"有"复归于"无"并从"无"中再生。老子曾经举车匠制作车轮、陶匠制作陶器、工匠建造房子等例子加以论述。例如房子从"无"中产生；房子因为里面的空间而有它的用途；房子将复归于"无"，并从"无"再生。一般人只看到房子的材料和结构，看不到房子因为"无"而起作用。老子从而总结说，天道总是凭借它柔弱、否定等不为人们所注意的方面发生作用。老子的这种哲学认识是与他关于当时礼制文化的反思相联系的。他所说的"有"，即当时已经存在的文化形态——夏商周以来约两千余年之久的礼制文明。他所说的"无"，就是文化尚未实现的可能性及其可以实现的无限可能性。他曾指出："上德不德，是以有德，下德不失德，是以无德。"③ 所谓"上德不德，是以有德"，即是说，真正高明的人不以现有的道德为道德，他们真正领悟和拥有道德。所谓"下德不失德，是以无德"，即是说，不高明的人死守现有

---

① 侯外庐等：《中国思想通史》（第1卷），人民出版社1957年版，第258页。
② 《老子·四十章》。
③ 《老子·三十八章》。

的道德，他们实际上并没有真正领悟和拥有道德。老子的意思是：不要把现有的一切都视为理所当然，人的生存方式和政治模式，都可以在现有的方式之外，乃至在与现有方式的对立面之中，找到它的重新发展的可能。可见，老子思想的主要目的，是为当时的礼制文化寻找出路，他"有生于无"命题的主要宗旨是鼓励人们尝试文化创新。

从文化自觉的视野来看，思想家所关注的问题主要是涉及文化发展的重大问题。不可否认思想家思想的产生，确实有一定的学术史背景，有对世界总体的独特认识，有一定的阶级属性或价值倾向，但所有这些分析，只有建立在对他们的文化认识的分析基础上，才有可能得到更加全面的认识。对文化发展的自我觉醒和自觉设计，是统一学术史研究、哲学研究、社会史研究成果的基础。

三

文化自觉有助于认识思想交流互为主体的特性。

文化的发展离不开文化的交流、互鉴与融汇，思想的发展离不开各种学派的相互辩论和相互吸收。但如果没有文化自觉的意识，我们往往对思想交流互为主体的特性缺乏深入认识。

例如，对于佛教思想对中国历史文化特别是魏晋隋唐历史文化到底产生了什么影响，人们的评价并不完全一致。而从文化自觉的视野来看，如果一种思想、一种思潮对当时的文化问题不能提供任何有意义的解决，不能启发一些新的解决问题的思路，它就不可能长期存在和发展。佛教思想对于中国历史和思想的发展至少起到了三个主要作用。

第一，它改造了对天道的认识。在缘起法的视野中，事物的存在并非由阴阳五行的运动所决定，也不是由它自然而然的特色所决定。现象世界并不存在人们所习以为常的运动过程，既没有实在的时间，也没有实在的空间。僧肇指出人们关于动静的理解经不起事实的考验。吉藏在《三论玄义》中一再批驳传统的宇宙生化观念与缘起的实质不符合。[①] 澄观也在《华严经疏》中指出《周易》所说"易有太极，是生两仪，两仪

---

① 《三论玄义》。

生四象，四象生八卦，八卦定吉凶，吉凶生大业"是一种邪见，魏晋玄学家们的自然而生之论亦是一种邪见。① 中国佛教本体论使传统的天道观念发生了翻天覆地的转变。但中国佛教本体论并非没有关于"天道"的思考，只不过它们认为"天道"是"真如"是"法性""佛性"，是事物缘起的本质属性。"天道"的载体不是"阴阳"二气的运动变化，也非事物之自然而生，而是缘起法自身及其"实际"。

第二，它改造了对人道的认识。在佛教传入中国以前，儒家伦理是中国社会的主要伦理。对儒家伦理观念的主要解构来自道家。道家绝仁弃义，认为失道而后德，失德而后仁，失仁而后义，失义而后礼，而礼是忠信之薄，是罪恶之首。道家老子颇有志于建构一套新的社会准则和思想观念。但自庄子开始，道家就基本放弃了重建社会准则的努力。秦汉时期的新道家，除了高扬一切须以"道"为基础的自然主义旗帜外，在伦理观念方面与儒家区别不大。魏晋时期，儒教遭到现实的打击，世族门阀多把儒家伦理收缩为家族伦理，以"孝"制约"忠"。

佛教以否定儒家伦理观念的面貌出现。儒家不断指责佛教"不事二亲""离间骨肉"，有违于忠孝。事实上，佛教对当时的家族伦理确实起到了冲击作用。《高僧传》所列高僧，标准之一就是他们能够斩断人世恩怨。正如佛教徒所指出，佛教的伦理观念是一种比儒家名教，特别是比门阀世族所推崇的名教更要宏远的伦理观念。它宣传六道轮回、因果报应的思想，凡一切没有超脱轮回之链的众生，都是轮回主体伦理行为平等的对象，而且轮回主体的业报不受其他因素决定，它主要取决于主体的因缘果报，这不但突破了儒家家族伦理的局限，也有助于唤取伦理意识的自觉。它宣传救世意识，号召人们应有救世思想。而且救世不能只有空洞的言论，应该从平平常常的现实生活做起，应该从十分恶劣的社会现象改造做起。这显然有助于调整玄风影响下的知识分子的心态，也有助于民风的重振。佛教以突破儒家家族伦理的极端形式强化了南北朝隋唐时期的社会伦理，引起了人们对于社会发展和个人责任的关注，扩大了伦理内涵与外延。

第三，它确立了心性的本体地位。早期儒学侧重从人的心性分析政

---

① 《华严经疏》卷3。

治伦理原则的起源，在思孟学派已表现出建构心性本体论的企图，并形成了不成熟的道德本体论。而且由于受道家道本体的批评以及自身理论不足的限制，这种基于心性的本体思想并未得到充分发展。佛教从强调真常心到禅宗直接诉诸当下现实之人心，探求存在的自我主体，主张明心见性，追求自我之"主人翁"，其思想内容和表达方式都打上了儒家心性道德主体的印记。同时，它又创造了论述心性与万法、心性与境界的理论方式，完成了佛性的本体化进程。

可见，佛学在中国的传播和发展，可能是在两汉文明发生问题而中国固有文化自身一时又无法全面解决的前提下，所出现的一种文化现象。这种文化现象并不像两汉经学那样，追求对社会现实问题的具体解决思路，而是把改变人们的思想意识当作根本，认为这是解决一切社会现实问题的先决条件。它改变了思索社会问题的角度，丰富了思索社会问题的视野，同时也提高了反思中国固有文化资源的思想深度。可是由于我们对文化交往互为主体的特性认识不够，较多地注意到中国文化对佛教文化的消化和融会，有意或无意忽视了佛教文化对中国文化的改造，从而不能对中国思想发展的历史做出合乎逻辑的说明。

［原载《西北大学学报》（哲学社会科学版）2005年第3期，原题为《再论文化自觉与中国思想史研究》］

初版后记

《中国思想学术史论稿》是我学习中国思想史的一点体会。共包含四个部分内容。第一部分是对先秦儒、道思想的初步探索。关于先秦儒、道思想的研究已经出现了不少成果，新近郭店竹简的出土弥补了儒家思想的许多发展环节，同时也有助于更新对道家思想的认识。我倾向于认为老子和孔子思想是在礼制文明何去何从的时代课题下所出现的两种不同的选择，儒家和道家是上述两种思路的修正和发展，它们之间的对立与互补对秦汉文化的形成影响至为深远。

第二部分是对两汉经学学术的一点思索。经学是汉代学术文化的主流。它与先秦时期的儒学有密切的联系，同时也渗透着汉代学者关于当时社会问题的思考，体现出汉代学者的思想意识与观点。由于先秦时期儒学本身的复杂性，由于汉代儒学研究者思考社会现实问题的角度与观点的分歧，两汉经学学术显得纷繁复杂。经书既是汉代学者思想观点的来源，又是他们表达思想的材料，同时思想观点反过来也制约了经学研究者对于经典的选择与理解。整体来看，随着对经典研究的深入，随着对经典矛盾性内容的融会贯通，经学研究的学术性与综合性逐渐被提到了首位。两汉经学反映出汉代以儒家思想文化为指导重构中国文化格局的努力，值得加以探讨。

第三部分是对佛学与儒学关系的摸索。佛学与中国思想文化的关系是20世纪中国历史学的研究热点之一。学习中国思想史，我最先感兴趣的是"佛教与中国本体论学说的发展"这一课题，并作了一点浮光掠影的探索。本书佛学部分试图以唐代禅宗的发展为核心，以求得对中国佛教文化的特点的理解。中、日学术界关于禅宗已有极为厚实的研究基础，我所做的只是对现有研究成果的综合与局部补充。通过对禅宗的了解，我逐渐认识到佛学在中国的传播和发展是中国文化发展的需要。当两汉文明发生问题，而中国固有思想一时又无法全面解决的前提下，佛教得以传播的发展。佛教不像两汉经学那样，追求对社会现实问题的具体解决思路，而是把改变人们的思想意识当作根本，认为这是解决一切社会现实问题的先决条件。它改变了思索社会问题的角度，丰富了思索社会问题的视野，同时也提高了反思中国固有文化资源的思想深度。从北宋张载的思想体系即可看出，宋代文化的建设表面上是儒学思想的复活，实际上是儒学思想的升华与发展，其中有极为浓郁的佛教因素。明末清初，中国文化又面临新的变化，思想家开始对宋明思想文化进行反思。在新的思想观念相对缺少的环境下，儒家、道家乃至佛学都成为思想家们的思想材料。王夫之从法相唯识学中看到重新解释儒家思想体系的思维结构，并对中国文化的新的精神面貌作了预测，他的思想反映出明清之际中国思想家对于中国固有思想材料的熟练运用以及对于新思想基本特征的洞察。

第四部分是关于中国近代学术文化思潮的思考。中国传统学术如何向现代学术过渡，在这一过程中出现了哪些学术流派，有哪些经验和教训？是我曾经思考的又一课题。我曾经从中国近代史学学术发展史的角度对这一课题作了尝试性研究，并以刘师培的思想和学术为核心，具体考察了扬州学派的近代转化过程。我感到从鸦片战争到1949年百余年间，中国近代学术的发展大致经历了学术精神的反思与学术主体意识的确立、学术革命口号的提出与新史学的初步建设，以及三种典型学术体系的形成这样三个阶段。由于古代史学的哲学基础是经学，儒家经学关于人类社会发展史的认识以及理想生存方式的论述直接影响了古代史学的历史观和史学标准。经学的思维方式也影响了史学的思维方式及表达形式，这就决定了古代史学的近代转化只有在经学发生变异的前提下，才有可能发生质的变化。经学的变异在近代突出地表现为今文经学的兴起，晚清今文经学表面上标榜回归两汉，回归孔孟，实质上是"以复古为解放"，它导致经学地位的动摇，并促使人们用新的眼光来思考学术的精神本质。20世纪初年的新史学思潮，即是这一过程的必然结果。新史学思潮提出了以国民本位改变帝王本位，以历史变迁改变历史循环，以史实诠释改变历史描述等主张。在新史学思潮中，即有梁启超、夏曾佑等今文经学者，也有章太炎、刘师培这样的古文经学者，在传统学术如何向现代学术过渡的问题上，他们既有共识，也有分歧。章太炎、刘师培首先提出了中国特色的学术理论和学术方法的建设问题，首先意识到学术研究的革命性与科学性的统一，学术原理与学术内容的统一，学术研究的民族性与世界性的统一。20世纪20—40年代，中国学术的三种典型流派，乃是对这一问题的不同解答，其中王国维、陈寅恪、汤用彤、陈恒、柳诒徵主张积极发展传统学术精神，弘扬传统学术方法，试图把传统史学的伦理主体改造为科学与道德相统一的史学主体，对新史学的发展方向提出了独特的认识。胡适和傅斯年则主张用科学精神（主要是逻辑实证主义）来更新传统史学，认为新史学应该以"个性"和"科学性"为主要价值目标，对于新史学的发展也提出了独特的预测。郭沫若、侯外庐则主张以马克思主义唯物史观来改造传统史学，建设既不同于传统史学又不同于西方史学的新史学，也提出了新史学的另外的发展可能。上述三种史学流派是中国近代史学极为宝贵的传统，中国史学势必从总结它们之间的异同而谋求进一步的发展。由于这些论点已在《中国近代史学学术史》（张岂之先生主编，中国社会科学出版社1996年版）及《刘师培评传》（江西百花洲文艺出版社1996年版）中已有论述，故本部分只对20世纪中国学术演变作了粗略的介绍。

在我开始学习、研究中国思想史的时候，中国历史学理论和方法正酝酿着新的变更，社会史、文化史成为人们关注的热点。中国思想史研究也面临如何深化的课题。中国思想史是否有其内在演变的逻辑？精英思想是否足以勾勒中国思想史演变的整体？思想史如何与社会史、文化史研究相结合？通过对中国思想学术史的初步学习，我认为中国思想史应该有它的内在逻辑，不能因为现有诠释的不完整就否定它的逻辑线索。我愿意和有志于中国思想史研究的同仁一道，为重建21世纪中国思想史的思维世界作出努力。

最后，我要向我的老师张岂之先生表示诚挚的谢意，先生的教诲使我努力修正认识上的偏颇，坚定了对某些学术问题的认识。我还要向在西北大学中国思想文化所工作或学习的各位先生和同事表示诚挚的感谢。他们思想的火花进一步激发了我的热情。

2001年9月

修订版后记

《中国思想学术史论稿》曾经作为西部人文丛书的一种，2002年由陕西人民出版社出版，包含先秦儒道关系概观、两汉经学学术刍议、儒佛关系蠡测、近代学术文化管窥四个部分。这次修订，仍然保留了原来的框架，增加了一个方面的思考，即文化自觉与中国思想史研究，作为第五部分。原有的四个部分，初编版采取的是比较笼统的论述方式，修订版调整为论文形式，将已经发表的论文收集起来，更加突出关于各部分的观点和见解。

在《中国思想学术史论稿》初编本出版后的20年间，我参与过《中国思想学说史》6卷本以及马克思主义理论研究和建设工程《中国思想史》的撰著，主持过国家社会科学基金项目"侯外庐与20世纪中国思想史研究""20世纪中国传统观研究"，国家出版基金项目"关学文库"。对于初编本所讨论内容的认识也在不断深化，但关于中国思想史研究的一些基本观点变化不大，且思考的核心依然在于佛学与中国思想的关系以及中国近现代学术文化转型。

20年来，我虽然努力去重建21世纪中国思想史的思维世界，但实际效果不大。唯有一种感觉却越来越强烈，那就是在繁忙的工作之余，挤出一点时间，与先哲们做一点思想交流，能给自己提供巨大的帮助，它常给我的工作和生活注入一束束亮光，使我豁然开朗。

我依然要向我的老师张岂之先生表示诚挚的谢意，多年来先生一直在关心着我、指点着我。我要向我的同事和学生表示诚挚的感谢，他们思想的火花依然是我的重要动力。我还要向我的家人表示诚挚的谢意，他们使我不断增进对于亲情、责任和奉献的理解。曹振明博士为修订版的编辑校对付出了辛劳，谨向他表示特别的感谢。